啓功評傳

赵仁珪 著

中央文史研究馆资助出版

北京出版集团公司
北京出版社

启功

目 录

第五章　诗词家启功

第六章　学问家启功

导言

江山代有才人出，各领风骚数百年。

在中国数千年灿烂文化史中，随着时世变迁、人事代谢，总有若干卓尔不群者脱颖而出，组成历史天空中万众瞩目的璀璨星座。就现当代而言，启功先生无疑是其中尤为耀眼的一颗星。启功（1912—2005），字元白，又作元伯，满族，属正蓝旗，生于北京；是中国当代著名的书法家、画家、书画文物鉴定家、诗人、学者，也是资深的教育家和著名的社会活动家；曾任北京师范大学教授，中国人民政治协商会议全国委员会常务委员，中央文史研究馆馆长，九三学社顾问，国家鉴定委员会主任委员，中国书法家协会主席、名誉主席，中国佛教协会顾问，故宫博物院顾问，国家博物馆顾问，西泠印社社长等。北京师范大学出版社出版有《启功全集》（二十卷）。

放眼历史长河，像启功先生这样的文化领军人物并不多见。毫不夸张地说，启功先生是一位“不世出”或曰“间数世”之翘楚。前人评价赵孟頫，曾使用“上下五百年，纵横一万里”这样的词句，而启功先生的价值与影响，同样不限于当代以及中国本土，值得人们深入探讨。

作为文化大师，启先生在文化领域的独特创造与全面贡献令后来者仰之弥高。一般来说，一个人如能在文化领域中专精某一项，即足以成为名家。启先生则不仅在文学艺术创作上取得了超越同伦、直追前贤的成就，而且在学术研究上也涉足众多学科，并在每一学科中都取得重量级的创获，达到顶级水平。尤为难得的是，启先生不但横跨学术与艺术两大领域，而且以其过人的智慧将艺术学术化与学术艺术化有机地结合在一起，正所谓“八面受敌，触类旁通；左右逢源，博涉无碍”，此方足为大家。

就艺术领域而言，众所周知，启先生是蜚声海内外的书画家。启先生从小立志成为画家，青少年时于绘画用力甚勤，得众多名家之亲传。启先生的绘画恪守传统，接续了水墨画的正脉，延续了文人画的精神，笔触精微，一丝不苟。在此基础上，启先生对色彩的使用、画面的布局也有很多创新。令人痛惜的是，“反右”运动中，启先生在北京画院被划为“右派”，令他黯然封笔，直到“文革”后期才偶拾零纸，小泼丹青。世人心目中启先生的书名要远盖过其画名，与此关系甚大。20世纪70年代后，启先生书名日盛，直至如日中天，这主要得益于他在多方吸纳传统书法的成就上能自辟蹊径，独创“启体”之一格。“启体”深具文人的才情气质以及书卷的文化内涵，清新雅正，刚柔相济。总之，无论是书法还是绘画，启先生都坚守了它们应具有的美学原则：雅俗共赏，赏心悦目。这在浮躁气充斥书坛、画界，出现大量标新立异、粗服乱头、东倒西歪、以怪为美，甚至以丑为美的当今，尤具“拨乱反正”的文化价值和文化意义，并将对中国书法史产生深远的影响。除书画创作之外，启先生还是一位卓越的书法理论家，论述的广度与深度都超越前代众多学者，许多创见，都已被奉为不刊之论。

启先生尝自称平生用力最勤者是书画鉴定，他将书画艺术与学术研究相结合，在书画领域将艺术学术化、学术艺术化，因此取得了一般鉴定家难以企及的成就。这一成就的取得有几个原因。一是经眼广。他自幼即饱览故宫书画馆的藏品，后一直从事与书画鉴定相关的工作，“文革”后又先后任文物鉴定委员会委员、主任委员，一生经眼的古书画当以十万计；而启先生天资聪颖，凡一经眼，即过目不忘。二是以书画艺术家的身份进行书画鉴定。先生对古代著名书画家的风格、构图、着色以至笔墨特征皆了如指掌，不像有的人或只会创作却不懂理论，或懂些理论却不会创作。三是兼以学者的身份搞鉴定，即不仅能靠眼力，还能靠学力，从墨迹之外发现很多一般鉴定家发现不了的问题。这是将艺术学术化最典型的体现，也是他能居于当代鉴定大师前列的主要原因。

启先生的诗名与画名一样，常被书名所掩，但他绝对是当今古典诗词创作的巨擘。正如启先生的好友钟敬文先生所评："诗思清深诗语隽，文衡史鉴尽菁华。先生自富千秋业，世论徒将墨法夸。"（《致元白》）从题材上看，启先生最擅长的是题画论书诗，以生病或其他坎坷经历为题且充满自我嘲讽的感怀诗，咏史怀古诗，论诗论词诗，亲友之间的投赠诗，以及充满现实关怀的抒情诗。高度的文学修养，深厚的学问功底，深刻的史识，敏锐的社会洞察力，聪颖的智慧与哲思，都在这些诗词中得到充分的展现。而他最重要的贡献则是能在当代诗词创作的大背景下，走出自己独具一格的、既能继承传统又能有所突破的创作之路。

在充分肯定启先生的书画艺术、诗词创作的文化价值时，更应强调的是启先生还是一位全能型的学者。他兼擅古典文学、文献学、考据学、史学、小学（包括文字、训诂、音韵诸学）、红学、敦煌学、佛学、民俗学，以至对小说、占卜等三教九流之学皆有广泛的涉猎，是一位名副其实的"大杂家"，他也欣然以此自许。他的古典文学、文献学、考据学的成就主要集中在中华书局四卷本的《启功丛稿》、北京师范大学出版社的《启功讲学录》及北京三联书店的《论书绝句》一百首中。他的史学成就主要体现在中华书局校点的《二十四史》中的《清史稿》（与人合作）一书。他的小学成就主要体现在文物出版社的《古代字体论稿》、中华书局的《诗文声律论稿》、商务印书馆的《汉语现象论丛》等专著中。他的红学成就主要体现在《红楼梦》注释及几篇《红楼梦》的论文中。他的敦煌学成就则主要体现在他与几位学者合作编著的《敦煌变文集》中。

在中国传统价值观念里，通过创作、著述等成一家之言的“立言”虽然足以不朽，但远非最高境界。“太上立德”。启先生之所以成为文化大师，是因为他在学术、艺术上达到极高造诣；而他之所以成为近乎人人乐道、愿意亲近的文化大师，则是因为他具有近乎完美的道德品格，极富感召力和亲和力。热爱他的人们甚至发出这样的赞叹：“人无完人，启老例外。”

因为时代及出身缘故，启先生一生历经诸多动荡起伏，但他以其过人的学识和智慧，早早将人生的荣辱穷达看透，既不汲汲于富贵，亦不戚戚于贫贱，而是以旷达的胸怀泰然处之，甚至以其特有的诙谐幽默对此加以调侃，在风趣中令人深思而起敬。启先生淡泊名利，自奉极薄，但待人极厚。对亲人，他侍母至孝，敬妻如宾，那些纪念母亲、妻子的诗词不知感动了多少人为之堕泪；对师长，他敬爱有加，以继承发扬他们的学术和艺术为己任；对学生，他润物无声，以恩师的“励耘”精神教育他们，倾心栽培；对一天到晚轮番轰炸般的来访者，他以礼相待，立迎亲送；对为他服务过的司机、厨师、修理工等，他从不高高在上，而是极力善待，亲近有加。

对社会，对国家，启先生同样怀有一颗赤诚之心。即使在仅为一介布衣之时，启先生也心系国家前途，及至后来身为多届全国政协常委、书协主席、中央文史研究馆馆长之时，他更是积极为发展文化教育事业建言献策，并多次到中国香港、日本、韩国、新加坡、美国、英国访问，考察，进行学术交流，堪称中国文化的形象大使。而为了帮助贫困学子，他不顾年迈体弱，赶创一百多幅书画作品到香港地区义卖，将全部所得捐给学校，并且坚持不以自己的名字，而是以恩师陈老校长的书屋“励耘”来命名这笔基金。凡此种种，足见启先生对社会、国家尽心尽力的担当。

综观启先生一生，他虽出身皇族，有着与生俱来的贵族气质，但又生于衰败之家，自幼过着平民生活，本身的经历即有传奇的色彩和鲜明的历史印记。作为一位世纪老人、皇族子孙，他既经历过辛亥革命后的历史剧变，也亲历过连绵的战乱，更长期生活在新中国成立后的和平年代。而不论什么时期，他始终以弘扬中国传统文化为己任，一生和文化结下不解之缘。他既具有以家学为主的旧学功底和传统文化的深厚底蕴，又接受过新式教育，并在这一环境中终身从事教学和研究工作。其知识结构、文化积淀，可谓兼收新旧，统摄今古，是20世纪老学者的典型代表，而他又以杰出的成就成为这批学者中的佼佼者。因此，启先生既有时代的普遍性，又有时代的特殊性，是20世纪文化现象中很有意义的个例。也正因为这样，为启先生做评传，不但可以系统地总结他的一生，也能反映一个时代的文化走向，触及一个时代的文化脉搏，是一件很有意义的工作，影响所及，绝不仅限于当代，且必将泽被后世。

第一章

三部曲启功

评书画　论诗文　一代宗师　承于古　创于今　永垂鸿业标青史
从辅仁　到师大　两朝元老　学为师　行为范　不息青衿仰令仪

身为皇族子孙　长于孤裔家庭　受业大师门下　执教名牌学府
先生之生平行状　可谓荣哉曲哉　犹如传奇哉　痛哉一夕归河汉
手执书坛牛耳　名列画林巨擘　口吟华采诗篇　手挥宏肆文章
先生于学艺研修　可谓博矣精矣　不可复进矣　伟矣千秋树楷模

——代北京师范大学及校文学院所拟挽启功先生联

上述两联大致道出了启先生的主要生平经历及其成就影响，也表达了景仰者的赞美之情。但同样的主旨，到了谦虚的启先生的笔下就变成了另一种口吻。他在20世纪70年代曾作过一首《沁园春·自叙》，其上片回顾生平道：“检点平生，往日全非，百事无聊。计幼时孤露，中年坎坷，如今渐老，幻想俱抛。半世生涯，教书卖画，不过闲吹乞食箫。谁似我这有名无实，饭桶脓包。”①这首词虽语杂戏谑，但可视为他对自己一生简短而沉痛的总结，也为我们介绍他的生平提供了一条根据充分的线索。

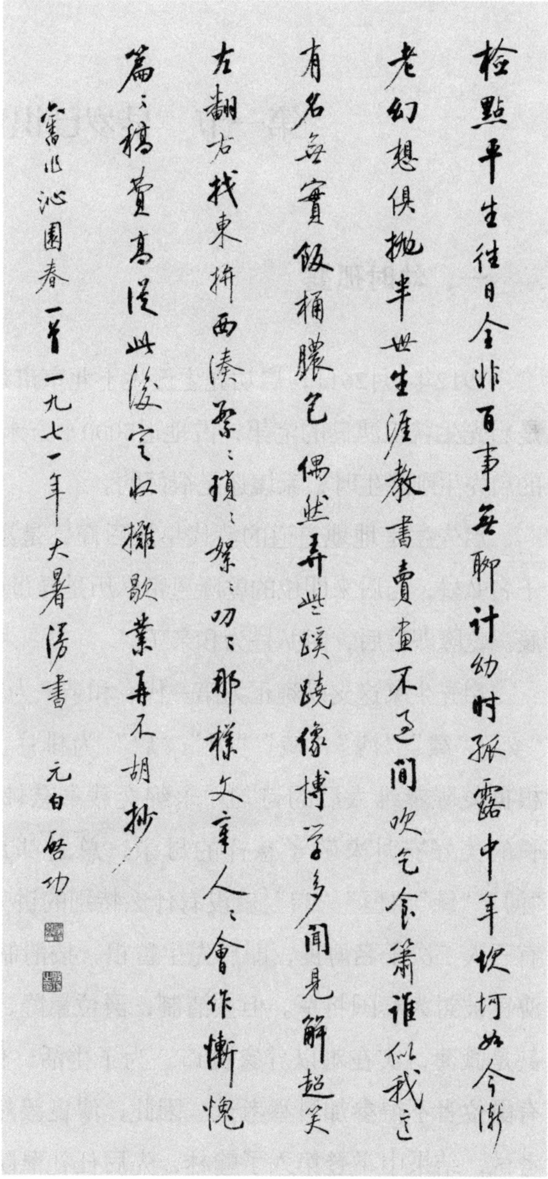

《沁园春·自叙》

---

① 启功：《启功丛稿·诗词卷》，北京：中华书局，1999年，页47—48。　按：本书所引格律诗词的标点体例一律遵循启功先生的习惯。

第一节 早岁已识世事艰

一、幼时孤露

1912年7月26日，启功先生诞生于北京市东城什锦花园胡同21号。这里是启先生曾祖溥良的宅第，占地近5000平方米，房屋140间，足见贵族出身的启先生刚降生时，家境还是很好的。

启先生是地地道道的清代皇族后裔，是雍正皇帝第九代孙。雍正第五子名弘昼，与后来即位的乾隆皇帝弘历是异母弟兄，但比乾隆晚出生一个时辰。乾隆即位后，封弘昼为和亲王。

启先生家这支以雍正为第一代、和亲王为第二代往下数，以“永”“绵”“奕”“载”“溥”“毓”“恒”“启”为排序。“永”“绵”“奕”“载”是根据乾隆恭维太后的诗句“永绵奕载奉慈帏”而来的，意为以永久、绵长的美好岁月来敬孝慈祥的母亲，总之都是一些吉祥美好的字眼。而“溥”“毓”“恒”“启”就没有什么特别的讲究了。雍正这一支传至第七代有三人，次子名溥良，即启先生曾祖。按清制，宗室所封多为武衔，因此溥良被封为奉国将军。但按清制，爵位累降，溥良若袭此封爵，所领俸禄甚是微薄，实在难以养家糊口，为了生活，他必须另谋出路。仍按清制，有爵位者不得参加科举考试。因此，溥良毅然决然地辞去封爵，参加科举考试，结果中举登第入了翰林，先后任礼藩院左侍郎、户部右侍郎、都察院满右都御史、江苏学政、礼部满尚书、礼部尚书、察哈尔都统等职，辛亥革命后退居河北易县终老。

溥良长子毓隆，即启先生祖父，同样也是通过科举考中进士步入仕途的，担任过典礼院学士、安徽学政、四川主考等职。毓隆独子恒同，娶克昌独生女克连珍为妻，次年诞育一子，即启先生。

启先生家族世系可用下表表示：

启功家族世系表

1	2	3	4	5	6	7	8	9	10
清世宗胤禛（雍正）	高宗弘历（乾隆）	仁宗颙琰（嘉庆）	宣宗旻宁（道光）	文宗奕詝（咸丰）	穆宗载淳、德宗载湉（同治、光绪）	溥仪（宣统）			
	和亲王弘昼	二子永璧	二子绵循	三子奕亨	五子载崇	二子溥良	长子毓隆	独长子恒同	独长子启功

启先生外祖家系可上溯至外高祖赛尚阿，外曾祖是赛尚阿第五子崇纲，崇纲的儿子克昌是启先生的外祖父。而崇纲有兄名崇熙，曾担任过新疆伊犁领队大臣，驻守过新疆西大门。清同治年间，新疆民族分裂者发动暴乱，为了祖国的统一，崇熙全家血洒疆场，牺牲在伊犁的惠远城。启先生外祖父一支因此成为这位绝嗣的曾伯祖的直接继承人。

启功（中）十岁时与祖父（左）、姑丈合影

虽然启先生系天潢贵胄，

但他出生之时，已是辛亥革命之后，清帝也于当年逊位，中国正从帝制走向共和。其时国家动荡不已，而启先生一家也同样处于多事之秋。

对启先生家的第一个巨大打击是启先生父亲恒同于1913年7月因肺病去世，时年未满二十岁，启先生则刚满一周岁。由于恒同是独长子，本来承担着整个家庭未来生活的所有希望，因此他的突然去世，犹如家中的顶梁柱崩塌，让家庭陷入一片无望之中。这其中最绝望的是启先生的母亲。她在娘家时，父母死得早，不得不寄居在她三叔家，好不容易盼到有了自己的家庭和亲人，结果转瞬间又丧失了。她首先想到的是死，哭着喊着要自杀。启先生的祖父百般劝慰，可她哪里听得进去！无奈，老人只能如此哀求："别的都不想，得想想自己的儿子和我的孙子吧，他还得靠你抚养成人啊！"最后，为了将启先生抚养成人，她不得不放弃一死了之的念头，决心苦熬下去。恒同有一姐一妹，即启先生的大姑、二姑。大姑早已出嫁，二姑恒季华则在许配了人家之后，未及过门便因男方过世而守了"望门寡"。她后来索性终身不嫁，帮助启先生的母亲一起把启先生抚养大。

在恒同死后，启先生家里发生了一些怪异的事。当时他们住在什锦花园宅子的东院，恒同死在南屋，南屋西边有一个过道。恒同死后谁也不敢从那儿走，老用人要去后边的厕所，都要结伴而行。据她们说，她们能听到南屋里有"哪、哪、哪"敲烟袋的声音，和恒同生前敲的声音一样。另据一老保姆说，恒同死后的第二天早上，她打开过恒同的房间，发现恒同生前装药的两个罐子居然打开了，还有好几粒药撒在桌上。老保姆吓坏了，那两个罐子本来可是盖得好好的！后来更蹊跷的是，启先生的五叔有一个奶妈，本来好好的，忽然发起了疯癫，裹着被褥从床上滚到地上，嘴里还不断念叨着："东院的大少爷（恒同）说请少奶奶不要寻死。还说屋里柜子的抽屉里放着一个包，里边有一个扁簪和四块银圆。"启先生的母亲听了以后，就要回东院找，可别人都吓坏了，拦着不让她去。启先生的母亲本来是想自杀的，连死都不怕，这时早就豁出去了，冲破大家的阻拦，找到奶妈说的地方，居然真有一个扁簪和四块银圆。见此情景，跟着一同前往的人都惊得面面相觑。这些奇怪的现象不断发生，很能看出大家当时惶恐的心理，也正像《红楼梦》里所描写的有关情景，预示着一个大家族的衰败。

诡异气氛之下，人心惶惶，风声鹤唳，启先生的母亲只好带着家人搬出原来住的东院，到西院与启先生的二叔祖一家同住。也正是在恐惧心理的驱使下，三岁的启先生被家人送到雍和宫，按严格的仪式磕头接受灌顶礼，正式皈依喇嘛教，成了一个记名的小喇嘛，皈依的师傅白普仁给他取法号“察格多尔札布”。“察格多尔”是一个佛的徽号，“札布”则是“保佑”的意思。从此，启先生就和雍和宫结下了不解之缘，每年大年初一他都要到雍和宫去拜佛，一直到他生命的最后几年，因为腿脚行动不便才委托最亲信的人代他前往。启先生还曾满怀虔诚地为雍和宫题写了“大福德相”匾额以及“超二十七重天以上，度百千万亿劫之中”长联。在跟着师傅修炼时，启先生也见识到很多奇异的现象。也许有的高僧确实有些特异功能，使启先生对这些奇异现象不知如何解释。他后来在《启功口述历史》中这样论述道：

> 其实，我觉得这些现象再神秘，终究是宗教中表面性的小问题。往大了说，对一个人，它可以陶冶人的情操修养。我从佛教和我师傅那里，学到了人应该以慈悲为怀，悲天悯人，关切众生；以博爱为怀，与人为善，宽宏大度；以超脱为怀，面对现世，脱离苦难。①

从两三岁时起直到七八岁，启先生有时随曾祖溥良到河北省易县小住。易县首富陈云诰是溥良的门生，后来考入翰林，是著名的书法家，他愿意接待溥

---

① 启功口述，赵仁珪、章景怀整理：《启功口述历史》，北京：北京师范大学出版社，2004年，页43。

良。溥良疼爱曾孙，于是带着他一同前往，启先生因此得以在易县享受到许多他直到晚年都难以忘怀的童年乐趣。由于启先生自小身体羸弱，而易县当时集聚了不少专为从官场上退隐下来的老官僚看病的名医，因此曾祖带他来的另一目的是为他治病。可启先生不知吃了多少服药，也未见效，但名医们并不承认医药无效，反而说是启先生服药不当，违背了药性。启先生后来对中医不感兴趣，就缘于幼年这段经历，他甚至以戏谑的口吻调侃中医，说："在中医眼里没有治不好的病，哪怕是世界上刚发现的SARS（重症急性呼吸综合征）或AIDS（艾滋病），管他什么病，先给你来二两甘草。"[①]

启先生十二岁入正规小学前，接受的主要是家庭教育，启蒙老师就是他的二姑和祖父。二姑恒季华虽没有太高的文化，但还是想尽一切办法，尽力教启先生一些简单的知识。她把常用字都写在方寸大的纸片上，一个个地教启先生读写，虽然不十分准确，但常用字总算学了个八九不离十。教知识外，二姑还极为注重启先生的道德修养，要求他谦恭有礼。在这个家庭中，二姑扮演着家长的角色，凡是需要以家长身份出现时，都由她出面，启先生也尊称她为"二爹"。

与曾祖一样，启先生的祖父毓隆对他也是疼爱有加，因为启先生生于壬子年，毓隆因此亲昵地叫他"壬哥"。毓隆字写得很好，他用欧阳询的九成宫体把常用字写在影格上，再让启先生把大字本蒙在上面，一遍一遍地描摹。这为启先生日后学习书法打下了良好的基础。祖父教他认字、写字时，还特别教他辨别平上去入四声。方法是在字的四角画一个小圆圈。画在左下角表示为平声，左上角为上声，右上角为去声，右下角为入声。这为启先生日后著《诗文声律论稿》打下了坚实的基础，因为北方人论声律最大的困难就是辨别不清入声字，而启先生则不存在这一问题。写字外，毓隆还教启先生念诗。直到晚年，启先生还清楚地记得，当年祖父一只手把他搂在膝上，

---

① 赵仁珪、章景怀：《启功隽语》，北京：文物出版社，2009年，页149。

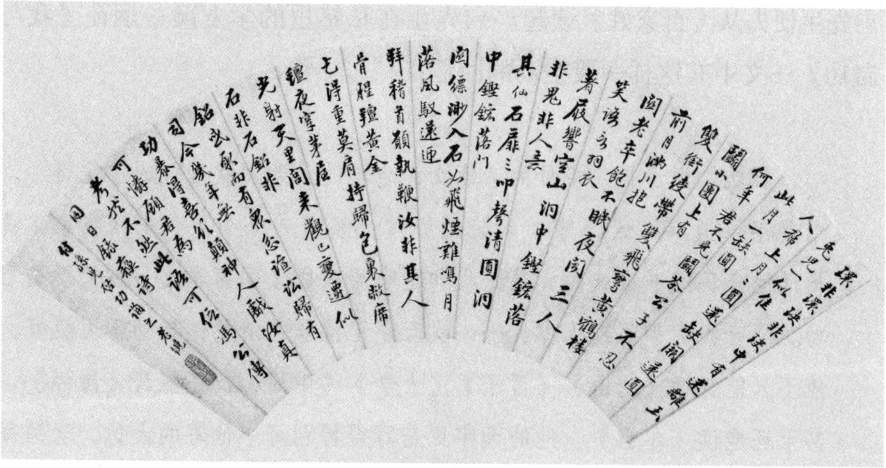

毓隆墨迹

另一只手在桌上轻轻地打着节拍，摇头晃脑地教他吟诵苏轼的《游金山寺》一诗："我家江水初发源，宦游直送江入海。闻道潮头一丈高，天寒尚有沙痕在……江山如此不归山，江神见怪惊我顽。我谢江神岂得已，有田不归如江水！"祖父沉醉其中，而启先生幼小的心灵也被那抑扬顿挫的音节所征服，宛如陶醉在最美丽动人的音乐中。在这样的熏陶下，启先生自小就对诗词产生了浓厚的兴趣，日后的诗词创作以及诗文声律研究均肇始于此。

毓隆不但字好，而且善画。启先生看着祖父随便找一张纸，或一个小扇面，不用什么特意的构思安排，更不用打底稿，信手点染，这里几笔，那里几笔，不一会儿就画好一幅山水或一幅松竹。启先生目眩神迷，惊叹不已，暗自立志，长大后要当一个画家。

除了在家庭里接受启蒙教育，启先生在正式上小学前还读过旧式私塾。他先是在后胡同一亲戚家的私塾里附读，后因跟着六叔祖搬到土儿胡同，便又到对面肃宁府中开设的私塾里念书。后来上的这一私塾在教育上堪称中西合璧，因为既有教"四书五经"的老师，也有教英语的老师。但启先生家属于旧派，所以并不让他跟着念外语，学洋学。因为进私塾时年龄小，启先生便先从《百家姓》读起。启先生在私塾里的学友颜一烟在《我与启功》一文中有这样一段生动的回忆：

> 启功的祖母是我祖母的亲侄女，启功的父亲，我管他叫“锐哥”，惜英年早逝。一天，穿着素装的锐嫂，领着一个小男孩来到我家，说是送他来我们书房就读。从此我和这小男孩成了同窗学友——他就是启功。那时我们都不到十岁。……我至今记得非常清楚：启功学习极好，他不只能背诵《论语》《孟子》《大学》《中庸》，还能背《诗经》，甚至还能读《尔雅》。他的大字更是写得特别好。他写的大仿，老师每个字都给他画红圈，有的还给画两三个，甚至有的还给画四个圈哩！可我写的字呢？老师不但不画红圈，不给满纸画黑×就不错啦。有一回，老师指着我写的大仿说：“……不行，好好地再写十遍！”……还罚我跪，打我手板，我就是不写。老师气得直吹胡子。启功坐在我旁边书桌后头，左手拿书本挡着脸，右手拿手指头划着小脸蛋，轻声地连连说着“小姑没羞，小姑没羞！”①

但平稳的日子未能持续下去。在启先生十岁那年，他家又接二连三地遭到重大打击，生活倏地陷入困顿。先是在大年三十夜，启先生的曾祖父去世。仅过了五天，即大年初四，启先生曾祖一位兄弟媳妇也过世了。按习俗，老人去世后应停灵二十一天，但在曾祖停灵的第十八天，启先生的二叔祖又死了。三月初三，启先生续弦的祖母死去；七月初七，启先生的祖父病故。不到一年，启先生家连续死了五个人。曾祖死时，启先生按礼制要穿五个月的齐衰丧服；而祖父、祖母死时，他作为独长孙、“承重孙”，要作为丧主主持丧事。这对一个十岁的孩子来说，是何等沉重的精神负担！

---

① 侯刚、章景怀：《启功年谱》，北京：北京师范大学出版社，2013 年，页 7。

如果说十年前启先生父亲的死拉开了他家急速衰败的序幕，那么这一年就是他家迅速衰败的高潮。晚年时启先生回忆说：“我真正体会到什么叫‘呼啦啦如大厦倾’，什么叫‘家败如山倒’，什么叫‘一发而不可收拾’。”[①]为了办丧事、还债，启先生他们不得不变卖了什锦花园的祖宅以及家藏的图书、字画等，搬到安定门内的方家胡同。其实，那时他家已没有什么特别值钱的东西了，卖钱最多的是一部局版的《二十四史》。从此，启先生家不但社会地位破落，而且日常生活也陷入困境。

颇具讽刺意味的是，这时启先生竟被早已退位的小朝廷封为“三等奉恩将军”。事情是这样的：清室逊位后至1924年冯玉祥逼宫将溥仪赶出故宫前，他们还在宫内维持小朝廷的统治，但一点实际权力也没有，只能管理一下他的宗室，因此还保留着宗人府机构。当时掌印的奕元查找启先生家的档案，知道启先生的曾祖、祖父因下科场而主动放弃了封爵，父亲死得又早，来不及封号，看启先生一个孩子可怜，便趁着手上还有点权，赶紧给启先生封了这个三等将军号。这是真正的空头支票，一文钱、一两米的俸禄都没有，启先生家该怎么困难还怎么困难，这不是绝大的讽刺是什么？但这张诰封实在有意思：它是丝织的，一段红、一段绿，和清朝原来的诰封完全一样；任命的内容虽是宗人府拟的，盖的大印却是民国大总统徐世昌的，真叫不伦不类。这也算是当时畸形社会的一个畸形文物吧。从历史文物角度看，它实际上还是有一定价值的。但在“文革”初起时，启先生还是把它烧掉了，否则红卫兵抄家，那启先生就不仅是要复辟资本主义了，而是还要复辟封建主义了，性命攸关，岂敢不烧？

与家族衰败相伴随的，还有兄弟阋于墙。曾祖死后，启先生的六叔祖找到启先生祖父，说曾祖值钱的东西都被变卖，归了大房，闹着要分财产。启先生的祖父气得直哆嗦，指着他兄弟发誓道：“我告诉你，你就有一个儿

---

① 启功口述，赵仁珪、章景怀整理：《启功口述历史》，页49。

子，我就有一个孙子。如果我真的私吞了财产，就让我的孙子长不大；如果我没私吞财产，你就是亏心，你的儿子也不得好死！”启先生的祖父因此一病不起，七个月后去世。临死前，祖父特意把启先生叫到床前，叮嘱了两件事：一件是告诉他如何跟他六叔祖吵架打赌，意在勉励他以后要自珍自重，好自为之；另一件就是要求他：“决不许姓金，你要是姓了金就不是我的孙子。”原来，满语“爱新”，就是汉语“金”的意思，清帝逊位后，按照袁世凯的清室优待条件，所有的“爱新觉罗”氏都改姓“金”。但启先生家上上下下都十分痛恨袁世凯这个出尔反尔、不讲信誉的政客和独裁者，因此祖父才给他留下这条遗嘱。启先生将祖父的话牢牢记在心底，他后来既不愿以“爱新觉罗”这一姓氏自我夸耀身系皇族，更不愿别人说他姓“金”，而是一再严肃声明自己是姓启名功。他有一方“功在禹下”的闲章，“禹下”即指“启”，因为治水英雄大禹的儿子就叫“启”。

二、求学投师

启先生的祖父一死，启先生母子便失去了最后的依靠，孤儿寡母的生活即将沦入衣食无着的境地。山穷水尽之际，启先生的祖父在四川做学政时的两位门生邵从煾、唐淮源伸出了援助之手。邵、唐二人带头捐钱，并向启先生祖父的其他门生募捐，共募集了两千元，用这笔钱买了七年的长期公债，每月可得三十元的利息，以此支撑“孀媳弱女（弱女指启先生的姑姑），同抚孤孙”这一家三口的基本生活。启先生从十一岁到十八岁的生活来源以至学费，多亏了这每月三十元钱。邵、唐二人因此也成了启先生的监护人，极为关心他的成长。在启先生上学后，邵老先生要求启先生每星期都要带上作业到他家去一趟，他当面检查，倘若启先生忘了去，他就亲自跑上门来检查。而唐老先生每次见了启先生，也总是关切地询问学业如何。有一次，启先生把自己刚写的《社课咏春柳四首拟渔洋秋柳之作》中的一首七律

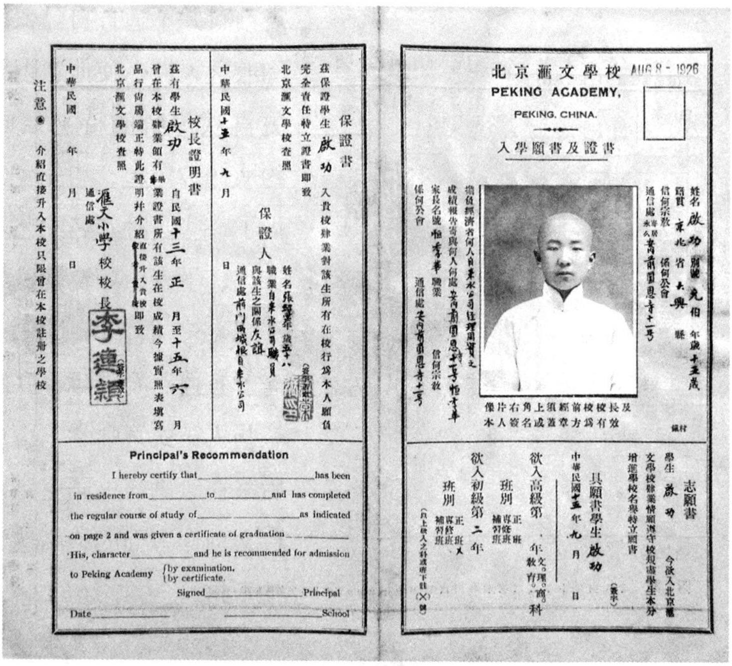
保證書
茲保證學生啟功入貴校肄業對該生所有在校行爲本人願負完全責任特立證書即致
北京滙文學校查照
保證人
姓名張緝臣 歲五十八
職業自來水公司職員
與該生之關係友誼
通信處前門西城根自來水公司
中華民國十五年九月 日

校長證明書
茲有學生啟功自民國十三年正月至十五年六月曾在本校肄業領有畢業證書所有該生在校成績今據實照表塡寫品行尙屬端正特此證明并介紹直接升入貴校即致
北京滙文學校查照
滙文小學校校長李
通信處
中華民國 年 月 日

注意◉介紹直接升入本校只限曾在本校註冊之學校

Principal's Recommendation

I hereby certify that ____________ has been in residence from ________ to ________ and has completed the regular course of study of ____________ as indicated on page 2 and was given a certificate of graduation ____________ His, character ____________ and he is recommended for admission to Peking Academy {by examination, by certificate.

Signed ____________ Principal

Date ____________ ____________ School

北京滙文學校 AUG 8 - 1926
PEKING ACADEMY,
PEKING, CHINA.
入學願書及證書
姓名啟功 別號元伯 年歲十五歲
籍貫東北省大興縣
信何宗教 係何公會
通信處 安內前圓恩寺十一號
擔負經濟者何人自來水公司經理周實之
成績報告寄與何人何處 安內前圓恩寺十一號恒李華
家長名號恒李華 職業 信何宗教
係何公會 通信處安內前圓恩寺十一號
像片右角上須經前校校長及本人簽名或蓋章方爲有效

志願書
學生啟功今欲入北京滙文學校肄業情願遵守校規盡學生本分增進學校名譽特立願書
具願書學生啟功（簽字）
中華民國十五年九月 日
欲入高級第 年 文。理。商。教育。科 班別 正班 專修班 補習班
欲入初級第二年 班別 正班 專修班 補習班
（以上欲入之科選班下註（X）號）

北京汇文学校入学志愿书及保证书

呈给他，他看后感动得边哭边说：“孙世兄啊，没想到你小小的年龄就能写出这样有感情的好诗，你祖父的在天之灵也会高兴的。不过，你不要太伤感了，你要保重啊。”他既为启先生崭露的才华高兴，又不希望启先生因为沉溺于伤感情绪伤了身体，关切之情溢于言表。

在邵、唐二位先生的鼓励下，又在曾祖另一门生周实之先生的一手安排下，启先生于1924年1月插班到汇文小学上学。在汇文小学，启先生结识了后来成为古脊椎动物学家的贾兰坡，以及后来成为物理学家的王大珩等同学好友。而他的绘画才艺也得到大家认可，学校曾将他的画作为礼品赠送给有关人士。

1926年6月，启先生小学毕业，并于是年升入汇文中学。因为家境困窘，启先生选择了与就业、赚钱养家关系更直接的商科。但启先生渐渐发

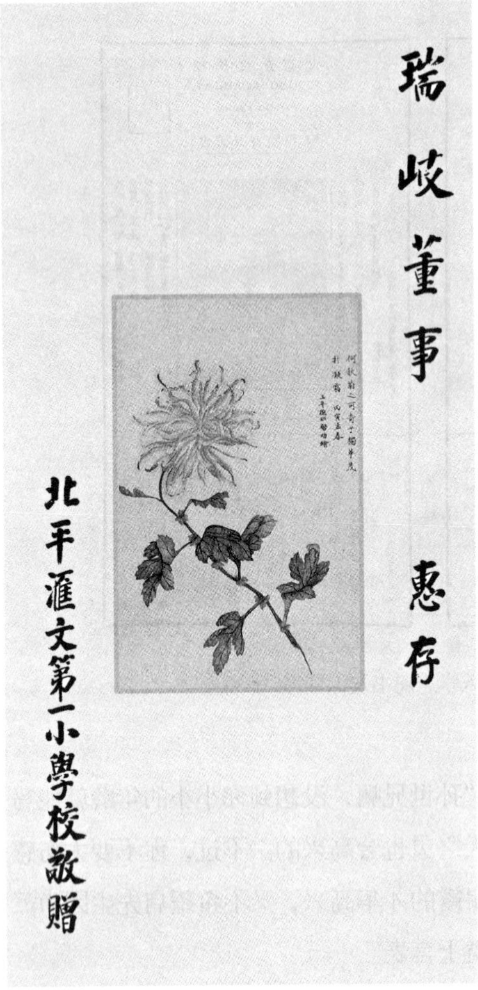

启先生小学三年级时所绘菊花图

现商科并不适合自己，家庭熏陶兼之天性，使他意识到自己更喜欢传统的诗文绘画。大约从1927年起，启先生先后结识了一些当时知名的艺术家、诗人、学者，如贾羲民、吴镜汀、戴姜福、溥心畲、溥雪斋、齐白石等先生，并向其中一些人正式拜师学艺。启先生后来在绘画、书画鉴定以及古诗文创作方面的绝高造诣即肇基于此。

1927年，启先生正式磕头拜贾羲民先生为师学习绘画。贾羲民，名尔鲁，又名鲁，原以新民为字，后改为羲民，北京人，曾任北洋政府部曹类职。贾老师不但能画（见彩插二），而且博通经史，书画鉴定造诣颇深。由于是文人，他更欣赏王原祁那类不太注重画理、技巧的文人画，时称“外行画”，而启先生心底里更喜欢的是所谓“内行画”，因此贾老师对启先生的影响更多的是在书画鉴赏与鉴定方面。为了观摩，贾老师经常在每月的一、二、三日带启先生去故宫欣赏书画展品，因为这三天不仅门票优惠，而且是换展的日子，能看到大量的新展品。在参观时，贾老师结合具体作品，边看边给启先生讲有关画史及书画鉴定的知识，如远山和近水怎么画是属于“北派”的，怎么画是属于“南派”的，宋人的山水和元人的山水有什么不同，等等。反复去故宫观摩，使启先生对绘画史上的一些名作几近烂熟于心，一直到晚年，他闭起眼睛还能清楚地想象出它们当时挂在什么位置，每张画画的是什么，画面的具体布局如何，以至《溪山行旅图》树丛的什么位置有“范宽”两个小字，《早春图》什么地方有“郭熙笔”的图章，什么地方有注明某年所画的题款等，都记得一清二楚。贾老师有一段笔记记载了当时的有关情况：

己巳重九，与许翔偕启元伯同观清内府钟粹宫及上书房各处书画。辞楼下殿，尽态极妍，恐后争先，顾此失彼，因与元伯各出纸笔摘录原题梗概。半日辛苦颇形疲惫，寓后默忆经过，分析录出，以志眼福之幸。窃以古人秘奥，本难探其元微，而学者浸淫，尤贵深于理会，用敢妄标识见，免致过眼云烟……但是日仓皇涉猎，原限于寸晷之阴，并蓄兼收，正难免鱼珠之谬。（按笔记记载，当日师生过眼山水立轴22件，人物画7件，花卉12件，册页15件，手卷3件。）①

可见他们当时是多么用功，观看后还要写观看笔记。正是在贾老师这样的行家“现场教学”指点下，启先生绘画鉴定的知识与能力得到突飞猛进的提升。

尤为难得的是，贾老师在知道启先生更想学习重画理、讲技巧的“内行画”之后，没有丝毫门户之见，在一次聚会上主动把他介绍给自己的好友吴镜汀先生，拜托他好好带这个学生。吴镜汀，名熙曾，镜汀是其号，浙江绍兴人，长期客居北京。吴镜汀是“内行画”派中的“内行”，他几乎对每种风格、每个名家用笔的技法都有透彻的研究，以至他可以当场表演一些名

① 侯刚、章景怀：《启功年谱》，页14。

吴镜汀先生像

家的画是怎样下笔的：随便抻一张纸，他这样画几笔，那样画几笔，画出的山石树木就是王原祁的风格；再那样画几笔，这样画几笔，居然就是王石谷的味道！他把绘画的技巧与笔墨的特点都解剖透了。启先生从中学到的用笔技法对他日后的书画鉴定也有深远的影响。启先生后来能够从一幅画的用笔来判断是否符合某一画家的个人风格与用笔习惯，从而进行鉴定，就是早年师从吴老师时打下的坚实基础。后来在吴老师的介绍下，启先生加入“中国画学研究会”，其作品也多次在中山公园参加画展，这都对启先生步入画坛起着相当重要的作用。

在启先生十七八岁期间，发生的一件事与他日后成为书法家关系重大。由于知道启先生跟着名家学画已有小成，启先生的一个表舅让他画一张画，准备裱好挂在屋中，但这个表舅特别嘱咐启先生道：“你光画就行了，不要题款，请你老师题。”这话背后的意思再明显不过了，他看中了启先生的画，但嫌启先生的字不好。这件事大大刺激了启先生，从此他决心刻苦练字。虽然启先生后来成为书法家有诸多机缘，但这事对启先生的影响仍不可忽视。

拜师学画外，启先生还拜在戴姜福先生门下学习古文。这是对启先生有终身影响的一位老师。戴姜福，字绥之，江苏苏州人，因系戴名世（号南山）后人，故取别号“山枝”，暗指自己乃戴南山的支派。戴名世是清初文人，桐城派先驱，著有《南山集》，康熙时因此书卷入“文字狱”被斩首，故其后人多所避讳，戴姜福自号“山枝”可谓用心良苦。作为戴南山的后人，戴老师在古文方面可谓家学深远。戴老师也是启先生曾祖任江苏学政时选出的拔贡。所谓拔贡，是从地方生员中选拔优秀者贡入国子监肄业。清乾隆以后，每十二年才举行一次，由各府学从生员中挑选，名额很少，保送入京，经朝考合格后，可任京官、知县或教职。戴老师拔贡后，曾在著名学者李慈铭门下考中举人，但他始终以拔贡为荣，逢人做自我介绍时，总说自己是某某年的江苏拔贡。戴老师当时在曹夔一家教家馆，而曹夔一也是启先生曾祖在江苏做学政时的门生，且与启先生祖父交好，启先生因此得以到曹家随戴姜福学古文，算是“附学”。

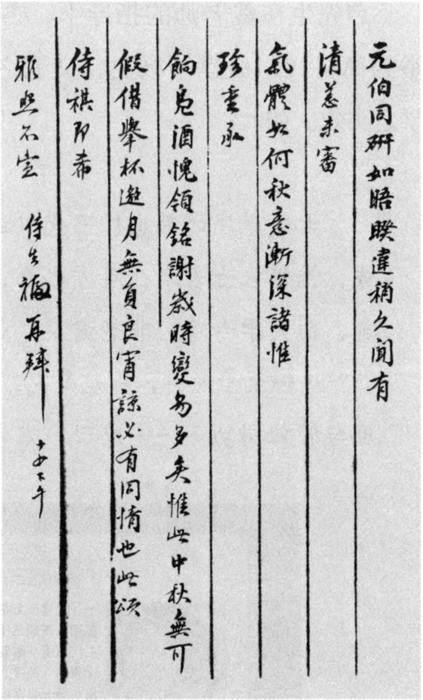
元伯同研如晤睽違稍久聞有
清恙未審
氣體如何秋意漸深諸惟
珍重承
餉兔酒愧領銘謝歲時變易多矣惟此中秋無可
假借舉杯邀月無負良宵諒必有同情也此頌
侍祺即希
雅照不宣　侍生綏再拜

戴绥之墨迹

在那段时间里，启先生下午四点从汇文中学放学后，便跑到曹家找戴老师，戴老师教完曹家公子，再单独辅导他。戴老师颇善于因材施教，由于启先生年纪已经不小，就不让他从“五经”念起，而是将重点放在“四书”和古文上，但仍要求他必须将“五经”看一遍、点一过。在老师的指导下，启先生先将“五经”标点一过，然后又依次标点姚鼐编的《古文辞类纂》以及《文选》等。后来，戴老师又让启先生买了一套浙江书局出的《二十二子》。在教启先生古文阅读与写作时，戴老师注意引导他去思考有关学术源流的一些问题，辨析何为孔孟之学，何为程朱之学，且对程朱理学颇不以为然，曾特意给启先生出作文题目《孔孟言道而不言理》。他这一态度也深深影响了启先生，启先生后来发表的有关中国学术源流的讲学录，其基本思路就是依据戴老师的观念形成的（参见本书《学问家启功》）。

启先生在戴老师的指导下，古文做得越来越好，他被汇文的同学推举为商科1931级撰写级史，文笔之老练，俨然如文章老手，亦可见教与学之实效。如云：

> 大哉庠序之教也！三代以还，虽时危世替，未见废弛。盖美俗之成，惟赖吉士表率；英才之育，尤为国政导源。然小学始教，要在广施；而大学专攻，非能遍及。是以进德之基，深造之本，舍中学其焉归？……至于商科，货殖是究，鸱夷用越，阳翟得秦。谁曰居积可鄙，庶与管仲同功。……或曰：方今世之学校也，颓风陋习，多失教育之

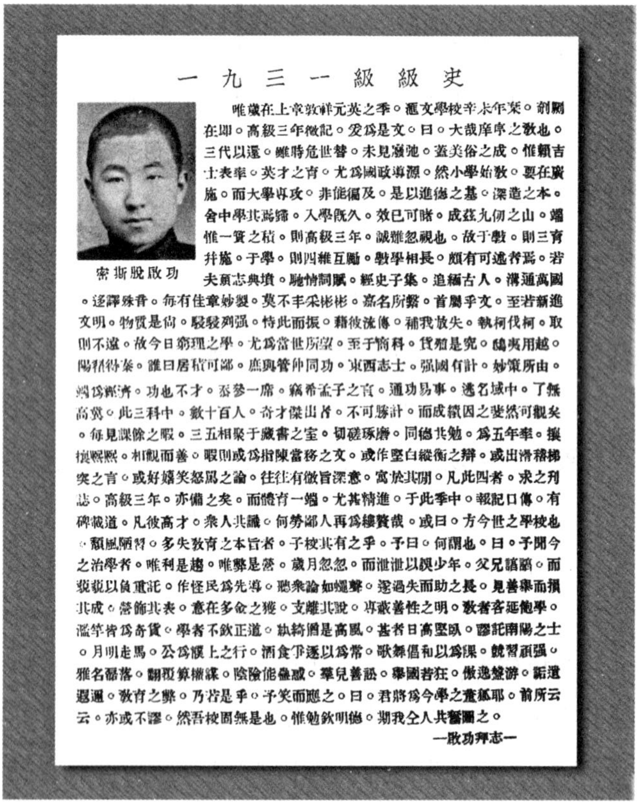

一九三一級級史

密斯脫啟功

唯歲在上章敦祥元英之季。滙文學校辛未年業。剞劂在即。高級三年微記。爰爲是文。曰。大哉庠序之敎也。三代以還。雖時危世替。未見廢弛。蓋美俗之成。惟賴吉士表率。英才之育。尤爲國政導源。然小學始敎。要在廣施。而大學專攻。非能徧及。是以進德之基。深造之本。舍中學其焉歸。入學既久。效已可睹。成茲九仞之山。端惟一簣之積。則高級三年。誠難忽視也。故于敎。則三育并施。于學。則四維互勵。敎學相長。頗有可述者焉。若夫顏志典墳。馳情詞賦。經史子集。追緬古人。溝通萬國。逐譯殊音。每有佳章妙製。莫不丰采彬彬。嘉名所繫。首屬乎文。至若新進文明。物質是尚。駸駸列强。恃此而振。藉彼流傳。補我放失。執柯伐柯。取則不遠。故今日窮理之學。尤爲當世所望。至于商科。貨殖是究。鴟夷用越。陽翟得秦。誰曰居積可鄙。庶與管仲同功。東西志士。强國有計。妙策所由。端爲經濟。功也不才。忝參一席。竊希孟子之言。通功易事。逃名域中。了無高覽。此三科中。數十百人。奇才傑出者。不可勝計。而成績因之斐然可觀矣。每見課餘之暇。三五相聚于藏書之室。切磋琢磨。同德共勉。爲五年率。擷擷熙熙。相觀而善。暇則或爲指陳當務之文。或作堅白縱衡之辯。或出滑稽梯突之言。或好嬉笑怒罵之論。往往有微旨深意。寓於其間。凡此四者。求之刊誌。高級三年。亦備之矣。而體育一端。尤其精進。于此季中。報記口傳。有碑載道。凡彼高才。衆人共識。何勞鄙人再爲縷贅哉。或曰。方今世之學校也。頹風陋習。多失敎育之本旨者。子校其有之乎。予曰。何謂也。曰。予聞今之治學者。唯利是趨。唯弊是營。歲月忽忽。而泄泄以誤少年。父兄諄諄。而藐藐以負重託。作怪民爲先導。聽衆論如蠅聲。遂過失而助之長。見善舉而損其成。營飾其表。意在多金之獲。支離其說。專蔽善性之明。敎者容延偽學。濫竽皆爲奇貨。學者不欽正道。執綺僭是高風。甚者日高堅臥。謬託南陽之士。月明走馬。公爲濮上之行。酒食爭逐以爲常。歌舞倡和以爲課。競習頑强。雅名磊落。翻覆算檄謀。險險能蠱惑。攀兒善訟。舉國若狂。傲逸盤游。蹈遺遐邇。敎育之弊。乃若是乎。予笑而應之。曰。君將爲今學之董狐耶。前所云云。亦或不謬。然吾校固無是也。惟勉欽明德。期我仝人共警圖之。

—啟功拜志—

《1931级级史》

本旨者，子校其有之乎？予曰：何谓也？曰：予闻今之治学者，唯利是趋，唯弊是营。岁月忽忽，而泄泄以误少年；父兄谆谆，而藐藐以负重托。……教者吝延饱学，滥竽皆为奇货；学者不钦正道，纨绮犹是高风。甚者日高坚卧，谬托南阳之士；明月走马，公为濮上之行。……教育之弊乃若是乎？予笑而应之曰：君将为今之董狐耶？前所云云，抑或不缪，然吾校固无是也，惟勉钦明德，期我同人共奋图之。①

骈文写得如此体式工整、文采斐然，岂是一般高中生所能为！遗憾的是，1936年，戴老师患肺病去世，启先生再也无法继续跟他学古文。启先生在《吴县戴绥之先生事略》中这样高度评价老师的道德文章：

旋值鼎革，淡于仕进，教授以取馆谷，泊然自安。儒素为学，淹贯经史，更邃于小学。……先生幼承庭训，以坚苦为立身之本，以俭用为治生之要，以不茹柔吐刚为应世之方。故平生耿介独行，取予不苟。每言读书人立身行道，贵识大义。且勉门人为有用之学，于是知先生远仕禄而勤教述，施于后学，正其所以致用也欤。②

值得欣慰的是启先生赞美戴老师的诸多高风亮节都在他自己身上得到再现。

除了上述几位外，对启先生影响巨大的还有溥心畲、溥雪斋、齐白石等人。

溥心畲，名儒，初字仲衡，恭亲王奕䜣之孙。溥先生不但门第显赫，而且诗、书、画均有极高造诣，在当时享有盛誉，是公认的“王公艺术家”。他的母亲是启先生祖母的亲姐姐、敬懿太妃的亲妹妹，照这层姻亲

① 启功：《启功全集》（修订版）第四卷《随笔杂记》，北京：北京师范大学出版社，2012年，页1—2。

② 启功：《启功全集》（修订版）第四卷《随笔杂记》，页3—4。

溥心畬像

关系论起来，启先生得叫溥先生表叔；若论宗族，溥先生则是启先生曾祖辈。由于天资聪颖、刻苦勤奋，再加上老师的点拨，启先生十八九岁时在诗画方面已小有名气，后来在敬懿太妃的葬礼上遇见溥先生，那时溥先生已对启先生有所耳闻，于是邀请启先生有时间到他住的翠锦园（位于恭王府后花园）去。起初，启先生还以为这只是一时客套的话，但后来溥先生见着他时，老问起他为什么不到家里去，启先生这才敢经常登门求教。由此，启先生无论是在诗歌创作，还是在绘画、书法等方面，都受到这位前辈的深远影响。

启先生到溥先生家去，最想跟他学的是绘画。但溥先生把诗歌修养看作艺术的灵魂，认为搞艺术，特别是书画艺术当以诗为先，诗作好了书画自然就好了。他论诗主“空灵”，推荐王（维）、孟（浩然）、韦（应物）、柳（宗元）四家诗集给启先生读，认为这就是“空灵”的最高境界。每年翠锦园西府海棠盛开时，溥先生便邀请当时的知名文人前来赏花。在临花圃的廊子上随便设些桌椅茶点，来的人先在素纸长卷上签名，然后从一个器皿中拈取一个小纸卷，上面只注一个字，即赋诗时所限的韵。来人有当场作的，也有回去补的。启先生也参与这些活动，这对他后来的诗歌创作有很大帮助。

溥先生有《寒玉堂诗集》，其诗文辞优美，音调摇曳，外壳很像唐诗，但内在的感情却有些空泛，即使有所寄托，也过于朦胧，所以当时著名学者，也即溥仪的师傅陈宝琛说“儒二爷尽作‘空唐诗’”。由于启先生每次拿画作向他请教时，他总问作诗了没，启先生摸准这一规律，凡拿画去时，必兼拿诗稿，有时则干脆将诗题在画上。有一次启先生画了一幅扇面，学着溥先生“空灵”一路的风格，在上面题了一首诗：

八月江南岸，平林欲著黄。
清波凝暮霭，鸣籁入虚堂。
卷幔吟秋色，题书寄雁行。
一丘犹可卧，摇落漫神伤。

（《题画二首》之二）①

溥先生接过扇面，先不看画，而是看诗，仔细吟读了一会儿之后，突然问启先生：“这是你作的吗？”启先生忍着笑回答：“是。”他又反复看了一阵，又问：“真是你作的吗？”启先生忍俊不禁，答道：“您就说像不像您的诗吧？”溥先生也高兴地笑了起来，然后才评点启先生的画作。

而启先生最终实现向溥先生学画的夙愿也是缘于诗。有一次，启先生在旧书摊上无意间发现一套题为清素主人选编的《云林一家集》，而“清素主人”即溥心畬先生的父亲，启先生赶紧买下送给溥先生。由于溥家早已找不到此书，因此他非常高兴，不断地念叨：“这可怎么谢你呢？”启先生乘机说：“您家那幅宋人的手卷能不能借我临一临？”原来，虽然溥家藏众多名贵古画、古法书，诸如唐韩幹的《照夜白图》（古摹本）、北宋易元吉《聚猿图》等，但他的画法主要得力于一卷无款宋人（按，后来启先生发现只是元明人的作品）的山水卷。溥先生自然答应下来，启先生将此画拿回家认真临了两幅：一幅画在绢上，装裱过，后来送给陈垣老校长；另一幅画在纸上，启先生自己留着。巧的是，溥家藏的沈士充设色《桃源图》后来流出，为启先生一位老世翁所得，启先生又得以勾摹此图两次。也就是说，溥先生虽然并未在绘画方法上更多地指导过启先生，但启先生早年学画却与对

① 启功：《启功丛稿·诗词卷》，页 26。

溥家藏品的临摹分不开。

也正是在溥先生家的一次艺坛盛会上，启先生目睹了时称“南张北溥”的两位大画家是如何合作绘画的，不仅眼界大开，而且对绘画的理解也更上一层楼。那次是著名画家张大千先生应约来到溥先生的翠锦园。二人见面并无多话，在大堂中间摆上一张大案子，面对面各坐一边，一人拿起画纸画两笔即丢给对方，对方也同样。接过对方丢来的画稿，这方就根据原意再加几笔，然后再丢回去。如此，不到三小时就画了几十幅，中间还给旁观的人画了几幅扇面，启先生当时得了张大千先生的一幅。最后溥、张两人各分了一半，拿回去题款钤印，没画好的再补完。这一现场表演最令人称奇的是，张、溥二人既没有事先的商定，也没有临时的交谈，完全根据对对方笔意的理解合作生产了一批作品，而且幅幅都是神完气足，浑融一体，看不出任何拼凑的痕迹。启先生此前学画，受到《芥子园画谱》一类成法束缚，下笔之前总想着什么皴什么点、哪一家哪一派，这次看到张、溥二人信手拈来、挥洒自如的创作，不禁茅塞顿开。

溥先生的书法造诣也颇深，早年受永光法师的影响，行楷疏散有和尚书风，五十岁之后的字则特别像成亲王永瑆的精楷。有意思的是，启先生在《论书绝句》第一百首中也提到别人说他的字像成亲王：“偶作擘窠钉壁看，旁人多说似成王。”[①]但启先生说自己从未学过成亲王的字，之所以会出现这种情况，或许跟早年在溥先生处的耳濡目染、潜移默化不无关系。

这一期间，启先生除了经常到翠锦园寒玉堂向溥心畬先生请益外，还经常到另一同宗书画家溥雪斋先生的松风草堂参加笔会。松风草堂的集会，来者多是画家，溥心畬先生也是成员之一，众人聚在一起，除了合作绘画外，也品鉴古书画、弹奏古琴。当时无论年龄和辈分，启先生在众多老先生中都是小字辈，而能跻身其中，也足见他的绘画水平得到众多老先生的充分

---

① 启功：《论书绝句》，赵仁珪注释，北京：三联书店，2002 年，页 200。

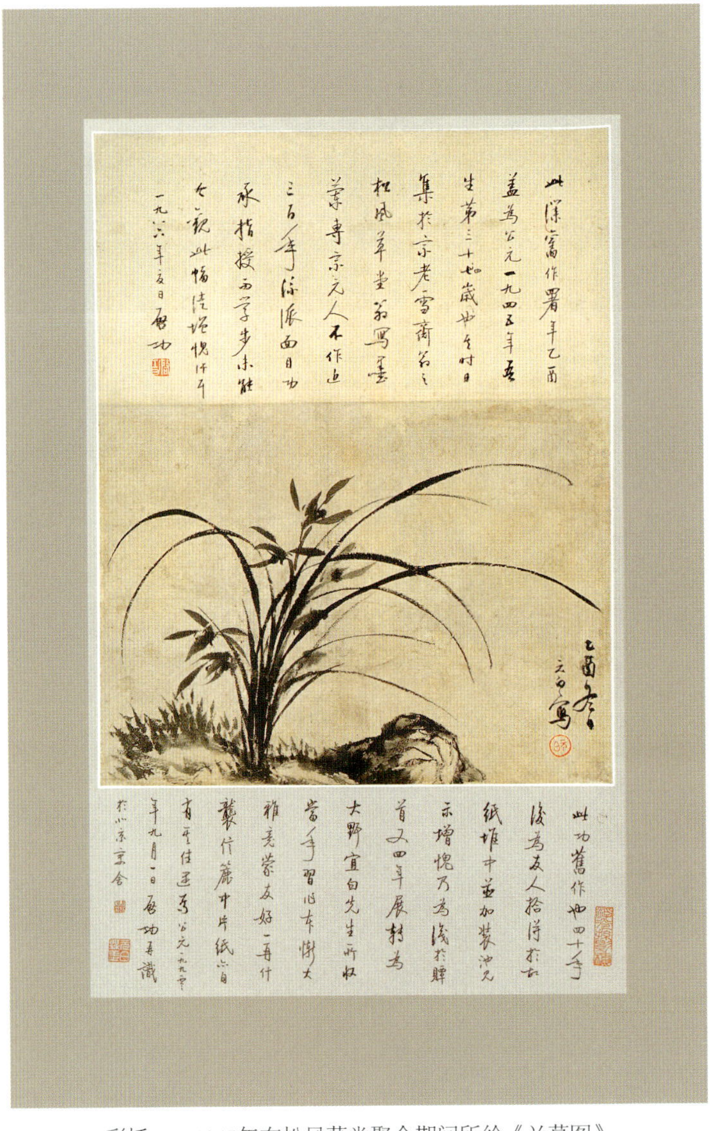

彩插一　1945年在松风草堂聚会期间所绘《兰草图》

彩插二　贾羲民山水画

认可。在这种难得的场合下，启先生获得了向众多名家请益的机会，眼界与见识均为之大开。启先生后来对这段经历予以了高度的评价：

> 除了合作绘画外，弹古琴，弹三弦，看古字画，围坐聊天，无拘无束，获益最多。因为登堂请益，必是有问题有答案，有请教有指导，总是郑重其事，还不如这种场合中，所见所闻，常有出乎意料之外的东西，我所存在的问题，也许无意中获得理解，我自以为没有问题的事物，也许竟自发现另外的解释。……俚语说“投师不如访友”，原因是师是正面教，友是多方面的启发。而老师的友既有从高向下垂教的尊严一面，又有从旁辅导的轻松的一面。老师的友自然学问修养总比自己同等学力的小朋友丰富高尚得多，我从这种场合中所受的教益，自是不言可喻的。[①]

应该说是历史给了启先生这样得天独厚的机遇，他长期浸润在这种文化环境中，受到的潜移默化的影响是难以估量的，而后人很难再享受到像他这样经常出入如此高级“文化沙龙”的成长环境了。这正是启先生后来能成为一般人难以企及的文化大师，能成为一个难以复制的全才艺术家兼学者的重要原因。

此外，松风草堂的集会，有时也搞些“押诗条”（又称“诗谜”“敲诗”“打诗宝”）的活动。这是当时文人玩的一种带有赌博性质的文字游戏。方法是把古人的一句诗写在一张长条纸上，但要隐去其中一字，而把它写在纸尾，用封套掩盖，不让别人看见，另配四字，写在旁边。猜的人就五字中选择一字，选中为胜。游戏者可选择不同的赔率。这种游戏，有助于玩家琢磨古人写诗是如何用字遣词的。在这种氛围下，启先生写了不少诗，后来收入《启功韵语》中的《社课咏福文襄故居牡丹限江韵》就是此时写的。

---

① 侯刚、章景怀：《启功年谱》，页 20。

这些作品拿到集会上，往往能得到前辈的指教，他们给启先生分析某首诗先有的哪句，后凑的哪句，哪句好，哪句不好，为什么押了这个韵，讲得头头是道，而启先生的诗歌创作水平也在这种切磋中不知不觉提高了许多。

而启先生得以登堂向齐白石请教，因缘尤为奇特，居然是因为棺材。原来，齐白石湖南老家有这样的习俗：但凡家有老人，就得预制好棺材。恰巧启先生远房的四叔祖毓逖是开棺材铺的，他用上等木料给齐白石做过一口好棺材，因此和他有了交情。毓逖见齐白石以绘画闻名全国，画作畅销，觉得启先生若能学得其画技之一二，未来就能生计无忧，于是就让启先生正式拜齐白石为师学画。

在齐白石门下，启先生学到了很多绘画技巧。众所周知，齐白石善于画虾，虾须神采飞扬，令人过目难忘。启先生登门求教，发现他画虾须时不是转动手，而是转动纸——把纸转向不同的方向，而手总朝着一个方向画。原来，这样画更容易掌握手的力量和感觉，这就是窍门，这就是经验。还有一次，启先生去时，白石先生正在画一个披蓑戴笠、手提竹篮、肩荷钓竿的赤脚渔翁。这是齐白石常画的题材，启先生之前见过，对其不求形似、毫无拘束感的用笔印象深刻。如今亲见白石先生起草，发现他并非临纸信手挥毫，而是格外精心。当用炭条画到膝下小腿到脚趾部分时，他先是画了一条长勾短股的90度线条，然后在这线条平行处又画一勾股。这时白石先生抬头问启先生："你知道什么是大家，什么是名家吗？"启先生答曰"不知"。齐白石说："大家画脚，不画踝骨，就这么一来；名家就要画出骨形了。"说完，齐白石在两条平行勾股线勾的一端画上四个小短笔，五个脚趾的一只脚就跃然纸上了。

白石先生也擅长刻印，因此启先生有一次特地向他请教如何治印。白石先生先拿了一块寿山石，然后翻出一本《六书通》，查了一个"迟"字；之后直接用墨笔在印面上写上反着的印文"齐良迟"；写完印文，对着案上立着的一面小镜子照了一下，镜里的字是正的；再用笔修改了几处，满意之后即奏刀。白石先生边刻边对启先生说："别人都是这边一刀，那边再一刀，我不，我就这么一刀，这就是所谓的单刀法。"原来，白石先生治印时，每一笔画只用刀在笔画的一侧刻下去，一刀下去，一边光光溜溜，一边剥剥落落，金石气跃然刀下，刀力与功力毕现。印刻完后，又在镜中照了一下，修改几处后，即蘸印泥打出来看。此时不再做修改，最后刻上边款"长儿求宝"，下署齐白石别号。与作画一样，白石先生刻印所呈现出的大刀阔斧的风格与精心严肃的作风都给启先生留下了深刻的印象。

一直到晚年，启先生都很喜欢白石先生那些充满童趣和乡土气息的作品，其诗集中有一首《齐萍翁画一妇人抱一小儿，儿执柏叶一枝，题首柏寿二字，又题云："小乖乖，拜寿去。"》：

> 小乖乖，拜寿去。老乖乖，多妙趣。此是山翁得意处，我亦相随有奇句。[①]

之所以有这份格外的喜欢，除了启先生永葆的童心外，恐怕与启先生早年也曾以"小乖乖"身份侍立白石先生左右这一温情回忆有关。当时，白石先生年近七十，启先生则十七八岁，前者大了后者整整五十岁。或许是因为老年人喜欢小孩，白石先生很喜欢启先生，以至于启先生若有一段较长时间没去看他，他就会问："那个小孩儿怎么好久不来了？"这句长者关爱的垂问，让启先生终生感怀。

三、三进辅仁

邵、唐两位先生募集的那笔款子到启先生十八岁时就已用完，启先生家

---

① 启功：《启功丛稿·诗词卷》，页 213。

又陷入困窘。1931年，为了挣钱养家，启先生从汇文中学辍学，之后，一度在北平美术学校（京华美专）教国画，但不到一个月就失业了；后来就只能靠临时教些家馆来维持生计，偶尔能卖出一两张画，可以稍稍贴补一下家用。

20世纪50年代启先生一家合影

1932年，启先生母亲拿来一位姑娘的照片，跟他说："你父亲死得早，我守着你很苦很累，很想有个帮手。你身边有个人，我也就放心了。"她要求启先生娶了这姑娘。由于尚无稳定职业，启先生其实并不想这么早结婚，但他念及母亲近二十年含辛茹苦，也理解她希望自己早日成家的心愿，一贯孝顺的他实在是不忍拂逆，于是听从母命结婚了。这位满族姑娘就是章宝琛。虽然这是"父母之命，媒妁之言"的旧式婚姻，但启先生与夫人婚后相濡以沫，感情日深。由于章宝琛比启先生大两岁，启先生后来就叫她"姐姐"。他对这位"姐姐"充满了敬意和爱意，他常说："她天生勤劳、贤惠、善良，是具有中国传统美德的贤妻良母式的女性。""她没有多高文化，在许多事情上是不求甚解的。她对旗人家中媳妇地位的低下习以为常，对家庭中的种种委屈心平气和、逆来顺受，然而有一点她十分清楚，就是坚信自己的丈夫是一个正直、善良的好人。""她的善良已经到了超越自我的程度。""她唯一遗憾的是我们没有子女，在这一点上，她误认为是自己的过错。"①

启先生结婚后，家中原来孤寒凄清的局面大有改观。后来，启先生在

① 侯刚、章景怀：《启功年谱》，页17。

辅仁大学的学生来新夏曾回忆道：

> 我去启先生家渐多，对启先生的家人也逐渐熟悉。启先生的家庭很简单，上有寡母和姑母。她们历尽艰辛，抚养幼年失父的启先生成长。启母是一位慈祥和善的老人，对青年学生颇多关注，不辞烦琐地随时为学生们缝连补绽。姑母因未嫁丧夫，终身陪伴寡嫂，性格豪爽直率，像个壮汉子，家人和我们都亲昵地叫她“二爹”。她见到我们举止失当时，都当面指斥改正，有时甚至骂两句轻量级的话。我棉袍罩有三个多月未洗，大襟上有饭嘎巴和一些污渍，大概让她老人家看不过，就大骂我“懒虫”，愣从我身上扒下来，为我洗熨晾干让我穿上走，我情不自禁地向老人鞠了一躬，眼里滚动着泪珠，老人拍拍我肩膀说：“注意点卫生！”启师母是一位时带微笑而不多说少道的温顺女子。尤其启先生与学生们交谈时，师母从不插话。启先生没有子女，一家四口过着恬静和谐、令人羡慕的日子。①

由于启先生辍学后一直没找到稳定的工作，邵、唐两位先生一直为此操心。本着负责到底、善始善终的精神，他们请出四川同乡傅增湘先生帮忙。傅先生也是启先生曾祖的门生，因此慨然答应。

傅增湘，字沅叔，别署双鉴楼主人、藏园居士、藏园老人、清泉逸叟、长春室主人等，四川泸州江安人，是近现代以来著名的藏书家、版本目录学家，有《藏园群书经眼录》传世。清光绪二十四年（1898），傅先生中进士入翰林，后任直隶提学使。当时改革风气初开，傅先生率风气之先，创办女子学校，培养了大批女子人才。北洋政府时期，傅先生因教育成就显著

---

① 来新夏：《七十年师生琐碎情——纪念启功老师百年冥诞》，收入《以观沧海：启功百年诞辰纪念文集》，北京：文物出版社，2012 年，页 208。

出任教育总长，后因不满时政，尤其不满当局干涉蔡元培在北大的改革而辞职。此后，他又将精力转向筹办辅仁大学的前身“辅仁社”，任辅仁大学董事会董事长，对辅仁大学有开创之功。辅仁大学当时的校长是陈垣先生。傅、陈二位交谊笃厚，傅先生任教育部总长时，陈先生任教育部次长，而傅先生辞职后，陈先生又曾任代理总长，两人曾长期共事。因此，傅先生决定找陈先生说项，看能否替启先生谋得一份更为稳定的差事。

陈垣像

陈垣（1880—1971），字援庵，广东新会人，著名教育家和史学家，著有《通鉴胡注表微》《二十史朔闰表》《中西回史日历》《史讳举例》《元典章校补》《元西域人华化考》《中国佛教史籍概论》《明季滇黔佛教考》等。陈先生幼时入私塾，读经书，习举业，但他自称“余少不喜八股，而好泛览”（《陈垣来往书信集》），因此研读了大量的子书和史书，接受了很多实用之学。囿于时代，陈先生仍不得不走科举之路。二十一岁时，参加新会县试，被取为第一名（案首），同年参加广州府试。按惯例，各县案首府试无不取之理。但主试的广州知府施典章对先生文章中表现出的新思想不满，竟在卷子上批道：“直类孙汶（文）之徒”，后又把“孙汶”圈去改为“狂妄”。因此，最初先生不在复试之列，但迫于舆论压力，府学不得不在最后时刻把他的名字补上。复试的题目为“出辞气，斯远鄙倍矣”。这显然是针对陈先生初试文章的“狂妄”而发的。但这次陈先生按部就班、四平八稳地做起了八股文章，那位施知府也无话可说，于是顺利通过府试和院试，考取了秀才。后来，先生在回忆这次经历时曾作诗曰："犹忆当年施太守，嗤余狂妄亦知音。"同年，先生又参加顺天府乡试，广东甄某请他代考，于是他在考试时一口气做了两篇文章。张榜后，自己没中，甄某却中了。第二年，陈先生补为廪膳生，即公费包管食宿的生员，再次参加开封乡试，仍未录取，从此彻底放弃科考，投入宣传新文化运动及反清斗争和辛亥革命中，曾参与及创办《时事画报》《震旦日报》，宣传革命。陈垣先生大力兴办教育，在新会、广州教过小学、中学，又考入美国人在广州开办的博济医学院学习西医，后又与广州医学界的中国名流创办光华医学校和《医学卫生报》《光华医事卫生杂志》。1912年，他与广东医学共进会同仁欢迎孙中山并摄影留念。1913年，陈垣先生当选众议院议员，北上北京，创办北京孤儿园、北京平民中学。这时期，他的学术研究也取得很大成就，特别是在历史考据方面的成就更令人瞩目。1919年，陈先生积极参加"五四运动"，亲自上街游行。由于社会影响日益显著，1921年，陈先生任教育部次长、代理部务，兼任京师图书馆馆长。1922年起，担任北大研究所国学门导师，同年辞去教育部的任职，专心于办学与学术研究。1925年，陈先生任故宫博物院理事兼图书馆馆长，1926年任辅仁社社长。1929年起任辅仁大学校长。1952年辅仁大学与北京师范大学合并，陈先生任北京师范大学校长，直到1971年故去，享年九十一岁。

启先生与陈垣校长合影

结识陈垣先生，是启先生一生重大的转折，他一直清楚地记得傅增湘先生是如何向陈垣先生介绍自己的。

当时，启先生带着自己写的几篇文章和画的一幅扇面先来到傅家。

傅先生嘱咐启先生先在他家等候回音，然后就拿着启先生这些作品直奔陈垣先生家。在傅家等候的启先生忐忑不安，既兴奋又紧张，他知道这是他人生的一次重要机遇，因此渴望得到它，也害怕失去它。好不容易盼到傅先生回来，傅先生用平和的语气传达了令启先生激动不已的消息："援庵先生说你写作俱佳。他的印象不错，可以去见他。"又叮嘱道，"无论能否得到工作的安排，你总要勤向陈先生请教，学到做学问的门径，这比得到一个职业还重要，一生受用不尽的。"就这样，启先生得以去见陈垣先生。初次见面，启先生未免有些紧张，尤其是见到陈先生眉宇间透出一股肃穆威严之气，甚至有些害怕。但陈先生却十分和蔼地对启先生说："我的叔叔陈简墀和你祖父是同年的翰林，咱们还是世交呢。"一句话说得启先生放松下来，还产生了一种亲切感。其实，陈先生早已参加资产阶级革命，科举同年在他心目中未必有多么重要，他这样说是为了消除启先生的紧张情绪，老先生对青年后生的关爱之心于此可见一斑。

正是在陈垣先生的安排下，启先生得以三进辅仁大学，最终成为高等学府里的著名学者。

陈先生先安排启先生到辅仁附中教一年级国文。在交派工作时，陈先生详细询问启先生此前是否教过学生，教什么内容，如何教的。启先生连忙把自己教过家馆的情况告诉了他，他听了点点头，特别仔细地一一叮嘱启先生该如何教一班中学生。

启先生上班后，按陈先生的嘱咐，努力上好每一节课。由于启先生上课时语言幽默，内容生动有趣，深受学生欢迎。几十年后，还有当年的学生记得启先生以及他的国文课。工程院院士谢学锦这样评价启先生对他一生的影响：

> 我放眼看世界，就是在初中一年级国语老师启功的熏陶下开始的。启老师讲课生动，引人入胜，在他的熏陶下，我对文学，包括古代的和近代的，中国的和外国的，都产生了极大的兴趣。不仅课本上所选的诗

词文赋及小说片段，我用心去阅读欣赏，而且还到学校图书馆去大量借阅各种文学书刊，对文学产生了浓厚的兴趣。①

但令启先生万万没想到的是，尽管他的教学效果非常不错，仍被分管附中的辅仁大学教育学院院长张怀辞退。理由很冠冕堂皇：启先生中学都没毕业，怎能教中学？这不符合制度。就这样，启先生一进辅仁，仅仅待了一年多就遭到无情辞退，这对他是一个沉重的打击。无奈之下，启先生又教起了家馆。

启先生在美术系任教时照片

对于启先生因为没有文凭被辞退这件事，陈先生有自己的看法。他自己也没有洋学历，自报家门时总是称“广东新会廪膳生”，因此他深知文凭固然重要，但实际本领更重要。由于他看过启先生的文章与绘画，深知启先生人才难得。因此，他又根据启先生善于绘画，有较丰富的创作经验和理论知识这一特点，安排启先生到辅仁大学美术专修科（后改美术系）去做助教。这就有了启先生二进辅仁的经历。

虽然在陈先生的力荐之下启先生得以再次回到辅仁，但限于资历，只能先任助教，协助溥雪斋先生讲授《书学概论》和《书法实习》两门专业课。后来，又讲授过《中国绘画史》《书画题跋》等课，教学生一些与绘画相关的知识，如怎样题款、落款、钤印等。以启先生的绘画功底以及他从贾羲民、吴镜汀、溥心畬、溥雪斋、齐白石等先生那儿学到的东西，做个美术系的助教真可谓绰绰有余。多年以后，很多当时美术系的学生仍与启先生保

① 侯刚、章景怀：《启功年谱》，页18。

持着密切的联系，可见启先生受到了学生的认可。但不幸的是，辅仁大学美术系也是归教育学院分管，启先生做了一年助教之后，再次被张怀院长以资历不够为由解聘。

陈垣先生知道后，打算安排启先生到校长室做秘书，先让柴德赓去征求启先生的意见。启先生内心是十分想去的，因为这会有更多的机会接触陈先生，但他一贯谦逊，这次照例也客气一番："我没做过这样的工作，我怕能力不够，难以胜任啊！"柴德赓回去向陈先生汇报说："启功对我郑重其事地说他不愿来。"后来，陈先生见到启先生时就问他："你为什么不愿来呢？你还应好好学习啊！"启先生一听，就知道陈先生误会了，但他有口难言，也不便多做解释。就这样，被美术系解聘后的启先生与一个很好的机会失之交臂，他不得不再次离开辅仁大学。

启先生结束二进辅仁的经历之后，很快就赶上日本帝国主义全面侵华，日军迅速占领了北平。北平人民因此遭受了空前的灾难，物价飞涨，通货膨胀。流离失所的难民自不用说，连一般的小康家庭生活都难以为继，失业在家的启先生又一次面临着生活重压。为了维持生活，启先生不得不临时去教一两家家馆，有时也将自己创作的一些书画作品拿到琉璃厂去换些钱，聊以度日。

1938年3月，启先生的八叔祖见他生活困顿，出于好心，想帮他找份工作糊口。当时，这位八叔祖在日本人控制的市政府下做小职员，因此他所能介绍的工作也只能是找伪差。他替启先生从商店买了张履历卡，填写上姓名、年龄、籍贯等。启先生一看他把自己的姓名写成"金启功"，就很不高兴，因为爷爷临终前叮嘱过："你要是姓了金就不是我的孙子。"因此，启先生争辩道："我不叫金启功啊。"八叔祖连哄带压地说："这有什么关系，你不看现在是什么时候，我现在不是也叫金禹宗了吗？"当时家族的势力还很强，宗族观念也比较重，迫于对方是长辈，启先生不好当面坚决抵制，就这样迫不得已地叫了一回"金启功"。八叔祖把履历卡交给了秘书厅的负责人祝书原，他是时任日本傀儡政权委员长的王克敏的手下。启先生还在犹豫要不要去任职时，恰巧发生了日本顾问与王克敏被刺事件。当时刺客向他们开枪，王克敏先趴下，日本顾问被击中，倒在王克敏身上，王克敏算是躲过这一劫。日伪政权大为恼火，全城戒严，到处抓嫌疑犯，形势非常紧张，很多人因此受到牵连，例如王光英先生就被抓进煤渣胡同的特务机关去了。启先生因此陷入极为尴尬的境地：如果坚持不去，他也很容易被怀疑是反日分子，与刺杀事件有牵连。一时间，启先生的母亲和姑姑吓得束手无策，乱了方寸，都劝启先生说："别惹事了，还是去吧，看看再说。"无奈，启先生身不由己地干上了伪职，在伪华北临时政府行政委员会当一个小小的助理员，负责校对档案存卷，一月能挣三十元。

启先生心神不宁地当了三个多月助理员，没承想，到了这年夏天，陈先生再次找到他，问："你现在有事做没有？"启先生咬着后槽牙说："没有。""那好，真没事，9月发聘书，你就回辅仁跟我教大一国文吧。"听到这话，启先生喜出望外，因为他本来就不愿干伪职，只是迫于生计和叔祖的好意，更不愿就此真的姓了"金"。陈先生再度施以援手，不啻一举将他从汪洋苦海中超度出来，他焉能不欣喜若狂。他赶紧回家把这好消息告诉母亲，激动中他想起一句戏词，不禁攥起双拳，仰天大叫："没想到我王宝钏还有今日啊！"启先生的母亲和姑姑也都高兴得直哭。第二天一早，启先生就找到祝书原说："我现在身体不好，老咳嗽，昨天我去看病，医生说我是肺病，我只能辞职了。"祝书原没有强留，只是问："谁能接替你啊？"启先生说："我们那儿比我位置低的只有那位书记，他可以。"祝书原就按启先生所说向上边打了报告，由那位书记接替了启先生，启先生顺利辞职，而那位书记还为此对启先生感恩戴德的。

1938年春夏之际这三个多月，成了启先生心中永远的痛与悔。新中国成立后不久，组织曾发起"忠诚老实学习交代会"，启先生积极响应号召，十分忠诚老实地把干过几个月伪差的事原原本本做了交代。当时开会的地方在女院（恭王府），散会后启先生就直奔南院校长办公室找到陈先生，非常惶恐地向他说："我报告老师，那年您找我，问我有没有事，我说没有，是我欺骗了您，当时我正做敌伪部门的一个助理员。我之所以说假话，是因为太想回到您身边了。"陈垣先生听了，愣了一会儿神，然后说了一个字："脏！"这一个字，真如当头一棒，万雷轰顶，启先生把它当作一字箴言，警诫终身。晚年在做口述历史、追忆生平时，启先生以过人的道德勇气，再次讲述了此事，并没有做丝毫讳饰①。

1938年9月，启先生第三次走进辅仁大学，教大一国文课。这一次回到辅仁，启先生不但得到了陈先生的耳提面命，还结识了一批前辈及同辈学者，真可谓既得夫子之循循善诱，又得友朋之切磋琢磨，学识艺能越发精进。

陈先生安排启先生以及另外几个人和他自己各教一个班的大一国文，教同一课程，他就可以手把手地教这些青年教师，对他们进行提携诱导。开学之前，陈先生谆谆教导启先生：

> 这次教大学生又和中学生不同。大学生知识多了，他们会提出很多问题，教一堂课一定要把有关的内容都预备到，要设想到学生会提出什么问题，免得到时被动。要善于疏通课堂空气，不要老是站在讲台上讲，要适当地到学生座位中间走一走，一方面可以知道学生们在干什么，有没有偷懒、睡觉、看小说的，顺便看看自己板书的效果好不好，学生记下了没有，没有记下的就可顺便指点一下他们；更重要的是，这样可以创造一个深入他们的气氛，创造一个平等和谐的环境，让学生们觉得你平易近人、可亲可敬。到了大学更要重视学生实际能力的提高，要多让学生写作，所以上好作文课是非常重要的，批改作文一定要恰到

---

① 启功口述，赵仁珪、章景怀整理：《启功口述历史》，页89—91。

好处，少了，他们不会有真正的收获，多了，就成了你给他重作，最好的办法是面批，直接告诉他们优缺点在哪里，他们要有疑问，可以当面讲解，这样效果最好。要把发现的问题随时记在教课笔记上，以便以后随时举例，解决一些普遍性的问题。①

为了上好课，启先生常去听陈先生的课，而陈先生也经常到启先生的课上把场传授。除了学问本身外，启先生还从陈先生那里学到很多教学经验及教学技巧。譬如，启先生发现陈先生板书时每行（竖行）只写四个字，很是奇怪，陈先生让启先生坐到教室最后一排去看看，启先生一试才明白，原来写到第四个字，最后一排恰巧能看清、看完整，再多写一个字，就会被讲台挡住，学生只有站起来才能看得见。仅此一细节，陈先生就让启先生明白了在教学中如何处处以学生为本。

因为是国文课，陈先生非常注重学生的写作训练。当时学生的作文都用毛笔写在红格宣纸本上，他要求教师在批改时也要工工整整地用毛笔来写。每隔一段时间，学生的作文及教师的批改就会被张贴在学校橱窗内，供大家参观评论。这种展出，既是学生间的小型作文竞赛，也是教师间教学效果、批改水平的大检阅，大家都格外上心。因此，启先生在批改学生作文时，总是提起十二分的警惕，拿出十二分的用心，不管是天头的顶批，还是最后的总批，每处都兢兢业业，这样每当展出时，能保证自己的字确实不至于落在学生后面。启先生后来回忆说，陈老先生虽然没有直接教他书法，但这种“橱窗展览法”大大促进了自己书艺的提高，特别是小楷的书写。为了不至于在展览中输给自己的学生，启先生长年坚持练习小楷，而且一定要写得规规矩矩，不敢为求有金石气、有个性而把字写得歪歪扭扭、怪里怪气。这也算是陈先生教学妙招给启先生在书法方面带来的益处吧。

---

① 启功口述，赵仁珪、章景怀整理：《启功口述历史》，页 93—94。

陈先生不但教启先生他们如何开展教学，而且教他们如何读书做学问。启先生最初不知从哪里入手开展自己的研究，陈先生就问他："原来你都读过什么书？其中哪些读得最多、最熟、最有兴趣？这一定要从自己的实际情况出发。"启先生说："我原来随戴先生读了很多经史一类的书，但我的兴趣还在艺术方面，我也接触、积累了一些这方面的知识。"陈先生说："那很好，艺术方面有很多专门的知识，没有一定实践经验和切实修养，还做不了这方面的研究，你很适合做这些题目。"在陈先生的启发与鼓励下，启先生完成了自己的第一篇论文《〈急就篇〉传本考》。

陈先生除了在研究方向、研究方法上对启先生进行引导外，有时还将自己读书所得的资料无私地提供给启先生，帮他开展有关研究。譬如，启先生一直很喜欢董其昌的画，但发现很多署名"董其昌"的画作水平不一，一开始以为是赝品，或者是因为代笔人水平太差所致，后来听贾羲民老师说，才知道其中也不排除董其昌本人的"大爷高乐"的作品。启先生还发现，给董其昌代笔的松江派画家功底都很深，画起来有板有眼。启先生因此对这些代笔人及其画风产生了兴趣，意欲一探究竟。陈先生知道后，认为这是一个很有研究价值的论题，不但予以鼓励，还将他自己在读书过程中发现的一条相关材料亲笔抄录给启先生——朱彝尊《论画绝句》中有一首七绝谓："隐君赵左僧珂雪，每替香光（董其昌）应接忙。泾渭淄渑终有别，漫因题字概收藏。"朱彝尊自注说是"董文敏疲于应酬，每倩赵文度及雪公代笔，亲为书款"。这条材料说明，赵左和僧珂雪都曾替董其昌代笔，而清初朱彝尊已经注意到这一现象。在陈先生的辛勤指导、具体帮助下，启先生又写了《董其昌书画代笔人考》这篇得意之作。

在陈先生身边，启先生学到的不仅仅是如何教书、如何做学问，同时也受到其崇高人格的感召与熏陶。日寇占领北平后，作为一位赤手空拳的老学者，陈先生只能以笔代枪，把他的爱国思想、爱国情绪寄托在一篇篇史学论文中。他常引用《论语》中的"施于有政，是亦为政"，表明他写这些文章的苦心孤

启先生与陈垣校长及柴德赓、刘乃和在北海海面积雪中

诣，有时则直接给启先生他们讲解其中所蕴含的内容和情感，忠愤之气每每溢于言表，听者为之动容。为了培养辅仁大学里青年中国神父的爱国情感，陈先生还专门对他们进行中国历史文化基本知识的教育，用心良苦。

创办于1929年的辅仁大学，是在英华先生一手主持下，由罗马教宗派来的一个天主教分会办起来的教会学校。因属教会学校，尤其是董事会的权力实际由德国人把持，辅仁大学在沦陷期处于一种很特殊的地位：由于日本与德国是同盟的轴心国，所以日本侵略者不敢接管或干涉辅仁大学的校务，只派一名驻校代表细井次郎监察校务。而这位日本代表又很识相，索性不闻不问，听之任之，并没给学校带来更多的麻烦。因此，在沦陷期，辅仁大学扮演了一个特殊的角色：那些留在北京继续工作又不愿从事伪职的学者，那些想在北京继续学习又不愿当日本亡国奴的青年，便纷纷投向辅仁大学。而被英华请来担任校长的陈垣先生又不拘泥于宗教信仰、党派属性、学历高低，趁机礼聘了大量有真才实学的教师。其中，物理、化学多请西方专家，而文学院则请沈兼士任院长，国文系先请尹石公任主任，后由余嘉锡接任，历史系请张星烺任主任。教授有刘复、郭家声、朱师辙、于省吾、唐兰等先生，真可谓人才济济。一时间，创办未久的辅仁大学与避寇西南的西南联大南北齐名。启先生在陈校长的大力荐拔之下得以进入辅仁大学任教，因此有缘结识了众多学界名流。

由于荟萃了众多学术名家，辅仁大学的教员休息室几乎成了“学术沙龙”，教师们自发地在那里组织各种轻松自由的读书会。大家都愿意早来会儿，晚走会儿，或者干脆特意到这里坐一坐，海阔天空地聊一聊。来的又都是各专业的专家，无拘无束，没有一定的话题，没有固定的程序，大家就最近所看的书、所发现的问题，随便借一个话茬就发表一些见解，各说各的，用不着长篇大论，三言两语，点到为止，反而更显真知灼见。即使有时有不同意见，谁也不用服从谁，平等交谈，说完即止。有的话题大家都感兴趣，也许会持续说好几天，有的人会回家查查资料，第二天继续说。有的话题是本专业的，发表意见的机会可能更多；有的是非本专业的，听起来更觉新鲜，也会有很多收获。比如当时李石曾之子李宗同翻译了一部摩尔根的《世界古代史》，在学术界影响很大，成了一时的话题，大家纷纷发表意见，启先生也从中了解了西方史学家的史论，发现他们确实有一套，值得借鉴。

除了学术交流外，教师们也会把自己的书画作品陈列在这里供大家观摩，于是教员休息室又变成“书画展览室”。余嘉锡老先生爱写隶书，有时将自己的作品拿到休息室来展示一番。有一次，启先生花了十二元买了一张破山和尚的条幅“雪晴斜月侵檐冷，梅影一枝窗上来”，也挂到休息室供大家欣赏。正巧，陈先生推门进来，看了十分喜欢，便开玩笑地对启先生说：“你这是给我买的吧？”启先生连声说“是”，陈先生便高兴地“笑纳”了。启先生开始还有点舍不得，后来一想这也叫物归其主，因为陈先生历来喜欢收集和尚的书法作品，并且深有研究。譬如，启先生曾对和尚禅僧的书法风格有些困惑：为什么他们的字无论大小，都有一种洒脱、疏朗的

启先生与师友围炉

共同风格？后来还是陈先生给他指点迷津：原来，和尚衣服的袖子比一般人都宽大得多，他们写字时一定要用另一只手把袖子拢起，因此必定都是大悬腕，所以写起来也就格外放得开。在这种浓厚又轻松、自由的学术氛围下，启先生获益良多。

启先生与陈垣校长鉴赏书法

除了得前辈师长之益外，启先生在辅仁大学还尽享同辈友朋之乐。一进辅仁时，启先生就结识了牟润孙、台静农，后来又陆续认识了余逊、柴德赓、许诗英、张鸿翔、刘厚滋、吴丰培、周祖谟等人。启先生与他们年龄不相上下，彼此相差至多不到十岁，大家之间“谊兼师友”，经常在一起饮酒谈艺，切磋学业。台静农精通书艺，当时启先生受宗老溥雪斋之教，正在临摹赵孟頫的字。一次谈到王文治的字，台静农评以“侧媚”，婉转地提醒启先生在临赵时需要注意的问题。余逊是余嘉锡的儿子，余嘉锡在辅仁教《秦汉史》，讲稿是余逊所作，余嘉锡也毫不避讳，在课堂上公开说：“讲稿是小儿余逊所作。”一时传为美谈，而余逊的学问于此亦可见一斑。牟润孙不修边幅，经常忘刮胡子，每逢去见陈垣先生，陈先生就用手朝他的下巴一指，他就知道又忘了刮胡子，惶恐不已。后来，牟润孙就养成每见陈先生必先摸下巴的习惯。但百密仍有一疏，有一回牟润孙临见陈先生之前，忽然发现又没刮胡子，回去已经来不及了，就赶紧跑到陈先生隔壁不远的余嘉锡先生家，找余逊借刀子现刮。那时他们都住在兴化寺街，陈先生住东院，余嘉锡住西院。余嘉锡很风趣，跟牟润孙开玩笑说：“你这是‘入马厩而修容’。”《礼记·檀弓》载有“曾子与子贡入于其厩而修容焉”，不想这次让牟润孙赶上了。说罢，大家不由

1948年4月25日启先生与余逊、柴德赓、周祖谟合影

得开怀大笑。

遗憾的是，抗日战争爆发后，启先生不少好友相继离开了辅仁，剩下关系比较密切的只有余逊、柴德赓、周祖谟三个人。由于四人还留在陈先生身边，也常到兴化寺街陈先生的书房中去请教问题，聆听教诲。有一次，不知是谁，偶尔在陈先生的书里发现一张夹着的纸条，上面写着他们四人的名字，于是四人被说成是他身边的“四翰林”，又被戏称为“南书房四行走”。

1942年，辅仁大学美术专修科由三年制专科改为四年制本科，设美术系，由溥雪斋任系主任，启先生被聘为美术系讲师，但仍承担大一国文课。来新夏先生后来在《痛悼启功老师》中回忆说：

> 我从20世纪40年代初受业于启功老师，学习大学国文，不久又向启功老师学习书画……在我读大学时，因家境不甚富裕，启功老师主动告我，每周日到他家改善生活。我应命而往，每次总有几位年轻人在启府就餐，都受到启老太太、老姑姑和启师母的照顾。有时衣服破口子、掉扣子，老太太和启师母总帮我们补补钉钉，有时也向我们讲些旧事。这种融和的家庭气氛，一直延续到我大学毕业，离开北京。[①]

① 赵仁珪：《启功先生追思录》，北京：北京师范大学出版社，2005年，页19。

1945年，启先生被辅仁大学聘为副教授。这一年，中国人民抗日战争取得胜利。国民党中宣部部长陈立夫、国防部部长陈诚来到光复后的北平，在宣武门内路西市党部举办招待会，招待各大学的教授、副教授，意在拉拢知识界支持国民党。启先生也参会了。会上，陈立夫和陈诚不但不关切长期处于沦陷区知识分子的处境，反而责怪他们“消沉”。陈垣先生听了很气愤，当即反驳道：“你们说我们消沉，也不问问我们为什么消沉？不问问我们这些年是怎么熬过来的？是怎样在日本人的压迫下过着非人生活的？”说到激动处，直接用招待吃点心的叉子敲盘子。接着燕京大学的校长陆赘伟也慷慨激昂地说：“不知二位部长听说过这样的民谣没有？”于是，他一边用叉子敲着盘子，一边念道：“此处不留爷，自有留爷处。处处不留爷，爷去投八路。”陈诚被气坏了，大叫：“那你就投好了！”会场上大乱。会上陈先生的凛然正气再次震撼了启先生：在复杂的社会里，应该堂堂正正做人。

抗战胜利后，启先生迎来了人生道路上的又一重大抉择。

北平光复不久，辅仁大学教授英千里出任北平市某一局局长，想从辅仁的教师中找一个“自己人”做帮手，帮他管一个科室。英先生找到余嘉锡先生，让他帮着找一个“会写字，会做八股文”的人。余先生推荐了启先生。启先生当时真有点动心，因为纯从收入的角度来看，这个职位的薪水比当一般教师要高得多。但启先生又有点犹豫，和一些亲友商量也莫衷一是。无奈，启先生只好去请教陈垣先生。陈先生先问：“你母亲愿意不愿意？”启先生说：“她不太懂得，让我请教老师。”陈先生又问：“你自己觉得怎样？”启先生说：“我少无宦情。”陈先生捋着胡子哈哈大笑道：“既然你并无宦情，我就可以直接告诉你：学校送给你的是聘书，你是教师，是宾客；衙门里发给你的是委任状，你是属员，是官吏。你想想看，你适合干哪个？”启先生恍然大悟，立刻告辞回家，赶紧用花笺纸写了一封信，信中既感谢了英先生的提拔，又婉言辞谢了他的委派。信写好后，启先生拿去请陈先生过目，他看了看，只说了一句话：“值三十元。”这话真是大有禅意，怎么理解都可以，但有一点是肯定的：在自己的人生道路上，启先生做出了一次正确的选择。而在这重要关口上，恰恰是陈先生再次为启先生指点了迷津。试想一下，如果启先生当时从了政，即使干得再好、再顺利，无非是社会上多一个可多可少的官员而已，这样的官员自古以来多如过江之鲫，不足称道；但如此一来，中国文化史上就少了一位杰出的大师，那将是何等的损失啊！陈先生的三言两语，指引了启先生正确认识自己的专长与才华，摆正自己的社会位置，选好自己的人生舞台。因此，陈先生不但在教书、做学问上是启先生的导师，更是启先生的人生导师。这也正是启先生终生感戴陈先生的原因所在。

及至晚年，启先生回顾自己三进辅仁的经历，一方面感激陈校长慧眼识才，另一方面对当年一再解聘自己的张怀也有了不同的看法，认为正是他对自己的一再打击，更加激励了身为“中学生”的自己奋发向上，因此有了后来的成就。为此，在张怀死后，启先生写了这样一副挽联：“玉我于成，出先生预料外；报君以德，在后死不言中。”①

第二节　中年益觉行路难

一、“反右”风波

在恩师陈垣先生荐拔、引导之下，三进辅仁的启先生得以从一个“中学生”成为高等学府中的“副教授”，幼时孤露的阴霾日渐散去，生活似乎真的要触底反弹了。

---

① 启功：《启功全集》（修订版）第七卷《三语集外集》，页147。

抗战胜利后，在沈兼士的推荐下，仍在辅仁任教的启先生兼任了故宫博物院专门委员，每月六十元车马费，具体做两项工作：一是在文献馆审阅研究论文稿件，二是在古物馆鉴定书画。原来，溥仪在被冯玉祥逐出故宫之前，曾将一些卷册名画以“赏赐”的名义由其弟溥杰带出宫去，这些故宫藏品被带到长春后流散开来。抗战胜利后，这些书画又被书画商贩运回北平，故宫博物院因此召集了许多专家来鉴定、选择、收购其中一些重要作品。启先生也受邀参与了这项工作。在相关的鉴定会上，启先生不仅饱了眼福，而且可以亲手展观翻阅，对古书画的装裱制度有了更直观的了解，这岂是幼时跟随贾老师参观展览可比！更何况参会的多是学有专长的前辈宿儒，聆听他们的议论又远非昔年参观展览时听身旁人的评点可比。因此，这一经历，对于启先生书画鉴定方面知识与能力的提升，意义非凡。例如，第一次收购古书画的鉴定会是在故宫博物院院长马衡先生家里召开的，与会者除了启先生外，还有马衡、陈垣、沈兼士、张廷济、邓以蛰、张大千、唐兰等人。此前，大千先生在翠锦园与溥心畬合作绘画时曾见过侍立旁观的启先生，这次见了，居然认出了启先生，并主动结合作品和启先生谈论了一些自己的见解。

1949年2月，北平和平解放。这年10月1日，中华人民共和国宣告成立，中国进入了一个天翻地覆的时代。

在陈垣先生的带领下，辅仁大学的师生们积极投入新生活。启先生也响应号召，参加各种活动。1951年5月，全国文联、美协等单位及徐悲鸿、梅兰芳、叶恭绰等人联合发起“抗美援朝书画义卖展”，义卖所得捐给中国人民志愿军，启先生拿出多幅作品参展义卖。不仅如此，启先生还利用业余时间绘制了不少书签，卖出后的所得也全部捐献给志愿军。10月，启先生又积极报名参加中南地区土改工作队，前往湖南澧县参与土改运动。

1952年，全国高校实行院系调整，辅仁大学与北京师范大学合并，成立新的北京师范大学，陈垣先生以其不可代替的威望任新校长。启先生也转入北京师范大学中文系任教，当时正、副系主任是黄药眠和萧璋。其时建国大略是向苏联学习，各行各业都唯苏联马首是瞻，教育战线当然也不例外。苏联的大学是按教研室建构的，中国大学的体制也要效仿。当时北师大中文系便设有文艺理论、古典文学、民间文学、古代汉语、现代文学、儿童文学等专业教研室，像启先生这样兼跨多个领域的杂家，不好归类，最后只好归入古典文学教研室。古典文学教研室主任是谭丕谟，教师有刘盼遂、李长之、王汝弼、郭预衡等人。

启先生所属的古典文学教研室主要负责古代文学史的教学。由于中国古代文学的发展经历了漫长的历史时期，因此采取分段教学的方式，一部中国文学史被分成先秦段、两汉段、魏晋南北朝段、隋唐段、两宋段、金元段、明清段等，并在此基础上制定了严格的教学大纲，如此一来，便引出许多弊病。首先，各段相对独立，讲唐诗的不能讲宋诗，讲宋词的不能讲清词，如果讲了，就超出了大纲规定的范围。教学必须遵守教学大纲，这是向苏联学习的一个重要方面，因此谁也不敢越雷池一步。但文学发展往往是前后传承的，死板的分段教学实际上割裂了这种有机联系。其次，这种分段教学体制使得很多古代文学教师只专攻古代文学史的某一段，甚至出现讲《左传》的不会讲《史记》，讲“杂剧”的不会讲“传奇”，视野越来越狭隘，难以做到前后贯通。启先生对此颇有微词，在这种教学体制下，治学宏通、视野开阔的他感觉有力也使不出来。

不仅如此，由于文学史课牵涉到唯物史观和唯心史观这一大是大非问题，属于理论性很强的课，因此要求由马列主义理论水平高的人来主讲。启先生属于被“公认”为不懂马列的人，自然是不配讲这门课的，于是只能当配角。当时文学史的主讲是谭丕谟，因为他是老党员、老革命，启先生则配合他讲“中国古代文学作品选读”。

虽然有诸多束缚，启先生还是尽其所能将他的课上得有声有色，深受学生的喜爱。在杨晏春的回忆中，“1954—1955学年，‘中国文学史作品讲析'课的唐诗、明清小说部分由启功先生主讲，每一篇都讲解精细，深入浅出，纵横摭拾，旁征博引。我闻所未闻，收获丰硕。先生严谨讲学与幽默风趣结合，真是恰到好处，让人听之入神，回味无穷"[①]。不仅如此，启先生还主动提出多承担一些外系的公共课，分别给教育系和历史系的学生开过古典文学课，这使他的教学时数位居全系教师前列。

按教研室建构后，启先生的书画创作只能停止，因为它不属于古典文学教研的范畴，继续从事，就有不务正业之嫌。但恰恰是在新中国成立前后，启先生的绘画达到了有生以来的最高水平，在国画界已产生了相当的影响。启先生也实在割舍不下对绘画的痴迷。1954年，他又加入中国美术家协会兼任美协古典美术研究委员会委员，主编《美术》杂志。启先生还深受美术界的泰斗叶恭绰先生的赏识。叶先生是受周恩来总理之邀从香港回到北京的，周总理委托他着手组建全国性的绘画专业组织——中国画院。叶先生与陈校长是老朋友，与启先生也颇有私交。也许是机缘巧合，让叶先生与启先生的命运在一段特殊时期联系到一起。事情是这样的：

1956年，启先生的母亲不幸去世，启先生用他为《红楼梦》做注释的第一批稿费买了一口黄柏独板棺木，在嘉兴寺为含辛茹苦抚养他长大成人的慈母办了后事。据说，事后启先生的存折只剩一元的余额。母亲临去世前，启先生到南城一家店去为母亲买装裹（入殓所穿之衣），路过荣宝斋时恰好遇上了叶先生。叶先生见启先生满脸悲戚，关切地询问缘由，启先生于是和他说了自己不幸的身世以及孤儿寡母的艰辛。叶先生听完，安慰启先生说："我也是孤儿。"边说边流下热泪，启先生大为感动。叶先生早就赏识启先生，向别人介绍启先生时曾这样说："贵胄天潢之后常出一些聪明绝代人才。"有了这些机缘，叶先生更是极力邀请启先生到中国画院去，说"文化部已同意"，欢迎启先生"归队到画院工作"。没想到的是，后来正是在中

① 侯刚、章景怀：《启功年谱》，页54。

国画院，启先生被划为“右派”。

当时启先生考虑到北师大的教学任务很重，也是急需用人之时，自己若离开北师大的话，会辜负老校长的提携之恩，心下不免踌躇。老校长知道后，跟启先生说：“可以去一半。”启先生说：“一半也不能去，只能去帮帮忙。”因此，启先生虽然应叶恭绰之邀参与中国画院的筹建工作，但人事关系仍保留在北师大。

叶恭绰极为信任启先生，将很多重要的筹建工作交给启先生去办。1957年，启先生受他之托前往上海，详细考察了上海画院的筹备情况，先后拜会谢稚柳、沈尹默、刘海粟等著名画家，听取有关筹备经验。启先生万万没想到的是，这样一来，他在一些人眼里就成了叶先生的红人，引起了他们的嫉恨。而当时有人正想借着“反右运动”打倒叶先生，取而代之。启先生既然被视为是叶恭绰的“死党”和“狗头军师”，那就必须一并打倒。他们知道叶先生是周总理请回来的，要打倒他，只有先从他周围的人下手，罗织好罪名才能最终收网，启先生因此难逃池鱼之殃。

“反右”斗争的缘起是知识分子响应党中央“大鸣大放”的号召，给党提意见，因此后来被划为“右派”的，大都是因言获罪。那些人既然想把启先生划为“右派”，总要找点理由和借口，但启先生在所谓给党提意见的会上并没提任何意见，鉴于自己的出身等问题，启先生很有自知之明，也不可能给党提什么意见。但“欲加之罪，何患无辞”，经过多方搜集罗织，那些人终于从启先生身上找到了一些“罪状”，归纳起来大约有五种说法。

一是启先生曾称赞过画家徐燕荪的画有个性，并引用了“春色满园关不住，一枝红杏出墙来”的诗句来称赞他代表的这一派画风在新时代会有新发展。于是，他们就根据这句话无限上纲，说启先生不满当时的大好形势，意欲脱离党的领导，大搞个人主义，这显然是“硬加之罪”。

二是启先生曾对简化字发表过看法，他们又上纲上线，说简化字是国务院批准公布的，反对简化字就是反对国务院，反对国务院就是“右派”。这显然是不实之词。实际上，启先生对国家颁布的简化字方案是支持的，作为一个文字学家，他深知文字趋于简化是历史的必然，而且一旦成为法定，就必须带头、模范地遵守和执行。事实上，他也是这样做的。别人求他题字，他总是先征询“是繁是简”，对于一些实用性特别强的、带有公益性的题字，如地名、街道名等，他总是建议用简体字。所以，这条“罪状”也是无中生有，纯属捏造。

三是与启先生建议保护龙泉寺有关。龙泉寺本是北京八大寺之一，遗迹有梁山舟所书《金刚经》石刻等。清末该寺住持觉先曾在此设立孤儿院，是北京慈善教育的肇始地。20世纪50年代初，北京城区改造要拓宽马路，龙泉寺被列入拆除计划。启先生当时是北京市政协委员，为此曾亲自到龙泉寺考察，认为即使扩建马路也并非一定得拆除寺庙，便向有关部门反映情况。于是，有人又大做文章，说他反对国家建设①。这当然更是生拉硬扯，罗织罪名，只能说明启先生不但无罪，而且有功，有超前的文保意识。

四是发表过“内行外行”的言论。众所周知，当时有人因发表过“外行不能领导内行”的言论，被认为是反对党的领导而获罪，但启先生的言论恰恰与此相反，他曾在闲谈时说过“内行不能领导内行”之类的话，因为他们之间难免“相轻”。

总之，这四条所谓“罪状”都属于“莫须有”之罪，但在那个时代有口难辩，谁能说得清？

五是凑名额，为了完成百分比，把人事关系尚在北师大的、属于“编外”的启先生拿来充数。如果真是这样，那就太不厚道了。

最后，在朝阳门内文化部礼堂举行的批判大会上，启先生在会上受到严厉批判，1958年初，被正式定性为“右派分子”。后来，启先生在谈到自己这段经历时曾这样说：“我被划‘右派’，是预料中的事，因为我的家

① 廉长江：《启功先生琐谈》，节引文见侯刚、章景怀：《启功年谱》，页66。

庭、我的经历，不配当‘左派’，只能当‘右派’。所以别人问我是不是‘右派’，我只能回答是‘右派’。但可怕的是，又问我是怎么反党的，我就答不上来、编不出来了，这才是最可怕的。”

正可谓祸不单行，在启先生受批判的同时，对他有抚养之恩的姑姑恒季华重病住院，当时启先生正受批判，不能亲自侍奉左右，只好让夫人日夜守候在她身旁。不久姑姑病逝，启先生用他为《红楼梦》做注释的第二笔稿费在嘉兴寺为她办理了后事。按满族习俗，未出嫁的姑娘死后不能入祖坟，于是，他把姑姑土葬于八宝山公墓，立了一个不太大的墓碑。后来，启先生夫人的骨灰也葬于碑旁。“文革”时公墓修整，墓碑竟不知下落。启先生去世后，下葬于万安公墓时，家属想将他与夫人骨灰合葬，动员众多学生到八宝山公墓到处寻找，仍未找到，令人唏嘘不已。

此前在1956年，启先生已经被评为教授，但被划为“右派”之后，不仅已经评定的教授职称遭黜免，而且由四级副教授降为五级副教授，工资也降了一级。此外，启先生原来担任的一些职务，比如《美术》编委、九三学社北京分社委员、北京市政协常务委员等，均被撤销。因为工资降级，生活重陷拮据之中，启先生不得已卖掉了自己收藏的一些明清字画。一次，陈垣先生在逛琉璃厂时发现了这些字画，知道启先生一定是因生活困难才忍痛割爱卖掉这些藏品。于是，陈先生出钱买下了这些字画，并立即派秘书前去看望启先生，询问启先生的生活情况，还送给启先生一百元钱。

启先生一贯处世谨慎，为人老实，没有一句言论，没有一句不满，竟被划为“右派”，夫人章宝琛一开始真想不通，常常因此伤心落泪。启先生就安慰她说：“算了，咱们也谈不上冤枉。咱们是封建余孽，你想，资产阶级都要革咱们的命，更不用说要革资产阶级命的无产阶级了，现在革命需要抓一部分‘右派’，不抓咱们抓谁？咱们能成‘左派’吗？既然不是‘左派’，可不就是‘右派’吗？幸好母亲她们刚去世，要不然让她们知道了还不知要为我怎么操心牵挂、担惊受怕呢？”启先生从自己的家庭出身出发，知道自己和有些人不同：那些人可能有过一段光荣的“革命史”，自认为是“革命者”，完全是本着良好愿望，站在革命的或积极要求进步的立场上，响应党的号召，向党建言献策的，这些人本来是想“抚顺鳞”的，结果却被加上“批逆鳞”的罪名，他们当然想不通。因此，启先生虽然深知当“右派”的滋味，但并没有特别怨天尤人。听了启先生的劝慰，夫人也就不再埋怨，塌下心来和启先生共渡难关。

在启先生被划为“右派”之后，叶先生深感遗憾，以至愧疚，但自己也被划为“右派”。他受周总理邀请抱着报效国家的愿望真心实意地回来筹办中国画院，却落得如此下场，心中自然倍感冤屈。于是，他给陈垣先生写了很多信，既有申明，又有诉苦，极力表白自己不是“右派”，并想通过陈垣先生的威望向当局和大家告白。陈垣先生也真够仗义执言，冒着为“右派”鸣冤叫屈的危险，竟把这些信交到中央。叶先生后来终于给摘掉了“右派帽子”，自此汲取教训，把毛泽东同志亲笔写给他的大幅横披《沁园春·雪》挂在堂屋的正墙上，上面再悬挂着毛主席像。毛泽东同志曾给叶先生很多亲笔信，叶先生把它们分别放在最贵重的箱子或抽屉的最上面作为“镇箱之宝”。因此后来“文革”中红卫兵来抄家时，打开一个箱子，看到上面有一封毛主席的亲笔信，再打开另一个箱子，看到上面又有一封毛主席的亲笔信，不知这位有什么来头，因此不敢贸然行事，只好悻悻而去。

戴着“右派帽子”回到北师大中文系后，启先生就不能上讲台了。一年多之后，在老校长的关心下，启先生“右派帽子”被摘掉了。就这样，启先生在画院稀里糊涂地被戴上“右派帽子”，后来却在北师大摘掉了“帽子”。当时政策规定，对有些“摘帽”的人不叫现行“右派分子”了，而叫“摘帽右派”——其实，还是另一种形式的“右派”。当时对“摘帽右派”有这样一句非常经典的话，叫“帽子拿在群众手中”——不老实随时可以给你再戴上。因为有此番经历，后来“帽子”在启先生的生活里就成了一个典故。比如冬天启先生出门得戴帽子，如果他发现帽子被别人拿着，他会马上脱口而出："帽子拿在群众手中。"倘若是他自己取来帽子，则说："帽子拿在自己手中。"时过境迁，旁人或觉好笑，可试想一下，在当时的历史语境下，"帽子"不管拿在谁的手中，随时都有被重新扣上的危险，个中人如履薄冰、如临深渊，只能战战兢兢地过日子。

二、遭遇"文革"

划了"右派"、降了工资，启先生夫妇只得未雨绸缪，重新规划艰苦的生活。夫人章宝琛征得弟弟章宝珩的同意，由居住条件较好的黑芝麻胡同搬到西城区小乘巷86号内弟家的两间小南屋内，这一住就是二十多年。启先生曾在诗中比喻此屋之小仅能"卓锥"，并在该诗的小序中描写道："寄居小乘巷，寓舍两间，各方一丈。南临煤铺，时病头眩，每见摇煤，有晃动乾坤之感。"①确实，这两间小南屋十分简陋，房瓦破烂不全，房顶上长满青草。墙壁凹凹凸凸，每逢下雨，就有倒塌之虞，窗户和顶棚全靠纸糊，时间稍久，就会四面漏风。夜间可以不断听到老鼠在顶棚上跑来跑去的声音；地面就是在土地上简单地铺上一些残缺不全的砖头。屋内除放一张双人床、一

启先生在小乘巷工作

① 启功：《启功丛稿·诗词卷》，页37。

张书桌、两三把椅子之外，真的只能“立锥”了。而启先生终日高朋满座，来两三人已无转身之地，再多几个就只能“买站票”了。直到改革开放之后，军内某一高官，也是启先生的崇拜者，动用手中的权力为启先生把这两间破房翻修了一番，居住环境才稍有改善。那一时期，凡是到过启先生家的人，看到这样一位大才巨匠住在这样简陋的房子内，无不感慨唏嘘。

“摘帽”之后，启先生的社会活动急剧减少，除个别单位临时聘他参加一些相关的工作之外，如1962年启先生应文物局之邀短期到四川、湖北博物馆参与过书画藏品的鉴定，1963年应北京文物商店开办的文物鉴定班之邀参与讲授文物鉴定，业内时间只能和以前一样上点作品选课，再配合别人编点这方面的教材。空余的时间，启先生继续玩他喜爱的“黑老虎”——搜集碑帖，顺便写一些相关的文章。如1962年在琉璃厂书肆发现一本《张猛龙碑》，刻工精美，蝉翼淡墨，字口分明，毫芒可见，碑文内“冬温夏清”四字不损，“盖魏”二字不连，知为明拓善本。但因索价太高未能立获，经一年筹措，才以自己所藏的七种旧帖与店主换得。购得后又对残缺处自行修补，后来他把这种情景写到自己的诗中：“烟墨浆糊沾满手，揭还粘，躁性偏多耐。这件事，真奇怪。”（《贺新郎·癖嗜》）[①]三年困难时期，北师大在顺义牛栏山公社建立了一个小农场，组织师生轮流到农场劳动，以改善师生的生活，每期半年，启先生也参加过轮流劳动。总之，从被划为“右派”到“文革”爆发之前，启先生的时间相对充裕，他决心利用这段难得的时间，完成自己酝酿已久的几种专著。经过不断的努力，1963年，启先生撰成第一本专著《古代字体论稿》。1965年，启先生的第二部重要专著《诗文声律论稿》脱稿。

说起学术著作的撰写，不能不提一段富有传奇色彩的经历。新中国成立后，学术批评往往和政治运动掺和在一起，或者说政治运动往往借学术问

① 启功：《启功丛稿·诗词卷》，页49。

题而发端，学术问题最后上纲为政治问题。比如新中国成立后不久，批判电影《武训传》即开此先例。武训以乞讨为生，把全部所得都用在兴办教育上，这本无可厚非，至多武训本人仍有封建社会的时代局限性而已。但在全国范围内对它变本加厉地进行大批判就不再是对一部电影的评价，而是把它当成政治上的大是大非来借题发挥了。到了20世纪60年代，鉴于庐山会议批判彭德怀右倾路线，彭德怀提出要学海瑞罢官后，上边又要搞一次大的政治运动，又需找一个切入口或突破口。经历过这段历史的人都知道，最后选择的是批吴晗的《海瑞罢官》，以致掀起“文化大革命”；但在最初尚未确定目标前，曾多次在其他题目上试探过，其中之一就是1965年发动的对王羲之《兰亭序》真伪的辩论。在一般人看来，纯艺术的《兰亭序》和政治斗争有什么关系？确实没有，但架不住在掌握意识形态大权人的手里它就可以上纲为唯物史观和唯心史观的大是大非的路线问题。这从再后的批《水浒传》里就能得到印证。

当时掌管意识形态大权的是康生、陈伯达等人，“文革”后又掌管了“中央文化革命五人小组”，专门负责学术批判，其目的、性质非常明确，就是想把所谓学术批判上升为意识形态斗争，上升为两条路线的斗争。他们还经常拉拢和利用郭沫若。一次，陈伯达得到一本中华书局影印的定武本《兰亭序》，后有清代李文田的跋。很多清代的碑帖学家都是尊北碑的，他们认为像龙门造像、龙门二十品那样的碑刻才是晋代以后的最高水平和主流风格。而北碑都是方笔，刀刻的一般，于是他们认为那时凡是写得柔和的都是假的，《兰亭序》也不例外。再加上《兰亭序》本有传说，说唐太宗曾派萧翼把此帖赚来，然后陪葬了，更证明其他的都是假的。李文田也持这种观点，他在跋中就以《兰亭序》不是方笔而是柔笔断定武本《兰亭序》是假的。陈伯达把这本《兰亭序》及跋送给郭老，目的很明显，就是让郭老带头从这方面做文章，看是否能钓上大鱼来。郭老接到这样的旨意，自然也明白其中的用意，便做起文章。他又结合了一些新考证，写了一篇《由王谢墓志的出土论到〈兰亭序〉的真伪》，说南京挖出一些王家的墓碑，上面的字都是隶书写就，并推论“天下的晋书都必然是隶书”；而同时代《兰亭序》的行书笔迹与它们大不相同，因此肯定是假的，不但字是假的，就连文章也是后人篡改的。在这之前，启先生曾写过一篇《兰亭帖考》的文章，认为《兰亭序》是真的（指《兰亭序帖》原作是王羲之的手笔，现流传的都是根据原作摹写的，这些摹写本和以此翻刻的刻本都是真的），并详详细细地考证了现在流传的各种《兰亭序》版本，在社会上很有影响。文中自然不可避免地也提及李文田等清人的观点。所以要讨论这个问题就需启先生重新表态。当时，郭老住在什刹海，钱杏邨（阿英）先生住在棉花胡同东口，郭老就让钱杏邨找启先生谈话。启先生记得非常清楚：

> 钱先生把我叫到家里，一进门就神秘兮兮把我拉到沙发上，用非常郑重的、真诚的口气对我说：“我告诉你，我们这次是推心置腹的同志式的谈心。你这次必须听我的，事关重大。”我看他那神情，听他那口气，也觉出事情的严重性，就赶紧问：“您这说了半天，到底是什么事？”钱先生才说：“你现在必须再写一篇关于《兰亭序》的文章，这回你必须说《兰亭序》是假的，才能过关。”我连忙问：“这是为什么啊？”钱先生才把事情的背景和郭老托他来找我的前前后后说了一遍，等于是跟我交了底。我听了暗暗叫苦不迭，心想我原来是不同意随便说《兰亭》是假的，这可怎么转弯啊？①

于是，启先生婉言拒绝了。但之后钱先生又不断转告郭老的话，并拿出郭老的亲笔纸条，说一定要写，而且说这是最高人物的意思，“你必须落实啊，游移的不行啊”。启先生知道自己拗不过“钦点”，不照他们的意思写

① 启功口述，赵仁珪、章景怀整理：《启功口述历史》，页213。

就休想过关了，最后只能硬着头皮来写这篇违心的文章。他清楚地记得那是一个星期五的晚上。他蜗居斗室，冥思苦想，即使写，也一定要找到一个“钦点”的漏洞。启先生在灯下仔细研究了郭老的文章，终于找到一个可以转身腾挪的棱缝。郭老的文章中有一个明显的漏洞：他认为王羲之的《兰亭序》应是方笔的或隶书体的，否则便是假的。但王羲之流传下来的作品不仅《兰亭序》一种，如在日本发现的《丧乱帖》，它是唐人根据王羲之真迹勾摹的，也是那种柔美的笔法，这该怎么解释呢？郭老只好硬说《丧乱帖》和北碑体的“二爨”碑（《爨宝子》《爨龙颜》）“有一脉相通之处”，郭老当时这样说也许言不由衷，但这明明是不符合事实的，对碑帖稍有涉猎的人都知道这二者截然不同，毫不相干，非要说“一脉相通”那无异于瞪着眼睛说瞎话。启先生索性就在这上面做文章，让明眼人一看就知道他这篇一百八十度大转弯的文章是言不由衷的违心话：

> 我于是写道：“及至读了郭沫若同志的文章，说《丧乱帖》和《宝子》《杨阳》等碑有一脉相通之处，使我的理解活泼多了。”抓住这一点，我的思路果然“活泼”多了，四千多字的文章当晚就写好了，题为《兰亭的迷信应该破除》。当晚钱先生就派人取走了文字，直接送到郭老家。[①]

其实，除了打下这个伏笔之外，这篇文章仍有很多游离的词句和提法，因为启先生对《兰亭帖》的观点早已定型了。但郭老看后仍大为高兴，第二天（星期六）一大早就把稿子交给了光明日报社，第三天（星期日）就见报了，可见它是一篇特稿，启先生也清楚地记得此事发生于星期五。后来陈校长也知道了这件事：

---

① 启功口述，赵仁珪、章景怀整理：《启功口述历史》，页 213。

过了几天郭老去看陈校长，他们二人住得不远。郭老一见陈校长就高兴地说：“你的学生启功真好，他说《兰亭》是假的，很好，很好。”陈校长本来也属于主张《兰亭》为真的一派，有的人向他请教应临什么帖的时候，他常向人推荐《兰亭序》，现在也只好微笑着捋着胡须跟着搭讪道：“那是，他是专家嘛！”郭老乘机说道：“你不也写一篇？”陈校长应付道：“我老了，眼睛不行了，写不了了，等恢复恢复再说吧。”算是搪塞了过去。过几天陈校长把我叫去，仍旧捋着胡子，笑眯眯地对我说：“郭老夸你来着。”我忙问怎么回事，他说你问刘乃和。刘乃和就学了一遍，她一边说，我们一边大乐。乐完后陈校长又说：“你以后要发表文章一定先给我看，要不然拿出去发表，指不定捅什么娄子呢。”我连忙答应，但心里想：这种言不由衷的应命文章拿给您看，您还不得气得撅胡子，能让我发吗？①

启先生一直非常得意他的“聪明”，能找到一个既能来个一百八十度大转弯的借口，又表明了这个转弯完全是违心话，这就是“自从看了郭老的文章，说‘二爨’和《丧乱帖》有一脉相通之处，我的思路就活泼多了”。从此也落下个话把，成为朋友间的笑谈，因为明眼人都读得懂后面的潜台词。一次在西单旧书店遇到老朋友金协中，他见了启先生就打趣说：“我的思路活泼多了。”说罢大笑，可见大家对这句话的意思都心照不宣。

后来发生的事实证明，不照着他们的意思确实过不了关。南京有一位叫高二适的人，与章士钊是好朋友，他大约不知内情，还把“兰亭”之争当成纯学术问题，在读了郭老的文章后，写了一篇抗议文章，题为《〈兰亭序〉的真伪驳议》，大意是说，唐太宗为了这幅帖费了那么大的工夫把它赚来，怎么会是假的？两晋正是变隶入正、行字体的时代，“兰亭”的笔意

---

①启功口述，赵仁珪、章景怀整理：《启功口述历史》，页215。

与“王谢墓石”迥异，正体现了魏晋时期多种书体并存的历史事实。他把文章投给《光明日报》，结果遭到退稿。他不甘心，又把文章寄给了章士钊先生，希望章士钊能借助与毛主席的特殊关系，将此文转呈毛主席，并向他们表明这是自己作为一个书生的爱国之举。章先生果然转给了毛主席，自己也写了一篇文章，但毛主席没有直接表态，只是责成《光明日报》可以发表。但《光明日报》发表时却冠以了“兰亭论辩”的标题，显然把它当成反面的意见。幸亏高二适的文章是通过章士钊这条线送上去的，否则就不知是什么后果了。确切的证据是，后来主管部门把有关文章编辑成《兰亭论辩》一书，其中的“序”果然明确指出赞成不赞成《兰亭序》是真是假，是一场唯心史观和唯物史观的政治斗争。序中说：“（《兰亭序》真迹说）经历代帝王重臣的竭力推崇和封建士大夫的大肆宣扬，视作不可侵犯的神物。……（郭沫若发表文章后）多数人支持他以辩证唯物主义的批判态度推翻历代帝王重臣的评定，但也有文章持相反的看法……应当指出，这种争论反映了唯物史观和唯心史观的斗争。”论辩集又把同意郭老的十几篇文章算作“上编”，把持不同意见的三篇算作“下编”，其中就包括高二适和章士钊先生的，批判的指向十分明显。但后来为什么没在这上面做更大的文章呢？可能是因为能参与这一论辩的圈子实在太小了，毕竟只能是书法界有限的一些专家，一般人很难参与到这种“阳春白雪”的论辩中，因此很难达到借此发动更大规模政治斗争的目的；既然失去了政治意义，过一阵也就偃旗息鼓了。后来，他们果然找到了更好的目标，那就是批《海瑞罢官》，从此点燃了“文化大革命”的“熊熊烈火”。幸亏“兰亭论辩”半道收场，如果让它闹下去，启先生可能就被卷进革命风暴的旋涡里，想拔都拔不出来了。试想作为一介布衣、一介书生，启先生如何能应付如此残酷的政治斗争？这种拿学术讨论来钓政治大鱼的手段实在是知识分子最害怕的做法。

后来启先生在编辑自己文集时把这篇文章视为“无聊的应酬之作”坚决删去，并在《启功丛稿》初版的出版说明中郑重声明道：“昔郑板桥自叙其《诗钞》有言：‘死后如有托名翻版，持平日无聊应酬之作，改窜阑入，我必为厉鬼，以击其脑！’夫有鬼无鬼，为变为厉，俱非吾之所知；惟欲借此声明，凡拙作零篇，昔已刊而今不取者，皆属无聊之作耳。”[①]足见启先生在自编文集时不收《兰亭的迷信应该破除》一文，态度是十分鲜明的。

1966年初夏，史无前例的政治运动——“文化大革命”终于爆发了。很快，所有中国人，上至中央领导，下至普通农民，无一不被卷入政治斗争中。北京市新市委派了工作组进驻北师大，运动日渐升级，有的系发生了戴高帽游行、打人等事件。学校一些领导被打成了“走资派”，一些老教师被打成了“反动学术权威”或“牛鬼蛇神”，稍有声望的都难逃“法网”。“文革”后曾有这样一段笑谈，有人问启先生：“您是不是反动权威？”启先生答曰：“我反动有余，权威不够。”又问钟敬文先生：“您是不是反动权威？”钟先生答曰：“我权威有一些，但不反动。”两个人合在一起终于凑足了“反动学术权威”。其时“牛鬼蛇神”又分两类。一类是正式的，像黄药眠、钟敬文、陆宗达、俞敏、李长之等人。他们被安排在教二楼的一间教室里活动、学习、开会，当然少不了“坐喷气式”，撅着挨批斗。另一类则是“准牛鬼蛇神”，即历史上曾有过问题，但还没发现什么新的“罪行”，除了像启先生这样的“摘帽右派”外，还有穆木天、王汝弼、杨敏如等人。他们的待遇与境况要比正式的“牛鬼蛇神”好一些，属于“挂起来”的审查对象，即先“挂”着，一旦需要随时可以挑下来示众。

在毛泽东《炮打司令部——我的第一张大字报》鼓动之下，各单位都铺天盖地贴满了大字报。形势已紧张到再亲近的人也不敢多交谈了，正所谓“道路以目”。有一次，启先生在看大字报时偶遇老校长，这位读遍史书的史学家以充满疑虑与迷茫的神情低声对启先生说了一句：“这究竟是怎么了？”而后，便消失在人群中。启先生望着恩师的背影，也不敢多说，更

---

① 启功：《〈启功丛稿〉初版前言》，收入《启功丛稿·题跋卷》，页361。

不知该怎样安慰他。不过，经历过“反右”风波之后的启先生，作为久经沙场的被改造对象，对于自己面临的处境倒是有清醒的思想准备：看来，更得“夹着尾巴做人”，好好接受改造了。

这年8月，红卫兵开始破“四旧”，到处抄家。27日，北师大“中文系大队红卫兵”的一些同学，提前一步赶到小乘巷去抄启先生的家，问他：“有什么‘封资修’？”启先生老老实实地回答：“没有‘资’，也没有‘修’，只有‘封’。”“那好，就给你封了吧！”于是，他们把启先生的书籍都贴上封条。[①]后面赶来的红卫兵一看，已有红卫兵查封过，便不再追究。启先生的书籍和文稿因此免遭抄检的厄运。当时的形势可谓风声鹤唳，人人自危。启先生的邻居、北师大的同事刘企戈教授夫妇不堪凌辱而自杀，此事对启先生刺激很大，甚至也产生过轻生的念头。北师大中文系另一位大学者刘盼遂在红卫兵抄家时被活活打死，尸体被塞到水缸里，说是自杀。与这些人比起来，启先生的遭遇算是万幸了。

但是，各种打击还是接踵而来。9月，启先生的工资停发，当时启先生的工资是一百七十七元，作为“摘帽右派”每月只发十五元生活费，考虑到夫人没有工作，法外开恩再加十五元。两人一个月仅有三十元生活费，生活越加窘迫。非但如此，还要执行红卫兵的命令，要把稿费一律退回。无奈，启先生只得向熊尧夫妇借贷度日。熊尧原来是辅仁化学系的学生，上过启先生的大学国文课，夫人也是启先生美术系的学生。他算留洋归来的博士，当时还没受到运动的冲击，因此每月资助启先生四十到六十元钱。在熊尧夫妇的帮助下，启先生才渡过难关。后来一直等到政策松动，被扣工资发还之后，启先生才把钱还给熊尧。这期间不但扣工资，居然还要扣粮票，害得启先生家几乎断顿。事情是这样的：10月6日，启先生所在的南草厂粮店到启先生家发粮票，看见家有被封的东西，革命警惕性顿时高涨，便问为什么被

---

① 启功：《启功日记》，北京：中华书局，2012年，页28。

封，“右派”是否“摘帽子”了？“摘帽”后是否又犯错误了（这就是启先生常说的“帽子拿在群众手中”的厉害）？要求学校开证明后再决定是否发粮票。于是，启先生赶紧找到管老教师学习的“造反派”头头，请求开证明，回答是“开来粮店的电话”。启先生又忙着回去打听电话，再返回来告知“造反派”，之后就没了下文。启先生耐心地等了几天之后，只得再硬着头皮去找“造反派”。这次“造反派”答应去找启先生所在的派出所联系，联系的结果仍是学校革委会必须先开证明。于是，启先生只得找中文系“文革临时领导小组”，幸好总算给开了。证明全文如下：

南草厂粮店负责同志：

兹有师大中文系教师启功，五七年曾划为右派，五九年摘帽。五九年以后还未戴过其它帽子，封书之事是因为我系红卫兵扫“四旧”时所为，别无它因。粮食待遇请按规定处理。

北师大中文系临时领导小组
北师大中文系文化革命委员会（印章）
一九六六年十月十四日上午

于是，启先生拿着这纸证明，先送派出所过目备案，再交粮店，才算重获吃饭的权利。

除了经济、生活上的困难外，更难堪的还有政治待遇。1966年9月8日下午，全校开会布置国庆节准备事项，会上有人递纸条，要求驱逐穆木天、启功出场，启先生二人因此被“造反派”勒令立即离开会场。[①]此后，在“造反派”的要求下，启先生与一些老教师上午学习“毛选”及有关文件，交代

① 启功：《启功日记》，页30。

自己、揭发别人的有关问题，下午劳动。为了检讨过关，启先生也只能昧着心、狠下心把自己狗血喷头地臭骂一顿，因为实事求是的交代必定被革命群众认为是“不老实”“轻描淡写”“避重就轻”“不能触及灵魂”“企图蒙混过关”，进而招致更为猛烈的批判。例如，当时中文系有些教师在大字报中提到启先生“四个口袋”的问题，启先生不得不就此做交代、检讨：

> 在约62年近夏时，旧总支提出所谓发挥潜力的号召，叫老教师们各自贡献“所长”，订出科研计划，并先谈每人擅长什么，想作什么，把各老教师分成几个小组来说，我的一组是刘盼遂、杨敏如、李长之和我，在刘盼遂家开的会。我说我的知识有四个方面，我这四个方面积累的材料各置一处。因平时有些零星札记或草稿，常放在纸袋中，所以我用“口袋”代表这四堆材料，我说我有四个口袋（其实纸口袋很多，每一类并不止一个口袋），这“四个口袋”一是古典文学的一些心得如注释等，包括拟作的诗律研究等；二是关于书法方面的笔记，这方面拟写关于怎样写字的文章；三是文物鉴别方面的笔记，如繁琐考证的《兰亭帖考》；四是清代掌故方面，这方面写成《读红楼梦札记》。
>
> 我这时的思想，是想表襮我的“专长”，使人知道我擅长的方面多，也是想在这几个“市场”贴广告，以使将来出卖自己这些罪恶的货底。当时并没有听到那时旧总支的当权人物有什么回音，也没人告诉我“批准”我或“指示”我在哪方面着力。今年在大字报上才看到刘漠（引者按，当时的中文系系书记）对于我这“四个口袋”的说法很欣赏。我现在觉得刘漠这样的黑帮分子对我这种表现欣赏完全是合逻辑的，因为我的腐朽的一套罪恶货底，正合他们的口味，他们曾拿了我这说法去毒害青年学生，我有一份罪恶，即使他们没把我的话向同学去说，我只按照我这方向去作文章发表出来，已经罪不容逃了，我那种“治学”观点、“治学”方法、名利思想等等，应该详加检查批判，现

在为了交代这事的情况，先写出经过如上。

1966.10.30写　12.10交[1]

至于劳动，则主要是打扫北师大主楼、西北楼学生宿舍等，包括刷门面、擦门窗、扫楼道、扫厕所等。由于这些工作很多得在高处进行，而启先生不仅有高血压，还有恐高症，因此除了身体上的劳累外，还需要克服心理障碍。

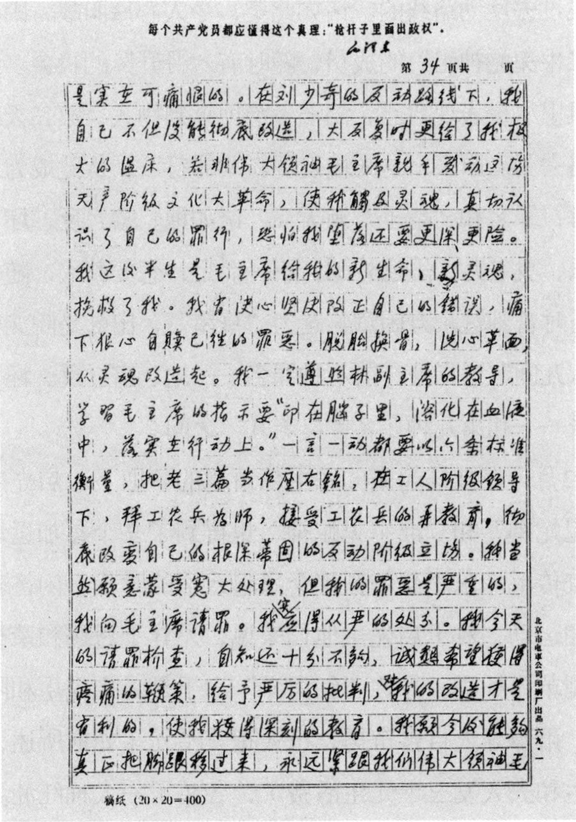
每个共产党员都应懂得这个真理："枪杆子里面出政权"。

毛泽东

第 34 页共　页

是实在可痛恨的。在刘少奇的反动路线下，我自己不但没能彻底改造，大反复时更给了我极大的温床，若非伟大领袖毛主席亲手发动这场无产阶级文化大革命，使我触及灵魂，真切认识了自己的罪行，恐怕我堕落还要更深更险。我这后半生是毛主席给我的新生命、新灵魂，挽救了我。我当决心坚决改正自己的错误，痛下狠心自赎已往的罪恶。脱胎换骨，洗心革面，从灵魂改造起。我一定遵照林副主席的教导，学习毛主席的指示要"印在脑子里，溶化在血液中，落实在行动上。"一言一动都要以六条标准衡量，把老三篇当作座右铭，在工人阶级领导下，拜工农兵为师，接受工农兵的再教育，彻底改变自己的根深蒂固的反动阶级立场。我当然愿意蒙受宽大处理，但我的罪恶是严重的，我向毛主席请罪。我实应得从严的处分。我今天的请罪检查，自知还十分不够，诚恳希望接受同志们的鞭策，给予严厉的批判，对我的改造才是有利的，使我接受深刻的教育。我立誓今后能够真正把脚跟移过来，永远紧跟我们伟大领袖毛

稿纸（20×20=400）

北京市电车公司印刷厂出品 六九·一

"文革"中启先生写的检查（局部）

① 启功：《启功日记》，页49—50。

更为残酷的是人与人之间的关系。照理说，像启先生他们这些人在革命群众眼里实际上与“牛鬼蛇神”没什么两样，既然大家同为天涯沦落人，彼此应该互相关照，可有些人偏偏想在“牛鬼蛇神”中充当“左派”，意欲踩着别人的脑袋升天。有一次上午集中学习时，启先生下楼给大家打开水，顺道看看大字报，回来后大家便问有什么新鲜的大字报，启先生说有一张大字报批评说现在“某某报”完全执行过去“某某报”的路线。没想到的是，启先生说完后，一位教授便展开分析推理，硬说从启先生的介绍中可以看得出来他是赞成过去反动路线的。诸如此类，令人心寒胆战。因此，像启先生他们这些“准牛鬼蛇神组”的成员，随时有“晋升”的机会。经常有人头一天还在这个组里尽量表现自己，滔滔不绝地批判别人，第二天却不见了，一打听，扫马路去了。原来，这人被发现新“罪行”，从此成为正式的“牛鬼蛇神”。当时，罪名和“帽子”满天飞，诸如地、富、反、坏、右、叛徒、特务、走资派、臭老九、里通外国，不一而足，想要整人，随便安上一个就行。启先生当时曾刻过一方闲章，题为“草屋”，出处是陶渊明“草屋八九间”，而“八九间”意指处在前八种罪名——地、富、反、坏、右、叛徒、特务、走资派——和第九种罪名“臭老九”之间。

1966年12月，在被挂起来的系主任萧璋的争取下，启先生和另外几个半老的“牛鬼蛇神”和“准牛鬼蛇神”也得到了一个参加运动的机会——到北京郊区宣传毛泽东思想。在那个风起云涌的时代，闲待着就是罪过，因此能够参加运动，对于启先生他们来说，无异于恩赐和荣誉。当时盛行到处用红漆刷革命标语，号称“红海洋”。于是，启先生和陆宗达、叶苍岑、葛新益、萧璋等人自告奋勇，每人花三十元（如前所述，当时一个月就只给启先生和夫人发三十元生活费），各买了一大桶红油漆，到周口店的周口村去刷革命标语。启先生他们白天写标语，晚上就住在农民家里，吃派饭，睡土炕。除了写标语外，他们也和农民一起学习、劳动。学习主要是背诵、默写“老三篇”（毛泽东同志的《为人民服务》《愚公移山》

《纪念白求恩》三篇文章）及学习社论等；劳动则有铲土、铲石子、铲牲口棚粪土及倒肥等。启先生他们下乡时是农历十一月，后来一直干到寒冬腊月，因为天冷，冻得他们手肿得都打不了弯儿，真体会到什么叫“霜严衣带断，指直不能结”了。虽然艰苦，但启先生他们心里却充满参与战斗的成就感。可是，当他们怀着这份空前的成就感刚回到“天桥”长途汽车站就当头挨了一棒：车站附近、大街两旁到处贴满了大字报——“‘红海洋’是大阴谋”！原来，在启先生他们离开的这段时间，革命形势又有了飞速的发展，又出现了一个新的革命理论，据说还很有来头，是哪位首长亲自说的：到处刷标语是资产阶级反动路线的大阴谋，为的是把墙上的地方都用革命口号占满，不让革命群众有贴大字报的地方。启先生他们万万没想到，他们下乡时是抱着“宣传毛主席革命路线”这一良好动机去的，回来时却发现在乡下的所作所为竟然成了“破坏毛主席革命路线”的阴谋，好不容易革了一回命，居然还革错了，只能自叹革命形势发展太快，想紧跟也跟不上。

三、“书局”校史

1968年夏天，“文革”局面日渐失控，各地“造反派”之间的武斗逐渐升级，武斗之风也蔓延到北京高校内。在这种情况下，军宣队进驻高校，实行军管。其时，北师大的谭厚兰与北大的聂元梓、清华的蒯大富等人并称北京高校五大学生“领袖”，北师大被闹得天翻地覆，自然在军管之列。实行军管后，教师与学生都按班、排、连的编制混合编在一起，教师与学生一起学习、搞运动。1969年，北师大决定下放中文系的教师到临汾分校去劳动，包括启先生在内的部分老教师则留在北京，一边参加运动，一边劳动。北师大把西操场改为菜地，组织留校的老教师种菜。同年9月，学校又组织老教师与学生一起到京郊国营农场收鸭梨。

急风骤雨的时期过去之后，形势稍显平静。启先生在运动中主要的任务之一是抄大字报。启先生后来回忆说：

> 这是我的强项，我不管起草，只管抄，我觉得这段时间是我书法水平长进最快的时期。抄大字报不用刻意地挑好纸、好笔，也不用讲那么多的排场，一支秃笔、几张彩纸，甚至报纸，边抄边聊即可。越是这样，越没有负担，越可以挥洒自如；相反，像我后来出名之后，给我准备了最好的湖笔，最上等的撒金乌丝格，甚至名贵的蜀绢，一大堆人簇拥着，有的要给我抻纸，有的要给我研磨，有的要给我照相，一边还不断地评论着，赞美着，我倒心里别扭，放不开，写不好，总怕浪费了这么好的材料，对不住这么多的人情。所以我对抄大字报独有情钟。后来总有人喜欢问我："你的书法算是什么体的？"我就毫不犹豫地回答他："大字报体。"①

当时中文系有学生因为太喜欢启先生的字，于是在夜深人静之时，冒着被打成"现行反革命"的危险，悄悄将启先生抄的大字报撕下来，带回家供临摹之用。②还有些学生索性主动提出要跟启先生学书法，启先生总是欣然同意。除了抄一般的大字报之外，时不时地还要抄精装版的大字报，比如为庆祝党的生日、国庆等，就要出讲究的板报，用上等的纸抄些毛主席语录、诗词之类的，再配上些高山红日、青松翠柏的图案，凭启先生几十年的功底，这些简直就是小菜一碟。启先生在"文革"时期抄的这些毛主席诗词，有的后来成了拍卖品，卖得还非常好。

---

① 启功口述，赵仁珪、章景怀整理：《启功口述历史》，页 141。

② 陈启智：《恩重如山，千秋垂范——痛悼恩师启功先生》，收入赵仁珪：《启功先生追思录》，页 134。

军管期间，一次，苏州专门派人找启先生调查柴德赓的情况。来人把启先生叫到一个单独的房间，盛气凌人地说："你知道吗？柴德赓见过反革命分子胡适，我们一定要把这个问题调查清楚，你一定要老老实实反映问题，坚决揭露批判他，以便得到党和人民的谅解，争取到'给出路'的机会。"这声口，一点儿也不像是找启先生搞外调，简直就是在审查批判启先生。陪同启先生的军代表告诉来人："这人已归队（即通过审查不再'挂起来'了）了。"来人态度才稍稍缓和，改口说："那就继续改造思想，争取更好的表现和出路吧！"这话启先生听着也耳熟，"右派摘帽"后他就多次听过类似的"教导"。启先生如实向来人说明了他所知道的情况，说柴德赓和胡适只是一般的交往，根本算不上什么问题。此次外调之后没多久，启先生就听说柴德赓在苏州也被宣布"解放"了，但竟在得到平反消息的第二天突然死亡了。原来，头天晚上柴德赓太激动、太兴奋，和前来向他宣布归队消息的人彻夜长谈，无非说些表白、感激的话，勾起他种种往事，一夜未眠。当时，柴德赓正在干校劳动，第二天他不但没休息，反而激动地亲自打着红旗下地劳动，路上突发心脏病，不幸去世。柴德赓当年在辅仁大学时就是陈校长很喜爱的弟子，但他死时陈校长年事已高，身体又不好，因此谁也没敢将死讯告诉陈校长。

1971年6月21日，启先生的恩师老校长陈垣先生逝世，享年九十一岁。身为历史学界的泰斗，著名的教育家，陈垣老先生死前的生活状况颇为凄凉。当时他的助手、秘书、学生、家属，有的挨批斗，有的被隔离，身边只有一个管做饭的保姆。启先生也不能亲自前去侍奉，听到噩耗后怎能不悲痛万分。他对陈垣老先生的那份深切感情在《启功口述历史》中有这样一段催人泪下的描写：

回想我这一生，解放前有人不屑我这个资历不够的中学生，眼里根本不夹我地把我刷来刷去；解放后又有人鄙视我这个出身不好的封建余孽，舍你其谁地把我批来批去。各路英雄都可以在我面前耀武扬威一番，以示他们强者的伟大与“左派”的先进。但老校长却保护了我。每当我遭受风雨的时候，是他老人家为我撑起一片遮风避雨的伞盖；每当我遭受抛弃时，是他老人家为我张开宽厚的翅膀，让我得到温暖与安顿，而且他好像特别愿意庇护我这只弱小的孤燕，倾尽全力地保护我不受外来的欺凌，就像“护犊子”那样护着我。我自幼丧父，我渴望有人能像父亲那样关怀我，我可以从他那里得到不同于母爱的另一种爱。有了它，我就能感到踏实，增强力量，充满信心，明确方向。现在老校长把老师的职责与父亲的关怀都担在了身上，这种恩情是无法回报的。我启功别说今生今世报答不了他的恩情，就是有来生、有下辈子，我也报答不完他老人家的恩情。[1]

启先生只好和着血泪把这份沉痛的感情凝结在挽联中：

启先生与陈垣老校长

① 启功口述，赵仁珪、章景怀整理：《启功口述历史》，页103—104。

依函丈卅九年，信有师生同父子
刊习作二三册，痛馀文字答陶甄

但当时启先生连参加追悼会，到大厅为恩师鞠躬的资格都没有，只能在院子里默哀再三。悲哉！

1971年6月的一天，有人通知启先生，说军代表要找他谈话。那时像启先生这样身份的人听说有人找谈话，心里就发毛，更何况军代表是那时的最高领导，更是惶恐不安，但又不敢怠慢，急忙去军代表办公室。不巧的是，要找启先生的那位军代表不在。启先生只好说明情况，问其他人知道不知道找他有什么事。其中一位答道："听说是什么'二十四师'，要调你去，就是想通知你这件事，至于具体情况你明天找那位同志再详谈吧。"启先生一听，丈二和尚摸不着头脑，从办公室出来之后心中直犯嘀咕："我和军队什么关系都没有，再说，像我这样的人怎么会往军队里调？军队怎么会要我？莫非要把我进一步看管起来？我什么都没做啊！"再说，当时启先生夫人的身体非常不好，正患黄疸性肝炎住院治疗，必须有人陪住照顾。调到别的单位还好说，倘若调到军队，军令如山，没什么条件可讲，指不定派到哪里去，到时谁来照顾她啊？回家后，启先生一夜辗转反侧，难以入眠。第二天一早，启先生急忙找到那位军代表，军代表却心平气和地说："上级领导准备调你到中华书局二十四史编辑部去工作，这可是一项重要的工作，体现了党一向重视文化工作，也体现了党对你的信任……"启先生听到是"二十四史"而不是"二十四师"，心里悬着的那块石头总算落了地，军代表再往下说什么也听不进去了。日后一想起来那位把"二十四史"当成"二十四师"的军代表就不免觉得好笑。

1971年8月30日上午，启先生到北师大指挥部开了介绍信，到中华书局报到，但人事关系仍留在北师大，算是借调。由于中华书局二十四史编辑部的其他专家学者也都是从全国各地临时调来的，是一群人临时组成的一个新单位。这样的新单位有很多好处：一是虽然仍有军代表和临时党组织领导大家，“抓革命，促生产”，坚持搞“文化大革命”，但终究不像以前那样，事事受控；二是大家新凑在一起，虽然有的认识，有些交往，但终究没有长期相处过，彼此没什么大矛盾，不至于一下子就闹起派性、打起派仗来；三是大家从心里早就厌弃了这些年没完没了地批来批去，有了这机会都想干点本行的实在事、正经事，而标点《二十四史》又是毛泽东同志、周恩来同志直接关怀的大工程，为了让这些专家学者专心完成任务，也没有人刻意地引导他们去搞运动。如此一来，中华书局二十四史编辑部的整体环境相对宽松了许多。因此，从1971年一直到1977年项目完成，启先生度过了他“文革”期间最稳定、最顺利的一段日子。

启先生在中华书局二十四史编辑部的具体任务是校点《清史稿》。同事还有刘大年、罗尔纲、孙毓棠、王钟翰。其中，刘大年因为有事先撤出，后来罗尔纲、孙毓棠也因病退出，只有启先生和王钟翰全程参与。此前，马宗霍等人已对《清史稿》做了一些初步的整理，但遗留了很多有待进一步解决的问题。原来的整理者感到颇为棘手处有二：一是清兵入关前，即清建立初期的努尔哈赤时代，很多典章制度并不系统、明确，很多记载也比较简略、凌乱，整理起来很困难；二是清史中的很多称谓，如人名、地名、官职名，和历朝历代有很多不一样的地方，特别是人名，本来就挺复杂，再加上后来乾隆朝一改，整理者往往就拿不准、点不断了。但正所谓“难者不会，会者不难”，这些对启先生来说就跟说家常一样，易如反掌，因为他对满人的这套风俗习惯和历史沿革相当熟悉，所以工作量虽然很大，但校点工作进展顺利，发现并改正了大量的错误。正是经过启先生和其他专家学者的点校，《清史稿》才有了准确、通行的本子。

这段时间，启先生基本住在中华书局的临时宿舍里，下班后，有时会到附近的小铺里喝点小酒，吃碟花生米。闲暇的时候，很多了解启先生的人就撺掇他写写画画。启先生也技痒难耐，便顺手抻过一张纸，随手挥洒几

1973年标点《清史稿》同仁合影

笔，一幅精妙的书画作品便跃然纸上。旁观者啧啧称叹，谁有兴趣谁就拿走，既不用求启先生，启先生也不特意地送谁。这在当时几乎成为中华书局一景，无论是启先生还是旁观者，都在一种“游于艺”的逍遥境界中获得精神上的愉悦，暂时忘却了多事之秋带来的种种烦恼。多年以后，启先生回首往事，对当时融洽的情景仍难以忘怀。《启功絮语》中有《题旧作山水小卷。昔予校点诸史之役，目倦时拾小纸作画，为扶风友人持去。选堂为颜“云蒸霞蔚”四字。今归天水友人，为题四首》，其中有“可怜剩墨闲挥洒，块垒填胸偶一平”①，写的就是这种感情。

这一时期，除了在中华书局的信手挥洒外，启先生还临写过《唐人写经》及诸多碑帖，随手赠送给友人，其数量之多难以计数 。例如，1974年，王湜华带着父亲王伯祥先生收藏的神州国光社印本董其昌草书《琵琶

① 启功：《启功丛稿·诗词卷》，页183。

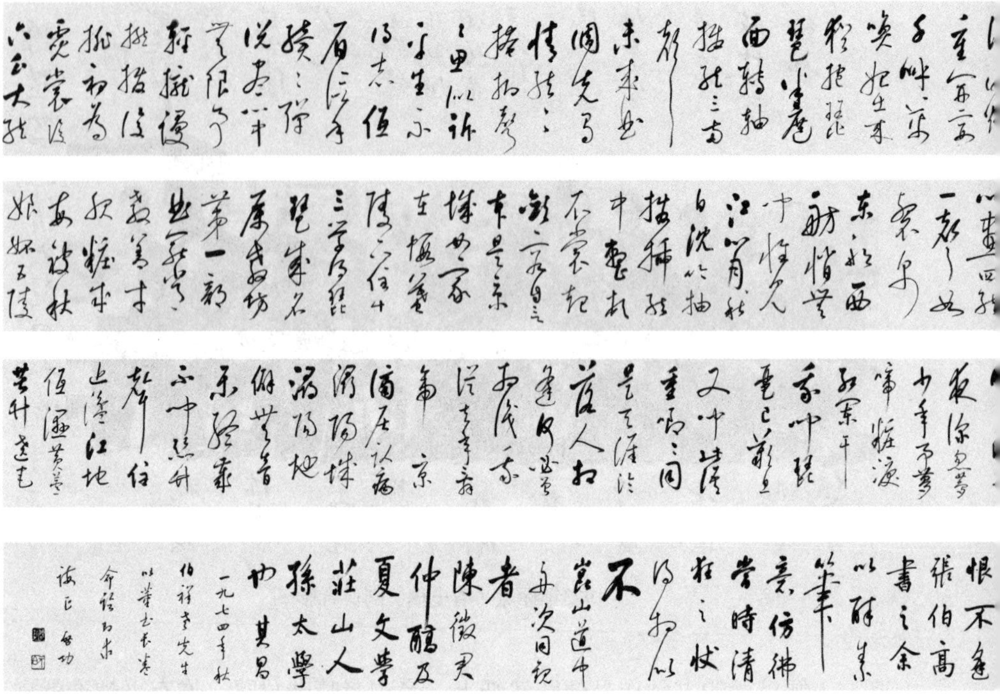

临董其昌草书《琵琶行》

行》去拜访启先生，待启先生欣赏过后，王湜华请求启先生临写一份，启先生当即答应。没用多久，启先生就临成一长达六七丈开外的巨制，卷末署“伯祥老先生命临，即求诲正，启功”。王伯祥见了，拍案叫绝，认为比董其昌原作还好，遂作题跋：

董玄宰草书《琵琶行》，以醉素笔意写白傅清狂诗境，可称具美。此卷出近代影印，自当下真迹数等，而笔势舒卷、墨色枯淡，均尚不失形神交孚之趣，每于晴窗展玩，辄觉逸兴遄飞，庋诸敝笥亦既有年。甲寅之秋，湜儿持以谒苑北（引者按，启先生之号），承为挥毫照临一过，尽十五纸，长达六七丈。予初未之知，及持归见告，则挟卷如束

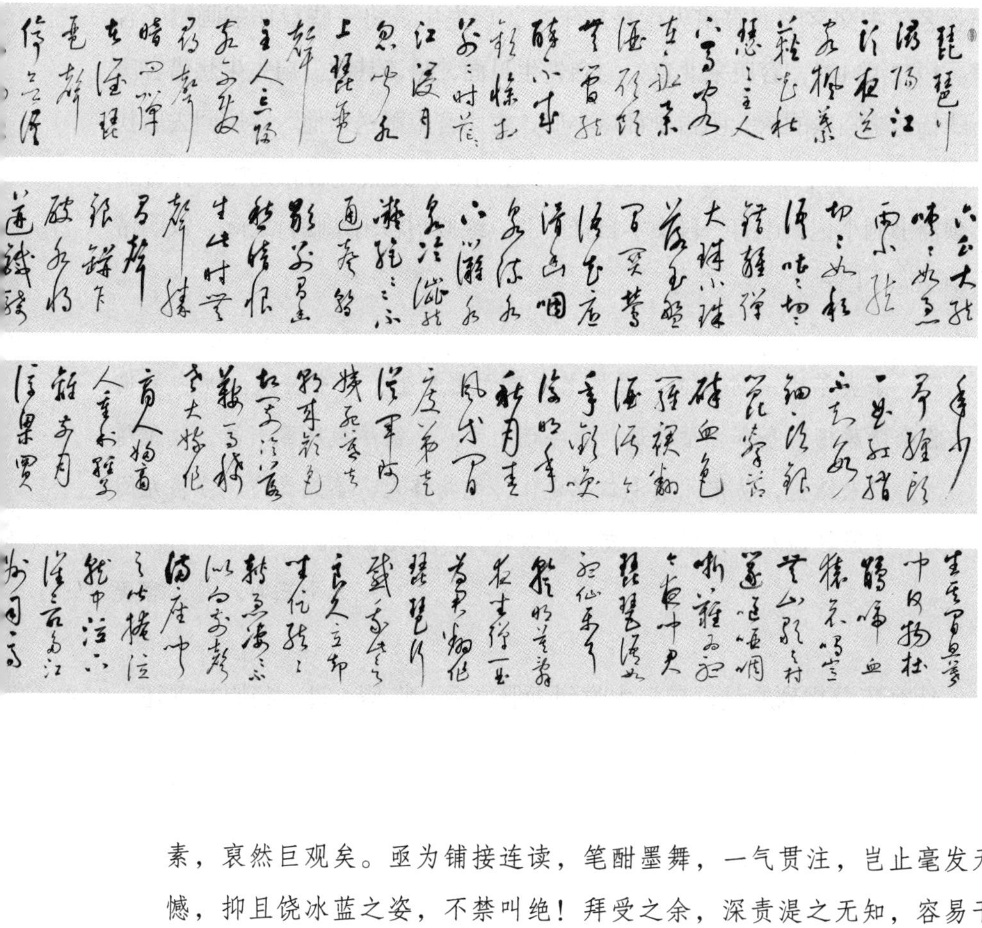

素，哀然巨观矣。亟为铺接连读，笔酣墨舞，一气贯注，岂止毫发无憾，抑且饶冰蓝之姿，不禁叫绝！拜受之余，深责湜之无知，容易干求。因谋所以筹之用付装池，乃时代不同，此道竟废，不但厂肆无此设备，即精工良材亦难副所望，嗒然而止，徒滋愧叹。只能留以有待偿愿异日耳。以此识痛，奈何！奈何！

乙卯夏日，八十六叟濒盲漫书[①]

因为环境宽松了许多，启先生与朋友之间的交往又多了起来。启先生

① 侯刚、章景怀：《启功年谱》，页99—100。

与著名的古文字学家容庚先生是忘年交，启先生曾将一些自作书画赠予容庚。1972年11月，容庚来北京，与启先生见面，晤谈甚欢。启先生想借容庚所藏杨西亭临摹的宋元明古画袖珍小册，容庚答应赠送给他。容庚回去后找出此册，耽玩再三，虽心中不舍，仍恪遵前诺，决然寄赠启先生。在容庚《颂斋书画小记》中有一段文字自抒心曲，绝似昭君出塞临行之际，汉明帝心中恋恋不已：

> 余去年十一月至京，得见老友启元白先生，谈书甚欢。元白欲借临余所藏杨西亭摹古袖珍册，余年已七十八，欲尽散所藏书画，故允赠之。归来掂视，仿宋元明十二家之作，尤物移人，不无眷恋。今将九阅月，不能轻诺寡信，愧对吾友，因即邮寄，书此自忏。
>
> 一九七三年八月，容庚

让容庚没想到的是，启先生收到画册之后，临摹一过，将原物璧还，并书诗一首：

> 借画只图留稿，何期解赠征骖。
> 珍重明珠十二，拈来回向庄严。①

往返之际，遂成一佳话。其中既可见容庚性情之真，更可见启先生不夺人所爱之德。

这期间启先生的生活环境、工作环境虽有改善，但又出现新问题，他的身体状况大不如前，眩晕症、心脏病、高血压等日渐严重。1973年9月，启先生写过一份《自述病例》，以供医生和同病者参考，这也有助于我们理

---

① 启功：《启功全集》（修订版）第七卷《三语集外集》，页8。

解他诗中描写生病的诗词：

> 自幼体较弱，十余岁时后，每饮水过多，则眼前出现金色曲线，视物只见其半，此像过后，即头痛，吐出黄水方愈。……1958年、1959年间，一日忽见墙壁旋转……至1967年夏，忽觉眩晕，此后便时时发作，自清晨眩起，至日落始止，呕吐各色之水，由清至黄至褐色。……自1972年又犯至今。每犯程度较前为轻，但各次距离却近，最后已至每日必眩，或一次，或数次，眩晕时间或几分钟，或三四小时。……犯时觉眼睛似倒戴眼镜，觉得恶心，又后脑壳如空碗，中有一球，在内旋转，便坐立不住。……西医神经科诊视，认为是“颈椎基体动脉供血不足”，服扩张血管之药，又注射磷酸组织胺，乃眩晕脱敏之剂。[①]

犯病最长的一次由1973年10月18日住进北大医院，至1974年2月19日方出院，历时125天。

1975年3月26日，启先生遭遇了他人生中极为悲怆的日子。这一天，他的夫人章宝琛因病逝世。至此，在启先生一生中举足轻重的三位女性——母亲、姑姑、妻子都永远离开了他。她们都是平凡的女性，也都是善良、淳朴、勤劳、只知付出不图回报的中国女性的优秀代表。没有陈垣老先生等老师的培养就没有启先生；同样，没有母亲、姑姑，特别是妻子终身无私的奉献，也不会有启先生。启先生小乘巷家中的日历，从此一直停留在这一天，不再撕去[②]；夫人的妆镜盒从此一直尘封，不忍再打开。

启先生为此写下了《痛心篇》二十首，前有小序云：

---

① 侯刚、章景怀：《启功年谱》，页96—97。

② 吴五仪：《追思表兄启元白，想念表嫂章宝琛》，收入金煜、章景怀：《忆启老》，北京：文化艺术出版社，2012年，页36。

先妻讳宝琛（初作宝璋），姓章佳氏。长功二岁，年二十三与功结褵。1971年重病几殆。1974年冬复病，缠绵百日，终于不起，时在1975年夏历花朝前夕。是为诞生第六十六年，初逾六十四周岁也。①

启先生与夫人的结合，属于典型的包办婚姻，一点儿都不浪漫，但两人先结婚后恋爱，婚后伉俪情笃。夫人十分贤惠，不但对启先生体贴入微，而且对启先生的母亲、姑姑也十分孝敬，与长辈关系处得极为融洽。启先生在《痛心篇》二十首中用一首最直白但又最为真切的五言绝句记录他们之间的亲切感情：

先母抚孤儿，备历辛与苦。
得妇喜尝言，似我亲生女。②

启先生结婚时，家中已没有任何积蓄；婚后，全靠启先生微薄的薪水维持家计。结婚头几年，启先生的工作非常不稳定，在辅仁两次被解聘，几乎处于半失业的状态，生活格外艰辛。夫人对此没有任何埋怨和牢骚，而是想尽一切办法持家：她自己尽量省吃俭用，衣服基本上是自己动手缝制，但凡有点好吃的，总要留给启先生的母亲、姑姑和启先生吃。在夫人的精打细算下，不但一家日常开销被料理得井井有条，而且还为启先生买书及收藏字画留下一些钱。启先生在《痛心篇》中这样写道：

我饭美且精，你衣缝又补。

---

① 启功：《启功丛稿·诗词卷》，页61。
② 启功：《启功丛稿·诗词卷》，页62。

我剩钱买书，你甘心吃苦。[1]

1956年，启先生母亲重病，同年不治身故；1957年，启先生姑姑病倒，同年去世。其时政治气候相当紧张，启先生为了应付政治运动，不得不把大部分精力投入社会活动中，因此重病的母亲和姑姑几乎全靠夫人照顾。她端屎端尿，尽心伺候两位病中的老人。古语云“久病床前无孝子”，可前后近两年，夫人没日没夜地忙碌操劳，身体日益消瘦，却没有一丝一毫的怨言。启先生母亲在临死之前，拉着章宝琛的手说：“我一辈子没有女儿，但你比亲生女儿还好。”所有这一切，启先生看在眼里，记在心上，等给母亲送终发丧完毕，便请夫人坐在椅子上，恭恭敬敬地叫了她一声“姐姐”，给她磕了一个头。

尤为难得的是，夫人不但在日常生活中百般体贴启先生，还能在精神上理解启先生。启先生在辅仁美术系教书和后来教大一国文时，班上有很多女学生，启先生自然会和她们有一些交往。当时的新潮，颇兴师生恋。启先生虽然自己能够把握住分寸，从来没有任何越雷池的举动，却难免有些流言蜚语传开，自然也就传到夫人的耳中。她不但信任启先生，相信他不会做这样的事，而且表现出一般女性在此情境下罕有的大度。当一些别有用心的人一再向她嚼舌时，她干脆这样回答：“我没能替元白生育一男半女，我对不住他。如果谁能替他生育，我还要感谢她，一定会把孩子当亲生的子女一样。”嚼舌者愕然，自感无趣。而启先生更是被妻子的信任与善良深深感动，更加不可能做任何对不起妻子的事。

除了在感情生活上信任启先生外，夫人还在政治生活上极力支持他。按理说，她一生都是家庭妇女，不会和政治扯上什么关系。可问题是，在20世纪50—70年代，政治运动席卷全国上下，她不找政治，政治却要找她，哪

---

① 启功：《启功丛稿·诗词卷》，页62。

里也不会有世外桃源。先是在1958年初，启先生被正式划为“右派”；接着在“文化大革命”中，启先生又被打成“牛鬼蛇神”，各种打击都要株连到家庭。夫人最初也有委屈的时候，但在启先生的劝导下，她慢慢也想开了，不但对启先生没有任何埋怨，而且铁下心来要和启先生一起共度那漫漫长夜，一起煎熬那艰苦岁月。一旦下定决心，夫人就充分展现出女性坚韧忍耐的一面，很多时候甚至反过来劝慰启先生，要他放宽心，保重身体，“留得青山在，不怕没柴烧”。

更为难得的是，夫人在苦难日子里还展现出过人的胆识与魄力。在“文革”中，为了避免引火烧身，启先生将他小时候宗人府给他封“三等奉恩将军”的诰封和一些容易引火上身的收藏都烧掉了。在这种情境下，夫人却敢于把启先生的大部分手稿都保存了下来。深爱丈夫的她知道，这些手稿是丈夫的生命，比任何东西都珍贵。启先生后来写有《自题画册十二首》组诗，诗前小序记载的就是这种情况：

> 旧作小册，浩劫中先妻褫其装池题字，裹而藏之。丧后始见于箧底。重装再题。[1]

夫人把启先生旧作画册的封面撕下卷成一卷，和其他东西裹在一起，躲过浩劫。受她的启发，启先生把在“文革”前起草的《诗文声律论稿》压缩为六万字，偷偷地用蝇头小楷抄在非常薄的贵州皮纸上，一旦赶上有如林彪发出“一号命令”时那样紧张的形势，就好把它卷成最小的纸卷别在腰里，随身带走。夫人把这部著作的底稿也保存了下来。要不是妻子有胆识，启先生这些旧作早就化为灰烬了。

风雨动荡中，启先生与夫人相互搀扶，一路走来，真称得上是患难夫

---

① 启功：《启功丛稿·诗词卷》，页64。

妻。两人相知相爱，有如一人，正像启先生在《痛心篇》中所说的：

相依四十年，半贫半多病。
虽然两个人，只有一条命。①

但不幸的是，夫人身体不好，没能和启先生一起挺过漫漫长夜，迎来光明。她先是在1971年患严重的黄疸性肝炎，几乎病死，幸亏后来多方抢救，使用了大量的激素药物才得以暂时逃离鬼门关。在她病重时，启先生甚至这样想：不管是谁，也许死在前面的倒是幸运。但不管怎样，两人将来仍会重聚。《痛心篇》如实地记下这一想法：

今日你先死，此事坏亦好。
免得我死时，把你急坏了。②

当夫人病情出现转机时，启先生真是喜出望外，高兴之情溢于言表：

强地松激素，居然救命星。
肝炎黄胆病，起死得回生。
愁苦诗常易，欢愉语莫工。
老妻真病愈，高唱乐无穷。③

到了这年秋天，夫人的病真的好了之后，启先生把这些诗读给她听，两人是且哭且笑。

① 启功：《启功丛稿·诗词卷》，页62。
② 启功：《启功丛稿·诗词卷》，页62。
③ 启功：《启功丛稿·诗词卷》，页62。

但病魔并没有就此放过这对可怜的夫妻。1975年，夫人旧病复发，身体状况急剧恶化，启先生急忙再次将她送往北大医院。看着妻子在病床上辗转痛苦的模样，启先生预感到这次凶多吉少，心知留给两人共同拥有的时间已经不多了，因此格外珍惜这段时光：

老妻病榻苦呻吟。寸截心肠粉碎心。
四十二年轻易过，如今始解惜分阴。[①]

当时启先生正在中华书局点校《二十四史》，他知道这是对他难得的一次信任，自然不敢辞去工作照看妻子。为了既不耽误上班，又能更好地照顾妻子，启先生白天请了一个看护，晚上自己就在妻子病床边搭几把椅子，彻夜守护。幸好中华书局当时位于灯市西口，与北大医院相距不是太远。可这样一熬就是三个多月，也把启先生折腾得疲惫不堪。病床上的章宝琛命若游丝，内心非常希望启先生能陪伴她度过生命中最后的时光，但又挂念着启先生的身体，生怕把他累坏，内心极其矛盾。正像启先生《痛心篇》中所描写的那样：

妇病已经难保。气弱如丝微袅。
执我手腕低言："把你折腾瘦了。"

"把你折腾瘦了，看你实在可怜。
快去好好休息，又愿在我身边。"[②]

再到后来，昏迷中的章宝琛经常说胡话，有一次说到"阿玛（满族人

---

① 启功：《启功丛稿·诗词卷》，页63。
② 启功：《启功丛稿·诗词卷》，页63。

管父亲称阿玛）刚才来到”。陪伴在一旁的启先生心如刀绞，痴痴地想着，只要妻子还能在身边说话，哪怕说的是胡话也好：

明知呓语无凭。亦愿先人有灵。
但使天天梦呓，岂非死者犹生。①

眼见得妻子就要不行了，启先生为她翻找准备入殓的衣服，结果在衣箱里却发现，他的棉衣都是妻子精心缝制的，而妻子的衣服全是缝缝补补的：

为我亲缝缎袄新。尚嫌丝絮不周身。
备她小殓搜箱箧，惊见衷衣补绽匀。②

夫人终于永远离开了这个世界，离开了她深爱着的启先生。启先生感谢了所有前来慰问的人，然后对他们说，想单独和妻子再待一会儿，最后一会儿。病房的门紧紧关上了，里面就剩下两个人，一生一死，阴阳两隔。启先生绕着妻子的遗体，为妻子念了好多遍“往生咒”。当年启先生母亲去世时，启先生也给她念过经，感谢她孤独一人含辛茹苦地生他，抚他，养他，鞠他。可那是在1956年，形势还不像“文革”期间这样紧张。如今要是有人知道启先生还在为死者念经，肯定又会惹上大麻烦的。可启先生顾不了这么多，他想不出其他的方式来表达和寄托自己对亡妻的哀思。他心中只想着：妻子这一辈子跟着自己受尽了苦，没有享过一天福，但愿她从此能往生净土，享受一个美好幸福的来世。启先生把内心深处所有的歉疚、祝愿、信念，都寄托在这经咒声中了。

① 启功：《启功丛稿·诗词卷》，页63。
② 启功：《启功丛稿·诗词卷》，页62。

正如元稹《遣悲怀三首·其二》所云："昔日戏言身后事，今朝都到眼前来。"当年妻子和启先生曾戏言，如果她先死了，启先生一定会在大家的撺掇下娶一个后老伴。启先生说，决不会。夫人说，要不打个赌？启先生答应了。果不其然，在章宝琛逝世后，启先生周围的好心人，包括他的亲属都劝他续弦。一时间居然出现"求字不如红娘多"的热闹景象。有的推荐一直与启先生有书信来往的老学生，这位老学生已故的丈夫又是启先生的好朋友，启先生婉言拒绝了。还有人给启先生说合著名的曲艺艺人，启先生态度更鲜明地说："您看我这儿每天人来人往的，都成接待站了，再来一位梨园行的，每天在这儿又说又唱的，还不得炸了窝？日子过起来岂不更不安生？"也有自告奋勇的女士，饱含感情地写信，诉说自己如何敬慕启先生，常常在他住所旁流连忘返，并愿意自荐枕席，启先生对此只能苦涩地莞尔一笑。就这样启先生终身未再娶，晚年生活一直由内侄章景怀夫妇照顾。而未再娶的原因只能用元稹那两句人所共知的诗来解释："曾经沧海难为水，除却巫山不是云。"

1989年冬，夫人去世已十四年，启先生再次因心脏病发作被送进北大医院急救。就在医生护士都围着他的病床为他担心，启先生自己都不知是否能熬过这一关也为自己担心时，他又想起了当年和老伴设赌的事，他觉得如今可以做结论了。抢救过来后，启先生特意写了一首《赌赢歌》，宣布自己取得最后的胜利："郑重宣称前赌今赢足使老妻亲笔勾销当年自诩铁固山坚的军令状。"（参见《诗词家启功》章）[1]遗憾的是，在启先生去世后，因为在八宝山未能找到附葬在姑姑恒季华墓旁的章宝琛骨灰罐，只能用她的一张照片与启先生合葬在万安公墓。

---

① 启功：《启功丛稿·诗词卷》，页191—192。

第三节　晚来逢春天下知

一、重回讲堂

1976年，启先生眩晕症复发。一天外出，还没走出小乘巷，突然眩晕，倒在地上。苏醒后，启先生发现并无大碍，回到家拟了一副对联："小乘廿番春，四壁如人扶又倒；浮生馀几日，一身随意去还来。"启先生那时没想到的是，来日方长，而且，春天就要来了。

1976年10月6日，"四人帮"被粉碎，"文革"终于结束。仍在中华书局的启先生，与人们挤在仓库里，听到中央文件传达这一消息时，欣喜万分，"心里的感觉，跟听到日本投降的消息差不多"。整个会场也是场面热烈。十年动荡之后，活下来的人都有劫后余生之感，人们怀着美好的憧憬，心情振奋地迎接新时期的到来。第二天，启先生用宣纸工工整整地写了一张欢呼打倒"四人帮"的大字报。与启先生抄过的不计其数的大字报不同，这是他十年来第一张自己起草、自主表达的大字报，可以痛痛快快地抒发自己的见解与情感。与此同时，启先生还写下了很多直抒胸臆的诗词，这种作品在一般人那里可能是常调，但在启先生这里却是"别调"；因为他主张诗词不应过于直露，而此时之所以有这样的作品（主要是即兴应和朋友之作），足见其当时是多么兴奋，兴奋得可以冲决一切束缚，甚至到了不骂不痛快的地步。如云："叛徒粉碎不成帮。意外听来喜欲狂。转眼狐臊难再冒，当心狗腿未全光。四人一瓮登时捉，八蛋同宗本姓王。从此更须齐努力，莫随东郭放豺狼。"[1]他自

① 侯刚、章景怀：《启功年谱》，页106。

已绝不会把这类作品收入自编的诗集中，至于那些意在传世的用心之作，可参见《诗词家启功》一章。

1977年，校点《二十四史》的工作结束，启先生从中华书局返回北师大中文系，继续从事教学和科研工作。

1978年9月，北师大恢复招收研究生，中文系古代文学专业这一级共招收了九名硕士研究生，由五位教师组成研究生指导小组，启先生是其中之一。再次回到讲堂的启先生，对教学拥有巨大的热情，无论寒暑，只要有课，便从小乘巷的家出发，挤着公交车到学校给学生上课，而且经常无偿地加课，没有教室就到学生宿舍里开讲。由于启先生厚积薄发，能用深入浅出又幽默风趣的语言启迪学生心智，所以他的课不但本专业的学生去听，很多其他专业的学生也常来"蹭课"。尤其有意思的是，启先生的课堂板书让值日生大为踌躇，真舍不得擦去。当年的硕士研究生之一万光治回忆说：

> 课间小憩，先生墨宝，著于黑板。弟子肃立仰瞻，当值不忍遽去。至今诸生，犹忆当时情状，以为美谈。[①]

及至1984年，启先生又被聘为博士生导师，培养了一批中国古典文献学博士。

1979年1月27日，北师大中文系党总支书记刘漠来到启先生家，传达了校党委《关于1958年启功被错划为右派分子的改正意见》，摘掉启先生的"右派帽子"，取消原来的不实结论，正式予以平反，恢复四级副教授级别。

这一年的3月，启先生又被评为教授。

1980年9月，北师大发布《关于加强基础课教学的暂行规定》，要求专

---

① 启功：《启功讲学录》，北京：北京师范大学出版社，2004年，页1。

业水平高、教学经验丰富的教师担任本科生的基础课教学任务。启先生不顾自己年老体弱，积极响应学校要求，不仅承担了本科生的教学任务，还给夜大学生授课。启先生写了首致当年新生的《共勉》诗，其中有“祖国当中兴，我辈肩有担”[①]之句，表达出决心为改革开放献出毕生精力的热情。

此后一直到去世，启先生都将教师作为自己的本职工作。他在北师大除了培养了近三十名中国古典文献学硕士、博士研究生外，还尽量抽出时间为本科生上课或举办讲座。而每次只要是启先生讲课或做讲座，讲堂总是爆满。1981年，启先生被聘为国务院古籍整理规划领导小组成员；1982年，北师大古籍研究所成立，启先生任副所长。除了教授中国古代文学及古典文献学外，启先生在北师大也讲授过书法。1987年，北师大受国家教委委托，举办“全国书法教师第一期讲习班”，启先生主讲，并亲自带领来自各省市中小学书法教师共百名余学员前往故宫书画馆参观古代书画碑帖，又带学员去北海阅古楼参观三希堂帖石。

启先生给中文系学生讲“四声”

启先生也经常应邀到其他院校、单位去授课讲学。1979年，启先生应北京电影学院邀请，为该校学生讲授书法。同年，启先生应中央美术学院的聘请，为该校外国留学生讲“中国书法史”，为该校中国画研究生班讲古典文学。1981年，启先生应国家文物局邀请，前往河北蓟县盘山为“全国书画鉴定提高班”讲课。1982年，启先生应香港中文大学邀请，前往讲学。讲学内

① 启功：《启功丛稿·诗词卷》，页282。

容除了书法外，还讲了他对《红楼梦》研究的见解。1983年，中共中央统战部与九三学社组建“智力支边团”，邀请了一批专家学者，一起前往内蒙古自治区、宁夏回族自治区、甘肃省、青海省、新疆维吾尔自治区等地开展讲学活动。七十一岁的启先生也报名参团，长途跋涉到边疆省份去讲课。1984年，启先生再次应邀为中央美术学院学生讲授“中国书法史”。1985年，启先生为中国书法家协会主办的系列讲座“中国书法艺术”做了《诗词与书法》专题讲座。1988年，启先生应吴南生邀请前往汕头，在汕头大学做了有关书法的讲座。同年，启先生又应香港城市大学之请前往讲《红楼梦》。1994年，故宫受国家文物局委托，在举办“中国古代书画作品真伪对比展”的同时，开办书画鉴定高级研讨班，启先生应邀前去授课。1998年，启先生应邀在琉璃厂中国书店做了《碑帖与中国书法》专题演讲。2001年、2002年，启先生两次应邀到国家图书馆做学术报告，主题分别是清代学术和音韵学。2002年，启先生应扬州市政府的邀请前去讲学，题目为《清代时政与扬州文化》。

除具体授课外，启先生还参与了很多与教育建设有关的事业。1984年12月15日，时任北师大校长的王梓坤召集启先生、钟敬文、陶大镛、朱智贤、赵擎寰、黄济等老教授举行座谈会，倡议由国家确定每年9月为“尊师重教月”，并将该月的某一天定为教师节。1985年1月21日，全国人大通过决议，将每年9月10日定为教师节。

1986年霍英东先生慷慨捐资五百万美元，为北师大修建教育大楼，1987年邵逸夫先生捐资为北师大修建图书馆。启先生为这些义举赋诗著文，表彰他们的爱国重教的义举。如赠霍英东先生诗曰：“嘉树长垂万亩阴。育才从古胜籯金。杜陵广厦峥嵘际，最见怀乡爱国心。”

更可贵的是启先生竭尽自己的才智亲自捐资设立了“励耘奖学助学基金”。

为了报答恩师陈垣先生对自己的栽培，1988年5月，启先生正式计划筹集一笔奖助基金，以陈垣先生“励耘书屋”中的“励耘”二字命名。基金筹集来源包括两个部分：一是启先生将创作书法作品一百件、绘画作品十件，举行义卖，义卖所得全部捐为基金；二是平时社会各界人士来求题字，由学校代收的润笔也全部捐为基金。经过两年多的艰苦努力，义卖展如期在香港地区举行，共筹得二百四十八万港元，扣除税款，按当时牌价折合成人民币是一百四十八万一千六百九十二元。再加上平时社会上人士来求字所得润笔十五万元，共筹得一百六十三万一千六百九十二元。

1991年11月27日，励耘奖学助学基金会成立大会在北师大英东教育楼举行。启先生在会上发言，说明自己捐款设立基金的目的是纪念恩师陈垣先生，因此用恩师书斋“励耘”二字命名。1992年9月25日，励耘奖学助学基金会在北师大英东学术会堂举行首次颁奖仪式。启先生到会给获奖师生颁发证书及奖金，并殷勤寄语，希望获奖者百尺竿头，更进一步。

总之，对于教师这一职业，启先生给予了最高的尊重。晚年的启先生拥有众多头衔，但他始终把它们看成“副业”，认为自己的“正业”只是教师。对于教师这一职业的内涵，启先生有着极为深刻的见解。1997年，在北师大建校九十五周年之际，启先生提出以“学为人师，行为世范”八字作为校训。实际上，晚年重回讲堂的启先生几乎是用加倍努力的工作和实际行动做出了表率，具体生动地诠释了何为“人师”，何为“世范”。

二、服务社会

晚年的启先生，除了继续在北师大做好教师本职工作外，还担负着多重职责，以其过人的才华学识及强烈的社会责任感回报社会。

其一是参与书画文物鉴定。晚年，启先生经眼鉴定书画无数，为中国文化的传承倾尽心血。

其实早在新中国成立初期，启先生在文物鉴定方面的见识、眼力已得

国家文物局书画鉴定七人小组合影
左起：谢辰生、刘九庵、杨仁恺、谢稚柳、启功、徐邦达、傅熹年

到众多鉴定名家的认可，一些重要的鉴定活动必定邀请他参加。遗憾的是，随后接踵而至的“反右”“文革”中断了这一事业，一直等到“拨乱反正”之后，启先生才重新获得贡献才智的机会。

1982年秋天，苏州博物馆邀请启先生前去鉴定书画，这成了启先生晚年大规模鉴定文物的前奏。1983年4月，国家文物局召开“全国古代书画巡回鉴定专家座谈会”，决定成立一个专门的书画鉴定组在全国范围内对现存的古代书画进行全面、系统的考察与鉴定。会上，启先生与谢稚柳、徐邦达、杨仁恺、刘九庵、傅熹年、谢辰生等六人一起组成“中国古代书画鉴定组”。当时有人提议让启先生任组长，但启先生考虑到谢稚柳曾为此事直接给国务院副总理谷牧写过信，因此主张应由谢稚柳任组长。最后，启先生和谢稚柳并列为组长。

从1983年8月开始，“全国古代书画巡回鉴定”在北京正式启动，第一站就是北京。中国古代书画鉴定组前后分两批对故宫博物院、中国历史博物馆、中国美术馆、首都博物馆、中央美术学院、中央工艺美院等十二家单位收藏的古代书画做了鉴定，启先生全程参与。

1985年7月，启先生到中宣部出版局商议《中国美术分类全集》编辑出版工作。之前有关部门已启动六十卷的《美术全集》工作，启先生认为六十卷难以包罗中国几千年博大精深的美术作品，曾给中央有关领导人写信，建议编辑出版规模更大、分类更系统的《中国美术分类全集》，意见得到采纳后，启先生参与了这一巨大工程，并被聘为主编。

1985年10月，启先生被文化部聘为国家文物局鉴定委员会委员。及至1986年，启先生又被任命为国家文物鉴定委员会主任委员。

1985年，中国古代书画鉴定组又分两次对上海博物馆的书画进行了鉴定，启先生参加了第一次。1986年1月，鉴定组对上海画院、上海美术馆、朵云轩等单位收藏的古代书画做鉴定，启先生因身体和工作的原因，参加了部分鉴定工作；同年3—7月及9—11月，鉴定组又分两次对江苏南京博物院、苏州博物院、扬州博物馆等二十四家单位收藏的古代书画做鉴定。1987年、1988年、1989年，启先生分别随鉴定组前往安徽、河北、河南、山西、天津、辽宁、四川等地鉴定古代书画。

中国古代书画鉴定组集中了全国这一领域的顶尖专家，但顶尖专家组在一起也常会出现意见相左的时候。对于文物鉴定来说，真就是真，假就是假，专家表态时容不得含糊其词。可问题是，对某一件字画的鉴别，除了那些假得没边的东西外，要大家都有统一看法也不容易。此时，若人人都自以为真理在握，容不得不同意见，就难免会产生矛盾。启先生当时在组里的态度是发表自己的意见，如果有人反对，他也无所谓。而有的专家却容不得异议，为此经常发生争执。这类争执多了，有的专家索性提出辞职。当时规定鉴定组的人每年到全国各地工作三个月，启先生由于校内还有课，再加上身体原因，所以很难全部参加。有一次，谢稚柳拍着启先生的手说："你不要跟我来'九三学社'呀。一年应该来三个月，你怎么只来三个星期呀？"他知道启先生是九三学社的，所以这样和启先生开玩笑。但启先生并没有提出辞职，而是一直坚持下来，为国家鉴定了数以万计的书画文物。

启先生晚年为国鉴宝最动人的故事是国宝《淳化阁帖》的回归。

《淳化阁帖》是中国历史上最早的一部丛帖，于北宋淳化年间汇集历代各家书法墨迹而成，被后人称为“法帖之祖”。1995年，国家文物局外事处处长王立梅准备赴美国商讨“中华文明五千年文化艺术展”的有关事宜。行前，启先生特别嘱咐她，到了美国一定要拜访美国收藏家安思远，据说他手中藏有北宋《淳化阁帖》四卷，并要设法说服安思远，将《淳化阁帖》带到北京展览。启先生说：“不见《淳化阁帖》，我死不瞑目。”受托之后，王立梅不辱使命，最终于1996年9月促成安思远携《淳化阁帖》到故宫博物院举办“美国安思远先生收藏碑帖珍品展”。启先生欣喜万分，亲自出席并剪彩。经过启先生与刘九庵等国内顶级文物鉴定专家的仔细鉴定，确认这部《淳化阁帖》就是北宋的祖帖。2003年，在长达八年的友好交往后，安思远终于同意中国以450万美元的价格买回这件国宝。当王立梅带着《淳化阁帖》回到北京，她的第一个电话是打给启先生的，兴奋地跟启先生说《淳化阁帖》已经永远回到了祖国。电话另一头的启先生也高兴极了，一再说这太好了，这是真正的国宝回归呀！

启先生出席“美国安思远先生收藏碑帖珍品展”时的合影

类似的故事还有许多。2000年，一位收藏者拿来一件元代迺贤的书法作品请启先生鉴定。启先生看后，认定是真迹，并动员此人说，要是能捐给故宫就好了。之后，启先生给故宫有关领导连写了两封信，说此作品“实应属于国宝”，“以其不仅有艺术价值、文献价值，且属祖国古代民族中华文化鉴证之一，以物之稀，故弥珍贵也”①。在启先生的推动下，这件少数民族著名诗人的书法作品才最终被故宫收藏。经办此事的朱诚如感慨万分，说：“启功先生不辞辛苦关心着祖国的文化事业，不让珍贵的文物珍品流失，这就是启功精神，一种博大的爱国情怀。”②

除了为祖国鉴定文物外，20世纪90年代以后，启先生更是频繁地访问海外，参加流散在中国香港、日本、韩国、美国等地的中国书画鉴定活动。

1996年9月15日—10月25日，启先生与王世襄、傅熹年等人应荣智健邀请，先到中国香港，然后由庄寿仓陪同到美国、英国、法国参观当地著名的博物馆，并对博物馆收藏的中国古代书画进行鉴定。在美国参观了大都会博物馆、华盛顿博物馆、波士顿博物馆、费城博物馆，鉴赏了收藏家王己千先生的很多藏品。在英国参观大英博物馆时，见到一件启先生在敦煌卷中的跋文，有人指为伪作，启先生当即著文声明：“此辈妄人呓语，切莫听也。”他在巴黎最想看的不是卢浮宫、凡尔赛宫、巴黎圣母院，而是巴黎国家图书馆内的敦煌拓本和欧阳询的《化度寺塔铭》、唐太宗的《温泉铭》。当图书馆的负责人听说是启先生一行要来参观，也做出了特别安排，满足了启先生的热切愿望，在地下的收藏室内将这些珍贵的拓本拿出来供启先生仔细观看。启先生边看边点头，还不时地击案，伸出大拇指，连连说道：“好、好，不虚此行啊！”临走时，“仍目不转睛地看着那两片‘黑老虎’，像在告别自幼被他人收养的亲生儿女，乍见又别，依依不舍”③。

启先生晚年海外文物鉴定活动中影响最大的，当数世纪之交时前往世

① 侯刚、章景怀：《启功年谱》，页 330。
② 侯刚、章景怀：《启功年谱》，页 330。
③ 庄寿仓：《点点滴滴忆启老》，收入《以观沧海：启功百年诞辰纪念文集》，页 225。

界四大博物馆之一的纽约大都会博物馆（Metropolitan Museum of Art）鉴定《溪岸图》的真假。

据题署，《溪岸图》为著名山水画家董源所作。此画20世纪30年代归徐悲鸿所有，张大千又以金农《风雨归舟图》与徐悲鸿交换，获得此画。20世纪50年代，张大千将此画卖给美籍华裔收藏家王己千，后者将此画喻为“中国的蒙娜丽莎”。1997年，纽约大都会博物馆收藏此画后，《纽约客》刊登了卡尔·尼根（Carl Nagin）题为“大都会博物馆获藏中国的‘蒙娜丽莎’，可它是赝品吗？”（*The Met has just Acquired the “Monalisa” of China. But is it a fake?*）的短评，文中援引加州伯克利大学教授、美术史家高居翰（James Cahill）的观点，认为《溪岸图》笔法粗劣，结构零乱，难于辨识，根本不可能是一幅10世纪的山水画，而是著名假画炮制者张大千仿冒的赝品[①]。此说一出，《溪岸图》的真伪引起人们的广泛关注。

1999年9月，纽约大都会博物馆举办了“王己千珍藏中国绘画精品展”，这一绘画展中最引人瞩目的即《溪岸图》。12月，启先生以中央文史研究馆馆长、国家文物鉴定委员会主任委员、中国古代书画鉴定委员会主任的身份应邀率团出访美国，参加了纽约大都会博物馆的“中国艺术的真实性研讨会”。会议于12月11日在博物馆大礼堂举行，上、下两层千人的礼堂座无虚席，有关中国绘画作品真伪的讨论将这次中国绘画展推向高潮。在研讨会上，启先生对《溪岸图》进行了重点分析，他从笔墨风格方面对《溪岸图》和董源的其他存世作品如《龙宿郊民图》轴（中国台北“故宫博物院”藏）、《潇湘图》卷（北京故宫博物院藏）、《夏景山口待渡图》卷（辽宁省博物馆藏）、《溪山行旅图》轴等进行了分析比较，认为笔墨的性格和习惯都相同，图上的署款字体也是北宋流行的体貌，绝非张大千所能模仿。因此，启先生判定，《溪岸图》确系北宋古画。在当

---

① *The New Yorker*, August 11, 1997, p. 26.

天下午接受美国《世界日报》记者的采访中，当被问到中国式的书画鉴定与美国是否相同，启先生从中国画讲究笔墨、笔法的角度，用一个字回答说："No!"当问到有何具体不同时，启先生回答道："西方画讲焦点透视，中国画讲散点透视。"又问："何谓散点透视？"答曰："你们不是熟悉导弹吗？即可以此作比：中国画一幅画面上的山水、人物、房子，其实并非都在某一视力所及的范围之内，这就谓之散点透视。就好比导弹会拐弯，能打到山背后一样。"这一比喻大有玄机，因为不久前中国驻南斯拉夫使馆刚刚受到美国导弹的轰炸，在座的人都记忆犹新，不由得发出会心的笑声①。

其二，除文物鉴定之外，启先生晚年的另一重要工作是推广中国传统文化，举办书法展览，推进中外文化交流，成为中外文化交流的形象大使。

1992年，启先生八十寿辰时，在北京政协礼堂举办了"启功书画展"，李瑞环等国家领导人及众多社会名流、书画艺术家二百余人出席，受到广大观众的热烈欢迎和好评。之后，画展转移到历史博物馆展出，又转展天津、广州、成都等地，所到之处都受到当地书画艺术界及书画爱好者的热烈欢迎。2002年9月6日在北京历史博物馆东方美术馆举办了"庆祝北京师范大学建校百年暨启功教授执教七十周年启功书画展"，乔石等国家领导人亲自莅临祝贺。类似的展览还很多，如"楹联展""遗墨展"等，很难遍举。为了表彰启先生对中国书法事业做出的卓越贡献，中国书法家协会于2001年授予启先生"兰亭终身成就奖"及奖金八万元，启先生旋即将此奖金捐给北师大的"励耘班"。

1983年2月，应日本雪江堂邀请，启先生与董寿平、黄苗子一同前往日本举办"现代中国著名书家书画展"。董、黄二人先期回国之后，启先生留下来又出席了西武公司的书法展。这期间，启先生前往京都、奈良、长

① 柴剑虹：《我的老师启功先生》，北京：商务印书馆，2006年，页148。

启先生与宇野雪村书法联展

崎、大阪等地游览。回国时，启先生用这次书展卖字所得全部收入购买了一台复印机，从日本带回来送给北师大中文系。

1987年3月31日，中国人民对外友好协会和日本每日新闻社在中国美术馆联合举办“启功·宇野雪村书法巨匠作品展”，这是中日书法史上两国书法巨匠第一次联袂办展。两位书法家都是七十五岁，各自拿出三十七件作品，又合作一扇面，共有七十五件展品，先在北京展出，然后移师东京展出。

1987年9月，新加坡书法协会发来邀请，九三学社组织代表团前去访问，启先生一同前往，举办了“启功潘洁兹书画展”。

1991年9月，启先生赴日本，参加了在山梨县大月市百藏山举行的“启功书法艺术馆”开幕典礼。日本人和田至弘特嗜启先生书法，收藏了他三十多幅作品，并在他开办的和田美术馆中专门辟出一室，设为“启功书法艺术馆”。启先生此次又带来二十五幅作品，全部赠送给该馆。

1992年11月，启先生应大野亮雄的邀请，赴日本参加埼玉县饭能市竹寺的牛头明王瑞相开光大典，经过东京时参观了东京博物馆、三省堂、二玄社等。

1994年5月，荣宝斋邀请韩国著名书法家金膺显来京，举办“启功·金膺显书法联展”。9月，启先生赴韩国，参加“启功·金膺显书法联展”在韩国的展出，与韩国书法家进行书法交流。展览间隙，应韩国总统金泳三邀请，在青瓦台总统府与金泳三交流书艺。同年10月，李鹏总理出访韩国，请

启先生与金泳三合影

启先生创作书法作品作为礼品。

1995年4月，启先生陪同全国人大委员长乔石去日本和韩国访问。1996年9—10月，应荣智健邀请，启先生与王世襄、傅熹年一行，先赴香港，后往纽约、伦敦、巴黎等地，参观著名博物馆。1997年，启先生自任团长，组织中央文史馆馆员前往新加坡举办书画展，与新加坡书协展开友好交流。

在香港、澳门尚未回归之前，启先生就多次访问两地，并与当地的文化名流多所交往，诗词唱和，并举办书法讲座、书法展览，深受当地文化界人士的欢迎和好评。如1985年访问澳门时，就与澳门文化界领袖、著名诗人、书法家梁披云多次即席唱和。在《澳门日报》的欢迎会上，梁先生首先题赠《启老法书香港展出谨赋志佩》：

瘦硬通神孰比伦。骚坛月旦更精淳。
兴来能事成三绝，上苑花开海国春。

启先生接过来稿，略一沉吟，即《敬次披云先生赐诗元韵》唱和道：

雅座书坛迈等伦。德成为上艺深淳。
行来南国瞻光霁，喜沐清风四座春。

之后，在许世元先生的欢迎会上，梁老诗兴又发，以《许君欢宴启老席上》为题即席再赋：

式燕嘉宾碧玉杯。镜湖秋色海天开。
笔谈妙绝诗书画，都讲元从上苑来。

启先生以《席上尝新，敬次披翁元韵》为题，再次即席步韵唱和道：

酒令如军数举杯。清尊北海绮筵开。
北人初识奇珍味，异错疑从异域来。[①]

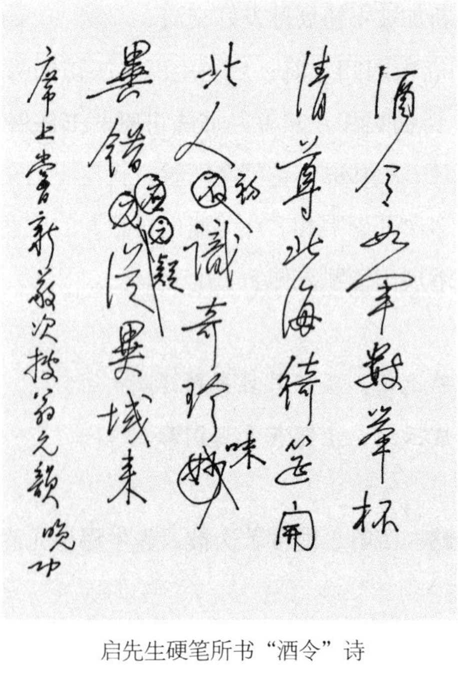

启先生硬笔所书“酒令”诗

① 启功：《启功全集》（修订版）第七卷《三语集外集》，页30。

在座之人无不赞叹不已。这些文化交流活动对促进港澳回归祖国起到很好的作用。

其三，晚年的启先生以满腔热忱，尽其所能担负起诸多社会责任。

1985年6月，北师大学生书法学会发起“书法献英雄”活动，拟在建军节时以书法作品慰问解放军战士。启先生不仅参加了学生组织的笔会，挥毫题下“保卫边疆”四个大字，回家后又画了朱笔兰竹，题上“献给保卫祖国的英雄们”，一并捐出。

1991年7月23日，启先生出席水灾赈济募捐会，为灾区捐款一万元。此外，启先生又给荣宝斋画了两幅画，写了两幅字，将拍卖所得二万二千元一并捐出救灾。同年，启先生还为文史馆前后写了五批字，由文史馆组织义卖展，所得也捐给灾区。

1998年，中国南方发生特大洪水灾害，为了赈灾，启先生先后捐助佛教协会、全国文联各三幅书法作品，由荣宝斋义卖四幅书法作品，并在全国政协和北师大各捐一万元。9月10日，教育部举办赈灾捐献大会，请启先生出席，启先生因为身体不好，无法前往，于是写了一幅条幅，另捐一万元现金。

2002年，启先生获文化部颁发的“造型表演艺术创作研究成就奖”。启先生将奖金三万元全部捐给北京师范大学为贫困生设立的励耘实验班学生。

2003年，“非典”肆虐，启先生除了在中央文史馆捐款一万元外，在得知文物出版社要出版一本反映抗击“非典”的集子后，于凌晨三时起床，用了两个多小时，创作了《坚决扫除“非典”病疫》长诗：

老鼠未过街，欲打只能喊。瘟疫却无形，简名曰“非典”。晨起发高烧，过午已发喘。黄昏日落时，气塞不能缓。医者割喉咙，喷秽全房满。左右医护人，一律遭传染。又或体温低，瞬息全身软。不待求医生，已觉生命短。天意重生民，百工各有术。耕种与庖厨，医疗兼看护。医护服白衣，神职天所赋。病者一人瘳，天使心同祝。患者虽有增，市民心安宁。百货足日用，行旅无流程。疫为万恶首，人为万物灵。寄语告“非典”，天下终太平。

公元二〇〇三年五月，启功病目起草，时年九十[①]

晚年的启先生名满天下，前来造访的人络绎不绝，启先生应接不暇。他所住的北师大红六楼前，常常是早晨六点多钟就有抢占地形恭候的，甚至有到了晚上九十点钟虽经劝退也不愿走的。有的当然是公务，有的纯属私访，有的事先约定，有的突然袭击。公务当然耽误不得，但私访有时也不好得罪，如果没能腾出时间加以接待，往往招致来者不满。除来访之外，每天还有大量来信，情况也如此，大多属于“我是一个书法爱好者”，或“我是一个收藏爱好者”，在恭维了一顿之后就向启先生索要“墨宝”，还有把自己大卷大卷的作品寄来请启先生指教的。因为来拜访的人太多，启先生实在支撑不了，就在门上贴张条子“启功因病谢客”。但很快，条子也被人当墨宝揭去了！又因有朋友把启先生比成大熊猫，便演绎成“大熊猫因病谢客”。后来启先生让学校出面，拟一段声明，说明确实是由于身体不好而不是找借口推托，但有的来客置若罔闻，照样叩门不绝，排闼直入。有时启先生想洗澡，怕有人突然来访，便在房门贴上纸条“启功入浴，请勿打扰”。不料刚一入浴，便被来访者揭走；更不料马上又有人来访，不知启先生正在洗澡，闹得先生无法周旋、尴尬不已。有时实在应付不了，启先生只好落荒而逃，到学校招待所躲几天，但没过两天，消息灵通者又闻风而动，接踵而至。有时，启先生索性躲到一般人进不去的地方，比如国家招待所，甚至是钓鱼台，但这都不是长久之计。后来，因为启先生担

① 启功：《启功全集》（修订版）第七卷《三语集外集》，页142。

任中央文史研究馆馆长，国管局按有关政策给启先生安排了一处住房，启先生戏谑地将其称为“第二窟”，说狡兔三窟，自己终于有了第二窟可以躲避人们的追寻。

启先生晚年盛名之下的烦恼，他的好友黄苗子曾用戏谑的口吻写过一首《保护稀有活人歌》代为诉说道：

国子先生醒破晓，不为惜花春起早。只因剥啄扣门声，“免战”牌悬当不了。入门下马气如虹，嘘寒问暖兼鞠躬。纷纷挨个程门立，列队已过三刻钟。先生谦言此地非菜市，不卖黄瓜西红柿。诸公误入“白虎堂”，不如趁早奔菜场。众客纷纷前致辞，愿求墨宝书唐诗。立等可取固所愿，待一二日不为迟。或云夫子文章伯，敝刊渴望刊鸿词。或云小号新门面，招牌挥写非公谁？或云研究生，考卷待审批，三四十卷先生优为之。或云书画诗词设讲座，启迪后进唯公宜。或云学术会议意义重，请君讨论《红楼梦》。或云区区集邮最热衷，敢乞大名签署首日封。纷呶未已扣门急，社长驾到兼编辑。一言清样需审阅，逾期罚款载合约。一言本社庆祝卅周年，再拜叩首求楹联……蜂衙鹊市仍未已，先生小命其休矣。早堂钟响愓然惊，未盥未溲未漱齿。渔阳三挝门又开，鉴定书画公车来。国宝月旦岂儿戏，剑及履及溜之哉。吁嗟夫，骅骝骐骥世所少，故伯乐常有而千里马不常有。百千伯乐一骏牵，甲曰挽轭、乙曰犁地、丙曰使牵盐。“马思边草拳毛动”，不料诸公偏起哄。五马分尸喻未当，尸分一马终何用？大熊猫，白鳍豚，稀有动物争护珍。但愿稀有活人亦如此，不动之物、不活之人何从保护起？作此长歌献君子！[①]

① 启功口述，赵仁珪、章景怀整理：《启功口述历史》，页161—162。

启先生自己也写过更令人忍俊不禁的文字。1993年2月9日，由于连日来求见者络绎不绝，启先生不堪其扰，于是在门上贴一纸条：

启功死了，不能见面。如果敲门，告到法院。特此告白，字字规范。

启功①

1995年5月，启先生因为身体欠佳，又用毛笔写一小条贴门上：

光阴可贵，不能白费。你只看看，我太受罪。
启功生病，无力酬应。有事留言，君子自重。

（《书门敬告》）②

没几天，这张字条就被人揭走，启先生只好用圆珠笔重新写了一张贴在门框上。

对于那些索要书画的朋友，启先生也有诗：

来书意千重，事事如放债。邮票尚索还，俨然高利贷。左臂行将枯，左目近复坏。左颧又跌伤，真成极右派。鄙况不多谈，已至阴阳界。西望八宝山，路短车尤快。拙画久抛荒，拙书弥疥癞。如果有轮回，执笔他生再。

（《友人索书并索画，催迫火急，赋此答之》）③

尽管如此，晚年的启先生相对平静地度过了他生命中最为辉煌灿烂的

---

① 侯刚、章景怀：《启功年谱》，页235。
② 启功：《启功全集》（修订版）第七卷《三语集外集》，页91。
③ 启功：《启功丛稿·诗词卷》，页82。

时光，他同意老友钟敬文先生的话："这二十多年是我们过得最幸福的二十多年。"并在诗中说："昔日艰难今一遇，老怀开得莫嫌迟。"（《失眠三首》之一）[①]

北师大学生手捧蜡烛在启先生灵堂前默哀

2005年6月30日，启先生因病逝世。北师大于第一时间在英东学术会堂为启先生设立了庄严肃穆的灵堂。国家领导人胡锦涛、江泽民、吴邦国、温家宝等纷纷送来花圈、花篮，很多首长还亲来吊唁。除广大师生外，启先生的生前好友及众多学者、各界代表七千多人前来，数千平方米的会堂，上上下下变成了鲜花和挽联的海洋。7月7日为启先生在八宝山举行了隆重的遗体告别仪式，李瑞环等国家领导人出席，海内外七千多名各界人士蜂拥而至，告别大厅内外又成了鲜花和挽联的海洋。与此

研究生们告别启先生

① 启功：《启功丛稿·诗词卷》，页134。

八宝山送别启先生的群众队伍

孩子们在灵堂悼念启先生

同时，全国各种报刊登载的纪念文章不下百万字。令人尤为感动的是，前来吊唁和送别的人很多都是素昧平生的仰慕者，有的就是最普通不过的市民和农民。九十多岁的郊区老者独自赶了上百里路来了，为的就是在他的遗像前鞠几个躬；不知姓名的“的哥”来了，鞠完躬留下一句“用车随时

叫我们”质朴得发烫的话；七八岁的孩子来了，懂事地在他们崇敬的“祖师爷”面前默哀；启先生生前不愿夺他们饭碗的那些造假者也来了，有的跪在启先生的遗体前向他忏悔痛哭流涕……这一幕幕情景现在想起来都令人动容。这说明作为一位著名的教育家、国学大师、诗人，启先生已得到举世的公认。对于一位文化界人士，这样隆重的、自发的纪念，新中国成立后实属罕见，一时间被人们称为“启功现象”。正所谓：

先生之望，浩浩泱泱。先生之风，山高水长。先生之在，学艺有纲。先生之去，举国皆伤。举国皆伤兮热泪滂滂，热泪滂滂兮化为文章。化为文章兮可以永藏，可以永藏兮地老天荒！

一年后，启先生的骨灰移葬于北京万安公墓，墓碑的形状是一方砚台，碑座上面刻着启先生那首著名的《自撰墓志铭》：

中学生，副教授。博不精，专不透。名虽扬，实不够。高不成，低不就。瘫趋左，派曾右。面虽圆，皮欠厚。妻已亡，并无后。丧犹新，病照旧。六十六，非不寿。八宝山，渐相凑。计平生，谥曰陋。身与名，一齐臭。[①]

启先生墓碑

① 启功：《启功丛稿·诗词卷》，页 81—82。

第二章

坚净翁启功

一拳石，取其坚；一勺水，取其净。
磨成墨，写人生；铸成魂，刚柔并。

仁为心，儒之道；爱为怀，佛之性。
宽仁者，世所尊；泛爱者，人必敬。

五车书，信手拈；七步诗，脱口应。
云中豹，管难窥；智慧海，蠡难罄。

语诙谐，行旷达；外嬉笑，内禅定。
苏东坡，启元白；不同时，却同命。

启先生早年曾收藏过一方清康熙皇帝用过的端砚，上有康熙御铭：“一拳之石取其坚，一勺之水取其净。”启先生取砚铭中“坚净”二字，将自己的住处命名为“坚净居”，又取谐音为“简靖堂”。启先生既然取“坚净”二字作为斋名，可见他对此二字情有独钟，心向往之。的确，“坚净”二字正是启先生一生及其个人品格的写照之一：坚者，坚韧刚直；净者，清白纯净。二者合一，即将水净之纯洁与石坚之风骨铸成一种崇高的人格。启先生幼年孤露、中年坎坷，但他以坚韧弘毅的精神，不仅担当起家庭重任，而且锲而不舍地追求艺术与学问之道，终成一代大家，这是“坚”字的最好体现；启先生身处逆境时，一方面洁身自好，不同流合污，另一方面又不怨天尤人、旷达乐观，则是“净”字的最好体现。因此，综观启先生一生，其行事为人均无愧于“坚净”二字。

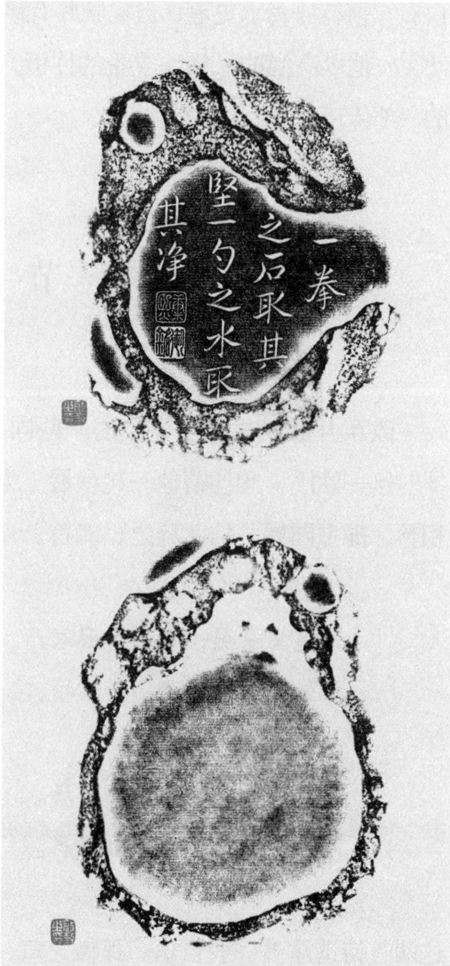

清康熙御用砚及铭

除此之外，启先生性格中与人为善的仁爱、过人的才智以及诙谐旷达等，无不给跟他有过交往或读过他文字的人留下深刻印象。启先生在《齐萍翁画自识云：“人生一技故不易，知者尤难得也。”因广其意题此》中说齐白石“何待汗青求史笔，自家腕底有铭辞”[①]，其实启先生自己又何尝不是如此呢？他以高尚的品格、宝贵的性情，为自己的人生书写了人世间不可多得的一部传奇。

第一节 坚与净

改革开放以后，启先生的一些同族要举办一个书画展，标举“爱新觉罗”这一姓氏，想约请他一起参展。为此，他写了《族人作书画，犹以姓氏相矜，征书同展，拈此辞之，二首》，婉言谢绝了邀请，诗曰：

闻道乌衣燕，新雏话旧家。
谁知王逸少，曾不署琅琊。

半臂残袍袖，何堪共作场。
不须呼鲍老，久已自郎当。[②]

这两首诗透露着一股自信、孤傲之气，启先生在《启功口述历史》中这样阐述其中所要表达的思想：

现在很多爱新氏非常夸耀自己的姓，也希望别人称他姓爱新觉罗；别人也愿意这样称他，觉得这是对他的一种恭维。这实际很无聊。当年

① 启功：《启功丛稿·诗词卷》，页 220。
② 启功：《启功丛稿·诗词卷》，页 153。

辛亥革命时，曾提出“驱除鞑虏，恢复中华”的口号，成功后，满人都惟恐说自己是满人，那些皇族更惟恐说自己是爱新觉罗。后来当局者也认为这一口号有些局限性，又提出要五族共荣，形势缓和了一些。但解放后，那些爱新氏，仍避讳说自己是爱新觉罗，怕别人说他们对已经灭亡的旧社会、旧势力、旧天堂念念不忘。到了“文化大革命”，只要说自己姓爱新觉罗，那自然就是封建余孽、牛鬼蛇神，人人避之惟恐不及。“文革”后落实民族政策，少数民族不再受歧视，甚至吃香了，于是又出现以姓爱新觉罗为荣的现象，自诩自得，人恭人敬，沆瀣一气，形成风气。我觉得真是无聊，用最通俗的话说就是“没劲”。事实证明，爱新觉罗如果真的能作为一个姓，它的辱也罢，荣也罢，完全要听政治的摆布，这还有什么好夸耀的呢？何必还抱着它津津乐道呢？这是我从感情上不愿以爱新觉罗为姓的原因。上世纪八十年代一些爱新觉罗家族的人，想以这个家族的名义开一个书画展，邀我参加。我对这样的名义不感兴趣，于是写了这样两首诗。第一首的意思是说，即使像王、谢那样的世家望族，也难免要经历“旧时王谢堂前燕，飞入寻常百姓家”的沧桑变化，真正有本事的人是不以自己的家族为重的，就像王羲之那样，他在署名时，从来不标榜自己是高贵的琅琊王家的后人，但谁又能说他不是“书圣”呢！同样，我们现在写字画画，只应求工求好，何必非要标榜自己是爱新觉罗之后呢？第二首的意思是说，我就像古时戏剧舞台上的丑角“鲍老”，本来就衣衫褴褛，貌不惊人，郎当已久，怎么能配得上和你们共演这么高雅的戏呢？即使要找捧场的也别找我啊。我这两首诗也许会得罪那些同族的人，但这是我真实的想法。[①]

谈起家世，启先生常说：“我姓启名功，不吃祖宗爱新觉罗的饭，不

---

① 启功口述，赵仁珪、章景怀整理：《启功口述历史》，页4—5。

沾祖宗一分钱的光，不当八旗子弟。”他还非常欣赏袁枚这两句诗：“万选皆凭辞赋力，半文不受祖宗恩。”启先生也以自己的行动证明了这样的志向与骨气。他虽然出身皇族，但一辈子没沾过，也从不想沾“爱新觉罗”任何光。启先生之所以能有所作为，除了天赋的聪明才智外，主要靠的是性格上的坚韧刚毅。曾子曰：“士不可不弘毅，任重而道远。”启先生拥有像传统士人那样坚定不移、虽九死犹不悔的品格。他最终从一个肄业的“中学生”，成为大学的“副教授”，乃至举世公认的文化大师，靠的就是坚毅的志向和出众的才华。他虽然没有上过大学，但社会就是他的大学，故宫、琉璃厂、荣宝斋、私塾附学、雅集笔会、三进辅仁的经历就是他的大学，他称它们是自己的艺术导师、学术导师和艺术博物馆、开架图书馆。后来，启先生在谈到这些经历时，曾深有感触地说：“我上这个大学，没有年限，没有文凭，但也可以说有的，这张文凭，奇怪的是我自己用笔写出来的。”（启功《上大学》）①而当人们请教他怎样能以中学生的学历取得如此辉煌的成就时，他曾这样坚定地回答道：“自强不息！”其坚毅的品格溢于言表。

让我们再简要地回顾一下启先生的一生：他虽为天潢贵胄，祖父以前都做过高官，但到他这一代已家道中衰。启先生出生不久，父亲就病逝了；少年时，祖父又故去，家里就靠寡母和一个未出嫁的姑姑苦苦操持，外面只得靠曾祖和祖父的门生周济，生活十分贫寒。启先生读汇文中学时，虽有世交长辈表示愿意供他一直读到大学，甚至出国留洋，但启先生想到的却是母亲和姑姑怎么办，因此中学未卒业就决心辍学，毅然背负起全家的生活重担。对于一个尚未成年的孩子来说，其压力无疑是巨大的。当陈垣老校长伸出援手时，启先生激动之下想到的那句“没想到我王宝钏还有今日”的戏词，恰恰说明此前启先生的生活犹如王宝钏在寒窑里苦熬的十八年。

之后，启先生又遭遇了诸如“反右”“文革”等更多磨难。即使如

① 启功：《启功全集》（修订版）第四卷《随笔杂记》，页190。

此，也没能把启先生压垮打倒，他知道在那个时代，自己根本成不了“左派”，就只能当“右派”，所以他有时索性自嘲：“瘫趋左，派曾右”（《自撰墓志铭》）[①]，“左臂行将枯，左目近复坏。左颧又跌伤，真成极右派”（《友人索书并索画，催迫火急，赋此答之》）[②]。但他从来没对自己丧失信心，他凭着过人的天赋与刻苦的钻研，潜心治学，在多个领域取得卓异成就。虽然一路走来坎坷不平处居多，但启先生一直坚定地相信：凭着自己的坚韧与才学，终有一天会获得世人的认可。启先生始终把这种顽强的信念藏之于内心，而以自嘲的口吻形之于外：“半世生涯，教书卖画，不过闲吹乞食箫。”（《沁园春·自叙》）[③]除了政治上的坎坷外，启先生还自幼体弱多病，这给他带来了极大的痛苦，但这也压不垮他。他仍以自嘲的口吻调侃道：“是否病魔还会闹。天知道，今天且唱渔家傲。”（《渔家傲·就医》）[④]读这些表面自嘲的诗句，我们总能感受到包藏其中的另一种力量在暗中涌动。对此，刘石先生有这样一段深刻精彩的评价：

> 在这样的身世经历中，形成了开朗、乐观的性格，固然如别人，甚至他自己所说，与其有意的排遣有关，但我始终感觉着，这绝非是一种强自掩饰的行为，而是基于他浸心艺文的愉悦感和博学多成的充实感带来的自信与超然。不用分辨，这哪里是什么自轻与自嘲，分明是一种“欲盖弥彰”的自信与自得！启先生读到这段，朗声大笑起来：“哈哈，群众的眼睛是雪亮的，还真是这样呢！”[⑤]

---

① 启功：《启功丛稿·诗词卷》，页81—82。
② 启功：《启功丛稿·诗词卷》，页82。
③ 启功：《启功丛稿·诗词卷》，页48。
④ 启功：《启功丛稿·诗词卷》，页61。
⑤ 刘石：《我所理解的启功先生》，收入《启功学术思想研讨集》，北京：中华书局，2000年，页71。

所以，北师大中文系有这样一种说法：X先生是“卑而不亢”，Y先生是“亢而不卑”，而启先生则是“不卑不亢”。这种“不卑不亢”正是“启式”之“坚”的生动写照。

面对压力、面对权势，启先生总是不卑不亢，有礼有节。这种态度在对待索字时表现得最为鲜明。他对一般的求字者几乎是有求必应，但倘若有谁要以势压人、以钱诱人，启先生也会让他碰一鼻子灰。如：

> 一次，敲门声起。开门，一军人自我介绍，说是空军司令部的，某首长派他来，请启老写字。启老满脸堆笑地说：“好的，好的，一定写，写什么，怎么写，把信件放我这儿，过几天写好就送过去。”军人说：“首长希望现在就写。”启老说：“这两天实在不得空，容我过一两天吧。”军人说：“首长说了，有急用。”启老敛了笑容，说：“我能请问您一个问题吗？”军人说：“当然可以。”启老说：“如果我今天不写，今后也不写，你们首长会派飞机轰炸我吗？”军人怔着了，说：“您您您，哪能呢？您老真会开玩笑！”启老说：“不会炸我吧？那您就告诉你们首长三个字：我不写。”[①]

又如，有一省长想见启先生，启先生没答应。该省长的秘书说：“我们省长轻易不见人。”启先生听了，淡淡地回了一句：“我也不轻易会见别人！”[②]还有一次，一位香港人来求启先生的字，笑眯眯地说：“我可以给你米（美）金。”启先生也笑眯眯地答道：“米金我也有，所以我不写。”又有一次，一位日本人前来求字，说：“我可以付给你十次东京到北京的往返机票。”启先生笑对道：“我给你写字，还得不辞辛苦，

① 刘石亲见并提供，参见赵仁珪、章景怀：《启功隽语》，页 154。
② 侯刚、章景怀：《启功年谱》，页 217。

跑十次东京不成？”类似这样的事例不胜枚举。对于声誉不好的人，启先生也多所拒绝：

一位画商到启功先生家叩门拜访，想得到老人一件墨宝。但此商人誉甚不佳，启老久有耳闻，便走近廊前，打开灯后，隔着门问商人：“你来做什么？”商人说：“来看您。”启老贴近门窗，将身体不同方向一一展示给对方看，然后说：“看完了，请回吧。”画商有些尴尬，嗫嚅着说：“我给您带来一些礼物。”老人幽默地说：“你到公园看熊猫还用带礼物吗？”

有一次，一个地产商准备好了笔墨纸砚，非让启先生给自己的楼盘题词，启先生脸一沉，道：“你准备好了笔，我就一定得写吗？那你准备好棺材，我还往里跳啊？”一句话，在场的人都乐了。[①]

“清白”“正直”联

如果说“坚”主要是坚韧，有原则，认准一个目标，锲而不舍，有所必为，那么“净”则是清白为人，坚守操行，有所不为。“清白为人，正直传家”，“岂能尽如人意，但求无愧我心”，“行文简浅显，做事诚平恒”是他最喜爱的联语，经常书写出来与人共勉，直到临终前，还以“但求无愧我

① 赵仁珪、章景怀：《启功隽语》，页156—157。

"行文""做事"联

心"自勉，而这一联语也正是他所追求的"净"的境界。

启先生一生视富贵如浮云，视名利如敝屣。启先生之所以不愿沾"爱新觉罗"这一姓氏的光，也与这一态度有关；而抗战胜利后，他面临人生抉择时跟陈老校长说的那句"我少无宦情"，则是这一态度的明白宣示。除此之外，还有更典型的例子。

1999年6月，时任北京师范大学校长的袁贵仁到启先生家，说中央统战部通过教育部来征求启先生意见，拟请启先生担任中央文史馆馆长。对于很多人来说，这不啻喜从天降。可启先生听后，却真诚地说他还是愿意担任原来的副馆长，而推荐袁行霈任馆长。[①]禄利使人争，而启先生面对唾手可得的职位，却真正做到了"君子不争"，极其淡然。后来，中央统战部还是安排启先生任馆长，一些重视职务级别的人便向启先生贺喜说："这可是副部级。"面对别人眼里的高升，启先生却说："不急（与'部级'谐音），不急，我从来不急。"有时启先生则说："馆长，馆长，我顶多做个饭馆的馆长，也许还做不好。"[②]幽默话语的背后，流露的是启先生对功名富贵的淡泊。

① 侯刚、章景怀：《启功年谱》，页316。
② 赵仁珪、章景怀：《启功隽语》，页10。

对于权势，启先生既不趋附，也不会特意拒人千里之外以示清高。例如，20世纪90年代，中华书局的郑仁甲翻译了韩国前总统金泳三的一本书，金泳三仰慕启先生，想要求启先生一幅字，启先生写了之后，替郑仁甲落款，以郑仁甲的名义作为礼品送给金泳三。金泳三又通过中华书局的人提出要邀请启先生访韩，启先生认为自古以来“大夫无境外之交”，“我不能以私人的名义去访问，金泳三当选总统了，更不能以私人名义送他字”[①]，因此，启先生让来人转告韩方，应该直接与北京师范大学联系。

最后的手泽：“岂能”“但求”联

启先生大半生过着清贫的生活，所谓“一家数米担忧惯”[②]是常态，他当然希望自己能够有钱，尽早摆脱这种生活，这就是他在诗里所说的“半生原未尽忘财。计拙心疏亦可哀”（《失眠三首》其三）[③]。晚年的启先生终于不再为钱发愁了，可当年含辛茹苦抚养他成人的母亲与姑姑、与他共贫贱的妻子都已不在人世，看着自己挣来的钱他心中百味杂陈，他觉得自己不能用这些钱来过更好的日子，似乎只有这样才能对得起当年跟他一起过苦日子的家人。实际上，启先生晚年有钱之后，也确实一直过着极其简单的生活。一碗麻酱面，是他最喜爱的家常便饭。他将卖字画所得

① 侯刚、章景怀：《启功年谱》，页235。
② 启功：《启功丛稿·诗词卷》，页235。
③ 启功：《启功丛稿·诗词卷》，页134。

之钱，大量用来周济身边亲人、朋友、学生，乃至素不相识的人们。设立“励耘奖学助学基金”自然是最典型、最广为人知的事例，除此之外，前文还述及启先生多次在国家、社会遇上危机时慷慨解囊，踊跃捐款。这里再举一个较少人知道的例子，启先生将自己珍藏多年的文物无偿捐献给博物馆。

1978年，启先生将他收藏的一方清康熙皇帝自用御砚、一方清雍正皇帝赏田文镜的端砚及其他书画藏品共计二十件捐给辽宁省博物馆。张中行后来跟人说：“我喜欢收藏砚台，几十年好砚台见过许多，唯独启先生的两方御砚，一方康熙自用的，一方雍正赏田文镜的，可谓是无上神品，没见过那么好的。后来启先生，捐给也算他老家的辽宁博物馆了。”由此，张先生下评语道：“启先生可真不把东西当东西。”[①]捐献过程中一个小细节尤能看出启先生“不把东西当东西”。辽宁省博物馆馆长杨仁恺来启先生住处接收捐献物品时，看见启先生案头留有一幅《溥心畬山水小卷》，遂要求一并带走，启先生当即答应了[②]。

另外，可以作为旁证的是，在所有知名书法家中，启先生的字恐怕是最好求的。谁都知道，拿着启先生的法书到拍卖市场上就能换回真金白银，可启先生自己从来不像有些书法家那样因为“一字千金”就片纸不许出门，更不觉得自己写字就是在印钞。举一个例子：

> 1990年秋，国家文物鉴定委员会在山东蓬莱召开年会……先生还嘱咐我：“登记时，你掌握两条：一是求字的人没有高低贵贱之分，尤其服务员、办事员，只要张嘴，咱们就送……”在三天时间里，各种尺寸的字写了130多幅，可以办个书法展了。一次，在先生落款签章时，当

① 陆昕：《静谧的河流·启功》，济南：山东画报出版社，1997年，页53。
② 侯刚、章景怀：《启功年谱》，页108。

地一位同志惊叹："好家伙，这得值多少钱啊？"先生没言语，只用眼瞄了他一下。我接过话茬儿："你说什么呢？这是钱能说明的吗？这是洒向人间都是爱！"①

也正因为此，虽然在很多地方都能看见启先生的墨宝——用启先生自嘲的话来说"就差公厕没找我题字了"②——但启先生并没有攒下多少钱。2001年，启先生想改善居住条件，却拿不出那么多钱，只好将多年来存在北京师范大学出版社的一些书法作品共39件作价80万元卖给北师大出版社③。启先生一生，真可谓明净如水，清可鉴人。

同样是因为对"净"的追求，启先生无法容忍别人假借他的名义欺世。1993年6月17日，《光明日报》记者来访时，启先生再次强调，他不再给私人的古字画做鉴定，更不题字。此前，启先生看过一批字画，都是赝品，但此后不久，这些字画就在市面上出现了，上面居然有了落启先生款的题跋，声称是真迹。启先生说："造我的假字与造鉴定字画的题跋不同，伪造题跋是冒我的名义去欺骗别人，我依法保留追究责任的权利。"④

2004年1月8日，在北京荣宝拍卖公司举行的春季书画拍卖会上，有一位和尚提供了二十五幅落款"启功"的书法作品，这些作品经启先生亲自鉴定，实为赝品，启先生明确表示："我不认识这个和尚，也从没有给他写过字。"但荣宝公司居然照拍不误，最后二十二幅成交，成交价加上佣金共51.92万元。启先生对此十分生气，在接受《北京晨报》记者采访时，他说："假冒我的字画满处都是，但我从来没有为此公开说过半句话。这一

---

① 刘东瑞：《追思启功先生二三事》，收入金煜、章景怀：《忆启老》，页105。
② 赵仁珪、章景怀：《启功隽语》，页48。
③ 侯刚、章景怀：《启功年谱》，页331。
④ 侯刚、章景怀：《启功年谱》，页243。

次，我太气了！”启先生反复强调：

> 谁都会有失察的时候。我不懂拍卖行里的规矩，也不懂法律上的有关条款，但是我相信，对于冒充、假造的行为总该有法律能制裁他！我想提醒买字画的人们一定多看看。像这次拍品中，有两幅内容完全一样，只是落款处相差整整一年。我从来没有这样写过东西，不可能有这样的作品，明白人一看就知道。琉璃厂地摊上卖我假字画的多了，就为糊口谋生，我不打人家这个假。可今天这样的，大批量地被所谓与大书画家有交情的人拿出来拍卖，其实是为私欲搞欺骗，我觉得是无耻到了极点！①

也因为对“净”的追求，启先生不屑于做藏头露尾的苟且之事。“文革”后期，魏建功参加了“梁效”大批判组（“梁效”为“两校”谐音，因为主要成员来自北大、清华而得名）。“文革”结束后，魏建功收到一封匿名信，信中只有五个字“迷信武则天”。同为“梁效”重要成员的周一良也收到类似匿名信，上面用毛笔写有“无耻之尤”四个繁体大字。而他们收到的信封上写着“某某某道兄启”。魏建功和儿子研究一番之后，认为信上的字是启先生改变字体写的，便认定是启先生写的匿名信，一气之下把启先生原来赠给他的画都撕了。周一良则在其《毕竟是书生》一书中提及此事时用“一位书法大师”来暗指是启先生所为②。启先生听说此事后，惊讶之余说道：“这肯定是误会。周一良那时参加了‘梁效’的大批判组，如果那时师大让我参加大批判组，我还会感到光荣，因为对我不是敌我矛盾了，我怎么能给他写那样的信呢？”③“再说信封上写‘道兄启’，说明写信者与收信

---

① 赵仁珪：《启功先生悼挽录》，北京：北京师范大学出版社，2005 年，页 180。
② 李经国：《周一良先生晚年二三事》，《读书文摘》2005 年第 3 期。
③ 侯刚、章景怀：《启功年谱》，页 313。

者是‘同道’，写信者不也要被骂为‘无耻之尤’了吗？周先生不辨此理，还写到书里，真的‘毕竟是书生啊！’后来有人将此话传达给周先生，他才恍然大悟。”[①]其实，熟知启先生的人都知道，启先生为人通达宽厚，他曾称赞苏东坡为“浩瀚通明是长公”（《论词绝句二十首》）[②]，他交友始终以真诚相待，怎会做这类背后下手、落井下石的事情，更不会采取匿名信这种卑劣的手段。后来，周一良先生在其《郊叟曝言——周一良自选集》中专门收入《〈毕竟是书生〉一书中的误排、误记和误会》一文，澄清了当初对启先生的误会[③]。

启先生的“净”还突出表现在他一直保有一颗童心。他喜爱动物，在他看来，“含生俱有情，小至虫与蚁”（《古诗四十首》其二十五）[④]，“家雀尾，短又长。蟋蟀头，圆又方。鸟声虫韵和幽香”，全都那么可爱。他最爱看的电视节目是《动物世界》，并说：“看动物世界比看人类世界有趣得多，舒心得多。”他最爱看的是《鼹鼠的故事》《蓝精灵》《猫和老鼠》等，每看到惬意处，灿烂的笑容不亚于天真的孩子。他曾救过一只受伤的鹦鹉，吃饭时鹦鹉把嘴伸到他的碗里，他不但不介意，还乐不可支。他喜爱玩具，尤其是毛绒玩具。每次外出访问回来，总抱着一个毛绒玩具出关，以至机场的工作人员都感到又好笑又可亲。他的房间里更是堆满了各种玩具，并亲笔书写声明：“只许看，不许拿。”当然，当朋友带着小孩子来访时，他也会慷慨地将玩具送给孩子。在玩具中，他最喜欢兔子，为此专门赋诗曰：

吾爱诸动物，尤爱大耳兔。

---

① 参见柴剑虹：《我的老师启功先生》，页 118。

② 启功：《启功丛稿·诗词卷》，页 90。

③ 周一良：《郊叟曝言——周一良自选集》，北京：新世界出版社，2001 年，页 98。

④ 启功：《启功丛稿·诗词卷》，页 248。

驯弱仁所钟，伶俐智所赋。
猫鼬突然来，性命付之去。
善美两全时，能御能无惧。

（《古诗二十首》之十）①

启先生抱蛙照

他喜欢大耳兔的“驯弱”和“伶俐”，但又为它的“驯弱”而担忧，企盼它能善美两全。短短的几句诗，不仅表现了他的喜爱，更体现出他对弱者的同情。喜欢玩具是孩子们的普遍心理，爱物及人，启先生也特别喜欢孩子。见到孩子他总是笑容可掬，甚至能和他们玩到一起：

有一天，一位美国汉学家带着自己不到十岁的孩子到小红楼拜访启先生。因为会讲几句汉语，这位美国教授谈话间颇露自得之情，在谈论中国学术时滔滔不绝，也不甚谦虚。他的孩子端坐在一旁，无事可做，又听不明白，甚感无聊。启先生趁汉学家谈话的间隙，调转话头问他：“你会唱《三只瞎耗子》的英文歌谣吗？”那位教授正说在兴头上，被启先生这一问，有点发蒙，连连摇头。这时启先生不紧不慢地用英语唱了起来：“Three blind mice，three blind mice……”那美国小孩马上高

① 启功：《启功丛稿·诗词卷》，页200。

兴得站了起来，跟着先生一道唱起来。……用英语唱完一遍，启先生又用中文将歌词朗诵了一遍，教那孩子也跟着学：“三只瞎耗子，三只瞎耗子……”那位教授想不到眼前这位中国老先生会如此流畅地背诵英语童谣，更想不到老先生用这样的办法调动了孩子的积极性，也为只顾自己逞能而冷落了孩子而惭愧。①

别看启先生在汇文中学英语不及格，他却会背唱英语歌谣，这很能说明启先生别具一颗纯净的童心。

其实，对为人品格的追求，除了“坚净”二字外，启先生还写过一首《四川夹江纸征题》表达过类似的心愿：

直如矢，道所履。平如砥，心所企。清且白，夹江水。品与书，视此纸。②

“直”“平”——“坚”也；“清”“白”——“净”也。启先生把这种追求上升到对“道”的追求，对“心”的企盼，从而要使自己的人品与书品都达到这样的高度。可见，他心里对为人品格的最高追求总是“坚与净”。

① 柴剑虹：《我的老师启功先生》，页160。
② 启功：《启功丛稿·诗词卷》，页142。

第二节　仁与爱

启先生为人品格中另一突出特征是富有人道主义色彩的仁爱，毫不夸张地说，启先生具有博爱精神。“仁者爱人”，这是儒家“泛爱众”思想的核心，自幼饱读诗书的启先生已将这种思想化为自觉的品格。另一方面，启先生又特别强调，这一品格的形成又深受佛教的影响。启先生曾多次跟人说起，他三岁就拜雍和宫的喇嘛为师，自小受佛教的影响很深：

> 我小时候拜过一个喇嘛，是个有名的喇嘛。因此，我自小受佛教的影响很深，甚至可以说影响我的一生。这种思想就是要积德行善，而更重要的是“勿以善小而不为”。假定你说了，有钱有势的可以行善，我一个卖豆腐的，我怎么行善？一样可以做。比如路上遇见谁拿不动东西，上前搭把手，送送生病的街坊上医院，帮帮有事的邻居看小孩，日积月累，这就是大善大德，所以叫“勿以善小而不为”。这也是佛教思想的根本。人应该以慈悲为怀、博爱为怀、超脱为怀，悲天悯人，普度众生。我能做多少，我做到了多少，那单说。但打心里说，我确实是努力往那方面做了。因而我觉得佛教对我的影响比书本子上给我的教育深刻得多，这也是我人道主义思想的来源。①

正是受佛教的影响，启先生一生与人为善，具有一颗博爱之心、长者之心、

---

① 陆昕：《那个微带凉意的秋夜——启功先生一席谈》，收入赵仁珪：《启功先生追思录》，页150—151。

菩萨之心。启先生曾得到师长、朋友、亲人及很多人的爱，可以说没有这些人爱的滋养就没有启先生，而启先生则用更多的爱回报一切人。启先生这一点与苏东坡极其相似，他们对周围的任何人都充满了爱意，走到哪里就把爱传递到哪里。

启先生爱自己的师长。在回忆和述及自己的生平经历或成长过程时，哪怕是短短的几百字，启先生也总是言必称恩师的培养，在他的任何一份简历中，都有这样的文字："后随戴姜福先生学习古文，随贾羲民先生、吴镜汀先生学习绘画。"其中，溥心畲先生、傅增湘先生、陈垣先生等恩师对启先生影响尤为巨大，启先生对他们的恩情更是铭记于心，多次撰长文，如纪念老校长的《夫子循循然善诱人》等，回忆自己受教的情景，抒发对他们的感念，并且尽一切可能为他们搜集遗物，整理文集。20世纪90年代，启先生曾花重金从拍卖会上购买了两幅手卷，一幅是经清人江艮亭篆书的王鸣盛的《窥园图记》，上有陈垣、章炳麟、黄节、余嘉锡、杨树达、高步瀛等老先生的题跋，这些题跋者中很多都是启先生的老师。另一幅是老师吴镜汀先生的一大卷山水。为了让更多的人沾溉老师们的遗泽，启先生又出资由中国香港《名家翰墨》将这两幅手卷出版。为此，启先生深情地说道："我买这两个手卷不是为了收藏，而是为了纪念老师。""我现在还常常对着它把玩不已，一方面欣赏他们精妙的文章和高超的画艺，一方面缅怀他们对我的教诲。"有人建议启先生在《窥园图记》上也加一段跋语，启先生严肃地说："那些人都是我的前辈老师，我怎么能和他们平起平坐？打死我也不敢。"启先生还念念不忘对自己有知遇之恩的傅增湘先生。1995年的一天，他为了印制傅增湘先生的两本遗作《藏园老人遗墨》（诗笺册）和《藏园游记》（附书影），亲自抱着六万元人民币到中国印刷公司付印制费[①]。

尤其感人的是启先生对陈垣校长的那份真挚的感情，早已成为尊师重

---

① 武文祥：《元白老人和印刷界的情结》，收入金煜、章景怀：《忆启老》，页125。

吴镜汀《江山胜览图》（局部）

道的美谈和典范。除了人所周知的以恩师书屋名字设立“励耘奖学助学基金”一事，还有很多其他事例。例如，1979年，为了筹备陈垣校长诞辰一百周年纪念会，启先生先与北京图书馆联系，取得《励耘书屋丛刻》原版，又到大兴找到当年为陈垣刻印此书的王志鹏老先生，花了近一年时间重印了一百部。1980年11月，纪念大会在全国政协礼堂举行，需要写直径为一米的大字会标。筹备组的同学来到小乘巷启先生寓所请他亲笔书写，但由于居处逼仄，没有大的书案和大抓笔，不好写这样大的字。情急之下，启先生让同学把四尺整纸铺在地上，他自己用毛巾团成一支“抓笔”，双膝跪地写了起来。旁边的同学见了，问：“先生怎么下跪了？”启先生说：“给老师下跪有什么不对呢？”就这样，启先生跪在地上，用了整整一个上午才写好“纪念陈垣校长诞生一百周年”这十二个大字。其实，据陈老校长的哲孙陈智超回忆，他与启先生第一次见面，是在20世纪50年代的某年：“我们去援庵先生处拜年，不久元白先生也到了，进门就给老师行了个大礼，使我亲身体会到老北京尊师重道的礼数。”①

叶恭绰先生对启先生有知遇之恩，启先生也把他当作师长看待：

> 启先生有一段纪念叶恭绰先生的文字，将人世间的人性之美表现得淋漓尽致：“昔当先母病剧时，功出市附身之具，途遇高轩。先生执功之手曰：‘我亦孤儿也。’言次泪下沾襟。其后黑云幻于苍穹，青虫扫于草木（按：指“反右”运动），绵亘岁年，而先生亦长往矣。维灵骨渡江而南，竟不获攀一痛。今裂生纸，草短跋，涕渍行间，屡属屡辍。虽然，纵果倾河注海，又讵能仰报先生当年沾襟之一掬耶！”读这样的文字而不为所动者，敢必其为缺少血性之人也！②

对于那些不是自己的师长，但有恩于自己的前辈、同辈，启先生同样念念不忘，践行滴水之恩报以涌泉的古训。如对邵从煾、唐淮源两位有恩于自己的长辈，启先生一直抱有深厚的感恩之情。20世纪八九十年代，还曾多次托四川来的学生给他们及后代送些钱物。又如：

> 某户人家有一小孩，欲入某有名头的小学，然而碍于规章制度，被拒之门外。但门未全闭，留有缝隙，可容钱神出入。而此家偏又困顿，因识得先生，便来求援。先生遍索箱箧，也仅得万元，与所需数目相差尚遥。于是当即挥毫，“刷字”数幅，一并送去，门然后开。我问先生何以如此，先生淡然答道：“人家早年有恩于我们。”

---

① 陈智超：《依函丈卅九年论交三世》，收入王得后、钟少华：《想念启功》，北京：新世界出版社，2006 年，页 31。

② 刘石：《永远的启功先生》，收入王得后、钟少华：《想念启功》，页 218。

> 先生不仅与人讲恩，而且与朋友重义。如中华书局某老先生因病住院，后因病重需动手术，手术前家人打点医生，不知怎么一来，需先生书字两幅以赠送。先生闻言，当即写了，由人拿去。谁知天有不测风云，手术前一天，医生又换成另外两位，家人计无所出。先生得知后，当即连书四幅，以应急需且备不虞，又担心来人取走不及，便亲自向学校要车，亲身送去。老先生见到先生后，拉着先生的手，说不出话来，就是哭。[①]

即使是素不相识的人，如果确实有困难找到启先生，启先生也会热情帮忙。1996年，河南一位青年来到启先生家，说他1993年毕业于河南大学，就职于浙江一广告公司，由于家中老父身患肾病，儿子又得肝病，经济颇为困难，因此特来求字换钱。启先生听了，给他写了一副对联。[②]1995年，启先生从稿费中取出一万元，派人送到北师大中文系孙敬同老师家，因为孙老师的孩子患肾病，医疗花费巨大。2004年春节前夕，启先生收到一出版社送来的稿酬一万元，他叫内侄给一个人送过去，说那人的老伴身体不好。[③]类似的事情举不胜举。

国家文物鉴定委员会秘书长刘东瑞还给我们讲述了这样一段感人的故事：厦门市文化局有一副局长，因喜欢集邮又缺乏资金，便常借到文化局视察工作之机，顺手偷拿堆放在局内的“文革”抄家时尚未退还的旧字画，累计百余幅出卖，家中所藏还有几十幅。1991年东窗事发，检查部门量刑时要根据这些字画的价格而定。按当时有关法律规定，超过四万元即可判处死刑。福建省文物部门估价为一万元，有人抗议，认为是包庇该犯。检察机关又请上海有关部门重新审理，估价为十五万元，悬殊之大令办案

---

① 陆昕：《静谧的河流·启功》，页33。
② 侯刚、章景怀：《启功年谱》，页278。
③ 章景怀：《小事情，真性情》，收入金煜、章景怀：《忆启老》，页243。

人员不知所从，便到北京请国家文物鉴定委员会再次审理。委员会邀请了众多专家，认真地对每幅字画都进行了评估，认为数量虽多，但都是些伪品、低档品，最后估价为七万元，仍超出可判死刑的限度。刘东瑞觉得人命关天，便找到启先生，想听听启先生的意见。启先生很严肃地说道："这个人糊涂，但他不是江洋大盗，不是那种不杀不足以平民愤的恶人。为一堆故纸片子就杀一个人？这个副局长确实该打屁股，应该狠狠地打，但不该砍脑袋！但事已至此怎么办？"刘东瑞说："您看这样行不行？通知检察院的人明天将书画再带到历博，您出场，另请两位专家配合，再搞一次鉴定会。"启先生答应了，说："明天的目的不是推翻今天的结论，是看看这些东西到底是什么东西。"第二天启先生与应约的其他专家用了整整一上午，仔细看了全部字画。经讨论后，启先生对与会的人说："咱们今天的鉴定无需再出新结论，也无需出新的证书推翻昨天的证书。我在昨天的结论上写几个字，表达一下咱们的意见，你们看怎么样？"专家们都表示同意。只见启先生写道："太劣，值高，抬举了它。"大家一起鼓掌。启先生又站起来对检察长说："他净偷了些不值钱的东西，这些东西哪值那么多钱？真是抬举了这些东西。回去你告诉他下次再偷，请我当顾问。"严肃的会场上发出一片笑声。启先生又严肃地重申："罚要得当，该打屁股的不要砍脑袋。"过了一段日子，得到消息说这位副局长只判了有期徒刑。[①]从这个故事我们不但可以看出启先生处理棘手事务是多么得体，更可看出启先生既尊重法律、尊重集体的意见，又具有一颗菩萨般的慈悲之心。即使他和这位副局长素昧平生，即使这位副局长确实该狠狠地"打屁股"，但他终究不忍看着这样一个生命就因"一堆故纸片子"而丧生，他要从灵魂上超度这个罪人，这不是菩萨心又是什么？

当然，启先生更爱他的亲人。他非常孝敬从他一岁时就开始守寡的母

① 刘东瑞：《追思启功先生二三事》，收入金煜、章景怀：《忆启老》，页105。

亲和为抚养他而一直未出嫁的姑姑，孝敬到言听计从、一点儿也不敢伤她们心的地步。据来新夏先生记述："我曾多次看到他以而立之年，犹在老人面前做嬉戏态，有时还讲一些笑话，让老人心情愉悦，颇得老莱子彩衣娱亲的遗意。"[①]而每当母亲不悦，要用鸡毛掸子责打他时，他总是毕恭毕敬地说："奶奶，等儿子把眼镜摘了，静等受打。"[②]启先生为了养家糊口、赡养老家儿宁肯放弃学业，甚至出国深造的机会，早早地就辛苦恣睢地奔波于社会。启先生用自己挣得的第一笔钱买的第一部书是汪中的《述学》二册，并说当读到《与汪剑潭书》时"泪涔涔滴纸上"。何以至此？启先生曰："汪中在此文中曾云：大凡为寡妇者多长寿，但等到儿子长大，能供养母亲时，即使有参苓粱肉也无补于她即毙之身了。汪又曾云：因父亲早逝，母亲曾带他讨饭，每到寒夜时，母子只得相抱取暖，不知是否能活到天亮。这一切都和我的经历相似。"由此可知，启先生孝敬母亲，是由衷地感知到母亲拉扯他长大成人的不易。

启先生爱自己的妻子。启先生与妻子的结合，一开始只是因为不忍心让母亲失望与伤心，但后来两人却成为恩爱夫妻。妻子给了启先生生活上无微不至的关怀和事业上舍生忘死的支持，启先生则用真切动人、矢志不渝、绵绵无期的思念与相守回报她。在妻子死后，启先生写了《痛心篇》二十首及其他悼亡诗作，情感真挚，催人泪下，令人不忍卒读。赵朴初先生曾感慨道："启功先生最感人的作品是他的《痛心篇》。"

启先生爱他的晚辈，尤爱孩子。启先生虽然没有亲生的子女，但他把侄辈、侄孙辈，以至朋友的孩子都当成自己的孩子，关怀备至、慈爱有加。在他看来孩子不管是笑，还是哭，都是最好听的音乐；小朋友之间一起玩，不管是被咬的，还是挨咬的都很可爱。他自己甚至能和小孩子们玩在一起，

---

① 来新夏：《痛悼启功老师》，收入王得后、钟少华：《想念启功》，页28。

② 吴五仪：《追思表兄启元白，想念表嫂章宝琛》，收入金煜、章景怀：《忆启老》，页35。引者按，民国时期满人称母亲为"奶奶"，称祖母为"太太"。

启先生晚年生活照

玩得不亦乐乎。启先生的内侄媳记载了这样一段生动的故事：“记得一次您从窗口望见章正（启先生的内侄孙）从幼儿园回来，赶紧拿起喷花的小壶（您常用它喷湿褶皱的宣纸），躲在门后，待章正刚一进门，您便兴致勃勃地与他玩起了滋水的游戏。章正一看，高兴极了，立即拿起他的滋水枪，‘开战了’。玩着玩着，爷爷急了，原来爷爷的小喷壶打不过孙子的滋水枪。现在想起这件事，我们还是哭笑不得。”[①]1973年，他在住院时曾写过这样一首充满温情的《鹧鸪天》：

写出人应笑我痴。夜间常梦日常思。老妻待制新皮袄，破纸重抄旧作诗。　王悦闹，老猫吃。小葵眼镜取何时。相怜傅老真同梦，血

① 郑喆：《写给三姑爷的一封信》，收入王得后、钟少华：《想念启功》，页232。

压今天降几丝。（王悦为大内侄女之女，时方四岁。小葵乃二内侄女，时方配眼镜。傅老，晋生丈也【按：即傅增湘先生之子，傅熹年先生之父】，时血压正高，次年即逝。老妻多年未有完整衣裘，次年始制一外衣，又一年遂逝。只此一裘，即为附身之物，痛哉。一九七六年补注。）①

孩子们自然也都把他当成亲生的长辈来孝敬，启先生晚年的生活起居就是靠内侄章景怀夫妇精心照料的。

启先生爱他的朋友。不管是简陋的小乘巷，还是简朴的小红楼，多少推心置腹的朋友留下了美好的回忆：或围炉夜谈，或杯酒论文，或挥毫泼墨，或纵谈往事……台静农、牟润孙、余逊、周祖谟、柴德赓、刘乃和、刘乃中、王世襄、黄苗子、张中行、王静之、来新夏等都是他一生的挚友，彼此诗文唱和，真情相交，感人至深。对此黄苗子先生回忆道："那时我已从北京东城栖凤楼搬到芳嘉园，和王世襄兄住在一起，启老和世襄兄深交，就得以时相过从。只要听到隔墙一片'京油子'腔，一阵爽朗的笑，就知道启先生驾到。记得那时大家都比较有闲，世襄兄善治螃蟹，秋灯持螯，听启先生从三坟五典吹到蚊子苍蝇，现在回忆起来，还是平生至乐。"②启先生也非常珍惜与朋友之间的友谊，曾写下很多歌颂这种友谊的诗词作品。如《喜晤牟润老》云：

早岁虬髯意气豪。市楼谈吐静群嚣。
卅年屐履回尘迹，一帙文章压海涛。
把臂国门头共白，拊膺时事目无蒿。

① 启功：《启功丛稿·诗词卷》，页55。
② 黄苗子：《扬马之俦，石八之流》，收入王得后、钟少华：《想念启功》，页7。

励耘著籍人余几，敢附青云效羽毛。[1]

又如《鹧鸪天·就医》云："挚友平生驴马熊。驴皮早已化飞鸿。鄙人也有驴肝肺，他日掏来一样红。"自注云："驴者曹家琪，马者马焕然，熊者熊尧。"[2]

启先生爱他的学生。启先生的客人夜以继日、川流不息，但只要学生来，他宁肯停下别的事，也要认真地解答学生的问题，满足他们的请求。为了学生的论文，启先生可以托远在海外的朋友为他们找资料，甚至亲自跑到博物馆的库房为他们查线索。当听说贫寒的学生生活困难的时候，启先生总是慷慨解囊，他说自己当年也经历过类似苦难，也曾得到别人无私的帮助，自然应该用更多的爱心来关怀这些学生。著名的"励耘奖学助学基金"，既体现了启先生对陈垣先生的一片敬意，也体现了他对学生的关爱之情。启先生从不把学生当成被动的受教者，而是当成朋友。他总是说"研究生是我研究班的同学，本科生是本科同学，留校了是我的同事，出校门了是我的校友，我从来没有说过某某是我的学生"[3]，既爱护学生、鼓励学生，又尊重学生。启先生曾说，在学生就读期间，师生的名分只是形式上的，而朋友的关系才是永恒的。因此，启先生绝不板起面孔，也从不以老师自居，更不轻易地批评学生，而是和学生倾心交谈，在交谈中传授学生学问，陶冶学生品德。

启先生还爱他周围的一切人，包括那些普通的人，诸如饭店的厨师、宾馆的服务员、司机、上门修理的水暖工……在他们面前，启先生绝不会摆名人的架子，而是照样彬彬有礼。对于那些以势压人的官员索字，启先生或许会拒绝，但对于普通人，启先生基本有求必应，很多时候甚至是主动送

---

① 启功：《启功丛稿·诗词卷》，页 116。
② 启功：《启功丛稿·诗词卷》，页 56。
③ 侯刚、章景怀：《启功年谱》，页 199。

字、优先送字。仅举启先生身边人亲眼所见之例为证：

> 前些年，有一回先生参加政协会议，某日有余暇，不知为什么事动了笔，写完应写的，先生又乘兴挥毫，一连写了十余张，然后对身旁围观的机关和饭店的工作人员、服务人员说："你们谁喜欢谁就拿去吧。"我妹妹正在场，想拿，终于没动。我问她原因，说，还是人多字少，不好意思。①

> 在接下来的宴会上，没料到厨师听说老师来了，在上完最后一道菜时就出来请老师写字。老师放下筷子，接过他们拿来的笔记本或笔记本大小的纸，认真地写，写完照例问清姓名，题词落款。这种平民化的作风和一视同仁的平等态度很感动人，大家都不再说话，带着惊异的神情，静静地等老师写字。②

又如北师大一位曾为启先生家修理过管道的工人师傅也有这样一段生动的回忆：

> 我在路上遇到启先生和几位领导，我本想回避，因为启先生工作太忙。但是启先生见到我，把手伸出来，说："小董师傅你好。"当时我刚干完活，手上很脏，我忙说："您好，我的手太脏了，就免了吧。"启先生风趣地说："不要紧，只要不是黑手党就行。"我赶紧将手在裤子上擦了擦，和启先生握了手。老人家简单的一句话，让我解除了尴尬。③

---

① 陆昕：《静谧的河流·启功》，页32。
② 王得后：《启功老师与鲁迅辑校古籍手稿》，收入金煜、章景怀：《忆启老》，页82。
③ 赵仁珪、章景怀：《启功隽语》，页30。

所以，和启先生有过接触的普通群众都由衷地赞美启先生道："这个老先生真和气、真可爱。""这个教授一点架子都没有。"不但没有架子，而且能进一步和他们交朋友，帮助他们：

> 山东省掖县制笔厂年轻的制笔师傅李兆志与先生相识以后，经常向先生请教有关文房四宝知识，共同研究改进制笔工艺，成为忘年之交。先生给他讲解历史文献中关于毛笔的记载，已经出土的毛笔和国外毛笔的生产情况，并结合自己多年使用毛笔的体会，对毛笔的制作提出了改进意见。先生还鼓励他写点东西，总结制笔的经验。经过多年的努力，李兆志完成了《中国毛笔》一书，正式出版，先生为他写了两千多字的序言予以鼓励。①

启先生的仁爱有时是要付出沉重代价的。他的内侄媳有这样一段记载：

> 有一年的冬天，您发烧咳嗽得厉害，校医院的大夫刚给您打完针，这时咱家的门铃又没完没了地响起来。您示意我去开门，原来是几位来客请您看画题字的。您有病在身，我怎么劝，客人都不走。您听到声音，挣扎着走到书房，一边仔细地给客人看画，一边耐心地给他们讲解、鉴定。看到您咳嗽得喘不过气来，我的眼泪夺眶而出。也许是看到我"怒目含泪"的双眼，这几个客人没好意思索字便告退了。此时您衰弱得都站不住了。我赶紧扶您到床上躺下，边哭边盖被，嘴里不断地埋怨您："什么事您总为别人想，谁为您想了？都病成这样了又何苦

① 侯刚、章景怀：《启功年谱》，页117。

呢？”您闭着眼睛听我的数落，什么也没说。一会儿，您却笑了，安慰我说：“别害怕，我死不了。”听了，我只得破涕为笑。我知道此时您心里想的还是别人。[1]

总之，启先生的一生可谓用爱与他人交流的一生，人们用爱培育了他，他又用更多的爱回报了人们。

第三节　才与智

任何一个人，只要是与启先生稍有接触或是读过启先生的诗词文章，都会被他过人的才智所深深折服。

启先生的才气表现在很多方面：首先是博涉兼通，诗书画创作、学术研究以及文物鉴定，无一不能，后文将对此依次展开论述。

其次则是天资聪颖，记忆力极好，几乎过目不忘，后文述及启先生背诗有众多例子为证，此不赘述，仅举一个启先生背《尔雅》的例子：

有一次，我在一篇文章中看到有关明末清初大学者顾亭林能背诵“十三经”的记载。“十三经”是古代儒家的经典著作，包括《周易》《尚书》《诗经》《周礼》《仪礼》《礼记》《春秋左传》《春秋公羊传》《春秋穀梁传》《论语》《孝经》《尔雅》《孟子》。这么多书难道一个人能背下来吗？带着这个问题，我去请教启先生。启先生说：“这不新鲜。我的一个前辈亲戚就能背十三经。我小时候就是读书背

---

① 郑喆：《写给三姑爷的一封信》，收入王得后、钟少华：《想念启功》，页230。

书，现在还能背不少。我给你背段《尔雅》，你听听。”说着，启先生便操着私塾中的背书调滔滔不绝地背起来。[1]

更令人惊奇的是启先生还能背诵《史记·高祖本纪》以及很多“八股文”“子弟书”中的名篇，至于《论语》《孟子》及古典诗词则更不在话下，所以人常称其为“活电脑”。正因为大家都知道他的记忆力惊人，所以一些世交故友，如果对自己上辈有哪些不明之处，便来找启先生。只要启先生接触过的，他都能给这些人提供很多信息。诸如这些祖上姓甚名谁，有哪些亲戚，这些亲戚之间有什么关系，他们都有哪些逸事趣闻，甚至他们曾住在哪里，院落房间布局如何，房间里摆着什么家具，挂着什么字画，等等，都能清晰道出，很多情况都是这些后代所不知的。如1999年，“郭预衡陪同胡林翼的曾孙女，现湖南大学教授，访问学者胡女士来访。先生谈了很多胡林翼、曾国藩、湘绮楼（王闿运）等人的往事，纵横捭阖，信手拈来，令在座者受益匪浅”[2]。所以，人们又称赞启先生真是天生的做“人事部长”的材料。

再有，启先生才思敏捷，其为文作诗真正能做到对客挥毫、即兴发挥，那种闭门觅句、搜索枯肠的情景绝少发生在启先生的身上。后文述及启先生作诗时有不少鲜活例子，此处再举几个启先生当场作文的例子。

1981年，北师大中文系古代文学“文革”后第一届研究生毕业，毕业生前去启先生家中拜访。谈话间，启先生得知一四川籍学生想到四川大学谋职，便自告奋勇说可以为他给杨明照先生写一封推荐信。说完，启先生即至桌前拈笔抻纸写了起来。在一旁的同学继续聊天，还没聊几句呢，启先生的推荐信已经写好了。四川籍同学展开一读，竟然是一篇古雅精致、朗朗上口

---

① 张铁英：《启功琐记》，收入金煜、章景怀：《忆启老》，页162。
② 侯刚、章景怀：《启功年谱》，页312。

的骈文，一座为之惊叹。启先生却不急不慢地说："这没什么，这是我的强项。其实我最适合做一名专门起草文书的僚员。"[①]

1991年某日，刘乃和拿着陈垣老校长赠给她的《董其昌临米芾天马赋》长卷来找启先生，请他题写一段跋语。启先生没有拟草稿，文不加点，一气呵成地写下这么一段：

> 米海岳《天马赋》墨迹，今世所传多出临仿，三希堂刻本原迹，近岁重现人间，槎枒丑怪，且不及阮玉铉、王铎。米老评古人书每称丑怪恶札之祖，三希《天马》且不中作恶札之孙也。香光此卷自跋得米帖，不类刻本，见其摹勒精工，令人向往，乃知《天马》一赋，世间故有真迹焉。今真迹与精镌俱不可见，香光此卷遂如三生石上精魂不泯，再拜敬观，觉米老去人不远。
>
> 先师励耘老人于书最好米、董二家，宜乎宝惜斯卷，不轻示人，晚年以付高弟乃和学长，如黄梅衣钵，庆得其所。
>
> 一九九一年新秋，启功谨识[②]

一旁的刘乃和看了，连声地说："真是奇人。"

与此类似的是，有一次启先生答应为一幅明代书法手卷写段跋语交给某杂志发表，结果等编辑来取的时候，启先生才想起这事。为了不让来人白跑一趟，启先生说："您别着急，我这就写，立等可取。"该手卷九米多长，光看也得花半天工夫。可启先生取过一支笔，研好墨，很快就写了一篇二百余字的跋语，不仅介绍了手卷的来龙去脉、姊妹篇什，还品鉴其艺术风格，更兼文辞典雅、书法精工。来人为之叹服不已，后

---

① 赵仁珪、章景怀：《启功隽语》，页32。

② 启功：《启功题跋书画碑帖选》，北京：文物出版社，2006年，页62。

来一再向别人提起启先生这一逸事。[①]实际上，很多陪侍启先生的人都曾亲眼见过启先生这类“立等可取”的为文题字，而启先生才思之敏捷在这些事例上体现得淋漓尽致。

至于启先生的智慧，则不仅体现在为文上，更体现在为人处世上。启先生立论为文时常独具只眼，另辟蹊径，而刀锋所向，迎刃而解，令人读后无不拍案叫绝。对此，后文论及鉴定家启功、诗词家启功、学问家启功时，多有涉及，此不赘述。我们重点来看看启先生在为人处世方面的智慧，领略一下何谓世事洞明、人情练达。

在日常接人待物中，如何巧妙地处理人与人之间的关系，使大家各得其所、彼此和谐是最能考验一个人智慧的。启先生在这方面有诸多精彩表现。

早在新中国成立初期，书画鉴定界的前辈就已经极为看重启先生的眼力，启先生已经基本确定了他在同行中的地位。有一次，有人要将一册宋人书法卖给故宫，但专家们对此意见不一。在此情况下，时任故宫博物院副院长的唐兰便把启先生请来。启先生提出自己的看法，大家觉得有理，就采纳了。唐兰开玩笑地说：“公之一言，定则定矣。”这句话是从陆法言召集众人修订《切韵》所说的“我辈数人，定则定矣”套来的。启先生听了，赶紧补充道：“公何以遗漏‘我辈数人’四个字耶？”[②]唐兰是夸启先生一言九鼎，突出启先生个人的能力；而启先生则很谦逊地将自己归为集体中的一人，强调这是大家的功劳。这样的应对，不仅机敏，更照顾到在座其他专家的脸面，没有极高的情商是很难拿捏其中分寸，说得如此得体的。

1987年9月，启先生赴新加坡举办书画展期间，曾去檐葡院拜访弘一法师的弟子广洽法师，瞻仰弘一法师纪念堂。离开时，广洽法师给启先生一行每人一个红包。启先生坚辞不受，宾主几番推让，最后启先生说：“那我就

---

① 张铁英：《启功琐记》，收入金煜、章景怀：《忆启老》，页 166。
② 启功口述，赵仁珪、章景怀整理：《启功口述历史》，页 183—184。

供佛吧！”然后将红包毕恭毕敬地放在供佛条案上。随行者也纷纷效仿。[1]启先生此举，可贵之处在于用极其恰当的方式，既不拂了主人的情意，又巧妙地璧还礼金，情商之高，于此亦可见一斑。

1991年某日，启先生正在北师大英东教育楼写该楼建造缘起碑文，海军某部政委来找他求字。此人与启先生交往已久，一年前刚离休。启先生知道他来访后，说：“不能慢待他，离休前和离休后总有不同，碑文暂时不写，接待他。”后来又说：“人情世故总有恼人之处，他的心情有些不好，离休后坐车、看病都有变化，今天就是坐公共汽车来找我给朋友求字的。”启先生不但应他的要求写了几件条幅，还盛情留下他吃了午餐，然后再安排车送他回家，并亲自将他送上车。启先生多次这样说：“我不巴结当官的，但是对离退休的绝不慢待，因为他已是一般平民了。”[2]

但启先生从书协主席位上退下来之后，并未像很多退位者那样失落，而是一身轻松。当时，继任的候选者颇多，一时间竞争激烈，大有烽烟四起之势。有关领导对此也颇为踌躇，于是征询启先生意见，到底该选谁继任好。其实在启先生内心里并不想介入此等纷争，他有一很幽默的说法：人们上公共厕所，蹲完坑了，就擦屁股走人，谁还会守在一边看接下来是哪个人蹲在自己刚才蹲过的坑上呀！这一譬喻有些不雅，他只是私下对熟悉的朋友才这样说。可领导垂询，也不能不回答。既然候选者实力相近，又都有强烈意愿竞选该职位，启先生于是半开玩笑地说：“不如抓阄。”不料，其中一位竞选者得知启先生这一说法后，当晚就找上门来质问启先生：“如此大事，怎能如此玩笑对待？岂不是太不严肃了吗？”颇有些兴师问罪之意。启先生听后，从容而机敏地答道：“怎能说是不尊重？西藏的达赖、班禅在转世时不也要通过金瓶掣签这种抓阄的方式来决定吗？”来者听后为之语塞，

---

① 牟小东：《明月一心故人情》，收入金煜、章景怀：《忆启老》，页115—116。
② 侯刚、章景怀：《启功年谱》，页204。

一触即发的紧张气氛也随之消解得无影无踪。①

再比如广为流传的“启功先生不打假”。对于社会上不少人伪造自己书法作品一事，启先生认为造假者不少是以此谋生，一旦打假则不免断人生计，于此自不难看出启先生作为仁者对于他人的关爱。实际上，造假字自古以来就是常事，倘若真的去打假，势必要卷入大量的诉讼，浪费很多时间与精力，与其在这上面浪费宝贵的生命，还不如用来做些更有意义、更迫切的事情。再说，真的诉讼起来，造假者如坚称“我这是临摹，就连落款也是临摹”，你能把他怎样？可笑的是因此生成很多笑谈。如有一次启先生来到一个卖自己假字的地摊上，摊主老太太竟然当着启先生的面夸启先生：“这个老头好，他不给我们找麻烦。”意思是说他不较真地打假，闹得启先生只有苦笑。还有一次，启先生来到卖他假字的地摊上翻了起来，陪同的人说：“您不想跟他们较真，干吗还要翻看呢？”启先生答道：“我看看里边有没有反动标语，要真有，岂不是送我忤逆了？”说得摊主都笑了。而对冒自己之名题跋鉴定古人字画者，启先生则坚决予以回击，认为那纯属欺诈古人、欺诈消费者的行为。因此，启先生不打假的背后，既有大仁爱，也有真智慧。1991年6月，当有书法爱好者来信提及社会上流传着很多启先生的书法赝品时，启先生在复函中说：“功于此事，只持自勉之志，如我写的字都能如二王、颜柳以至苏、黄、赵、董，则作伪者亦必较造启功字难若干倍，其伎俩易于暴露，我亦可省诉讼费用矣。我公高明，以为如何？”②此一复函，恰恰可见启先生作为智者的高明。对于来函或当面询问某些作品是否启先生真迹时，他的回答更为巧妙：“这字写得比我好”，“这张字劣而不伪”（暗指是自己的作品），“那张字伪而不劣”（暗指不是自己的作品），“凡是写得好的，都是伪的；凡是写得差的，都是真的”。询问者一

① 赵仁珪、章景怀：《启功隽语》，页24。

② 启功：《启功全集》（修订版）第十卷《书信、日记》，页106。

听也就自有判断了。

在随时的谈吐应对中也能体现启先生的聪明机智：

有一次，黄苗子夫妇在香港举办书画展，启先生为之题额时落了“启功敬题”，黄苗子夫妇就在电话中“抗议”不应用“敬”字，他立刻回答道：“不，不！我已改名，叫‘启恭（功）敬’了。”①

一次，启先生与朱家溍先生同去故宫公干。进门后，朱先生首先向启先生开玩笑曰：“到君家故宅矣。”——盖启先生乃清代皇族爱新觉罗氏之后，雍正八代孙。不料，启先生马上反驳道：“不，应该说到君家故宅也。”——盖朱先生乃与明代皇帝朱家同宗也，而故宫为明代所建。二人不禁相视大笑。②

一次，启先生为别人题写后，照例落款、用章，不料钤印时颠倒了，旁观者无不惋惜，也不便请先生重写一遍，只好劝慰道：“没关系，没关系。”先生笑而不答，又拈起笔在钤印旁补上一行小字：“小印颠倒，盖表对主人倾倒之意也。”一座重欢。③

如果经过深思熟虑，行诸文字，那么这些机敏的谈吐应对就会体现出大智慧，仅举一例：

启先生虽不专门治史，但对中国历史也是滚瓜烂熟，能背诵出如《高祖本纪》等很多《史记》中的篇章。与治文学一样，先生虽无大

---

① 赵仁珪、章景怀：《启功隽语》，页12。
② 赵仁珪、章景怀：《启功隽语》，页25。
③ 赵仁珪、章景怀：《启功隽语》，页30。

部头的史学专著，但很多只言片语的见解，亦能体现出治史的最高境界——卓越的史识，且为一般治史者很难想到的。如云：“后世秉笔记载帝王事迹之书，号曰‘实录’，观其命名，已堪失笑。夫人每天饮食，未闻言吃真饭，喝真水，以其无待申明，而人所共知其非伪者。史书自名‘实录’，盖已先恐人疑其不实矣。又‘实录’开卷之始，首书帝王之徽号，昏庸者亦曰‘神圣’，童騃者亦曰‘文武’，是自第一行即已示人以不实矣。”仅三言两语，即一针见血，洞若观火，岂一般书生学者可及？难怪此言深受叶圣陶老的赞赏，且曰“此语可通读报章”，意谓当时报章的一些文章也如昔日“实录”一样失实。先生听到叶老的称赞后大为咋舌，曰：“叶老一句话直送我忤逆矣！”①

第四节　谐与达

启先生另一可爱之处是诙谐、旷达。上天赋予了启先生诙谐幽默的性格，而随着阅世的丰富、学养的增强，这一性格特点更加鲜明。因为诙谐幽默的本质是智慧，具有大智慧的人往往多幽默。而幽默的人，往往乐观开朗，旷达通脱，故谐而达，往往成为大智慧人的两个方面。在启先生这里，很多时候旷达的表现形式就是诙谐幽默，即不管生活如何待我，我且先幽生活一默。这一点和苏东坡也有极相似之处。苏东坡一生三贬，逆境多于顺境，但始终能保持乐观的生活态度和达观的宽广胸怀。启先生也如此，他的诙谐幽默是出了名的，他就像开心果一样，走到哪里就把欢乐带到哪里。如果外出参加集体活动，闲暇时，你听到哪个房间笑声一片，那肯定

① 赵仁珪、章景怀：《启功隽语》，页 110。

就是启先生所在之处。他的旷达洒脱也是出了名的，他的心胸就像湖海一样宽广，不管是顺境还是逆境，他都可以徜徉远航。

启先生的幽默在日常生活中俯拾皆是，举两个饭局上的例子：

> 某饭局，有人闲谈起治病的窍门，云："有些外科肢体上的小病宜于将身体倒置，如腰疼者可以多倒行，又如长痔疮者可以每天倒立若干时间，则肛门附近的淤血便可散开。"听到此，启先生不紧不慢地笑云："痔疮倒是散开了，该长口疮了。"一座为之喷饭。[①]

> 某饭局上有甲鱼一道，于是大家不由得谈起乌龟、王八来，谈起乌龟，自然要谈起它的长寿。此时启先生无意插了一句："据说乌龟虽能长寿，但最怕的就是头部被蚊子叮，一叮就会烂掉死去。"之后大家又天南地北地胡聊起来。临散席时，大家都衷心地说些祝先生健康长寿的话，先生一边点头笑纳，一边指着自己的脑袋徐徐说道："只要这玩意儿不被叮就好。"一语说完，引来哄堂大笑，笑声与起立时桌椅相碰声交杂在一起，杯盘皆为之震动。[②]

启先生常说自己"非常淘气，也时常犯点儿坏"[③]。启先生的很多玩笑就常常带出这种"淘气劲""坏劲"。注意，此处的"坏"绝非贬义，而是像相声中所说的，好的相声艺人有"帅、卖、怪、坏"中的那种"坏"。还在辅仁大学任教时，启先生便时常针对时局和学校的一些事编些顺口溜段子。例如，当时美术系办得很萧条，特别是西洋画，只学一点儿低劣的石膏素描和模特写生，而那些模特的水平也很差，都是花几个钱从街上临时雇来

---

① 赵仁珪、章景怀：《启功隽语》，页65。
② 赵仁珪、章景怀：《启功隽语》，页65。
③ 启功口述，赵仁珪、章景怀整理：《启功口述历史》，页108。

的，启先生为此编了一段：

> 美术系，别生气。泥捏象牙塔，艺术小坟地。一个石膏像，挡住生殖器。两个老模特，似有夫妻意。衣冠齐楚不斜视，坐在一旁等上祭。画成模像展览会上选，挂在他家影堂去。①

启先生有时也会向过得着的朋友犯点儿坏，淘点儿气，开个玩笑，如他在画家联谊会上为好友徐燕荪（“荪”，也作“孙”）编排的灯谜：“家住在城北，其实并不美。中间一张嘴，两边有分水。有头又有尾，下边四条腿。名在《尔雅》内，却非虫鱼类。翻到《释亲》章，倒数第一辈。出言莫怪罪，小市民趣味。”此灯谜简直就是一首幽默的打油诗，且运用了很多典故。“城北”用的是《战国策·齐策》中《邹忌讽齐王纳谏》的典故：“城北徐公，齐国之美丽者也。”《尔雅》是中国最古的一部按事物种类编排的辞书，古人认为读它可以多识草木虫鱼的名称。在《释亲》章中，解释子孙的各种名称云：“子之子为孙，孙之子为曾孙……”又，小市民骂人常骂对方为“孙子”。这些谜面合起来正好凑成“徐燕荪（孙）”三字。编排得又有学问，又风趣，“犯坏”都犯得有水平。直到晚年，启先生提起此事还颇为得意，说：“他们也想编派我，报复我，也想给我来点儿损的，但可惜他们编不出来！”又如：

> 启先生在和其他一些鉴定家在文物鉴定委员会工作时，常会因观点不同而发生一些意见分歧，这毫不足怪。有时一笑了之，各自保留意见；有时握手言欢，谁对就服从谁。一次启先生与某一专家又争论起来，另一位鉴定家从中调解，但启先生并不认同他的意见，这位鉴定家

---

① 启功口述，赵仁珪、章景怀整理：《启功口述历史》，页108—109。

便悻悻地说："算我狗拿耗子，多管闲事。"启先生马上应之曰："不好意思，我正好属鼠。"于是一场争论变成了哈哈的哄笑，就此结束。①

先生与某教授、著名历史学家（为尊者讳，故隐其名）为至交好友，常互开玩笑而不介意。不幸的是该教授后来得了膀胱癌，只好接受切除手术。术后大家纷纷前往探视，说些劝勉宽慰的话。其实，这类话说多了，病人也不见得愿听。先生也去探视，见面后却说："祝贺你啊，这下你更像太史公了。"盖太史公司马迁尝受宫刑也。该教授听后也不由得哈哈大笑。②

一次，启先生携亲友前往济南长清县灵岩寺参观一个名人塑像馆，看到庙前有某大画家的题词云："灵岩名塑，天下第一。有血有肉，活灵活现。"先生觉得此四句话互不相联，语意朦胧，又不合辙押韵，"淘气"之情又油然而生，便对跟随者说："可以在每句后面各加一字，改为'灵岩名塑——馆，天下第一——展。有血有肉——身，活灵活现——眼。'"众皆大笑，无不佩服启先生之敏捷机智。须申明的是，先生与此大画家并无嫌隙，如此改动，纯属文人之间善意的恶搞而已。③

及至后来，启先生在其诗词里拿历史上的古人、今人以及自己，拿病痛乃至死亡，拿亲历的种种境遇等，大开其玩笑，形成其诗歌创作独有的幽默风格，皆与此同例。有关启先生诗文中随处流露的诙谐幽默，详见后文。

除了在日常生活中开玩笑，在诗文写作中玩幽默外，启先生甚至在一

① 赵仁珪、章景怀：《启功隽语》，页66。
② 赵仁珪、章景怀：《启功隽语》，页83。
③ 赵仁珪、章景怀：《启功隽语》，页85。

些极为严肃的场合也经常用诙谐的话语把大家逗得忍俊不禁。

启先生晚年在给人讲课时，常有这样一段开场白："某人著书立说，可称为'某说'，如千家注杜诗，有'仇（兆鳌）说''钱（谦益）说'等。当年胡适曾套用之，自谑为'胡说'。我是满族，满族在古代被称为胡人，因此所讲所说可以称为'胡说'，而且是真正的胡说。"[①]后来，启先生因为眼底黄斑病变，视力很不好，于是他又在"胡说"之后加了一个"瞎说"。听众往往既为启先生的谦逊感动，又为其幽默喝彩。

有一年，各界学者齐聚北师大英东楼，召开"启功先生《汉语现象论丛》学术研讨会"。与会学者在发言中无不盛赞启先生所取得的学术成就，最后请启先生讲话。启先生站起来说："我小时候和小伙伴在屋里玩耍，家中来了客人，大人为了把我们哄走，便对我们说：'乖，你们真乖，到院里去玩罢。'我们小伙伴来到院里，都纳闷：'大人说我们乖，我们乖在哪儿呀？'今天大家夸了我这么多好话，又不禁使我想起小时候的疑问：'我到底乖在哪儿呀？'"说完，启先生鞠躬致意。会场静默片刻后，掌声雷动。[②]

即使在生命危急住院之时，启先生也用他诙谐的语言冲淡病房中的压抑之气。当医生、护士要给他戴上氧气面罩时，启先生说："我不咬人啊，以前也没咬过人！"身旁的人都被他逗笑了。[③]在启先生生命的最后几年里，他的身体愈加衰弱多病，后来他只能用两手撑着四条腿的助步器行走，又做了体外排尿的手术，在腰间挂一尿袋。对此，启先生却仍和别人开玩笑说："我现在是八条腿了，快成螃蟹了，腰上还挂着'御赐紫金鱼袋'了。"

诙谐幽默的人往往乐观，乐观者则几乎都是生性旷达。启先生生平为人的另一面，恰恰是旷达。旷，是心胸开阔，宽容、海纳百川，包容世间万

---

① 赵仁珪、章景怀：《启功隽语》，页 11。
② 赵仁珪、章景怀：《启功隽语》，页 134。
③ 赵仁珪、章景怀：《启功隽语》，页 60。

事万物；“达”则是事理通达，绝不偏执，潇洒通脱，无可无不可。综观启先生一生，他在穷困时能处之泰然，而在通达时又不失清醒。启先生对很多事情都看得很透彻，因此也就拿得起，放得下，看得开，不挂怀。这其中最关键的有三点：一是认清自我，特别是要认清自我和社会的关系，自我在社会生活中总是渺小的弱者，渺小的自我是无法改变社会、抗衡命运的，因而不能与之争衡，只能转而适应它；二是认清历史，很多看似不合理、不可解的事物，其实历来如此，这些现象绝非是一人一时的遭遇，把它放在历史的大背景中，也就释然了；三是勘破生死，这是看破人生的最大一关，也是最后一关。生死既已看透，何况荣辱、顺逆、穷达乎？

我们先看启先生是如何看待自我，特别是在逆境中是如何看待自我的。启先生自称“幼时孤露，中年坎坷”，直到晚年才迎来迟到的春天。他自幼失怙，随寡母过着极清贫的生活，这与他雍正第九代孙的身份形成极大的反差，但他能以平常心待之，他从不把自己当成皇亲国戚，他拒绝称“爱新觉罗”氏，他就把自己当成一介平民。这与苏东坡在被贬黄州时把自己当成原本就是一个黄州人，被贬惠州时把自己当成原本就是一个惠州的秀才一样，摆正了位置，就摆正了心态。启先生中年遭受一系列政治挫折，虽然他在政治上一贯谨小慎微，但“反右”时仍被莫名其妙地划为“右派”，“文革”时仍被打成“准牛鬼蛇神”，对此他并没有怨天尤人，而是以旷达的心态反复安慰妻子：“像我这样的封建余孽，资产阶级都要革我的命，更何况无产阶级。”当这些噩梦过去后，他也不愿斤斤计较地再去追究它。他曾说：

批判“右派”时，×××批我最积极，事后他很不好意思，我就主动对他说：“就好比唱戏，让你唱诸葛亮，让我唱马谡，也说不定什么时候让你唱这角让我唱那角，戏唱完了就过去了。又好比土改时划什么有一定比例的。”先生还说：“这也是机遇、命运。这命运是由时间、地点、条件组成的机遇。”[1]

如果说面对困境，庄子式的“知其不可奈何而安之若命”略显消极的话，启先生更积极的一面是利用“反右”之后难得的被政治抛弃而废置的时间潜心于学术研究，完成了诸如《古代字体论稿》《诗文声律论稿》等很多重要论文和专著。因此，启先生后来甚至还会开玩笑地说要感谢这样的机遇。

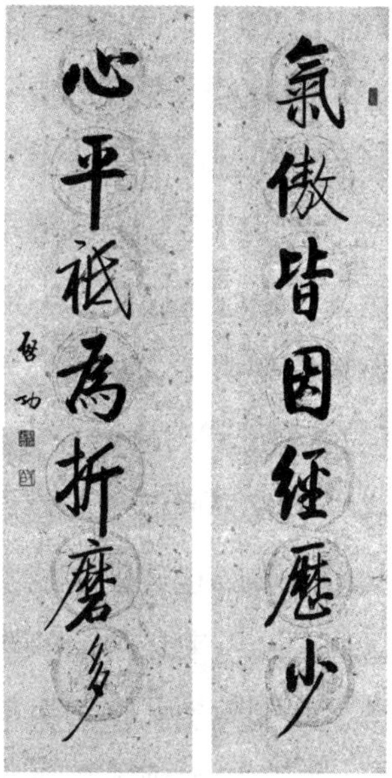

“气傲”“心平”联

也正因为此，我们在读启先生的诗词时，会发现其中少有专门感伤这些不幸遭遇的作品，而仅仅是在一些作品中流露出略带叹喟的宽慰和解嘲。“绝似食橄榄，回甘历微苦。诗境与人生，大约全如许”（《戏题王以铸兄咸宁杂诗卷后》）[2]——这种经历并不全是坏事，它可以使你体会更丰富的生活和更全面的人生。“一句最凄然，过去由它吧”（《题〈负暄琐话〉二首》）[3]——一味地回忆苦恼只能更苦恼，还是禅家说得好：放下即是。“荣枯弹指关何意，寒燠因时罔溯源”（《钟敬文先生惠祝贱辰，次韵奉答》）[4]——政治的潮流非我辈所能驾驭，何必与之争锋？“何必牢愁常满腹”（《司铎书院海棠，用东坡定惠院海棠诗韵》）[5]，“人生难得是糊涂”（《中行翁赐示近作〈说书集〉，中于拙作〈韵语〉诸稿多所溢美，敬题长句，

① 侯刚、章景怀：《启功年谱》，页198。
② 启功：《启功丛稿·诗词卷》，页69。
③ 启功：《启功丛稿·诗词卷》，页254。
④ 启功：《启功丛稿·诗词卷》，页213。
⑤ 启功：《启功丛稿·诗词卷》，页30。

以志惭悚》）[①]——这绝不是遁词，人生、社会的很多事本来就是说不清的。

晚年发达之后，启先生又是什么心态？令人惊异的是，启先生仍然平静而清醒，真可谓“宠辱偕忘”，一以贯之。启先生调侃自己晚年的发达是“贼星发亮”，语虽戏谑，却能看出他的清醒认识：往日困顿，今朝腾达，人生的起伏往往决定于社会的潮起潮落，无论是斤斤计较，还是沾沾自喜，都未免太把自己当回事了。20世纪80年代初，启先生创建北师大中文系文献学博士点，被评为博士生导师，每当有人称他为“博导”时，启先生总是回答说：“我不是那个‘博导’，而是那个‘驳倒’，一驳就倒，不驳也倒。”[②]当中央电视台《东方之子》栏目组前来采访制作专题片时，上来就列举了启先生一系列头衔，启先生却说：“这叫此地无朱砂，红土为贵。”启先生去世前一年，中央电视台《大家》栏目组来采访启先生，说起别人称他为“大家”云云，启先生说：你能飞吗？不能，说明还是不行。[③]

而从启先生一些诗句中，例如“衰荣有恨付刍狗，宠辱无惊希正鹄”（《司铎书院海棠》）[④]，“开门撒手逐风飞，由人顶礼由人骂”（《踏莎行三首》）[⑤]等，人们也能窥见他这种勘破一切、洞察人生的境界。其中尤为耐读、启人悟道的，是启先生作过的一首砚铭：“砚石多般，歙青端紫。磨到天明，不过如此。”[⑥]短短十六个字，字字平常，表面上说的是制砚的石材有多种，即使选用最名贵的黑色歙石或紫色端石做成的砚台，也只能用来磨墨，如斯而已。出语极平淡，却蕴含着对人生极深刻的体察。有论者这

---

① 启功：《启功丛稿·诗词卷》，页268。

② 赵仁珪、章景怀：《启功隽语》，页9。

③ 刘石：《永远的启功先生》，收入赵仁珪：《启功先生追思录》，页177、179。

④ 启功：《启功丛稿·诗词卷》，页30。

⑤ 启功：《启功丛稿·诗词卷》，页51。

⑥ 刘德水：《启功先生三题》，收入金煜、章景怀：《忆启老》，页96。按，此铭收入《启功全集》（修订版）第七卷《三语集外集》（页130）中，“石”作“台”。

样阐释这首砚铭：

> 启功先生出身爱新觉罗家族，天潢贵胄，曾祖、祖父都曾在朝为官，可谓“大富大贵”。及至辛亥革命，家道中落，只得依靠友人救济，才勉强读完中学。此后，凭借自己的勤奋刻苦，成为享誉海内外的学者、大师。当然，其间也曾饱尝“妻亡”“无后”“瘫左”“派右”诸般炼狱之苦。人生的贵贱高低、贫富穷通，经历殆遍，可谓丰富至极。待至年届耄耋，如张岱所说：“繁华靡丽，过眼皆空，五十年来总成一梦。”一切都如过眼云烟，看得淡了。雨霁云收之后，面对地位、金钱、荣誉……自会有“不过如此”的结语，这是人生到达彼岸之后反首回望的所得，是身处此岸的我辈难以企及的至高境界。[①]

以上所说自然不无道理，但仍嫌隔着一层。其实，启先生作为书斋学者，尤其是作为著名书画家，自幼便整日与砚台打交道，砚台与他，几乎须臾不可分离。倘若结合这一身份，这首砚铭其实是启先生对自己人生的隐喻，而“不过如此”四字，犹如前面所言“不会飞……还是不行”一样，是晚年启先生回顾生平对自己人生成就的总结，既出语诙谐幽默，又饱含机锋禅理。这种总结没有杜甫式“无成泣作零”的激动，而是在一种极为平静的心境里，既确认了自己的笔墨生涯，同时又清醒地意识到自己只不过是一介书生，认清自己应该怎样做一个“自然人”。真正理智的人从来不会一味膨胀，而总是谦卑地意识到自己在无垠时空中的渺小。因此，无论外界给予启先生多少桂冠名头，启先生一直保持着对自己的清醒认识，拥有一颗平常心。

再看启先生是如何看待历史的。启先生的几首咏史诗就是最好的说

① 刘德水：《启功先生三题》，收入金煜、章景怀：《忆启老》，页 97。

明。如云：

古史从头看。几千年，兴亡成败，眼花缭乱。多少王侯多少贼，早已全都完蛋。尽成了，灰尘一片。大本糊涂流水账，电子机，难得从头算。竟自有，若干卷。　　书中人物千千万。细分来，寿终天命，少于一半。试问其余哪里去？脖子被人切断。还使劲，龂龂争辩。檐下飞蚊生自灭，不曾知，何故团团转。谁参透，这公案？

（《贺新郎·咏史》）①

几千百年置棋劫，二十一部相斫书。

（《北宋陵古迹征题》）②

历史如长河，人各占一段。
幸者值生平，不幸逢祸乱。
异代论是非，各凭唇两片。
身后蔡中郎，芳臭随其便。

（《古诗四十首》之二十八）③

中国封建社会的历史就是一部“相斫”史，一部“成王败寇”史。从更宏观的角度看，不但“贼”完蛋，就是“王侯”也“完蛋”，人在历史长河中无法选择自己的时段，无法自主成为“幸者”。而任何人的历史功过，是非成败也都不由自己来决定，所以最明智的态度就应该像蔡中郎那样：“身后是非谁管得”——随他们说去吧，这不又归结到启先生自己的一贯主张——“开门

① 启功：《启功丛稿·诗词卷》，页 49。
② 启功：《启功丛稿·诗词卷》，页 147。
③ 启功：《启功丛稿·诗词卷》，页 249。

撒手逐风飞，由人顶礼由人骂”上了吗？但不幸的是很多人参不透这段公案，还在那里喋喋不休地争辩，这岂不和自生自灭的飞蚊一样，忙来忙去而毫无意义吗？显然，启先生早已参透了这段公案，所以他能以超脱的心态看透历史，看透自己应该怎样做一个“历史人”。当然启先生又绝非是一个历史悲观论者、历史虚无论者，他相信一个进步的社会一定会超越腐朽的封建社会——“改柯易叶寻常事，要看青青雨后枝”（《自题新绿堂图》）[①]。历史、人类总要前进的，新生的总会取代陈腐的，前途总是光明的。

最后看启先生是如何看待生死的。仅以《古诗四十首》之二十、三九为例：

昔有见鬼人，自言不畏葸。
向他摆事实，向他讲道理。
你是明日我，我是昨日你。
鬼心大悦服，彼此皆欢喜。[②]

佛陀论修行，旨在了生死。
世寿与短长，未见终不死。
最难得涅槃，不生亦不死。
凡夫恋其生，所以惜其死。[③]

人都会成为明日之鬼，鬼都是昨日之人，人鬼之间，不过是一朝一夕的事情；阴阳之隔，不过是一尘一纸的距离，二者的变换是再自然不过的事了。看破这一点就不会“畏葸”死亡，就能“欢喜”生死。但“凡夫”达不到这

① 启功：《启功丛稿·诗词卷》，页 33。
② 启功：《启功丛稿·诗词卷》，页 247。
③ 启功：《启功丛稿·诗词卷》，页 253。

样的境界，所以才有世间的种种烦恼和痛苦，而达者之所以高明，就是能达到勘破生死，进入超脱生死的境界。这些诗确有“打油”的味道，但它又绝不是一般只以谐谑为能的打油诗，平易幽默的语言背后，包含的是多么深刻的哲理和智慧。

正因为能正确对待自我和社会、自我和历史，以至生与死的关系，所以启先生才能以“释然”的态度看待发生在自己身上的一切，不管是顺逆、荣枯，还是是非、成败，因此也就能“淡然”地对待金钱、名利、地位、生死，把这些都看成身外之物，这样才能“放下即是”，消除烦恼，得大自在。也只有这样才能在生活上自奉甚俭，在破旧不堪的小乘巷享受“一箪食，一瓢饮，在陋巷，人不堪其忧，回也不改其乐”的清贫；在小红楼享受“谈笑有鸿儒，往来无白丁”的高雅。一张桌子伴终身——铺上毡子写字，卷起毡子吃饭；粗茶淡饭只为果腹，衲衣短褐只为御寒，在生活观上他最钦佩的是弘一法师。也只有这样才能达到像张中行先生所说的那样——“真不把东西当东西”，才能视名利富贵如浮云，才能实现曹丕所追求的境界：“年寿有时而尽，荣乐止乎其身，二者必至之常期，未若文章之无穷。”（《典论·论文》）——启先生身后并无什么余资，他把一生的精力都奉献给艺术、学术与教育事业了。

最后必须强调一点，说启先生超脱旷达，并不等于说启先生没有痛苦烦恼，也不是说启先生有意地掩盖、躲避痛苦烦恼。启先生是性情中人，仅从我们前文的一些介绍中，就可看出他的很多纪念文章都是含着热泪写就的。要说情感之丰富、之敏锐，启先生是超出一般常人的。正像黄苗子先生所评：“我喜欢他老人家的打油诗，只是因为从小就喜欢看卓别林一样，笑完就想掉眼泪。”[1]但启先生晚年非常不愿意写回忆录之类的东西，也不愿意接受别人采访回忆历史。他说一谈起往事，自己的神经细胞都要受到很大

---

① 黄苗子：《扬马之俦，石八之流》，收入王得后、钟少华：《想念启功》，页17。

的刺激和损伤，情感上真的很痛苦，他实在是不愿意“温习这些痛苦”。至于最终同意出一本《启功口述历史》，那实在是不好违背方方面面的期待。可见他正是有“大痛苦”“大烦恼”之人。问题是如何对待这些痛苦与烦恼，如果仅是沉溺其中，不能自拔，或者视而不见，自我麻木，那都是生活的弱者、愚者、伪者。而启先生最终能以旷达的心态咀嚼、化解、超越这些痛苦与烦恼，恰恰证明他是生活的强者、智者、真者。这也正像他所赞美的苏东坡一样：“天仙地仙太俗，真人惟我髯苏。”（《东坡像赞》）[①]这也证明“大旷达”“大超脱”恰恰来自“大痛苦”“大烦恼”。反之，只有具备了“大痛苦”“大烦恼”，才有可能实现“大旷达”“大超脱”。只有这样我们才能认识一个真的启功，一个全的启功，一个活的启功。

① 启功：《启功丛稿·诗词卷》，页 123。

第三章

书画家启功

生于书香第，自幼爱丹青。
祖父把臂画，点染胜开蒙。
孰料天资纵，笔下如有灵。
遍拜名师后，挥洒任纵横。
意抵云林态，气逼黄一峰。
独立扬新令，声名动京城。
谁知东风恶，奇葩一夜零。
回首伤心地，封笔忍吞声。
天才必多艺，可妒不可平。
“野火烧不尽”，“何处不堪行”。
霜寒松尤劲，潭壅瀑自成。
画名云蔽月，书名日东升。
二王为宗法，智永树范型。
劲秀玄秘塔，端庄灵飞经。
戛戛狂怀素，堂堂颜真卿。
碑帖观结字，墨迹看笔锋。
遍取百家胜，终成一家名。
直取赵松雪，横越超明清。
书论更宏富，书史得发明。
青眼赞精粹，白眼讥饾饤。
妙论发人省，扬弃有公评。
请君屈指数，自古几人能？
理论兼实践，书界共服膺。
后人齐瞻仰，北斗一颗星。

第一节　绘画创作

启先生是当代著名的书画家。但他的画名往往被书名所掩，很多人对他的绘画成就并不十分了解。其实，他自幼就立志做一个画家，绘画是他最热爱的事业。他受过严格的"科班"训练，并一直为之奋斗，且卓有建树。只是世事难料，命运的捉弄给他带来无法挽回的遗憾，但这仍不能掩盖他在绘画事业中所取得的卓越成就。

一、绘画生涯及代表作品

如前所述，启先生从小受家学的影响，特别是祖父的影响，立志做一个画家，并显露出绘画的天分。之后又正式拜著名画家贾羲民、吴镜汀为师，在他们门下受到长期的专业训练，打下了良好的基础。正如启先生自述的那样："年十五，从贾羲民先生学画，年十九，经贾老师介绍入'中国画学研究会'，从吴镜汀先生问业。"（《忆先师吴镜汀先生》）又一度拜齐白石为师，算是严格的科班出身，而且是名师出身。他还多蒙一层师教，即深受同族长辈溥心畬、溥雪斋的言传身教。溥心畬"空灵"的美学观，"要想学画先学作诗"的观点影响了他一生。启先生二进辅仁担任美术系主任溥雪斋的助教，也是他受教的宝贵经历。启先生虽未正式拜他们为师，但家学的教诲有时甚于科班的传授，特别是这二位都是文化大师，能把绘画的传授置于传统文化传授的大背景之中，这对启先生的影响是终身的、巨大的。

在师长的指导下，启先生的绘画创作很快走上坦途，取得了骄人的成绩。刚过二十岁，他就加入溥雪斋先生发起的"松风画会"，其成员的字号都带一个“松”字。如“松窗”“松风”“松荫”等，启先生自号“松壑”，并与其他“诸松”合作过一些作品。溥松窗（溥佺）对启先生的评价是“聪明、用功、手快”。现在能见到的启先生最早独立完成的作品是1933年启先生二十一岁时为陈垣校长所画的《窥园图》（见彩插三），园内小桥流水将画面分为远、近两部分，构图严谨，着色淡雅，青绿为主，透出一股灵气，颇得清初“四王”的意趣。启先生还为老校长画过一幅《万松图》扇面（见彩插四），他自称这是掏心窝子的作品。画面松林茂密，笔力雄劲，很有“尺幅千里”的气势。

启先生传世的还有1934年所作的“师元人法”的山水八帧，画面气势雄浑，层次分明；青松挺拔，远山崔巍，笔力已相当成熟。1937年，启先生发表了青年时代山水画的力作——拟元“四家”的“山水四条屏”：分别为《戏效设色云林小景》（见彩插五）、《拟一峰道人笔法》（见彩插六）、《略师黄鹤山人法》（见彩插七）、《梅花道人渔父图意》（见彩插八）。众所周知，元“四家”倪云林（元镇）、黄公望（一峰道人）、王蒙（黄鹤山人）、吴镇（梅花道人）的绘画是中国绘画史上的高峰，他们有共同的旨趣，即广泛师法唐五代以来著名画家如董源、巨然、荆浩、关仝、李成、赵孟頫等；皆工诗词，强调诗、书、画的有机结合；善于在绘画作品中状物寄情，属于典型的“文人画”。这些特点与启先生绘画的总风格十分吻合。就具体作品而言，《戏效设色云林小景》近景、中景、远景之间用干笔皴染，似水非水，以浅褐为底色，略加青绿区隔，整幅画面萧散超逸，景物在似与不似之间，很有倪云林“逸笔草草，不求形似，聊以自娱”的雅淡旨意，也深得倪云林善于干笔皴擦的笔法。《拟一峰道人笔法》一幅，山势崔巍，松林丰茂，很能体现黄公望卧青山、仰白云的胸襟。有枯笔，有润笔，也大有黄公望“清气质实，骨苍神腴”的画风。《略师黄鹤山人法》一幅，画面更显丰满，对山峰的点染更加细密，符合王蒙繁密充实、写景稠密的特色，以及多用细碎渴墨来处理苔点的技法。

《梅花道人渔父图意》一幅，纯用水墨，山石树木虽占据大半画面，但视点中心却落在空白处的两只小船上，寄托遥深，深得吴镇笔墨意趣。所以这四幅画作不但代表了当时的水平，更表明了启先生绘画之路的发展方向，即以临写模拟传统入手，进而表现自己的胸中逸气，走的是典型的中国文人画的路数。

启先生之后创作的《拟大痴道人（黄公望）笔》《仿黄鹤山樵（王蒙）夏日山居图法》《拟王山樵山水》《拟山樵笔》，以及《背师梅花道人（吴镇）渔父图》《倪元镇（倪云林）幽淡之趣》《拟云林笔》等大量作品，走的都是这一路数，并逐渐显露出自家风貌。正如雷振芳所评："先生有一幅《背师梅花道人渔父图》，是拟吴镇《渔父图》卷的画法而做的立幅大轴，构图虽不同，但笔墨皴点完全是吴镇韵味。还有一幅《拟云林笔》也是一样，把倪瓒的笔墨清淡、疏散简洁运用得得心应手。"①

当然，也有例外。1937年7月7日，日本侵略者发动卢沟桥事变，北平沦陷。启先生与台静农、魏建功、柴德赓等几位好友准备各奔前程，临行前小聚于同和居，心情郁闷而悲愤，席间大醉，魏建功出纸，嘱启先生作画留念，其间先生曾为台静农作《荒城寒鸦图》一幅，画面阴沉，枯木与寒鸦似都在阴霾中悲鸣。后来启先生曾补题过一首诗，其中有句云："十个乌鸦鸣秃柳，风来摇曳不堪栖。"强烈地表现了启先生对国土沦亡、人民流落的悲痛心情。1945年作十二开"元白法古山水册"（见彩插九、十），1985年为友人所得，启先生为之题跋云："此册作于1945年，时余年初三十五岁，抗战岁月中，苜蓿之资不足供菽水，画山负米，事比托钵，如斯之笔是也。今垂老矣，重观慨然，非所论于工拙矣。"可见日据时期，文人的生活相当艰苦，画画不得不为了另一个很现实的目的——卖画糊口，启先生自嘲这有如

① 雷振芳：《启功先生绘画浅读——纪念先生诞辰一百周年》，收入《以观沧海：启功百年诞辰纪念文集》，页 65。

“乞米”。

除喜学习元“四家”笔意外，启先生还特别欣赏“米家山水”（米芾、米友仁）。1938年，他创作了《戏效米家云山再临米书》的中堂，以及《云山图》手卷和《设色山水》四条屏。《戏效米家云山再临米书》，还参加了中国画学会在中山公园来今雨轩举办的绘画展，并获得三等奖。启先生后来把自己这类风格的十二幅画辑为一集，后又各配一诗，自署曰《启功遗墨》。其中的第四幅（见彩插十一）的配诗明确表明自己有意地学习“米家山水”①。诗曰：“羊毫生纸画难论。的的山头墨几痕。剩与元晖同一诮，烟云懵懂树无根。”元晖，即“米家山水”的米友仁，其画的显著特征就是不重形似，但求意趣。人常讥诮他画的山不像山，而像土丘，又讥其“解做无根树，能描懵懂云”。这些画即体现这一特点，如第一幅纯用水墨，泼洒渲染，画面简洁，不重形似，却能呈现出大气磅礴、酣畅淋漓的气势，笔触老练，一扫稚嫩，将胸襟蕴蓄的气度和超逸洒脱的品格，挥洒自如地行诸笔端，深得“米家山水”的精髓。在另一幅荷花图的题款中（见彩插十二），启先生又特意指出“（此图）虽非米家山，而懵懂无异也”。可见他对米家风格的钟爱。又如第五幅《荷花图》（见彩插十三），启先生题诗曰：“昔日江南曾一见，陂塘卅六草如烟。”第七幅（见彩插十四），启先生题诗曰：“变幻无如岭上云。从来执笔画难真。如今不复抛心力，且画源头洗眼人。”都很好地体现了大写意的特色。而第十二幅《枯树寒鸦图》（见彩插十五），虽不似上述赠给台静农的那幅《荒城寒鸦图》，却与它属于同一风格，也当是沦陷时期的作品。

1942年夏，在中山公园举办的画展上，启先生的作品又获得一等奖。1946年，经溥雪斋介绍，启先生加入“北平美术会”，被选为理事，并有作品参展。同年所作的《晴岚叠翠图》（见彩插十六）有题记曰“意在耕烟墨

① 编号顺序据《名家翰墨》第十一集《台静农·启功》专号，下同。

井之间”，表明他的风格有了进一步拓展。耕烟即清初“四王”之一的王翚（石谷），墨井即清初“六家”（“四王”及吴历、恽寿平）之一的吴历。可见启先生对清初诸家也多有效仿与吸纳。当年老师吴镜汀主要师法的就是王翚，所以启先生尤推崇王翚，称其“意境灵奇欲造微”“艺苑清初称巨擘”“妙迹人间久愈稀”（《南乡子·题王石谷江村月色图》）。“四王”或“六家”虽各有特色，但总的来说都以“复古”为旗号，推崇元“四家”，尤其推崇黄公望，王原祁甚至自认得了黄公望的“脚汗气”，并以此为荣；同时强调更广泛地师法古人，如王翚（王石谷）曾云：“以元人笔墨，运宋人丘壑，而泽以唐人气韵，乃为大成。”但他们拟古而不为所囿，笔墨技法更加讲究，皴染更为细腻多变，效果更为缜密浓润，并以此为绘画的最高境界。画风能“意在耕烟墨井之间”，足见启先生此时的画作技巧更为纯熟，笔力更为自如，画风更为丰富，在师法古人时已达到游刃有余的地步。除此之外，启先生还多方师法明“四家”中的沈周（沈石田）、文徵明等，对画苑怪杰“八大山人”也多所赞誉，加以师法，在广泛师法前人的基础上，逐渐形成自己的风格，绘画成就走向高峰期。

1949年，启先生参加北平“新国画研究会”（1951年改组为“中国画研究会”），任执行委员；1950年，参加有关单位和人士发起的“抗美援朝书画义卖展”，还绘制了很多书签义卖捐献。1952年，启先生拿出四幅最得意的山水画参加文化部在北海公园漪澜堂举办的中国画展；展出后被文化部“征用”，后来在“文化大革命”中被人抄走，流落日本；“文化大革命”后，这几幅山水画又陆续被国人买回，其中一张的买家，还请启先生为之题跋，真令人唏嘘不已。1954年，启先生加入中国美术家协会，兼任美协古典美术研究委员会委员，主编《美术》杂志。

但就在这黄金时期，一种不利于先生绘画创作的形势逐渐出现了：当时提倡严格的社会分工，每个人都应也只应做好自己的本职工作。启先生当时任职于北京师范大学中文系古典文学教研室，不再担任与美术教学有关的工作，因此也就不能堂堂正正地进行绘画创作，否则被视为不务正业。1956年，叶恭绰先生应周恩来总理之邀从香港回到北京，任政务院文化委员会委员，主持“中国画院”（现改为“北京画院”）的筹备工作。为此，叶先生延揽了一批中年精英，启先生是其中重要一员。但启先生很怕被扣上“不安心本职工作”的帽子，更不愿意在北师大急需人才的时候离开他追随多年的老校长。但老校长知道，启先生去画院能更好地发挥他的作用，便破例答应“可以去一半”。经过多方的努力，1957年5月中国画院正式成立，周恩来总理亲临成立典礼，发表了热情洋溢的讲话。看似一切顺利，但厄运竟不知不觉地降临了：在同年发起的“反右”运动中，启先生莫名其妙地受到批判。其根本原因是有人觊觎画院领导这个位置，必欲先整倒叶先生，启先生也就难免池鱼之殃，于1958年被补划为“右派”，撤销了很多职务，发回北师大处理。这一风波对启先生的打击太大了，尤其是对他绘画事业的打击可以说是致命的。他从小热爱绘画，立志做一个画家，这次又是顶着压力满怀热情地投入筹办画院的工作中，并取得很大的成绩。就在绘画事业进入最高峰的时期，突然而来的厄运让这一切在一夜间变成泡影；非但如此，启先生自己还为此变成了罪人。他不得不做出了最无奈的选择——封笔，告别画院这块伤心地，告别绘画这个伤心业，告别自幼就魂牵梦萦的画家梦。在事业的黄金期，在高速向顶峰进发中，突然的急刹车和长期的停滞，就这样扼杀了一个画家的光明前程。如果说启先生最终没能成为顶级的画家，根本原因就是这场无情的政治运动。相反，如果没有这场运动，也许日后启先生的画名要大于他的书名。

此后的很长时间里，启先生便从美术界消失了。直到1971年借调到中华书局校点《二十四史》之后，情况才稍有转机。因为校点《二十四史》是周总理布置的任务，参加者都是来自不同单位的专家学者，彼此没有深切的利害关系，大家从心里也巴不得在严酷的政治斗争中轻松一下紧绷的神经。工作之余，有人就撺掇启先生画几笔。先生也技痒难耐，便不时画上几笔竹石之类的小品，分赠大家。但严格来说，这些还很难算作真正的创作，只是小试笔墨，重温故技而已（见彩插十七）。正如他在一幅朱笔兰竹上所题的那样："娱间每弄丹青笔，犹见平生可告心。"1977年结束《二十四史》校点工作后，启先生又回到北师大继续教书。"四人帮"打倒了，"右派"错划也彻底改正了，启先生心情大快，作画的时间也逐渐多了起来。但此时又出现了新情况：二十年来，启先生作画少了，但作书多了；画名逐渐淡了，但书名猛增了，书协副主席、主席的头衔都实至名归地落在启先生的头上。因此，"书债"也随之大增，"欠"人书法作品的"欠条"记了好几本，以至了解他的朋友都不好意思向他索要画作，而先生也确实没有时间再欠"画债"。所以，二十年的断崖始终难以填平，些许的应酬之作只能算是些许的复苏，远远未能达到复兴，更难以走向新的辉煌。只是在1985年为迎接第一届教师节，启先生才鼓起余勇，创作了一幅72厘米×415厘米的巨幅《竹石图》（见彩插十八），上题"奉为第一届教师节纪念"。画面巨石峭立，欹侧挺拔，骨重神清，映带呼应，淡墨赋形，重墨勾染，凸显出浑厚、庄严的气质。老竹苍劲，撑住整个画面；新箨盛放，布满各个角落，相得益彰，气韵流畅。又用先生最喜爱、最擅长的朱砂设色，更显得喜气充溢、生机勃勃。背景飞湍流瀑，气势宏伟，令人似闻喧豗之声，遥想生命之源。这一切都象征着教育事业的蓬勃发展，教师队伍的兴旺发达。此图的绘画技法也兼收前人之众长：山石的皴染，深得元人风韵；飞瀑的神姿，颇有米家的意趣；而硃竹的劲秀，又是自家风貌，堪称晚年的代表作。1986年，启先生又作《苍松茂竹图》（见彩插十九）：两棵朱红色的苍松盘迂其上，枝叶依然繁茂，象征着老一代教育工作者执着顽强的献身精神；葱绿的新竹春笋和淡绿的兰草纷披其下，充满活力，争相向上，象征着新一代教育工作者正在茁壮成长，很好地表现了"献给为培养新一代而辛勤劳动的教师职工和未来的从事教育工作的青年们"的主题。

之后，启先生的画作仍以竹石花卉为主，尤以画竹著称。先生的画竹，深受文与可、郑板桥影响，既有文与可的气势，又有郑板桥的灵秀（见彩插二十）；花卉最喜荷花兰草，蕴蓄着一股高洁雅致的君子气；画石喜学“拜石为兄”的米芾（见彩插二十一），笔笔都充溢着感情。其中以参加香港书画义卖的十幅画作和赠给霍英东先生的一组《四季竹石图》为代表作。“之春”一幅（见彩插二十二），以尚泛微黄的淡绿色为底色，衬托出叶叶向上的青绿新竹，大有春机勃发的态势。“之夏”一幅（见彩插二十三），竹枝低昂，竹叶粘连离披之态，正是夏竹的特色。“之秋”一幅（见彩插二十四），“风标只合研朱写”，纯用朱色，生气郁勃，变“怒气写竹”之“怒气”而为“健气”，寄寓了旷达文人“自古逢秋悲寂寥。我言秋日胜春朝”的审美观。下方也不再是块石，而是岩涧，更显出秋竹的坚挺。“之冬”一幅（见彩插二十五）最见功力，背景色调由洁净变为暗淡，竹枝竹叶由青绿略变为苍绿，被簇簇白雪压得下垂，但仍顽强地、默默地、“无声无臭无华实”地挺立在山石之上，展示着“擎霜戴雪浴寒风”的气节，这正是竹子品格的生动写照。总之，这四幅竹作，表现了先生对人生的思考与认识，也是夫子之自道。

二、风格定位与总体成就

启先生绘画生涯的高峰乃在20世纪30年代后期至50年代初期。但“文章憎命达”，无情的“反右”运动使其创作断档二十年。至于“文革”后期及之后，偶拾零笺片纸，略施丹青，其专注之投入与从前已不可同日而语，但能“从心所欲不逾矩”，手法更加老练简约，风格更加自如清新。

这种风格一如其书法风格以至为人风格，以俊美、秀雅、清丽，富于文人之雅趣、深厚之学养、和谐之韵味、高远之意境为主要特色。构图层次丰富：山水之画，遥峰淡远，近岭盘旋，瀑流溪水环绕其间，具有深远之空间感；视点中心处，古木葱郁，亭舍俨然，略加点缀的人物更有画龙点睛之妙。竹石花木之图，搭配巧妙，浓淡有致，疏密错落，各据部位，欹正相依，映带成趣。哪怕仅是几笔兰竹，也意境不凡（见彩插二十六）。无论是山水还是竹石花木，都有鲜明的自家风格。其用笔点染相宜，细致处笔触精密，笔笔皆有交代：古木坚石，皴染苍老，浑朴遒劲；新篁修竹，笔力挺拔，灵动婀娜；浑然处用笔简省，晕染自如，常在铺染及虚白处略加勾勒，淡淡几笔，顿显奇趣。其设色以淡雅为尚，即使纯水墨，亦多用淡墨，时添五色，亦多以淡彩为主。总之，澄澈、淡雅、明快为先生有意追求之基调。这也可从他对某些现代画风之批评得到印证。现代有些画家为追求泼墨大写意之酣畅淋漓，整个画面铺满墨色，先生对此甚不以为然，如《无款雪景牧牛图，古媚可爱，因题》有云："常见画费九牛二虎力，浮烟涨墨块块黑石头。吾病心胸气闷已经岁，哪堪再压木炭千层楼。"[①]这当然纯属不同画风之分别，笔者亦不想对此强分轩轾，更不敢对此种画风妄加批评，但启先生鲜明的艺术风格却由此可见一斑。[②]

至此，我们应该为他的总体风格加以科学的定位。定位的根据不能采用董其昌所标榜的"南北宗"说，强把启先生说成是南宗或北宗，因为这种分法十分不合理。启先生本人即坚决反对，认为把中国自古以来的画家画风人为地、武断地分为"两个纵队"，纯属董其昌的谬说（参见后文《鉴定家启功》有关论述）。也不能以"内行画""外行画"或"行家""戾家"来界定，因为这种说法本身就是一种含混的、没有严格定义的、不科学的说法，内行画和外行画往往是相融互补的，本身就很难区分。启先生画风最准确的定义就是"文人画"。启先生曾多次表明："教授我绘画的老师都是文人，我的画也是传统意义上的典型文人画。"

文人画最主要的素质与特征就是不以写实为创作宗旨，而从师法古

① 启功：《启功丛稿·诗词卷》，页 193。
② 参见赵仁珪：《从丹青之好到三绝之成》，《画界》2005 年第 2—3 期。

人，拟仿前贤入手，再熔铸个性，自成一家。以山水画、竹石画为例：中国画发展到20世纪，特别是50年代以后，借鉴了西方的理论经验，开始注重实地写生，出现了一批“黄三太（泰）”式的著名画家，他们的山水画所描绘的是眼中的黄山、三峡、泰山，也确实产生了很多上佳的作品。启先生从不反对写生、写实，但一方面他没赶上这股潮流，另一方面他从主观上也不想沿这一方向走，他所画的山水就是自己心中的山水，就是自己的理想国。同理，画的竹子也不是井冈翠竹，或是黄山毛竹，而是象征着文人气节、文人风度的竹子。这些山水，这些竹石，已不是特定的客观物象的艺术化再现，而是一种纯内心的精神怀抱的寄托。

综观启先生的绘画生涯，可以确切地说，他虽转益多师，但路数则一，即以临摹仿意入手，刻意在笔墨上下功夫，如年轻时所临的沈士充《桃源图》就深得吴先生及行家之好评。这一点从画作的题跋中屡屡标明“拟元人笔意”等字眼就能清楚地看出。启先生尤喜临元“四家”及清初“四王”，如其自题《枯木竹石图》诗中所云：“问余借得谁家稿，请向元人卷里看。”[①]在此基础上广泛师法、容纳各家，并逐渐形成自家风格。启先生四十岁以后的作品，就很少看到题拟某人某家了，从画的风格构图上看，已是博采众长、兼容各家、日趋成熟了。古人云：观千剑而后识器；多资善贾，长袖善舞；读书万卷始通神；正而能变，变而能化，化而不失本调，不失本调而兼众调。先生学画之经历，正此谓也。

不直接师法自然而师法古人，当然有其保守的一面，但这并不意味着只能亦步亦趋，邯郸学步。启先生认为，古人虽说过“师古人不如师造化”，但二者之间其实有着内在的、天然的联系。因为古人的优秀作品本身都是师造化的成品，因而师古人就是间接地师造化；同理，师造化也绝不能不借鉴古人。“譬之如物，古之高手‘蜜蜂’也，古之山川‘花蕊’也，高

① 题诗见《枯木竹石图》，启功：《启功全集》（修订版）第十一卷《画作》，页132。

手之剧迹（意谓高手所采集者）‘蜂蜜’也。于今倘率意而言师造化，则如摘花蕊于杯盘而令人食之，其奈难于下咽何！总之，师古人者，宜师古人之所以师造化；师造化者，宜师蜜蜂之所以酝酿花蕊。”（《题吴子玉唐人诗意图》）①所以仿古、拟古和简单临写不同，不是对某个画家的构图笔法照抄重复，而是要精读格法，寻找规律，吸收前人的成果和各种家法，就像学习蜜蜂采蜜一样，去理解、消化、运用所仿画家的技巧，进行再创作。

如果我们把这种创作途径置于20世纪以来中国绘画史，则更能看出它的价值。正像程大利先生所评：“民国以来，有论家认为，‘仿古’的作画限制和阻碍了画家的创造力。这是因为没有洞悉‘仿’的深意。历来大家借‘仿’出‘己’，依傍前人经验寻求进入山川门径，已成学习山水画的规律。如果我们把这些仅看作是抄摹前人图式，缺乏时代特色，并认为不足取，这种观点是狭隘的。殊不知，隋唐至宋元以来，‘仿古’乃是接续传统中国绘画正脉的良方。‘仿古’成为中国画学习中最为重要的途径，也是开启画家继承和延续中国画的原创之路。……‘仿’成为中国书画学习的重要法门，甚至是不二法门。遗憾的是，这个法门被20世纪下半叶给彻底破坏了。”②

启先生在提倡师法古人的同时，也提倡创新。先生最不屑《芥子园画谱》一类之教科书，认为只知将画谱尊为金科玉律，则必将陷入盲目的仿效。又如王石谷本师法以高古著称的王时敏，但最终自成一格，以清丽著称，成就实已突出过时敏祖孙；而他们对石谷亦心悦诚服，并加以仿效。对此段公案，启先生常津津乐道，称赞不已，故于清初“四王”中，偏好王石谷自有其审美与创新的追求。又如“八大山人”之出现，究其实质，实为中国绘画史上之一次革命，他们不再囿于传统概念的形似与神似、写实与写意，而是力求更大胆的艺术夸张与造型变态，从而达到一种更突兀

---

①《启功题跋书画碑帖选》，页73。

② 程大利：《尊重传统与自觉担当》，收入《以观沧海：启功百年诞辰纪念文集》，页41。

奇峭的艺术效果，表达一种更卓然特立的情感世界，颇似西方现代派之绘画，对此启先生曾予以大力表彰。

启先生之创新精神在绘画创作中亦有体现，如对色彩的大胆使用。《秋山》一图，色彩斑斓，其题跋云："近获诸色颜料一小盒，试笔得此，堪发方家一噱。"其实此乃戏言也，否则为何不试笔各色花卉，而偏为秋山？此画的动机，正欲表现秋山色彩的丰富。又如《江山晚霞》一图（见彩插二十七），以红色山林为主色，用大片空白缭绕其间，再以淡墨丛木略加点染，层次分明，色彩斑斓，富有强烈的对比感，大有画中跋语所称赞的僧繇的特色，不但大有层林尽染之味道，而且将一片山林云海处理得如晚霞一般，正应了"解向江山绘晚霞"之主题。启先生虽未专攻西方画派，但在追求光色变化中以表现对象之整体感与氛围的创作意图恰与西方之印象画派不谋而合。

若论启先生对色彩之大胆处理，不能不谈及其朱竹、朱松。朱竹虽不是启先生的首创，但以朱砂配上石青、石绿、赭石等颜色，就不能不说是启先生的创造了。人问他，为何专喜此道，他笑答："以免批我为'黑画'也。"——凡经历"文革"的人，皆知"黑画"之典，先生此语乃幽其一默也；其实一个很实际的理由是，校点古籍，用的是朱笔，启先生既然是在工作之余信笔挥洒，自然就顺手用朱笔，免去换笔之劳。而最根本的理由则像先生所云："其实，又何有墨色之松竹？不过聊为遣兴而已。"——先生此语方为正解，亦为对绘画艺术的卓识。无论是墨竹还是朱竹，其实皆为画家托色写志的媒介，而非实际之状。墨竹洒脱遒劲，朱竹热烈奔放，各有特色，观者又何必斤斤于用墨用朱呢？故启先生《自题画竹四首》之三云："风标只合研朱写，禁得旁人冷眼看。"①

启先生的"文人画"达到的成就主要有两点。

---

① 启功：《启功丛稿·诗词卷》，页 197。

彩插三 《窥园图》

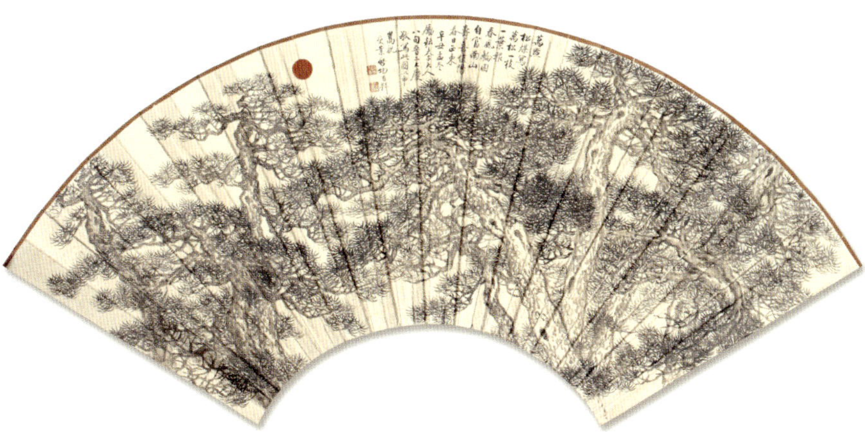

彩插四 《万松图》

彩插五　《戏效设色云林小景》

彩插六　《拟一峰道人笔法》

彩插七　《略师黄鹤山人法》

彩插八　《梅花道人渔父图意》

彩插九　《元白法古山水册》之五

彩插十 《元白法古山水册》之九

彩插十一　《启功遗墨》第四幅

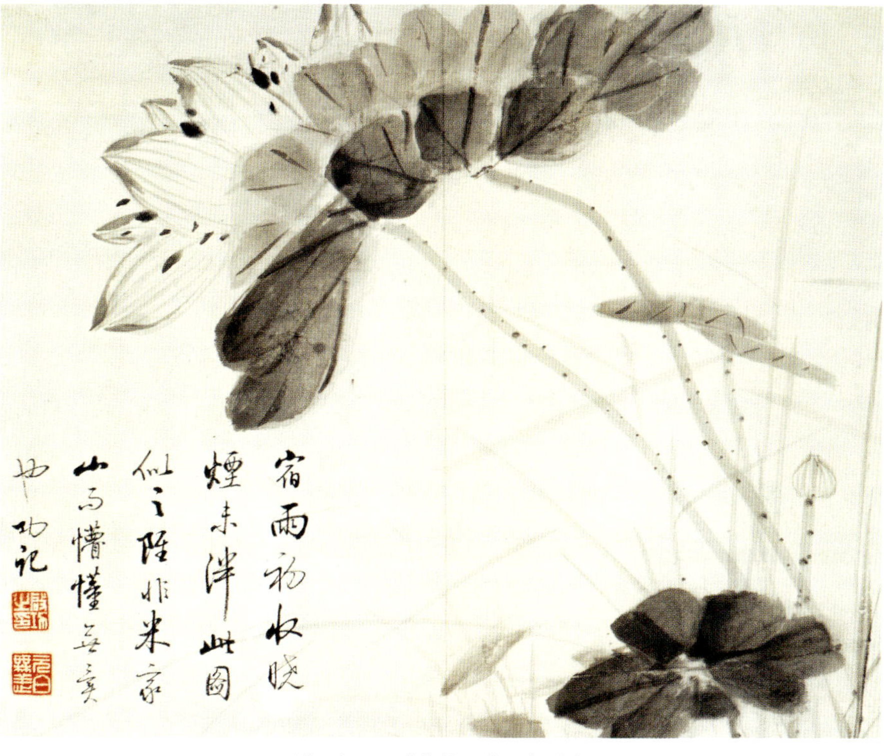

彩插十二　《荷花·宿雨初收》

彩插十三 《启功遗墨》第五幅

彩插十四　《启功遗墨》第七幅

彩插十五　《启功遗墨》第十二幅

彩插十六 《晴岚叠翠图》

彩插十七 《朱砂山水花卉册》之一

彩插十八 《竹石图·奉为第一届教师节纪念》

献给
为培养新一代而辛勤劳动的教师职工和未来的从事教育工作的青年们：
北京师范大学敬赠
一九八六年春节
從來造化本無私
喜見松蒼竹茂時
啟功 并題

彩插十九 《苍松茂竹图》

奉為
第一屆教師節紀念

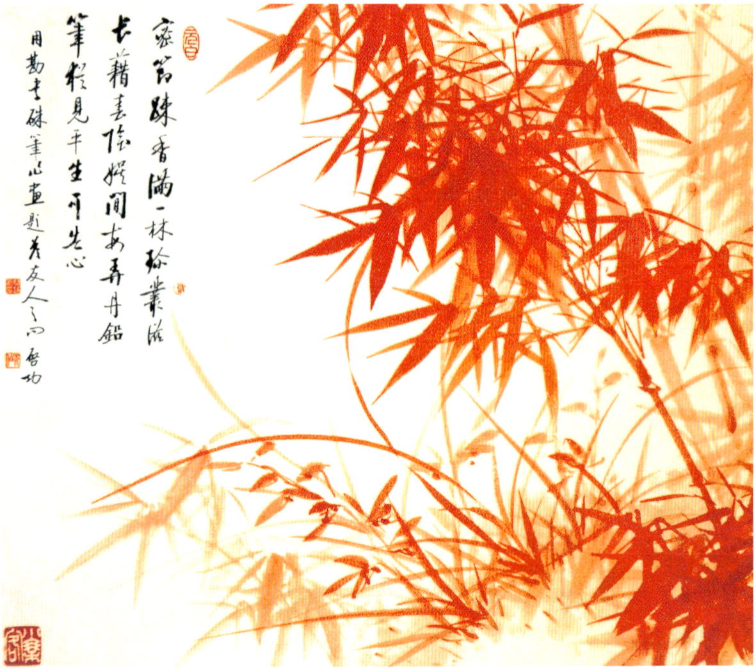

彩插二十　《硃竹·密节疏香满一林》

彩插二十一　《米颠拜石》

彩插二十二　《四季竹石图》之春

彩插二十三　《四季竹石图》之夏

彩插二十四　《四季竹石图》之秋

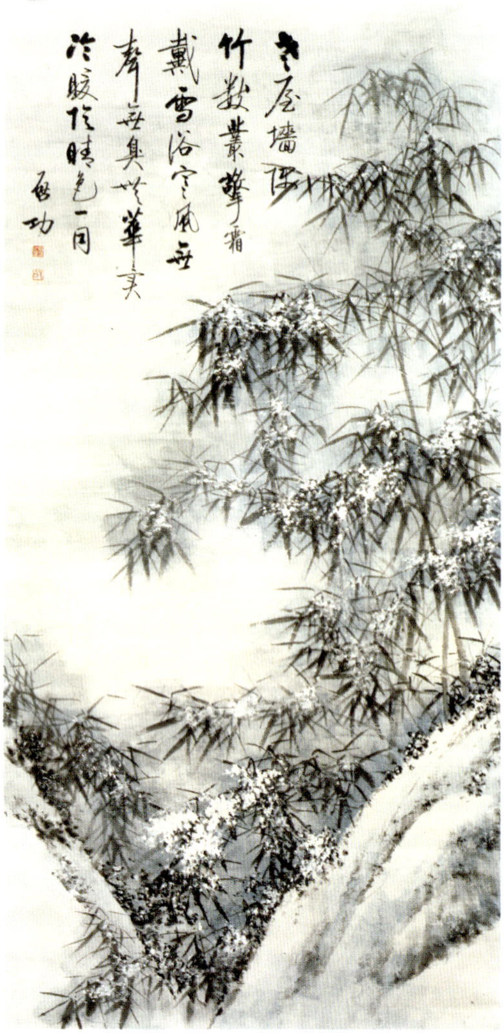

彩插二十五　《四季竹石图》之冬

彩插二十六　课图稿

彩插二十七 《江山晚霞》

彩插二十八　1947年作《荷花·写白石词意》

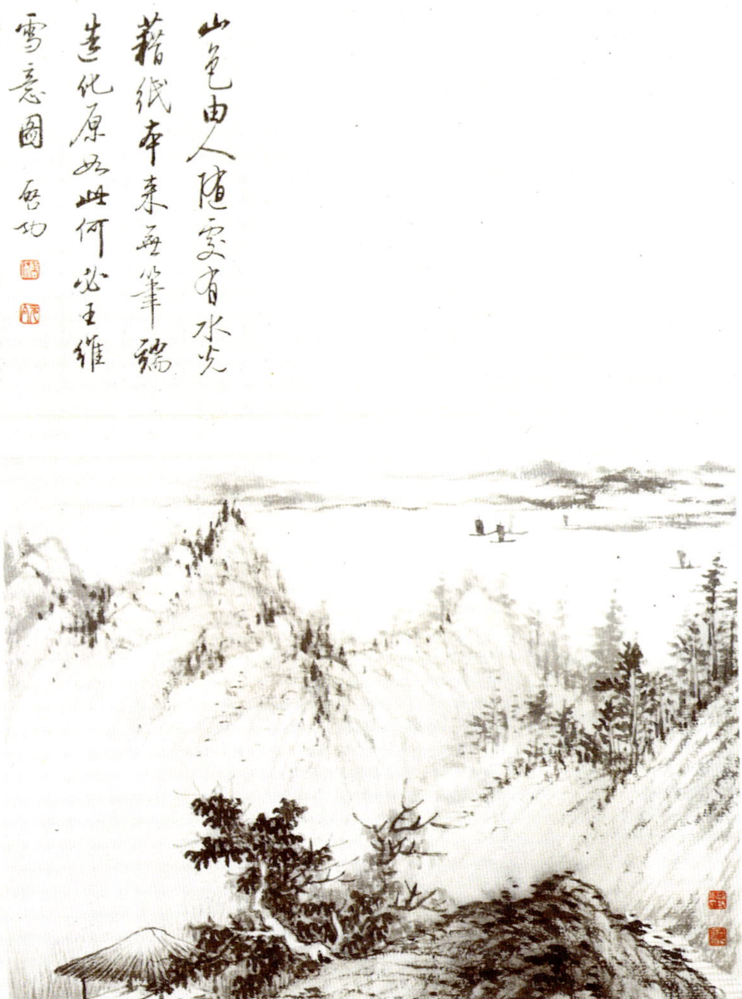
山色由人随处有水光
藉纸本来无笔端
造化原如此何必王维
雪意图 启功

彩插二十九 《山水·山色由人随处有》

一是对笔墨艺术、程式艺术的高度继承和自觉发挥。由于使用工具的独特性，笔墨艺术便成为中国书画艺术共同的“核”，程式性也成为这门古老艺术的正脉。书画艺术家都是把笔墨的挥洒与程式的操作变为自己的独特语言，从而达到抒发作者性灵情感的目的。但百年来，西学东渐，中国画呈现出空前的“时代化”，强调的是题材、色彩、素描，以及结构、透视、解剖等造型手段，却忽视了“千年以来形成的书写性、写意精神和笔墨表现，而这些正是中国画赖以生存的关键”①。而启先生却能自觉地践行这些创作原则，坚守这些优良传统。拟笔仿意的摹写，浓厚的书写性，其实质就是继承、综合、发扬传统的笔墨艺术和程式操作。这正是山水画的深处文章和最高境界。启先生推崇的元“四家”和清初“六家”皆工书法，甚至有人评王鉴的山水“纯以篆法写轮廓”。启先生作为一个大书法家，自然能将书写性更好地运用到绘画的笔墨之中。具体而言，启先生“用笔的技法上，吸收了元人山水画中注重‘线’的表现，尤其追求‘苍’‘润’的效果。他画的山石树木总是经过多次的皴擦渲染，墨色极其浓重，而浓重里运用笔线皴法隐含着丰富细微的明暗变化，通过层层积墨效果的对比关系来传达山水的‘浑厚’与‘苍秀’。……晚年用笔大胆泼辣而苍劲活泼，凸显出了他用笔的‘秀而老’。启功先生于绘画不甚谈丘壑之景，造化之奇，却对笔墨二字津津乐道。……山水中，皴法最关笔墨宏旨，而笔墨最达气韵之源。‘气宜浑厚，色宜苍秀’，也正是启功先生对山水画笔墨精神的追求。”②现在有些论者认为，“时代变了，笔墨不得不变”，这恐非确论，只要中国画还成为绘画中的一个独特门类，笔墨艺术就是它的精髓。启先生对笔墨的坚守和创新就是对中国画的重大贡献。

---

① 程大利：《尊重传统与自觉担当》，收入《以观沧海：启功百年诞辰纪念文集》，页 41。

② 程大利：《尊重传统与自觉担当》，收入《以观沧海：启功百年诞辰纪念文集》，页 42。

二是融合了诗、书、画等传统艺术，大大提高了这些艺术门类的文人化和抒情性。启先生绘画的成就与特点，一言以蔽之，即善于以画中景传画外情。而此画外情，又可一言以蔽之，即诗意也。先生本是当代著名的旧体诗人，自幼即受到良好的诗词教育，作得一手好诗。而尤为难得的是，其绘画也罢，书法也罢，诗词也罢，先生之老师皆为通学硕儒，皆强调其中相通之处；而先生自己学来，也能逐渐领悟其中的关联，遂将不同艺术形式的精髓合而为一种“大艺术”的总精髓，正如苏轼所云：“诗中有画，画中有诗。”最初，启先生还不甚理解溥心畬先生为什么谆谆告诫他，要想学画，先要学诗，而诗与画的最高境界与共通之处就是“空灵”。经过不断探索，他才领悟出其中道理，盖不欲使自己只成为一个“画匠”而已。为此，必须先增其所知，厚其所养，阔其所蕴，筑下坚实的文化基础方可。启先生后来学画之经历，正履行了这一途径，而其绘画的风格，特别是中后期的风格亦可用“空灵”一词来概括。可以说，启先生的画固有画内之工，更有画外之工；画之成就既随画本身水平之提高而提高，更随画外全面的文化修养的提高而提高。对诗而言，“工夫在诗外”；对画而言，“工夫在画外”。启先生在文中多次谈到这一见解，如《张见阳画云山袖卷跋》云：“见阳不以画名，此临米家山，楚江云物，宛然在目。盖其胸襟蕴蓄，不减敷文，发于笔墨，故能沉着痛快如此。”①《竹涧幽深图》自跋云：“拈毫不费推敲力，自有心声纸上吟。”②此“胸襟蕴蓄”，此“心声”，正是上述的人文修养。正如启先生《谈诗书画的关系》一文所云：“（倪瓒或八大的画与诗）所以说他们是瑰宝，是杰作，并不因为作者名高，而是因为这些诗人、画家所画的画，所写的字，所题的诗，其中都具有作者的灵魂、人格、学养。纸上表现出的艺能，不过是

---

① 启功：《启功全集》（修订版）第五卷《序跋》，页 55。
② 题诗见《竹涧幽深》图，启功：《启功全集》（修订版）第十一卷《画作》，页 199。

他们的灵魂、人格、学养升华后的反映而已。”①

正因为启先生有如此深刻的见解，又有如此深厚的功力，所以欣赏启先生的画，往往能联想起诸多诗词的意境。如欣赏先生的荷花，就能联想到姜夔的“白石词意”（见彩插二十八）；观摩先生的山水，就能遥想到“笔端造化原如此，何必王维雪意图”（见彩插二十九）；解读先生的兰竹，就能感知到兰飘竹撇的《离骚》精神（后文《诗词家启功》还将有详述）。总之，赏玩先生之画，目中所见，乃一幅幅绝佳美景；而脑中所现，乃一首首优美诗篇，二者能融会成幽雅的境界与审美的享受，不愧为真正的综合艺术。至此，不能不论及启先生的题画诗与题画诗的书法艺术。先生的绘画作品常有自己的题诗，这些题诗，通过优美的书法艺术，与画面有机地融为一体，共同构成一幅完整的艺术品；同时通过语言艺术，阐释并升华了画面难以表达的意蕴。于是诗、书、画三种最能代表中国传统文化的艺术得到了完美的结合，启先生也从“丹青”之好走向了“三绝”之成。中国历来不乏“三绝”之人，而当代之“三绝”——启功先生的诗、书、画正充满着鲜活的生命力，流布于海内外，且必将随现代科学技术的发展永为流传，也必将远远超出古之“三绝”。因此如将“三绝”之冠封予启先生似亦不为过誉。

第二节　书法创作

就书法领域而言，启先生的贡献首先是杰出的创作成就。他终身临池、笔耕不辍，广泛师法，出入百家，集合众美，融古通今，终成一代之大

---

① 启功：《启功丛稿·论文卷》，页 237。

家。很多专家都认为，他的成就、影响、地位在当代书坛绝对可以位列鼎甲，在整个书史可以超越明清诸家，而直接元代的赵孟頫，甚至譬为“当代的王羲之”。因此，深入研究他的书法创作无疑具有重要的意义。

一、转益多师与自成一家

启先生独具风格的书法创作经历了一个发展变化，最终趋于定型的过程。他最为世人所熟知的是那独具特色的“启体”字。所谓“启体”，指的是启先生20世纪80年代前后形成的独特书体：娟秀隽永，外柔内刚，流丽优美，自然洒脱，结字端庄而力求超逸，点画信手而流畅自然，整体书风挺拔而妩媚，既充满了自然的活力与生机，又洋溢着浓厚的书卷气、文人气。譬如细眉凤眼的翩翩少年，春日驰马于柳岸花溪，独具一种赏心悦目的魅力，观者一看便知是不同于欧、颜、柳、赵等传统字体的“启体”。

启先生这种独步天下的书体是长期学习传统书法、逐步渗入自家风格之后演变发展的结果，用启先生自己的话说即“广于借鉴，天然消化”①。启先生在《论书绝句》之一百中概括总结了自己的学书经历：“先摹赵董后欧阳，晚爱诚悬竟体芳。偶作擘窠钉壁看，旁人多说似成王。”②在诗后古文自注中，启先生有更详细的叙说：

> 余六岁入家塾，字课皆先祖自临九成宫碑以为仿影。十一岁见多宝塔碑，略识其笔趣。然皆无所谓学书也。
>
> 廿余岁得赵书胆巴碑，大好之，习之略久，或谓似英煦斋。时方学画，稍可成图，而题署板滞，不成行款。乃学董香光，虽得行气，而骨

① 启功：《论书绝句》，赵仁珪注释，页197。
② 启功：《论书绝句》，赵仁珪注释，页200。

力全无。继假得上虞罗氏精印宋拓九成宫碑，有刘权之跋，清润肥厚，以为不啻墨迹，固不知其为宋人重刻者。乃逐字以蜡纸钩拓而影摹之，于是行笔虽顽钝，而结构略成，此余学书之筑基也。

其后杂临碑帖与夫历代名家墨迹，以习智永千文墨迹为最久，功亦最勤。论其甘苦，惟骨肉不偏为难。为强其骨，又临玄秘塔碑若干通。[1]

结合启先生的学书经历，我们可以这样诠释这段文字，回顾他的学书经历：启先生自小学书，即受到良好的训练。他的祖父写得一手好欧体字，因此在启先生六岁时，便亲自临写了《九成宫醴泉铭》作为字样，让启先生描模子，并认真圈改。十一岁时，启先生曾一个人蹲在屋里翻看祖父从琉璃厂买来的各种石印碑帖，当看到颜真卿的《多宝塔碑》时，好像突然从它的点画波磔中领悟到他用笔的起止使转，不由得叫道："原来如此！"当时他的祖父正坐在院子里乘凉，听到他一个人在屋子里大声地自言自语，不由得大笑，回应了一句："这孩子居然知道了究竟是怎么回事！"但那时他还没有特意系统深入地学习书法，只是把写字当作一般的功课，描描红模，写写仿影，更没有像学画那样的"志愿"。

有一次，他表舅让他画一幅画，但嫌他的字不好，叫他不要题款，而让他的老师代题。此事"使我感到奇耻大辱"，"受到了沉重的打击"。从此暗下决心，发奋练字。看来这件事对先生学习书法确实起到了激励的作用，正如他自己所说："愤悱实是用功的起点。"[2]但这只是问题的一方面，或者说只是一个"由头"。试想，出身于书香门第的孩子，哪个没有受过严格的书法训练？即使没有表舅这一激，启先生照旧会刻苦学习书法，卓有建树的。其实，还有一段经历督促他努力学好书法：他在辅仁大学教大学

---

① 启功：《论书绝句》，赵仁珪注释，页 201。

② 雷振芳：《初访扶桑二十年》，收入《启功书法学国际研讨会论文集》，北京：文物出版社，2003 年，页 134。

国文时，陈校长就多次告诫他，作为一名国文教师必须能写一手好字，这样学生才会佩服你；字写不好，学问再大，也不免减色。陈校长又经常要求在橱窗里同时展示学生的作文及教师的批改，而且要用毛笔工整地书写出来。启先生把这一要求当作对自己的鼓励与鞭策，于是总抱着既为人师，就“千万不能落在学生后面”，否则“怎么能对得起学生”的态度去认真书写。这使他从青年时代起就练就了一笔优美的小楷。那时，启先生的楷书不但有了较深的功底，就连草书也有了一些规模。有人在观摩切磋时说：“启功的草书到底好在哪里？”冯公度说：“这是认识草书的人写的草书。”冯先生的话给了启先生很大的鼓励，促使启先生决心成为书法名家。

此后不久，启先生得到了一部赵孟頫的《胆巴碑》，非常喜爱，花了很长时间临摹学习，书法水平又有了很大进步，旁人见了，都说写得有点像清代专门学赵孟頫的英和（英煦斋）的味道。启先生认为赵孟頫的字并非像有些人说的那样仅是“姿媚”，真正的赵书如《胆巴碑》恰是“精严厚重”的。又说：“这时影印碑帖已较风行，看到赵孟頫的《胆巴碑》和唐人写经的秀美一路，才懂得笔法不是什么特别神秘的方法。”[①]显然，这对启先生日后书体的发展也起到重要的作用。至此，启先生终于敢在自己的画上题字了，但这些题字看起来仍嫌板滞。

后来，启先生发现董其昌书画俱佳，尤其是画上的题款写得生动流走，潇洒飘逸，于是又专心学董其昌的字。他说：“廿余岁学唐碑，苦不解笔锋出入之法。学赵学米，渐解笔之情，墨之趣。回顾董书，始知其甘苦，盖曾经熏习于诸家之长，而出之自然，不作畸轻畸重之态。”（《论书绝句》之十八）[②]可见董其昌的书法对启先生的用笔有深远的影响。等到启先生能写一手优美流转的董字之后，他又发现了新的问题：题跋虽然有了

① 启功：《启功书法丛论》，北京：文物出版社，2003年，页1。
② 启功：《论书绝句》，赵仁珪注释，页36。

“行气”，但缺乏骨力。于是，他又从友人那里借来一部宋拓本欧阳询的《九成宫醴泉铭》，并把它用蜡纸钩拓下来临摹影写。由此，启先生的字在结构上渐趋谨严方正。在《论书绝句》之二八中启先生还补充了此时学书的一段过程：“余于书，初学欧碑、颜碑，不解其下笔处，更无论使转也。继见赵书墨迹，逐其点画，不能贯穿篇章，乃学董，又学米，行联势贯矣，单提一字，竟不成形，且骨力疲软，无以自振，重阅张猛龙碑，乃大有领略焉。……笔迹在有合有离之间，适得生熟甜辣、味外之味，此所以可望而难追也。”[①]而在《〈张猛龙碑〉跋》中，启先生讲述了自己在琉璃厂见到一册“蝉翼淡拓，字口分明”的《张猛龙碑》后，“心动经年，夜眠不着”，终于在一年之后，“始以旧帖七种易得之”，得来之后，启先生“钩填浓淡，决眦于秋毫之末”，并作了六首绝句，其三提到自己“墨水池头日几临”，其六又说：“出墨无端又入杨。前摹松雪后香光。如今只爱张神囧，一剂强心健骨方。”[②]跋语能够看到启先生对于书法碑帖的痴迷，而题诗则不难看出启先生之所以重视《张猛龙碑》，一天要临几次，是想借此补救赵、董之偏，增强自己书法的骨力。可见《张猛龙碑》的点画方严对启先生字体的造型也有很大的影响。

后来，启先生又杂临过历代各种名家的墨迹碑帖，其中以学习智永的《千字文》最为用力，不知临摹过多少遍，每遍都有新的收获和进步。五六十岁时，启先生又临柳公权《玄秘塔碑》若干通，适当地吸取其体势上劲、媚相结合的特点，更巩固了以后“瘦硬”的书风。

在学书过程中，除上述提到的欧阳询、颜真卿、智永、柳公权、赵孟頫、董其昌等人，启先生还认真临写过怀素、苏轼、米芾等人以及唐人写经等。例如，在《唐人写经残卷赞三首》其一中，启先生就感慨敦煌石室中流

---

① 启功：《论书绝句》，赵仁珪注释，页 56。
② 启功：《启功丛稿·题跋卷》，页 284—285。

出来的唐人写经有如“吉光片羽”，值得珍惜与学习，“晴窗之下，日临一本，可蝉蜕而登仙”[①]。后来，启先生将其珍藏的两件唐人写经捐给新建成的印刷博物馆以充实馆藏，事后对人说：“这是我顶礼膜拜的老师啊，我练书法，得益于敦煌写经最多！”[②]

这里值得强调的是，启先生的临摹自有原则——绝不做“复印机”，绝不做“拾遗官”，更不能盲从身边的所谓名家。他说：“作书勿学时人，尤勿看所学之人执笔挥洒。盖心既好之，眼复观之，于是自己一生，只能作此一名家之拾遗者。何谓拾遗？以己之所得，往往是彼所不满而欲弃之者也。”（《论书札记》）[③]这是提醒我们，也是警惕自己，在临摹时一定要领会原作的精气神，千万不要本末倒置，只求一点一画的形似。所以，他的临摹在结字上大体遵守原作，有时还会把原作有缺陷的地方加以修正，但在用笔时，仍坚持自己的风格，观者一看便知，这只能是启先生的临摹，是一种具有创造性的临摹。

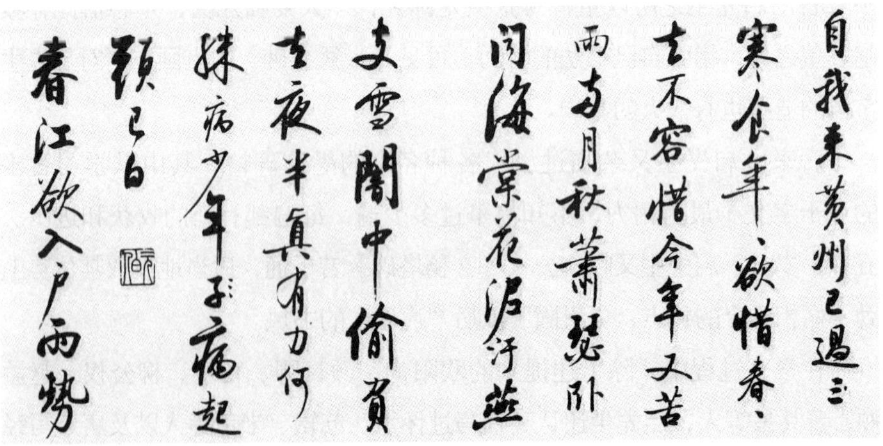

《临寒食帖》

① 启功：《启功丛稿·诗词卷》，页 280。
② 柴剑虹：《我的老师启功先生》，页 146。
③ 启功，赵仁珪注释：《论书绝句》，页 244。

总之，纵观启先生的学书经历，可以用终生临帖来概括，甚至到八十多岁时还时时临写。启先生之所以能在书法创作上取得巨大成就，除了天分外，主要是由于能苦耕砚田，以古人为师，对传统书法大家进行坚持不懈的刻苦临习，并对传统文化有深厚的积累。正如虞集评赵孟頫及苏轼自评所说的那样：“书兼天资、学历。”“作字之法，识浅、见狭、学不足，三者终不能尽妙；我则心、目、手，俱得之矣。”当然，启先生也经常向当时著名的书法家虚心请教，如启先生在辅仁大学教书时，同在辅仁的近现代书法大师沈尹默曾为

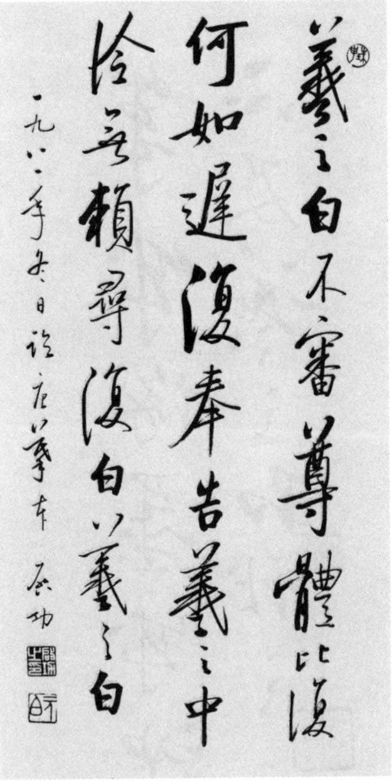

《临王羲之帖·羲之白不审》

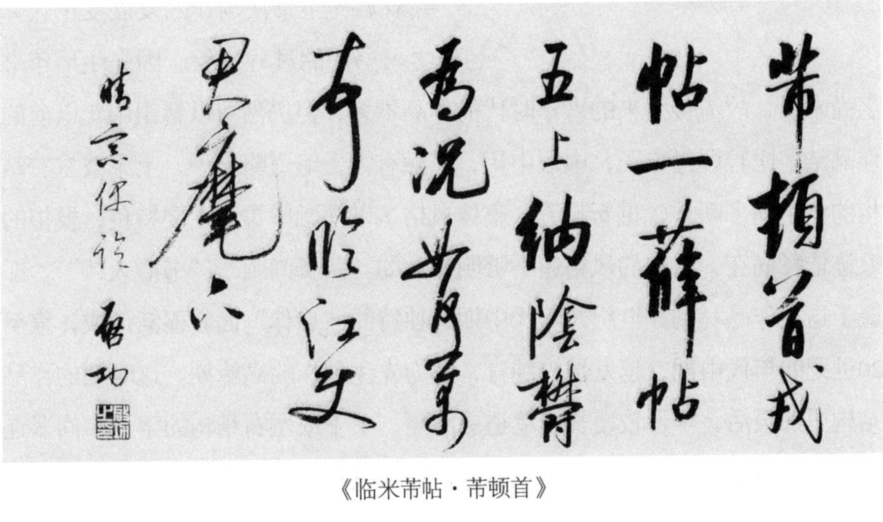

《临米芾帖·芾顿首》

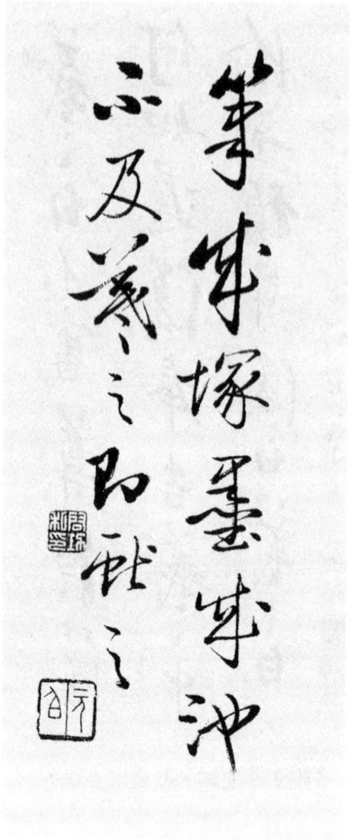

“笔成塚”

他手书“执笔五字法”，并当面为他讲解、示范，并对启先生多方鼓励，奖掖有加。此外，启先生曾多次到张伯英先生家去求教，看他写字，听他讲授碑帖知识，还向书画篆刻都很好的寿玺先生请教过。但他并未像学画一样，正式拜谁为师。他的入门途径就是终生临帖，认为这样才是学习书法的不二法门，曾云：学习书法的诀窍第一是临摹，第二也是临摹，第三还是临摹。并书写过这样的警语：“笔成塚，墨成池，不及羲之即献之。”启先生认为这就像戏剧演员、武术家、演奏家一样，拳不离手，曲不离口，每天要吊嗓子、练拳脚、弹曲谱一样，这样才熟能生巧，有规矩，合旋律，打下良好的基本功，也才能触类旁通，推陈出新。

综观启先生书法创作的发展变化大体与他学习书法的过程一致。因先生早年书名尚未显，故流传下来的青年时代的作品不多，但仍然可以看出中年以前的作品结字比较严谨方正，中规中矩，笔触有力，笔道略肥硕，上下或左右结构的字中间多断开，重新起笔，整体风格多以浑融厚重为主要特色，模拟的痕迹依稀尚在，自家的风格还不够明显。如“跋赛尚阿”“书清人诗”，即属于这类作品。到20世纪70年代中期，独特的“启体”面貌逐渐形成，直至20世纪90年代中期，越发炉火纯青，成为先生创作的高峰期。这时期的作品结构更加灵活，字形较瘦长，笔道更清癯，上下或左右结构的字，中间多连笔，一气贯下。但这二十年也有变化，前半在不失洒脱超逸的基础上，犹能

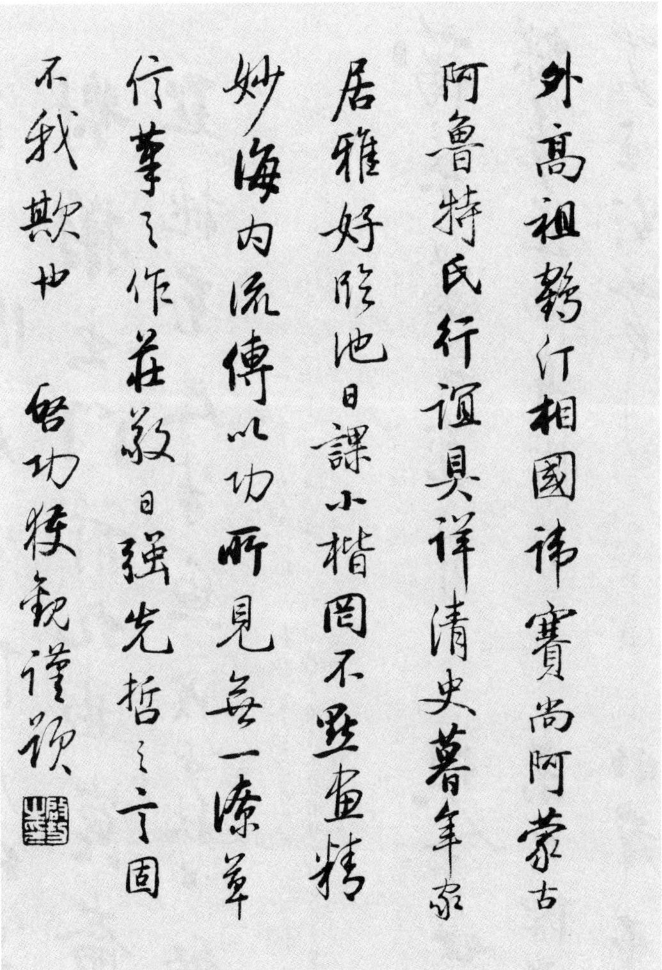

《跋赛尚阿真迹》

一丝不苟，笔笔到位，很见功力。越到后来，整体风格越自然清越、潇洒自如，既能超越法度，又能从心所欲而不逾矩，一切都在掌握之中。这种变化符合艺术家的共同经历：“渐老渐熟，乃造平淡。其实不是平淡，绚烂之极也。”（苏轼《与侄书》）而这种平淡中的绚烂恰恰有“发纤秾于简古，寄至味于淡泊”的大美，所谓“启体”亦当如是观。

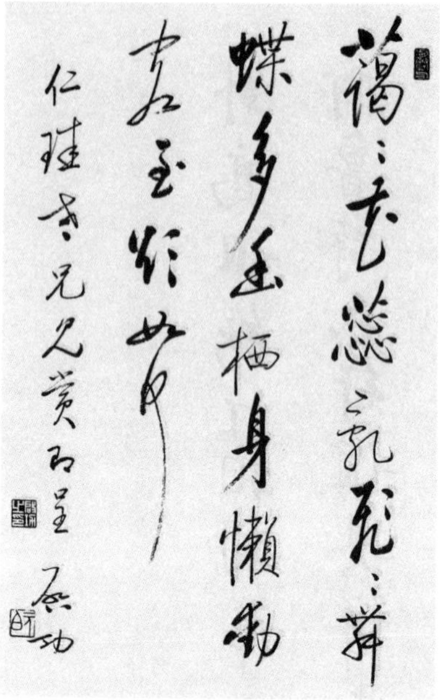

题宋人诗“蔼蔼花蕊乱”

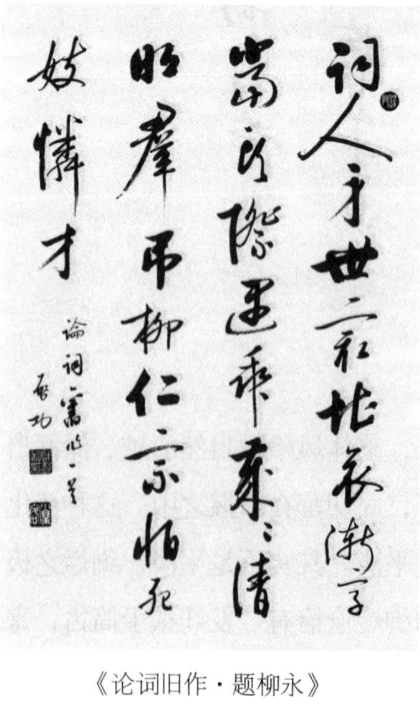

《论词旧作·题柳永》

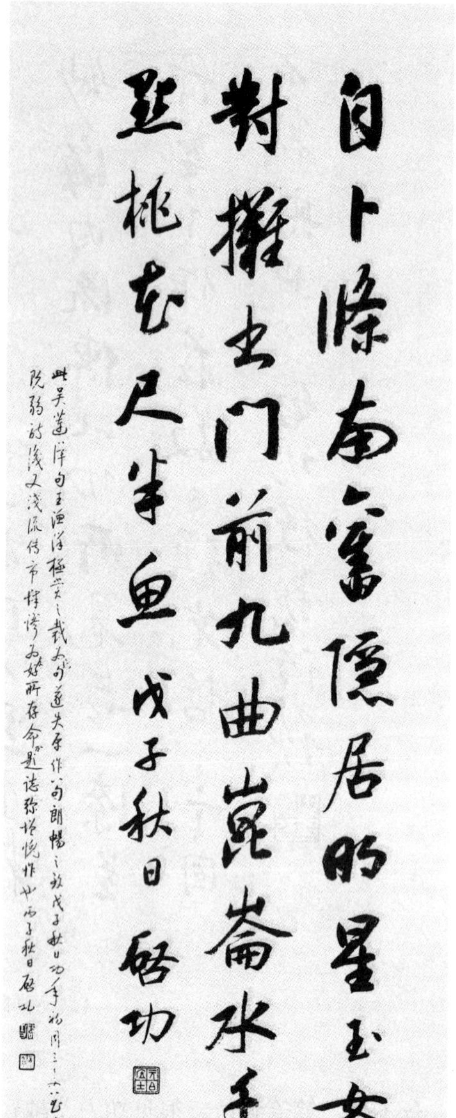

“自卜条南旧隐居”，三十八岁时书

二、基本特点及作品赏析

我们这里探讨的风格特点会涉及启先生中年以前的作品，但主要针对的是20世纪70年代中期以后的作品。为细致、具体起见，不妨分体分类加以论述。先看不同的书体：

楷书。启先生的楷书从传统入手，根基极正。如果放在清末这一大时代背景中，也可以说受到“馆阁”一脉的影响，因为“馆阁”初起也是源于传统书法。但启先生更追求的是唐人法度，雅正醇厚，气象端庄，一派文气，深具君子之风。在学习唐诸大家的同时，他又特别欣赏唐人写经，认为某些经生，虽然“无名”，但水平绝不低于那些名家。经过反复的仿摹，他在楷书，特别是小楷中增加了唐人写经中那种圆融流畅、清正妩媚的特点。而他一贯提倡楷书与行书相结合：“行书宜当楷书写，其位置聚散始不失度；楷书宜当行书写，其点画顾盼始不呆板。”（《坚净居杂书》）所以他的楷书，笔与笔之间虽无明显的连笔，但笔断意连，顾盼呼应，较他人更多一股清新流走的灵气，减少了用笔的拘泥气，更没有刻石的雕凿气。结字呈略长之状，加之中宫收紧，故字形显得更加紧凑而舒展、俊秀而洒脱。用笔也从较多的丰腴型，转为较多的瘦健型，利落而省净。启先生将这些因素整合在一起，使他的楷书，特别是小楷的雅正清隽之风，达到足以代表一个时代楷法的高度。

行书。行书是启先生最擅长的书体，是他书法之美最集中、最显著的体现，也是他践行笔墨快慰与乐趣的最佳书体。他特别欣赏米芾的笔墨之趣：米芾曾讥讽蔡襄是“勒字”，沈辽是“排字”，黄庭坚是“描字”，苏轼是“画字”，而不无自豪地说自己是“刷字”。这个“刷”字，最能表现作者兴会淋漓、率意而为的创作情态，而刷出来的作品也最能传达出行书、行草的意蕴与神情。而这也正是启先生最得意之处，他也最喜欢称自己写字为“刷

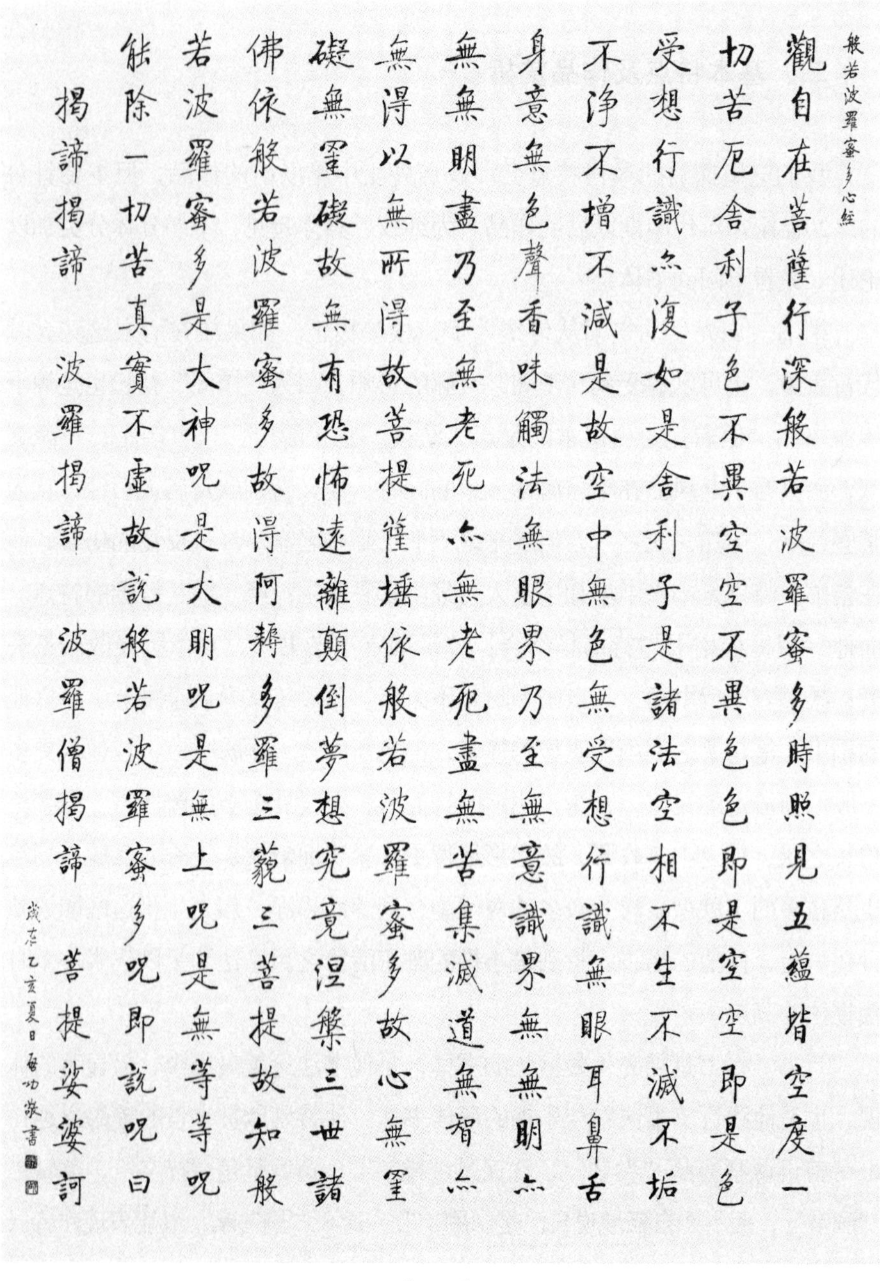
般若波羅蜜多心經
觀自在菩薩行深般若波羅蜜多時照見五蘊皆空度一
切苦厄舍利子色不異空空不異色色即是空空即是色
受想行識亦復如是舍利子是諸法空相不生不滅不垢
不淨不增不減是故空中無色無受想行識無眼耳鼻舌
身意無色聲香味觸法無眼界乃至無意識界無無明亦
無無明盡乃至無老死亦無老死盡無苦集滅道無智亦
無得以無所得故菩提薩埵依般若波羅蜜多故心無罣
礙無罣礙故無有恐怖遠離顛倒夢想究竟涅槃三世諸
佛依般若波羅蜜多故得阿耨多羅三藐三菩提故知般
若波羅蜜多是大神呪是大明呪是無上呪是無等等呪
能除一切苦真實不虛故說般若波羅蜜多呪即說呪曰
揭諦揭諦 波羅揭諦 波羅僧揭諦 菩提娑婆訶
歲在乙亥夏日啟功敬書

《心经》

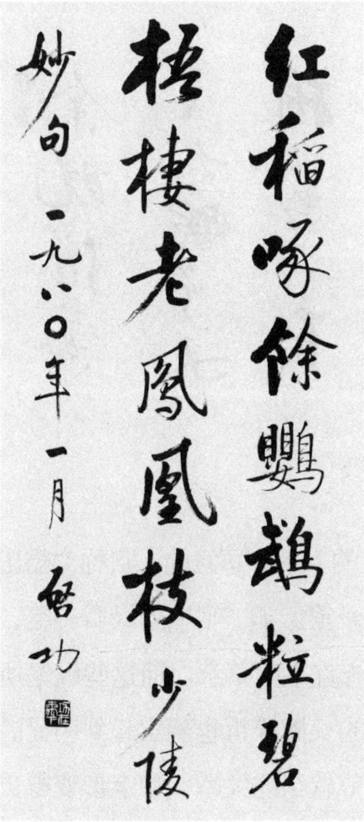

《书少陵妙句》

字”。目前，在启先生留下来的绘画作品中我们只能见到一幅人物画——《米颠拜石》（见前彩色插图），这也足见他对米芾的偏爱。要言之，启先生的行书结字更加轻灵流走，用笔更加信手自然，然皆不失法度。特别是有清晰的游丝相映带，更使得字与字之间血脉相连，似有一股灵气穿行其间；但又沉稳安详，绝无丝毫浮躁草率之态。观其字，似能看到操笔时那种气定神闲，泰然自若，而又意气风发的精神状态。启先生的行书又可大致分为两类：一类行书的特点更浓，另一类带有较多的草意。前者如《书少陵妙句》《题傅大士语》。这些作品功力深厚，笔笔到位，无一不妥，堪称行书运笔的典范。后者如《题离骚句·余既滋兰》《题幼年习

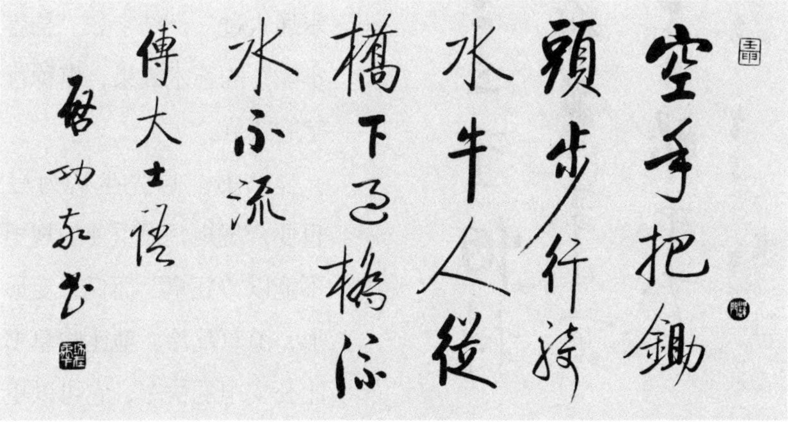

《题傅大士语》

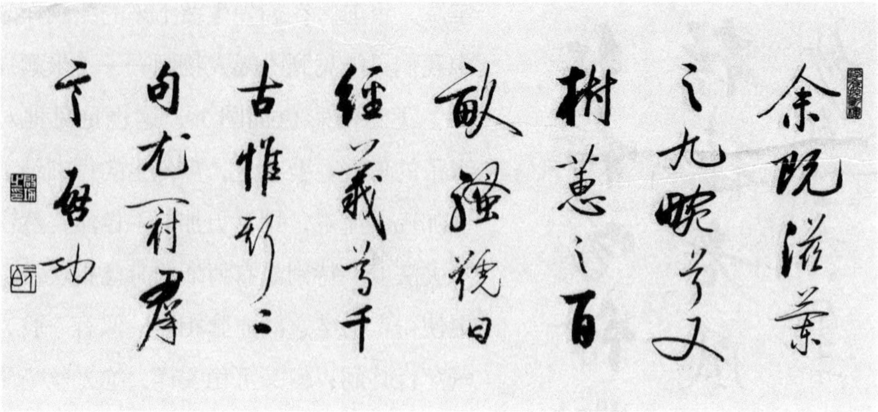

《题离骚句·余既滋兰》

字本·一去》等。这些作品中很多字都有明显的、带有草意的、自称“豁出去了”的“逸笔”，并且尽力在结构上突出这一笔。如“何”的最后一笔，“花”的最后一笔等，使这些字更增加了飞流直下的草意。而这些纵笔所书的长撇捺折也确实起到明显的调节欹正的关系，使字形变得更灵动飞舞，赏心悦目，收到正如他用杜诗所形容的“行笔如‘乱水通人过’，结字如‘悬崖置屋牢’”的艺术效果，堪称行书结字的典范。

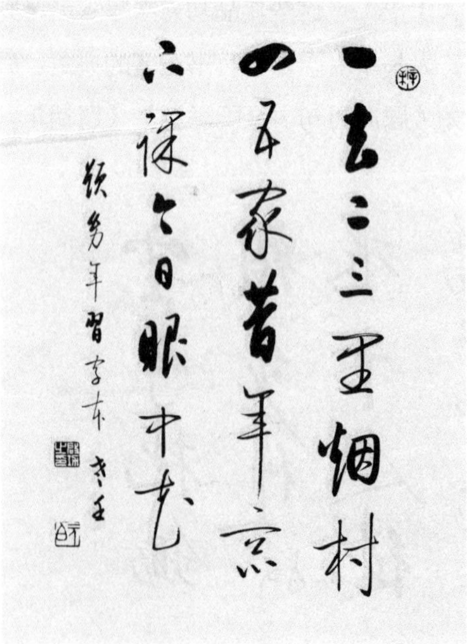

《题幼年习字本·一去》

草书。启先生认为写草书也要合规矩，最重要的规矩就是不能以“狂草”而任意变形、造形，潦草乱涂。他比喻草书就好比公交中的快车，它可以甩过某些小站不停，但不能随意改变行

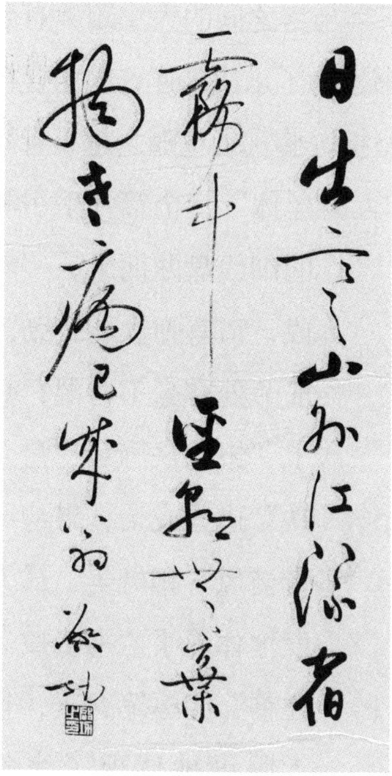
“日出寒山外”

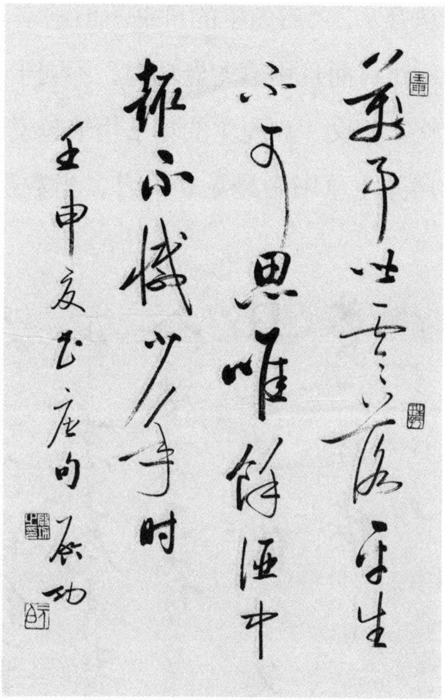
“万事皆零落”

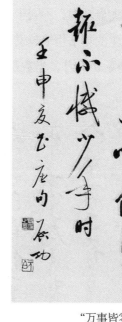

车的基本路线。这是草书与行书的明显差别：行书若不经车站便不好看，草书则必须省略某些小站，但又不能忽略大站，一泻而下，否则就像人的血脉失去了筋节，无法立稳了。所以，草书的真谛在于“主”“带”分明，恰当地处理“简易律”和“区别律”的辩证关系[1]。我们看他实际操笔写草书时，笔下的字迹虽然龙飞凤舞，但运笔时却不急不躁，充满了沉稳的“静气”，每一筋节处都交代得十分清楚到位。这正是冯公度所说的“这是认识草书的人写的草书”。也正如尉天池所评：“他巧用‘减法’，对草书用笔的盘曲环绕予以适当简化，从而以用笔的简洁活便，凸显结体的松动、明快，以及通篇点画、线条循序传动中跃动的节奏，我们又从这节奏中看到变

---

① 李洪智：《师古而不泥古》，收入秦永龙主编：《第二届启功书法学国际研讨会论文集》，北京：北京师范大学出版社，2006 年，页 257。

化的从容。”[①]启先生的草书不但结字飞动，字与字之间的大小距离有着明显的对比，而且用笔尤显功力，不同于一些书家为了求快求连，笔力显得松散疲软。相反，启先生的草书用笔越发劲拔坚挺，鉴赏者也随之越感骨爽神清。启先生草书中最见功力者，当数那些“近游丝体”，全篇几乎用等宽的细线盘曲而下，一气呵成，富有弹性和韧劲。而筋节处亦毫不含混，真应了“银钩铁画”“盘金屈铁”这些成语，堪与“吴带当风”相媲美，最大限度地体现了“书贵瘦硬方通神”的运笔之美，也最大限度地体现了线条艺术的品位与刚柔结合的美感。除前文已提及的力作草书《琵琶行》外，这里所选的几幅作品都有类似的特点，除个别字外，一律用瘦硬之笔结体，“中”“开”“病”“人”“座”“少”“年”等字中，长竖大撇，划空而来；“寒”“物”“梅”“落”“可”等字中，陡折圆弯，绝尘而去，无不充溢着飘逸潇洒之美。

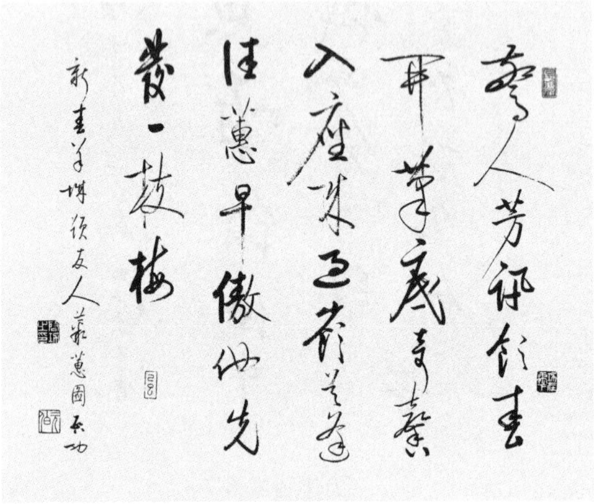

自作诗“惊人芳讯”

再看各种技法：

结字、用笔。从以上介绍我们可知，不论何体，启先生在书写时都能将结字与用笔完美地结合在一起。结字由中青年的方正，逐渐过渡到中晚年的略长，这更利于中宫收紧，四延舒放，字势开张，骨力强健。用笔坚挺瘦硬，但笔道上粗细搭配，和谐适度。笔锋有藏有显，藏锋则笔画沉着含蓄，

① 尉天池：《启功书法试论》，收入《启功书法学国际研讨会论文集》，页52。

露锋则笔画飘逸飞动。点画精湛而自然，使转功深而神行，以至能达到炉火纯青的境界。二者结合，有骨有肉，骨肉停匀，分寸得当，大有不可再多一分增损之势。他主张楷书要有行书意，行书要有楷书意；草书要有行书的筋节，行书可适当掺入草书的间架，其主旨就是要把行书和楷书、行书与草书的结字与用笔融合在一起，使楷书用笔精严而结字不流于呆板，使行书结字轻灵而用笔不失于软弱，使草书结字更为开张腾跃，而用笔又不过于草率浮滑，“位置聚散”与“点画顾盼”都达到最理想的状态。至于行书中某些字的长画急转，结字极为夸张，但用笔却没有丝毫的窒碍；草书中的游丝体结字极为飞舞，但用笔却始终稳健沉着，绝无锋棱外露、圭角刻厉之处，更是结字与用笔完美结合的典范。

“华”

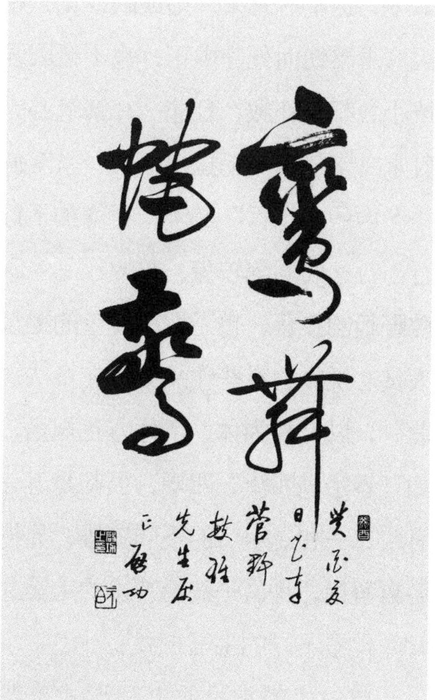

“鸾舞蛇惊”

行气、章法。至于行气与篇章的匠心独运，主要见诸行书和草书。启先生的书法行气富于变化而臻于和谐，草书更具有腾挪跳跃之势。每个字的重心虽不都在每行的

扇面“剑外忽传收蓟北”

最中，但整行看来，则或欹或正，相互呼应；左揖右让，协调有度，绝不会因追求整饬而死守中正，也不会因强调变化而自乱方寸。加之行中之字或大或小，相互补救，且非一律繁笔必大，有时却是简笔反大，如“人”字；有时上一字最后一笔拉得很长，以至使下一字压着这一笔起始，如《题傅大士语》中的“步行”二字，更增加了行气的峥嵘奇崛。字与字之间衔接较密，行与行之间间隔较疏，整幅作品的章法看起来开合相间、疏密得当，绝无荒腔野板的狼藉，也无按模脱墼的獭祭，八面玲珑，符合视觉的自然规律，令人赏心悦目。有些作品更是在章法安排上别具匠心。如扇面“剑外忽传收蓟北”，以行楷为体，字体方正规矩，而章法却错落变化，令人视觉一新。又如“春水满四泽”四幅，虽都是五言句式，但艺术化的章法布局各不相同，有二二一和二一二的不同安排，显得那么富于变化，真如四季的天然有别，各自争艳，且又一统于艺术的大美之中。

再看不同的书写形式：

启先生最常见的书写形式是条幅、横披、中堂，在这些形式中，以上介绍的楷书、行书、草书的特点都得到了全面的展现。现结合一些具

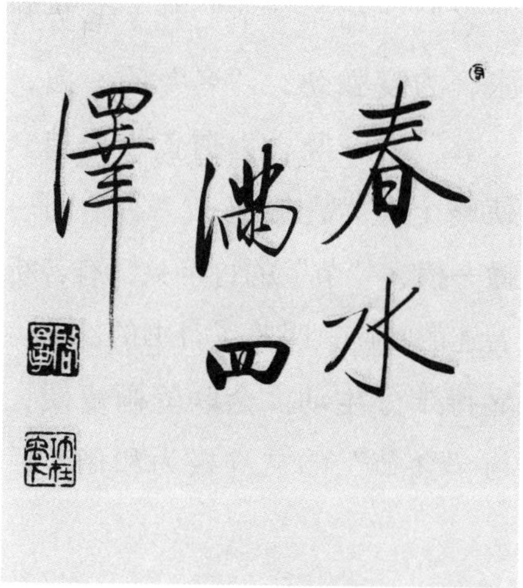

“春水满四泽”

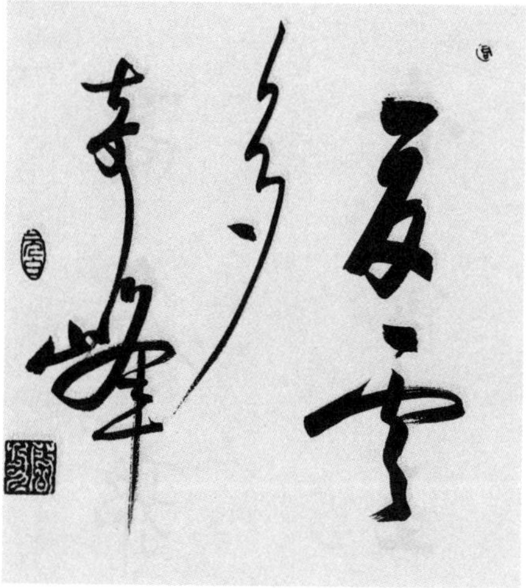

“夏云多奇峰”

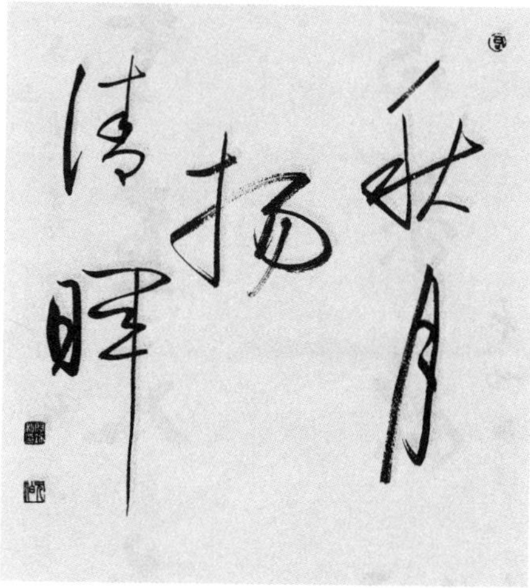

“秋月扬清晖”

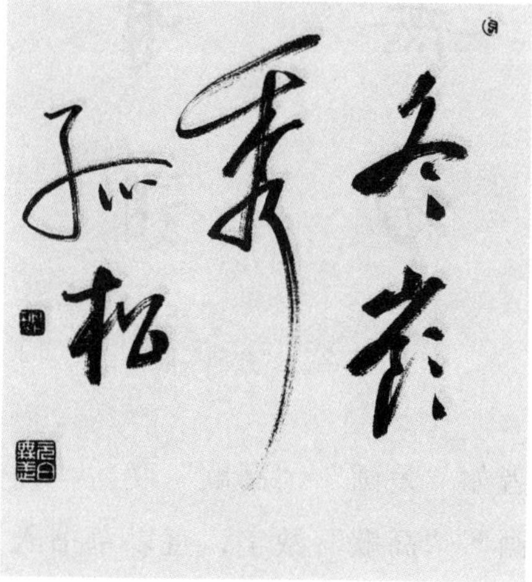

“冬岭秀孤松”

体的作品对以下几种形式略加评赏，以求对启先生的书法作品有更直观的了解。

楹联。启先生的楹联多以行书为主，有时偏重行楷，有时偏重行草。前者如“高名”“介节”联。结构严整利落，整体以楷书为主，但

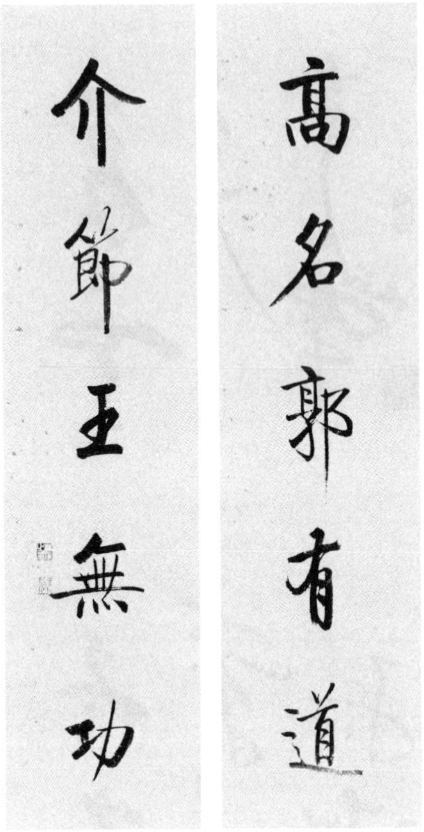

“高名”“介节”联

“名”“郭”“节”几字笔势开张，力度强劲，“名”的一撇，“郭”的一竖，力道直贯末梢，使整个字为之振起；“有”的一撇一横，“节”的竹字头，有若断若连的呼应，吸收了行书的韵味，显得十分生动。全联笔画瘦硬，与“介节”的文辞极为和谐。后者如“爱画”“高歌”联。“爱画”“高歌”数字，直以草书入行，但结字规矩，字距分明；“骨髓”“心胸”数字，不失行书本色，但结体灵便，映带生动。全联又一反瘦劲为主的习惯，饱满肥硕，热情洋溢。类似的作品又如“画本”“文辞”联及“立

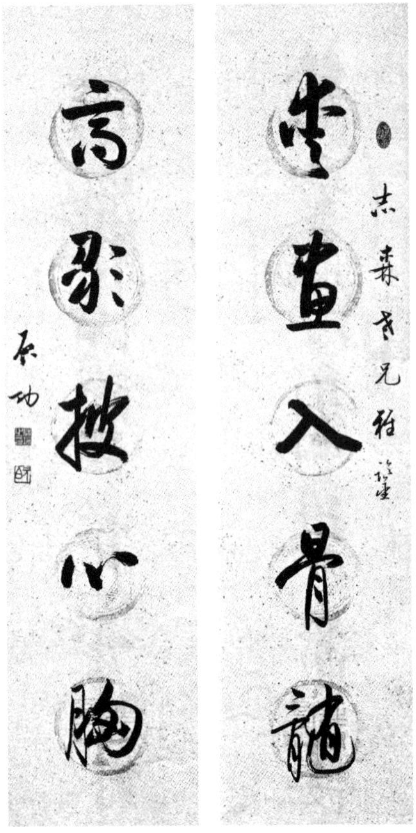

“爱画”“高歌”联

“立身”“涉世”联

身”“涉世”联。就单字而言，“画”“披”“来”“野”“意”“辞”“天”“真”诸字皆为标准的草书，其余诸字为标准的行书，但二者搭配起来，却绝不是“草是草，行是行”，格格不入，而是自然地融合在一起。加之字距分明，并非连缀到底，总体看来仍是一幅典型的行

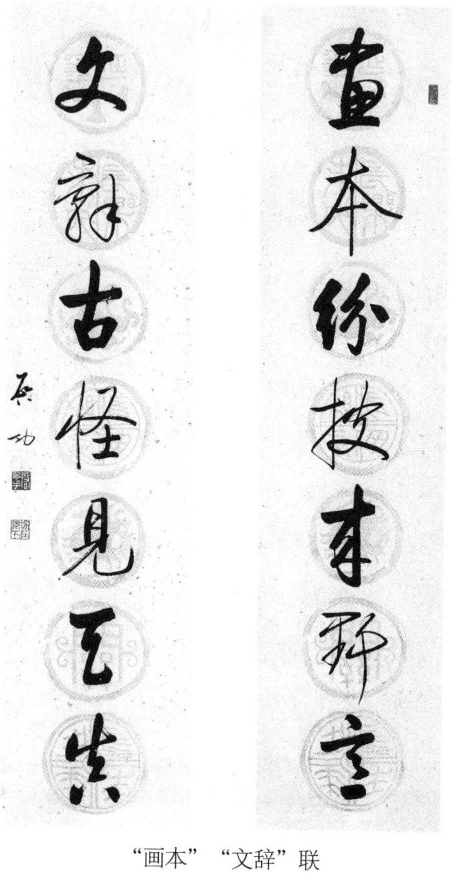

“画本”“文辞”联

书体。而上联中的一、三、五、七四字，与下联的一、三、六、七四字，笔画较为厚重肥硕，而其余诸字笔画较为劲秀细窄，“披”字、“野”字索性皆由“游丝”构成，使字与字之间的笔势形成强烈的对比和跳跃的节奏，大大丰富了全联的视觉感

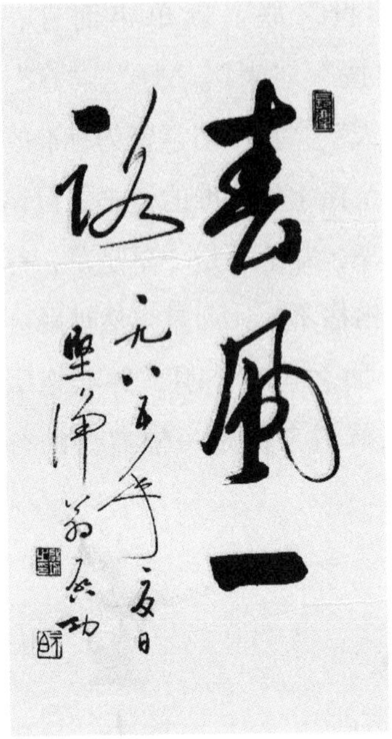

“春风一路”

受和审美效果。

匾额、榜书。启先生大字的作品不是很多，但不乏杰作。最能体现启先生书法本色的是“春风一路”“兰馨竹茂”“静观”“影艺斋”等。俗语云“戏怕上妆，字怕上墙”，此语尤适用于匾额、榜书。这些字就符合这一基本要求。如“影艺斋”三字，结体潇洒，用笔刚劲，无一弱笔，笔笔到位，“影”字的三撇，处理成形态不同的三点，“艺（藝）”字中间的“执”写得很紧凑，而上边的草字头和下边的“云”字写得很舒展，“斋”字的处理也是中宫收紧，下边放开，结合在一起，使这三个字格外骨力挺拔。而“静观”二字，虽为草体，但“静”气盎然。结字的点画使转，运笔的轨迹十分准确，基本以流畅的游丝为主体，两字中有四处呈圆环形，但笔力控制得非常灵动流畅。而“静”字的左半部分，又有别于其他部位，以润笔

“兰馨竹茂”

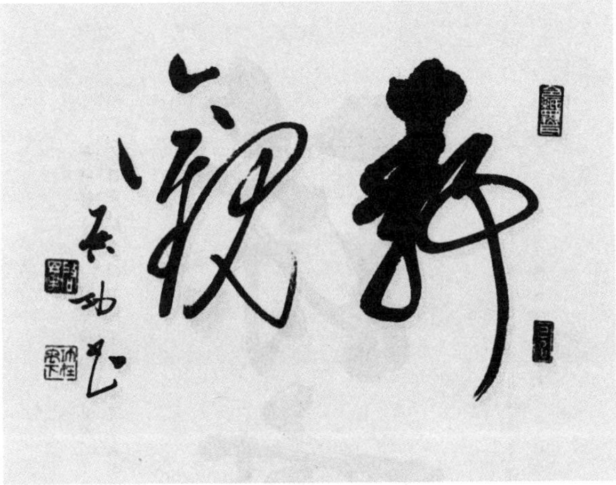

“静观”

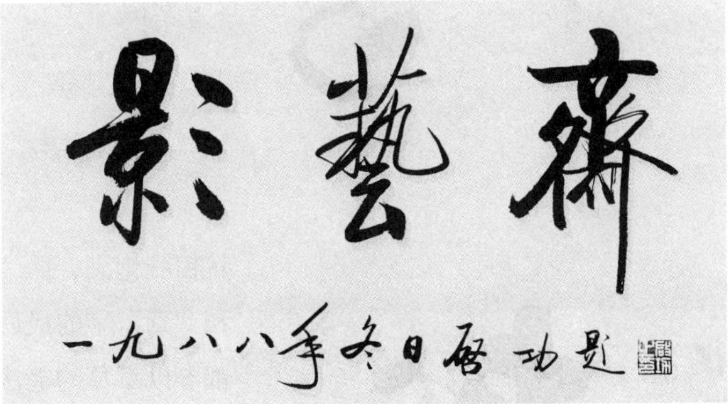

“影艺斋”

湿墨起始，更在劲秀的基础上多了一层酣畅。“骖鸾”“松风”两幅作品属于另一种风格，它们以退毫枯笔写就。“骖鸾”二字的“飞白”部分，正体现了退毫书写的效果，增强了满毫实笔所不具备的气势和“此时无声胜有声”的韵味。既然是用枯笔退毫所书，故不能强求中锋、藏锋运笔，而索性将露锋的特色发挥到极致。因而笔画不再追求一贯的健劲细秀，而索性令

“骖鸾”

“松风”

其粗壮饱满，而“骖”字和“鸾”字的最后一点，都参以章草的笔法，更显得古朴敦实。“松风”二字，虽无更多的“飞白”之笔，笔酣墨畅，但更增加了硬朗苍劲之气，即使转折处也不像“静观”二字那么柔和，而变得孔武雄劲，更与松树的风格相谐，令人似乎看到两棵古

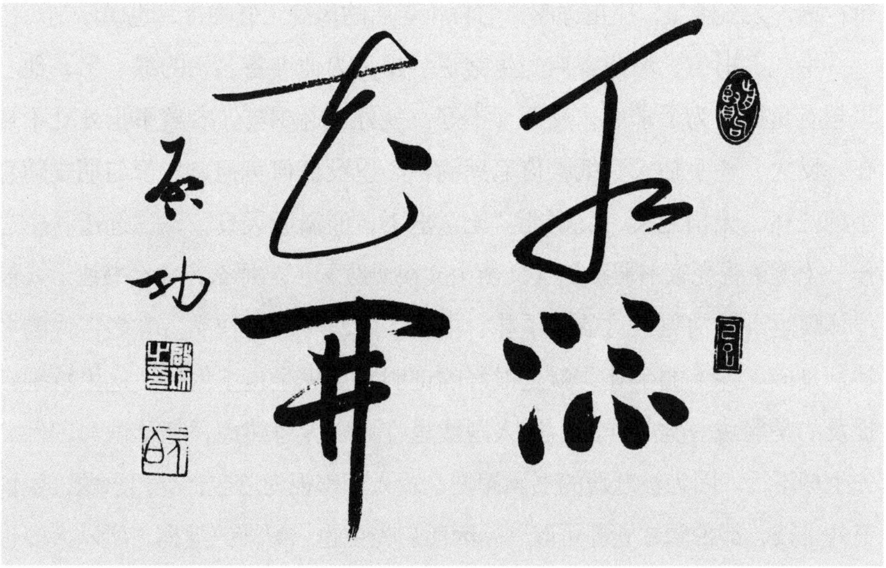

“水流花开”

树屹然挺立在松涛之中。“水流花开”又是另一种风格——将传统书法加以适当的艺术化。“水”字以游丝用笔，一反传统的草书结构，颇为夸张地将起笔习惯的短撇写成独立的长撇，收笔习惯的长弯写成短弯，给人以面目一新之感。“流”字按传统的笔画有点、挑、横、折、撇、竖等多种形态，但启先生将其匪夷所思地变成形态各异、相互呼应的八个点，而又不失传统草书的基本间架，艺术化的处理令人惊叹。“花”字属典型的中宫收紧、四延开张的结体，也是游丝体的运笔，但最后一点又是章草化的处理，且正好填补了开张后的空白。最后的“开”字，以传统的草书收束，使全篇神完气足。细读整幅作品真令人赏心悦目、击节赞叹。至于为同仁堂所题写的匾额，使用启先生很少仿效的“颜体”正楷，但又略

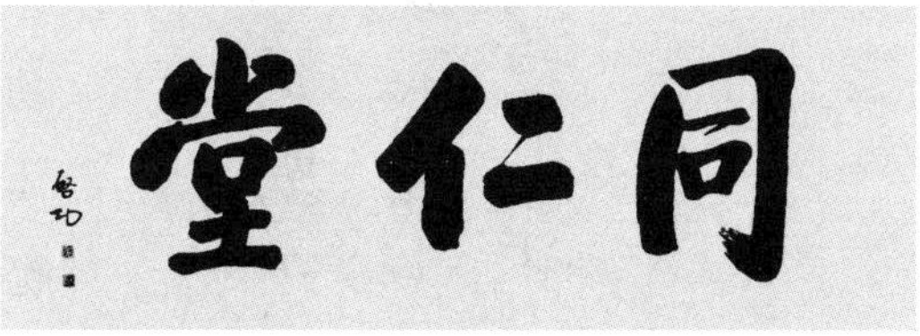

“同仁堂”

带行意，大气堂皇，庄重浑厚，与百年老店的风貌正好吻合，也属佳制。

手札、书信、题跋。启先生常说，越是为他准备名贵的纸、帛，他心里越有负担，为了求好，反而写不好，就好像赴国宴，衣着举止处处不自在。反之，随手拈来一纸，信笔挥洒，心里没任何负担，好像与朋友随意小酌几杯，无拘无束，反倒能“无意求工，而潇洒天真”，“远迈矜庄之作”（《董香光家书册跋》《文衡山文稿册跋》）。那么，什么书法形式最能体现这种性情呢？这就是手札、书信、题跋一类的作品。许多古代的名帖都是问安探疾的手札，就是很好的证明，启先生也不例外。这里特别应提及的是题跋一类的作品。别人题跋也许可以深思熟虑，起草试写，但启先生却不行。因为被题跋的书画碑帖，主人们都视为珍宝，登门求题，生怕节外生枝，都希望“立等可取”，因而启先生也只好即兴发挥，所以大多也属于“信笔起草”的“急就篇”。如20世纪40年代所书的《魏安乐王元诠墓志跋》是典型的唐人写经体，字形严谨，骨肉饱满，点画清晰，使转分明，一丝不苟，而又婉转妩媚，正如二八少女，待嫁闺中，虽时时装扮而天真烂漫之气终不可掩。启先生自己也很得意，称其“墨渖欲流，纸光可照。唐人见我，相视而笑”。又如《跋赛尚阿真迹》，当是中年作品，风格遒劲，笔力敦厚，将赵体的流美、苏体的浑厚、米体的严谨融合在一起，又毫无矜庄作态之气。再如中晚年所作的《跋曹娥碑》《与黄苗

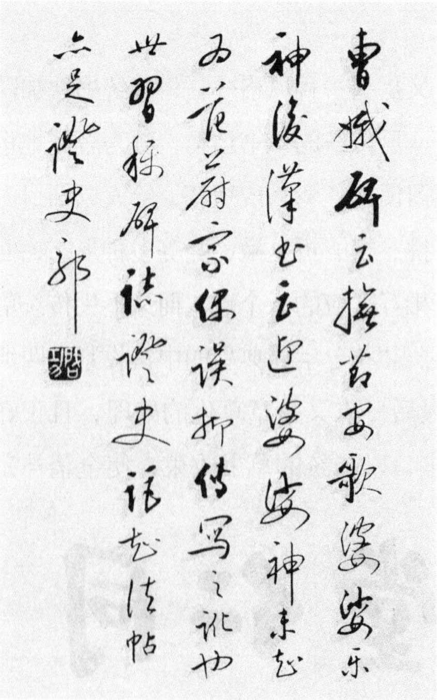

《跋曹娥碑》

子书》《与刘乃中书》，更是极尽自然挥洒之能事，在遒劲、敦厚的基础上，又多一层飘逸婉转，笔走龙蛇，气贯通篇，轻重呼应，虚实相生。如武

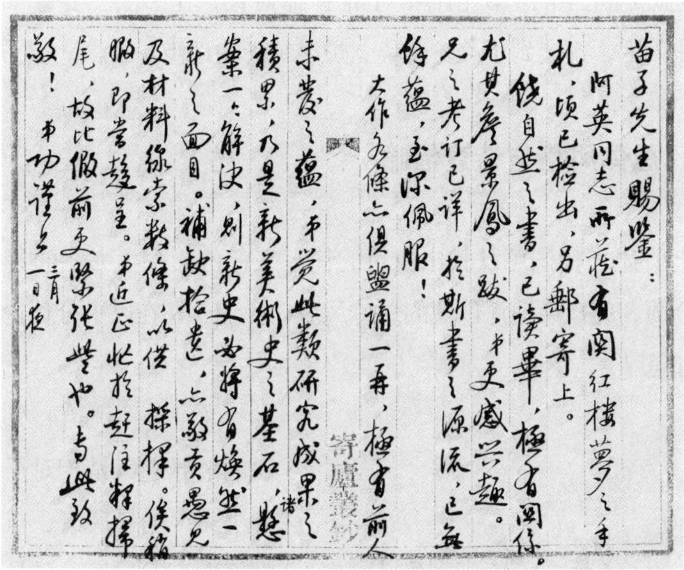
苗子先生赐鉴：
阿英同志所藏有关红楼梦之手札，顷已检出，另邮寄上。
钱自述之书，已读毕，极有关系。尤其詹景凤之跋，弟更感兴趣。兄之考订已详，于斯书之源流，已无馀蕴，至深佩服！
大作各条亦俱盥诵一再，极有前人未发之蕴，弟觉此类研究成果之积累，乃是新美术史之基石，诸悬案一一解决，则新史必将焕然一新之面目。补缺拾遗，亦敬贡愚见及材料线索数条，以供採择。俟稍暇，即当缮呈。弟近正忙于赶注释撰尾，故比假前更紧张些也。专此致敬！　弟功谨上　三月一日夜

《与黄苗子书》

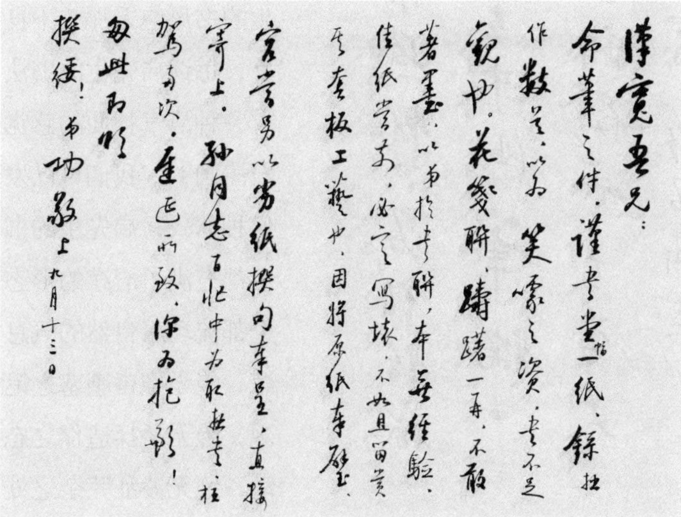
[illegible]宽吾兄：
命笔之件，谨书堂幅一纸，録拙作数首，以为笑噱之资，书不足观也。花笺联，踌躇一再，不敢着墨，以弟于书联，本无经验，佳纸当前，必致写坏，不如且留赏玩，[illegible]工艺中，因将原纸奉璧，宜当另以劣纸撰句奉呈，直接寄上。孙同志百忙中为取弟书，枉驾再次，至[illegible]所致，深为抱歉！匆此即请
撰绥！　弟功敬上　九月十三日

《与刘乃中书》

林高手，小酌之后，乘兴而舞，虽不如正式表演之周全，反而顾盼生辉，虎虎有生气。这样的作品方之于古代名帖，亦可以颉颃其间，而毫不逊色。

总之，启先生的书法创作，不论何体何式，在书法三要素“用笔、结字、章法”上，都达到了美轮美奂、炉火纯青的地步。

三、总体风格与诗意借喻

如上所述，我们可以找出成百的词汇来评价启先生书法的具体特点，为了更全面、更概括地评价他的总体风貌，我们不妨在以上分体论述的基础上再稍加总结。

（一）清雅自然。这里所说的清雅之气是相对于当下很多“书家”的暴戾气、市侩气、江湖气而言；自然之风是相对造作风、粗率风、怪诞风而言。启先生的书风绝无那些不良之风。相反，每读启先生的书法作品，则有一种清气扑面的感觉，如《题石涛画》。我们可以发现，不论何种体式，启先生的书法在形质上都充满了清净的形态，在内质上都流动着自然的气息。用笔干净，绝无拖沓壅塞之笔；结体美观，绝无矫揉造作之态；章法流动，绝无凌乱芜杂之处，处处都体现出清雅、自然、明净、爽利

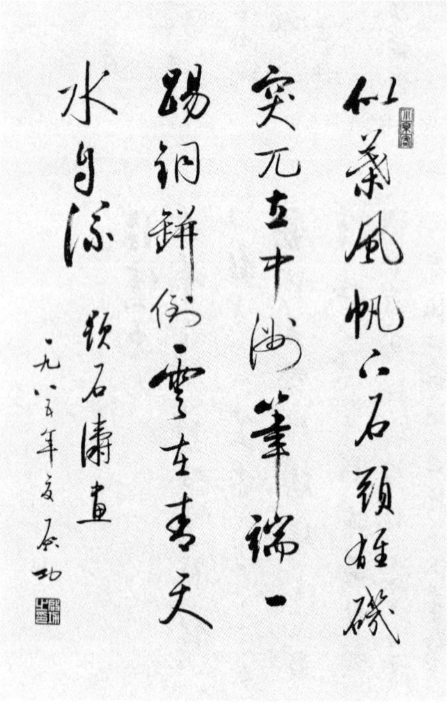

《题石涛画·似叶风帆下石头》

的风格。以行入楷，故楷书生动灵活，而绝无呆板雕琢、拘泥窘迫之气；行草结合，故行书、草书萧散洒脱，而更增清气盘旋、轻灵跳荡之美。楷、行、草三体不管是单独成篇，还是合于一幅，都能将清雅自然的风格有机地融为一体。前文提到，越是随意的书札，启先生写得越好、越潇洒。因为“峨冠朝服相见于庙堂之上，不如轻裘缓带促膝于几榻之间为能性情相见也”，这种状态就是清雅自然风格的生动体现，而这种审美取向也是启先生性格品德的自然体现。

（二）刚柔结合。古人常将文学艺术之美，分为阳刚与阴柔两大类。阳刚的含义不外雄浑、恣肆、健拔等，阴柔则不外婉媚、柔和、流利等。其实，好的作品往往能将这二者结合起来。启先生的书法作品即如是。他的书法中既有浑厚如苏轼、奔放如怀素的一面，也有柔美如赵孟頫、轻松如董其昌的一面。启先生对柳公权和赵孟頫的论述正是这种风格的体现。前者曰：“史称其体势劲媚，此言最为确论。”（《论书绝句》之五四）[1]后者曰：“其书之结字，精严妥帖，全自欧柳诸家而来，运以姿媚之点

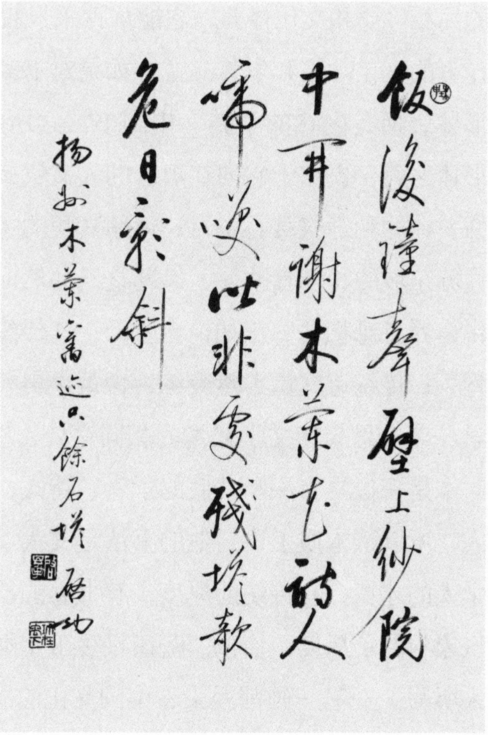
“饭后钟声壁上纱”

① 启功，赵仁珪注释：《论书绝句》，页108。

画，则刚健婀娜，无懈可击。”（《论书绝句》之七四）[1]显然，启先生在审美上自觉地将刚柔二者统一起来，而他的作品也确实体现了这种结合：既重视结体娟秀的一面，又重视用笔遒劲的一面。总之，启先生能将“劲”与“媚”，“刚”与“柔”结合在一起，从而形成自己书法外柔内刚——既外有柔美秀润之态，又内有骨力洞达之气。如“饭后钟声壁上纱”一幅，整体结构极其流利，每个字都有漂亮的结构和形体，妩媚动人；但每个字的右上方都微微坚挺向上，又在妩媚中平添了一股健朗之气，堪称刚柔结合的典范。

（三）书卷气息。书法的书卷气，是指外在的笔墨形态所蕴藏的内在的高雅气质和文化修养，它能从神采风貌上提升作品的境界，也能透露出作者的文化功底和学养品位。如果对书家进行比较，最终比的不是外在的形体，而是内在的学养。中国书法之所以千年不衰，不仅在于它外在的形体之美，更在于它内在蕴含的人文气质和精神风貌。读王羲之的《兰亭帖》，冲和之气赏心悦目；读颜真卿的《祭侄稿》，凛然之气扑面而来；读苏东坡的《寒食帖》，桀骜之气油然而生。这都与作者的情怀意志和文化修养息息相关。正如论者所云：“传统诗文重‘风骨’，书法亦重‘风骨’；传统诗文重自然凝练，含蓄之美，书法亦是如此。这是民族传统哲学、美学思想在文学艺术的相同之处。”[2]启先生的书法亦如是。启先生原本是一位具有深厚功底的学者、诗人，是一位具有高尚修养的仁者、达人，所以从本质上讲，他的书法是文人、学者的书法，兼有历史的底蕴和学人的才情，有传统的厚度，有书卷的韵味，经咀嚼，耐寻绎，深具庙堂气象与君子风度。恰似“蓝田日暖玉生烟”，一看就是有高度文化修养的人所写。一笔一画都浸染着中国文化的墨香，一切美感都出之以绝对的实

---

① 启功，赵仁珪注释：《论书绝句》，页 148。
② 叶鹏飞：《论启功先生的书学和书法》，收入《启功书法学国际研讨会论文集》，页 6。

力，绝不是那些心浮气躁、缺乏根底的人所能为。这正是“书家”和“书匠”，“大书家”和“一般书家”的区别。所以，有识之士提倡书家要学者化是非常值得肯定的。这一特点在启先生的书法作品中有充分的体现：字字充溢着温润、平静的冲和之气，体现了儒家、长者的风范；篇篇荡漾着舒朗、飘逸的旷达之风，蕴涵了道家、释家的心境；笔笔流淌着细腻、准确的严谨之气，表现了学者、艺术家的崇尚。他的书法，虽不是诗词，但有诗词的韵味；虽不是绘画，但有绘画的形象；虽不是音乐，但有音乐的节奏，读者更需用“心”去赏读，用“神”去领会，就像领会“功夫在诗外”一样地去领会“功夫在书外”的“味外之旨”。至于他尤喜书写自己的诗文之作，就更直接地将诗文修养与书法艺术结合在一起，也更增加了他书法的文人气、书卷气。

既然启先生的书法富于文人气质、诗人才情，我们不妨再引用一些经典诗文，对他的书法做进一步的借喻。因为那种浓厚的文人气、书卷气，仅就字论字，靠对字形、笔画的具体分析是无法体现的。那种“美在咸酸之外”的阅读感受，那种抽离于具体字形之外的美感体验，只能从与书法具有神似之美的古典诗文中得到印证与体认。让我们试拈数则诗文，以通感的思维、直觉的感悟、譬喻的手法，艺术化地品味一下启先生的书法成就与特色。这会比只罗列一些常被启先生讥讽为空泛套词的，诸如“奔雷坠石”“鸿飞兽骇”等，更能引发读者的联想。

（一）“翩若惊鸿，婉若游龙，仿佛兮若轻云之蔽月，飘摇兮若流风之回雪。”（曹植《洛神赋》）有人将启先生之书比喻为美女，这固无不可，但这些美女绝不像不谙世事的小姑娘那样轻佻，也不像珠光宝气的诰命妇人那样矫情，更不像轻歌曼舞的艺伎那样媚俗；她们“淡妆浓抹总相宜”，就像曹植笔下所描写的洛神，具有一种联翩婉转的动态之美，一举手，一投足，都具有女神般的高雅之气，一微颦，一巧笑，都笼罩在云月风雪的诗情画意之中，特别是那些优美的小行书更具这样的美质。从中我

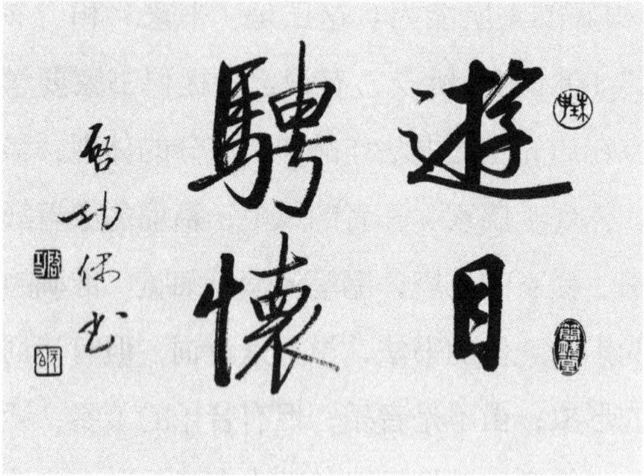

“游目骋怀”

们看到的不是美女的色相之美、修饰之美，而是内在之美、气质之美，只可倾慕而不可亵渎。屈子曰：“纷吾既有此内美兮，又重之以修能。”（《离骚》）正道出了这种境界。

（二）“暮春者，春服既成，冠者五六人，童子六七人，浴乎沂，风乎舞雩，咏而归。”这是《论语》中记载的，深受孔子赞赏的曾皙之语。承上所言，与其将启先生的书法比喻为顾影自怜的簪花美女，不如将其比喻成风度翩翩、风流倜傥的美少男。因为启先生的书法并不以单纯的、外在的柔美取胜，而是以外柔内刚见长。刚如殿前之武士，剑戟森严，甲胄鲜明，凛然呈威武之势；柔如殿内之队舞，长袖婉转，回环往复，曼妙焉不失整饬。正如曾皙所言，在百花盛开的暮春三月，启先生的书法吟诵出的

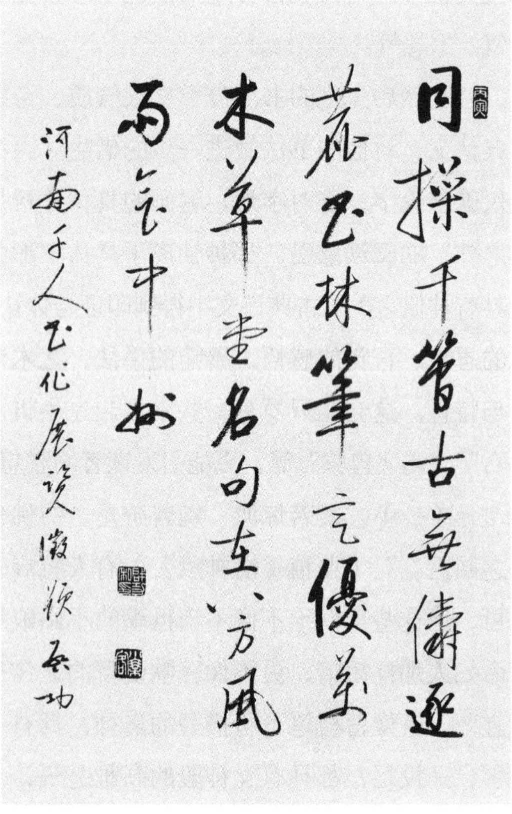

“同操千管”

不是黛玉葬花般的幽怨与低伤；而像是刚脱下沉重冬装的三五少年，轻衣缓带，或策马扬鞭、飞掠于柳岸花衢，或呼朋引类、穿越于田间阡陌，然后尽情畅游于沂水，再披襟当风，尽兴舞蹈于高台之上，仰天长啸，划破晴空。王维《少年行》有曰：“新丰美酒斗十千。咸阳游侠多少年。相逢义气为君饮，系马高楼垂柳边。”可以佐证这种境界。总之，这种少年之美，充满朝气与活力，充满阳光与热情，一个个都抖擞着精、气、神，一个个都呈现出帅、健、美，别具一种潜气内转的律动和刚柔并济的内涵。

（三）“予独爱莲之出淤泥而不染，濯清涟而不妖，中通外直，不蔓不枝，香远益清，亭亭净植，可远观而不可亵玩焉。予谓菊，花之隐逸者也；牡丹，花之富贵者也；莲，花之君子者也。”（周敦颐《爱莲说》）既然有人把启先生之书法比为美女，自然就有人把它比为鲜花，这亦无不可。但若以鲜花为喻，只有周敦颐笔下、具有君子气质的莲花最为恰切，难怪启先生于花卉中最喜也最善画荷花。“出淤泥而不染”，正如先生之字出于常俗，却没有一点尘俗之气；“濯清涟而不妖”，正如先生之字美丽漂亮，却没有丝毫的媚艳；“中通外直”，谓先生之字章法整饬，却山断云连，蝉联而下，行气贯通；“不蔓不枝”，谓先生之书法明快流走，绝没有游离于作品之外多余的修饰和生硬的赘笔。先生论画诗有云：“常见画废九牛二虎力，浮烟涨墨块块黑石头。吾病心胸气闷已经岁，那堪再压木炭千层楼。”（《题无款雪景牧牛图》）先生的字绝没有“浮烟涨墨”的喧嚣，亦绝没有“木炭千层楼”的压迫，此之谓“不蔓不枝”也。“香远益清，亭亭净植，可远观而不可亵

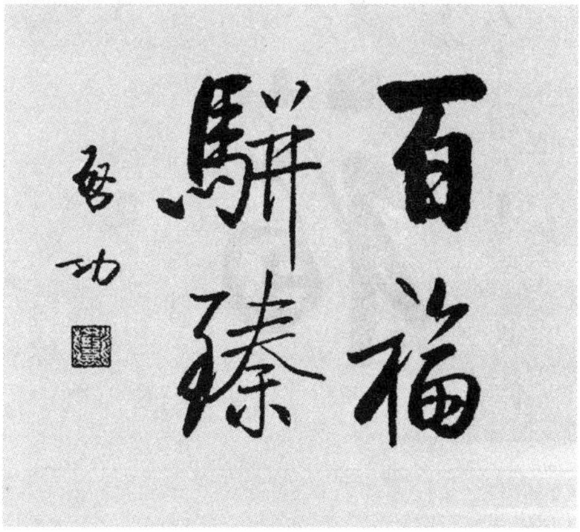

“百福骈臻”

玩焉”，乃是“莲，花之君子者也”的灵魂，可喻先生之字别具一种“清丽”而“雅致”的气质，读罢能沁人心脾，令人爱慕，能与过于孤芳自赏者和过于侧艳媚俗者相区别，也才更富于君子气。而这正与我们所说的先生之字深具文人气和书卷气相吻合。陆龟蒙诗云“无情有恨何人觉，月晓风清欲堕时”（《白莲》），李商隐诗云“沧海月明珠有泪，蓝田日暖玉生烟”（《锦瑟》），亦可为这种境界之写照。

（四）“清水出芙蓉，天然去雕饰。”（李白《经乱离后天恩流夜郎忆旧游书怀赠江夏韦太守良宰》）启先生之书法除清丽雅致外，还有一个重要特点，即自然天成、潇洒飘逸。他的字，绝没有他反复批评的“按模脱墼”“矫揉造作”之处，不论何种书体，无不自然流走，洒脱超逸，一派生机。其自然，有如黄山之云，随风势而蒸腾；如九寨之水，随山势而赋形；其高妙，如“纸上神行手不知”；如蚊子叮铁牛，不可名状；如庭前柏树子，秉性天成。有时看似随意，却如文人雅士，轻裘缓带，促膝于几榻之间，以性情相见；又如山林隐士，不衫不履，吟咏于松下溪畔，转见其风采。有时看似平淡，然正如苏东坡所云：“渐老渐熟，乃造平淡。其实不是平淡，绚烂之极也。”（苏轼《与侄书》）特别是那些书札、题跋，越是随手率意，越能将其自然飘逸的风格推向极致。

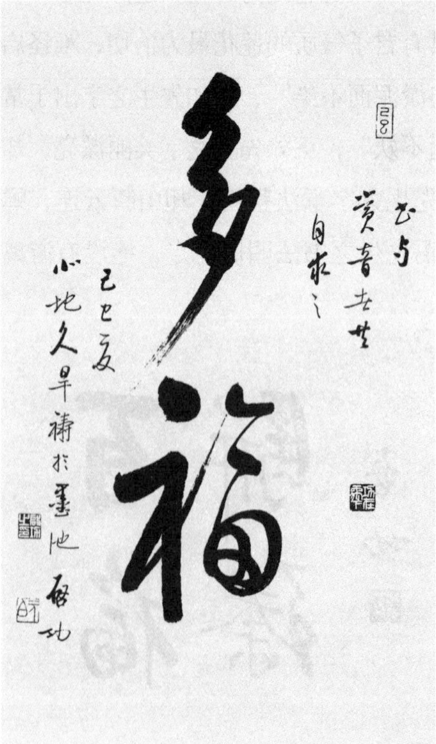

“多福”

潇洒飘逸还表现在敢于用险、善于用险上。先生尝引用杜诗形容书法行笔结字的奥妙："行笔如'乱水通人过'，结字如'悬崖置屋牢'。"又称赞王铎书法："譬如大将用兵，虽临敌万人，而旌旗不紊。"（《论书绝句》之八五）[1]这些都可视为夫子自道。先生之书善于用险常体现于细节之中：如笔走龙蛇却一丝不苟，笔笔不乱；如左昭右穆，谱系周全，文武列班，进退有序。即使行草多变，亦若欧阳修秋声之喻："如赴敌之兵，衔枚疾走，不闻号令，但闻人马之行声。"（《秋声赋》）以用险见长的草书，亦如老杜笔下之公孙大娘弟子舞剑器："㸌如羿射九日落，矫如群帝骖龙翔。来如雷霆收震怒，罢如江海凝清光。"

（五）"黑云翻墨未遮山。白雨跳珠乱入船。卷地风来忽吹散，望湖楼下水如天。"（苏轼《六月二十七日望湖楼醉书》）"水光潋滟晴方好，山色空蒙雨亦奇。欲把西湖比西子，淡妆浓抹总相宜。"（苏轼《饮湖上初晴后雨》）启先生之字移步换形，富于变化，且善于变化的特点正如苏东坡之诗所云。不论何种字体，何时所书，都独具风格，深具个性。其小字如"芥子纳须弥"，能吞吐大千之世界；如滴水透阳光，能折射七色之彩虹。其榜书如五岳之于五方，小众山而雄踞云外；如江河之于大地，纳百川而东流大海。先生青年时的书法遒劲雄浑，如鸿鹄翔天，鲲鹏击水，豪气逼人。又如"月出于东

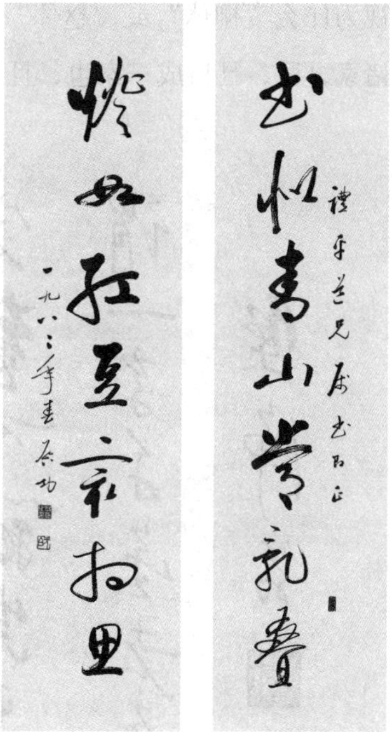

"书似""灯如"联

① 启功：《论书绝句》，赵仁珪注释，页170。

山之上，徘徊于斗牛之间”，英光四射，前贤为之避让。启先生20世纪70年代中期至90年代中期所书，被誉为“元白体”（“启体”），刚柔并济，清丽雅致，潇洒飘逸，风靡海内外。先生晚年时书法老辣古淡，能将大巧寓于大拙之中，达到了苏东坡所说的“发纤秾于简古，寄至味于淡泊”（《书黄子思诗集后》）的境界。

（六）“不薄今人爱古人。清词丽句必为邻。”“别裁伪体亲风雅，转益多师是汝师。”（杜甫《戏为六绝句》）凡有大成就者无不广泛师法，兼采众长，终成一家之风，启先生之书法亦如此。观启先生书法，王羲之之洒脱，智永之功力，欧阳询之遒劲，颜真卿之方正，柳公权之端庄，苏东坡之雄浑，赵孟頫之婉丽，董其昌之流畅，都依稀可见。但我们从不把它视为什么“柳体”或“赵体”，而一致认为它是“启体”。何哉？盖兼长诸家之后，已自成一家也，且又借鉴了绘画“内师传统，外师造化”的宗

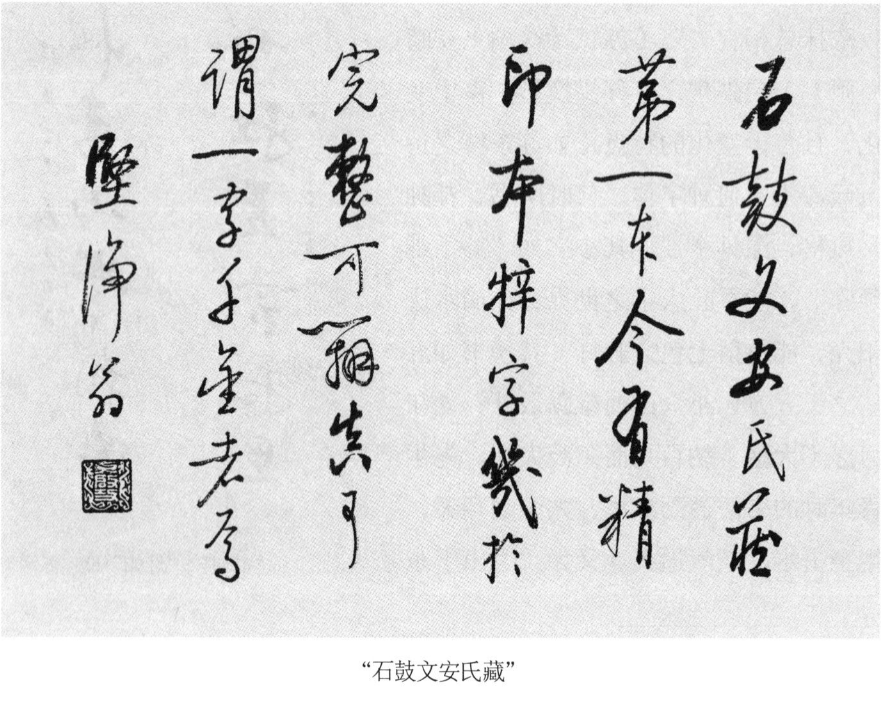

“石鼓文安氏藏”

旨。辛稼轩《贺新郎》有云：“不恨古人吾不见，恨古人未见吾狂耳。知我者，二三子。”又云：“我见青山多妩媚，料青山见我应如是。情与貌，略相似。”前者可谓“内师传统”，以二三古人为同调，力争在师承他们的同时，自成一家，与他们并立，并深信他们在千百年之后，见到像自己这样的知音，一定会会心一笑。后者可谓“外师造化”，启先生能将书法的艺术之美与造化的自然之美完美结合在一起，不但有很多的貌似，还有很多的情似，充满了博大的美学内涵。

（七）“争先见面重重。看爽气朝来三数峰。似谢家子弟，衣冠磊落；相如庭户，车骑雍容。我觉其间，雄深雅健，如对文章太史公。”（辛弃疾《沁园春》）总之，先生书法之神采气质、人文涵养、书卷韵味，恰如辛稼轩《沁园春》咏山之博喻。这里面有几个关键词。一是“爽”。如上所言，启先生之字清丽雅致，所以给人的第一观感就是爽——沁人心脾，充满愉悦。二是“磊落”。且这一磊落乃如谢家子弟的“衣冠”——正如俗语所说，“三代为宦，方懂得穿衣吃饭”，只有这样的衣冠，才能积累起几代贵族子弟的涵养，充满着高雅磊落、深沉蕴藉的气象，这正是启先生书法美学的深层体现。三是“雍容”。且这一雍容乃如相如庭户的“车骑”——须知这样的车骑正象征着它们的主人——文人雅士的身份，都具有气度雍容、风流倜傥的气质。这是启先生书法美学的又一深层体现。四是“雄深雅健”。雄且深，雅而健，这正是先

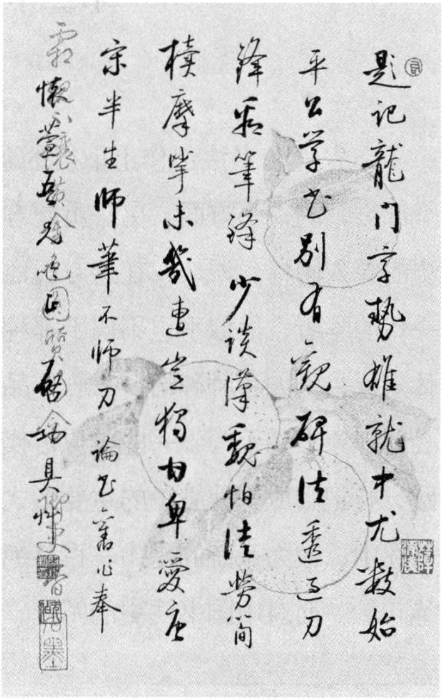

“题记龙门字势雄”

生刚柔并济、挺括秀丽书法风格的直接写照，沉浸在这种书风之中，恰如泛览于太史公的《史记》之中，谁都不能不被那种博大精深的气魄、浩瀚深邃的境界所折服。

最后让我们引用一段启先生评郑板桥的话："人无论男女，年无论老幼，地无论南北，今更推而广之，国无论东西，而不知板桥先生之名者，未之有也。先生之书，结体精严，笔力凝重，而运用出之自然，点画不取矫饰，平视之并时名家，盖未见骨重神寒如先生者也。"（《我心目中的郑板桥》）[①]如果在"骨重神寒"后加上"清雅自然、刚柔并济、充满书卷气息"数语，改为评价启先生书法创作的成就与影响，那不是再合适不过了吗?

第三节　书法理论

启先生在书法创作上取得的辉煌成就和广泛影响，仅是他对中国书法全部贡献的一个方面。另一重要方面，是他对书法理论的科学建构，对书法史的深入阐释。诚然，在这方面他没有单独的、大部头的系统著述；作为老一代的学者，他似乎也不屑于那种立言立说的方式，而是更习惯就着某些具体对象，例如各种碑帖、书画作品进行具体的评论、品鉴，或者有感于某些具体现象，随手写下一些类似古代诗话那样即兴的、直感的小品。因此，题跋、札记则成为他立论的主要形式，也是我们此节论述的主要依据。在这类著述中，较为系统的是由一百首绝句和相应的一百首古文自注组成的《论书绝句》。而对中国书法史的阐释，则还有两部分著作：一是系统完整的专著

---

① 启功：《启功丛稿·题跋卷》，页 52。

《古代字体论稿》，将文字学与书法史建构在一起；二是发表在《启功丛稿·论文卷》中对众多碑帖书家考证鉴定的论文，对此，我们将在《鉴定家启功》《学问家启功》中有专节介绍，此节也会有所涉及。

这些理论涉及的问题十分广泛，大到书法史观、书法美学的阐释，小到书法技艺、书法工具的评介，无所不有。虽然散见于各处，但丝毫不影响它的深度、广度；又因为是散见于各处，所以我们最好以所涉及的问题为纲，分门别类地加以论述。

一、理论建构的基本点

启先生的书法理论，虽包罗万象，但有两方面的前提；否则一切理论无从谈起。虽然他本人并没有过多的论述，但我们必须作为先决条件而首先论及。

一是书法理论首先要讲社会性、实用性。启先生曾明确指出："书法是文辞以至诗文的载体。"（《谈诗书画的关系》）[①]具体而言，书法只是文字的优美书写，或曰只是文字艺术化的表现形式，因此书法之美离不开文字的社会性。汉字作为记录汉语的符号存在一天，它的实用性就存在一天，汉字的书写也就自然要存在一天。启先生曾这样举例道："纸上写的'佛'字，贴在墙上，就有人向他膜拜。所拜并非写的笔法墨法，而是这个字所代表的意义。"[②]而文字又只是语言交流的载体、信息互通的符号，它必须承载公众都能解读的语言信息。简言之，它必须是一般公众都能认识的、约定俗成的符号，这才能具有社会性和实用性。启先生常举例道：如果是两人通信，只要"授受两方相喻即可"——只要彼此能看得懂，哪怕别人看来都是

① 启功：《启功丛稿·论文卷》，页 227。
② 启功：《启功丛稿·论文卷》，页 227。

密码也没关系。但要面对大众，出一个告示，写一副楹联，投一份名刺，那就必须让大家看得懂，所以从没有用甲骨文写告示的。这就是书法的社会性和实用性。相反，如果把字写成谁也不认识的奇怪形状，远离社会普遍认知的习惯，远离传统与规范，即使作者再自鸣得意，也不能称之为书法作品，反而连内容之美一并丧失。这里值得注意的是草书，启先生认为草书，哪怕是狂草，也要按约定俗成的规矩去书写，书家决不能以牺牲草法的规范为代价，去换取所谓艺术效果。写什么字都“得遵从书写习惯，那么别人也会有个共同的认识，这样才能通行”，如果“写字不管这个，说‘我这是艺术’，那不行”。现在有些人刻意创新，在大幅的宣纸上只涂抹几个点画，类似画符，甚至把墨汁随便泼到纸上，任其流淌，也称之为书法，且冠以“现代”“前卫”等美名，甚至主张书法与文辞脱离，对此启先生是反对的。他尝感慨道：“近来有人设想把书法从文辞中脱离出来而独立存在，这应怎么办，我真是百思不得其法。”①又在《日本“现代派”书法展览征题》一诗中说：“璀璨斑斓，陆离光怪。顾后瞻前，称曰现代。”②这些话虽很委婉，但已明确地表示反对。在此基础上，启先生又指出：“书法即使作为‘载体’，也不是毫无条件的，文辞内容与书风，也不是毫无关联的。”“例如用颜真卿肥厚的笔法、圆满的结字来写李商隐的‘昨夜星辰昨夜风’之类的无题诗，或用褚遂良柔媚的笔法、俊俏的结字来写‘杀气冲霄、儿郎虎豹’之类的花脸戏词，也使人觉得不是滋味。”③这些观点都是建立在书法要讲社会性和实用性基础上的。

二是书法要建构科学的审美观。书法之美，百花齐放，见仁见智，

① 启功：《启功丛稿·论文卷》，页 227。
② 启功：《启功丛稿·诗词卷》，页 167。
③ 启功：《启功丛稿·论文卷》，页 228。

各有所尚。启先生从来如此主张。他的书法“百态纷呈”，有柔美、有秀美、有壮美，有端庄之美、有流走之美、有凝重之美，真可谓“点画纷披态万方”。他称赞唐人楷书有“结体精严、点画飞动、有血有肉、转侧照人”之美，称赞赵孟頫有“无不至于妍美者”，称赞米芾有“神采丰腴”之美，称赞郑板桥有“骨重神寒”之美。只要是美，皆应提倡。但有一条不可逾越的红线，那就是它必须是“美”的。换言之，启先生认为必须“以美为美”。而美的标准是什么？那必须是符合民族审美习惯的，大家公认的，能表达公众共同情感的，看起来赏心悦目，令人产生愉悦感的东西。启先生虽未明确自称是唯美主义者，我们也不好武断地这样称他，但他反对以丑，以怪，以粗劣，以草率，以不调和、无规矩，以耸人听闻、惊心骇目为美的主张，始终是非常坚定的。这些奇谈怪论的产生是有其背景的。有些书家耐不得长期艰苦的研修，又想走终南捷径早日成名，便剑走偏锋，还要拉上某些名家的言论作为理论根据。最典型的理由是傅山在《双红龛集·作字示儿孙》中所说的：“宁拙毋巧，宁丑毋媚，宁支离毋轻滑，宁真率毋安排。”其实这是他对时代审美趋于软媚、千篇一律的一种激愤之语，有他明显的时代局限性。且看启先生是怎样分析的：

这个明朝傅山傅青主先生，他说写作与其写得柔媚取悦于人，不如干脆写得拙、写得丑、写得笨。他这个话是有感慨的，那个柔媚、秀气好看的字指的是什么？就是写白折子、大卷子那种字，写得规规矩矩的。到了清朝就有四个字：黑、大、光、圆。墨要黑，字要大，要有亮光，要圆润，那就叫“馆阁体”，就是写得要跟印刷体一样的字。据说有人请功夫深的人写个名片，写完了他不满意，再写一个。一个人把他前后写的两个摞起来一照，一个样。可见，他那手已经成了印刷机了。这种字就谈不上什么性格、风采了。事实上这个傅青主先生是说，宁可写得丑恶也比写他那个像印刷体一样的字强得多，是这个意思，并不是让人都有意写得丑。[①]

现当代有些人的主张更为变本加厉，他们不但“以丑为美”，甚至把规规矩矩地写字称为“奴书”。启先生对某些人“拙丑”书风很少公开批评，但一当这种风气形成一种势力就不能不予以回击了。他说：

有人教书法，以丑为美，那么就没有美了，就剩丑了。中国美术馆改叫中国丑术馆，小孩子不要德、智、体、美，而要德、智、体、丑。人、天、地……中国的文字人人都认识，不写成这样就美了么？解放前就唱“起来，不愿做奴隶的人们”，现在叫国歌，还在唱，奴隶都翻了身了，不要再叫“奴书”了。……认为规规矩矩写的字都是“奴书”，艺术的前途绝不会以丑为美。“起来，不愿做奴隶的人们”，奴隶都要起来了，你现在要打倒的奴隶是谁？批“奴书”是什么意思？[②]

这说得再清楚不过了。所以，不顾时代变化，现在仍一味以拙、丑、支离等为美，是不足以与之言美的。在“以美为美”的前提下，启先生特别强调要符合自然之美，也就是要符合自然规律，反对过度的矫饰造作。他明确地说：“书法越自然越好，也越难；越做作越糟糕，也越容易。”[③]所以，那些以破坏自然之美为美的，也是不足以与之言美的。

① 李洪智：《浅谈启功先生的“破除迷信”及其给我们的启示》，收入《启功书法学国际研讨会论文集》，页102。
② 侯刚、章景怀：《启功年谱》，页352。
③ 弈良忠：《腕底生机千古春》，收入《启功书法学国际研讨会论文集》，页71。

二、书法技艺的辩证法

书法学习、书法实践中有很多具体的因素需要格外注意，而这些因素往往又是相互关联、相互制约的。前人对此也多有论及，但有时难免偏颇。启先生在论及这些问题时，最值得称道的是充满辩证观。主要体现在以下几方面：

一是用笔与结字的关系。就单个字而言，其构成因素不外用笔与结字两方面。如何看待二者的关系呢？最大的公案就是如何评价赵孟頫的观点。他说："书法以用笔为上，而结字亦须用功。盖结字因时相传，用笔千古不易。"（《兰亭十三跋》）此观点、此理由看起来不无道理，所以几百年来很多人都将其奉为圭臬。但启先生却"窃谓其不然"，认为"用笔何如结字难。纵横聚散最相关"（《论书绝句》之九九）。[①]理由很多，如影摹字帖上漂亮的字，仅用细线划其笔画的中心，而不管它的轻重肥瘦，仍是一个好字。又如，写一个"十"字，就次序而论，当然是先考虑这一横一竖的轨道怎么安排，这好比是骨架；再去考虑这一横一竖怎么用笔，这好比是在骨架上装肉，是装饰，当然应该"轨道居先，装饰居次"。再如，把碑帖上写得很漂亮的"二"字剪下，随便扔到桌上，使其失掉原来的结字形态，那还成字吗？所以"结字所关，尤甚于用笔"。而赵孟頫所说的"结字亦须用功"就未免太轻易了。（以上引文或大意皆见《论书绝句》九九及《论书随笔》）看来启先生的观点及理由更有道理。那么"纵横聚散"怎样为好，除了中宫收紧、四延放开之外，还有什么规律可循吗？启先生也有所论述，尤其是提出了"黄金分割率"结字法。他认为每个字在结字时上下、左右都不是绝对的相等，所以每个字的重心也不会都集中在米字格的中心点

① 启功：《论书绝句》，赵仁珪注释，页 198。

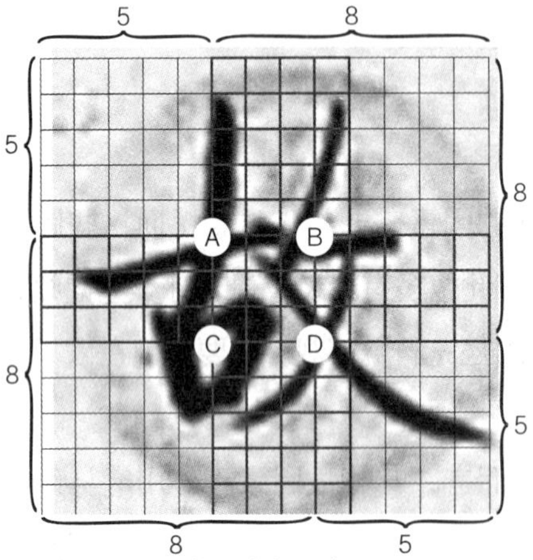

黄金分割示意图

上，而是聚集在离中心点不远的四个点（A、B、C、D）中的某一两个点上。而这A、B、C、D四点的分布是从A到上框或左框是5，从A到下框或右框是8，其余可类推，这一比例正好符合5比8，即0.382比0.618的黄金分割率。这一发现就使比较抽象的“纵横聚散最相关”变得有据可循了，这不能不说是启先生的一大发明。难怪启先生在这句诗后又不无得意地说“一从证得黄金律，顿觉全牛骨隙宽”——进入了技进于道，技道合一的境界。当然，书法上的“黄金律”只能是大略而言，正如启先生所云，“写字不同机械制图”，汉字结构非常复杂，如果每字皆锱铢必较，则未免胶柱鼓瑟了。

而如何更好地掌握结字的功夫呢？启先生也有精辟的论述，他说，“‘功夫’是‘准确的积累’”，而不是“盲目的时间加数量”（《论书随笔》）。[①]“所谓功夫，非时间久、数量多之谓也。任笔为字，无理无趣，愈多愈久，谬习成固。惟落笔总求在法度中，虽少必准。准中之熟，从心所欲，是谓功夫之效。”（《坚净居杂书》）[②]他又在其他的“杂书”中多次解释，所谓“法度”、所谓“准”就是指“每笔起止，轨道准确”，这样“虽举步如飞，不忧蹉跌”。这里还有一个细节值得注意，即书写时究竟需要不需要悬腕。这其中也存在辩证的关系。启先生说，最早古人席地而坐，书写时肘与腕俱无着处，故自然悬腕。后来有了高桌椅，肘腕有案可贴，才

① 启功：《论书绝句》，赵仁珪注释，页229。
② 启功：《论书绝句》，赵仁珪注释，页268。

有悬肘悬腕之说。但悬腕书写易肩臂俱僵，因此要根据所写之字的大小而定。总之，只要符合书写的自然，“只要指腕不死，亦足得佳书”[①]。

说到此，方向和方法已齐备，好像结论也明确了：结字看来比用笔更重要，更要为上、为先，抛弃赵说，听从启说，问题不就全解决了吗？其实不然。一味强调用笔固然有失偏颇；一味强调结字同样有失偏颇，这二者本是相辅相成的。启先生绝不想把人们从一种偏颇引向另一种偏颇。且看他还有后续的解释，而这恰恰是习惯偏颇的人所忽视的。他在阐述结字与用笔的“次序”是“轨道居先，装饰居次”之后又说：“从书法艺术上讲，用笔和结字是辩证的关系。但从学习书法的深浅阶段讲，则与赵氏所说，恰恰相反。”（《论书随笔》）[②]首先指出二者是辩证统一关系，而非对立排斥关系；其次指出孰先孰后、孰上孰次，只是不同阶段的要求。写字时“结字”的次序在前，是浅阶段，“用笔”的次序在后，是深阶段。推而广之，整个学习书法的过程亦当如此，由浅入深当然要以结字为先，再以用笔为上，而赵孟頫只是把次序弄得“恰恰相反”了，没有先从浅阶段入手，所以启先生不以为然，但这并不等于说到了深阶段仍然如此。既然二者是辩证的关系，那么到了深阶段，赵氏所云的“用笔为上”就不再“恰恰相反”，而是顺理成章了。后来，启先生更明确地说：“‘结字为先’是对初学的人为宜。……有了基础，所缺乏的是点划风神，这时便宜考虑用笔。赵孟頫说这话（指‘用笔为上’）时，是中年时期，是题《兰亭帖》后，这时他注意的全在用笔。譬如中国餐的习惯，是吃饭之后，喝一碗汤；外国餐的习惯是先喝汤，后吃主食。但谁也知道，只喝汤是不会饱的。于是我对先喝后喝的问题，也就不再和人争辩了。”[③]总之，结字与用笔是一个问题相辅相成的

---

① 启功：《启功书法丛论》，页 226。

② 启功：《论书绝句》，赵仁珪注释，页 211。

③ 启功：《启功书法丛论》，页 132。

两个方面。“用笔千古不变”强调的是用笔的不变性，亦即规律性；结字的“纵横聚散”强调的是结字的变化性，二者之间只是侧重点及所适应的阶段不同而已。书法学习者，绝不能执着偏颇地把赵氏之说与启氏之说看成完全对立、非对即错的关系。它们只是学习书法次序的问题，而不是决定书法优劣的问题，所以大可不必过于执着其中的是非对错。

事实上，赵孟頫和启先生经常将二者相提并论，如赵云：“学书有二，其一曰笔法，笔法不精，虽善犹恶；其二曰字形，字形弗妙，虽熟犹生。”启云：“此帖（指《金刚经》）用笔能尽笔心之力，结字能尽字心之势，亦书家之一秘焉。”[①]“行笔如‘乱水通人过’，结字似‘悬崖置屋牢’。”（《坚净居杂书》）[②]再看看启先生书法创作，不管是楷书、行书、草书等不同书体，还是清雅自然、刚柔相济、充满书卷气息的总体风格，哪一个不是通过结字与用笔的完美结合而实现的？哪一个不是既有骨，又有血有肉呢？到了高水平阶段，二者已完全融为一体了，你中有我，我中有你，哪能再硬分彼此呢？前面提供的那幅“一去二三里”作品，其中最简单的“一、二、三”三个字，哪个不是结字既美观变化，用笔又饱满有力呢？

二是师碑、师帖的关系。这一关系直承结字与用笔的关系。简而言之，碑可以提供更多学习结字的样本，帖可以提供更好用笔的典范。因为碑要经过上石、刊刻、捶拓、装裱等流程，在流程中用笔的点画使转已大打折扣了，只能保持间架结构的形状。而帖原指古人手写的墨迹（后来古人又把一些墨迹加以刊刻，再转拓下来，习惯上仍称为帖，与手写原迹不同，姑不论），不但整体字形清清楚楚，就连用笔的细微处，包括粗细、提按、浓淡、轻重、顿挫、使转、毫芒、映带都真真切切，故有利于学习其用笔。特别是在文字文物出土较少的从前，人们学习书法主要得依靠学碑，而近百年

---

① 启功：《启功丛稿·题跋卷》，页 300。
② 启功：《论书绝句》，赵仁珪注释，页 278。

来有关文物的大量出土，为我们习帖提供了远比古人丰富得多的资源，实属今人之幸。这样看来，自当以师帖为主了。但问题没那么简单。清末，很多书法家如包世臣、康有为等鉴于当时书风越来越柔弱颓靡，认为这都是过于习帖的结果，于是大力提倡学习北魏那一路的魏碑体，认为墨迹虽清楚却不够高古，刻拓虽模糊却更浑穆，只有学北碑才能弃书法之软媚感而得书法之“金石气”。如包世臣曰：“北碑字有定法，而出之自在，故多变态；唐人书无定势，而出之矜持，故形板刻。”（《艺舟双楫·历下笔谈》）康有为曰：“北碑有‘十美’，习碑有‘五益’。”在这些人的倡导下，就出现了“三尺之童，十室之社，莫不口北碑，写魏体，盖俗尚成矣”（康有为《广艺舟双楫·尊碑》）。于是，究竟是应师碑还是师帖就成为书法史上又一聚讼纷纭的公案，其症结还是不能辩证地看待二者的关系。且看启先生是怎样处理它们之间的关系的。

总的来说，启先生更多提倡师帖。原因之一是其“活”：“仆于书法，临习赏玩，尤好墨迹。或问其故，应之曰：‘君不见青蛙乎？人捉蚊虻置其前，不顾也。飞者掠过，一吸而入口。此无他，以其活耳。’”（《坚净居杂书》）[①]原因之二是其更实在：“石刻斑剥，壁上之鬼神也；墨迹淋漓，人间之狗马也。欲有借鉴，惟画狗马而不画鬼神，其券可操之于己。”原因之三是其细节胜于碑刻：“碑版法帖（此处的‘法帖’指经枣石刊刻后的），俱出刊刻。即使绝精之刻技，碑如《温泉铭》，帖如《大观帖》，几如白粉写黑纸，殆无余憾矣。而笔之干湿浓淡，仍不可见。学书如不知刀毫之别，夜半深池，其途可念也。”并多次指出：“不见唐摹，不足以言知书”；比观《兰亭帖》的定武本与唐摹本可“生死立判”，“使知右军面目在纸上而不在木上”，过于失真的刻碑只能是“枣石糟粕”。（以上均见《论书绝句》）

---

① 启功：《论书绝句》，赵仁珪注释，页 272。

但他也从未否定师碑，而是能把师帖与师碑结合在一起，体现了高度的辩证观。他认为碑与帖都是书法艺术的宝贵遗产，碑早已成为书法艺术中的另一品种，尤其能为学习者提供结字的典范。他又进而阐释道：“某一艺术品种的风格，被另一个艺术品种所汲取后，常使后者更加丰富而有新意。”比如把金文刻法移入印章，就产生新的风格。“如果书家真能把古代碑刻中的字迹效果，通过毛笔书写，提炼到纸上来，未尝不是一个新的书风。”[①]这可以《兰亭序》为例。《兰亭序》既有摹本，也有刻本。摹本神采飞越，刻本气力深厚，是“刀”赋予“笔”的意外效果。启先生还对《张猛龙碑》情有独钟。《论书绝句》一百首中，有六首都是题咏此碑的，并声明借助学习此碑而救助了自己“骨力疲软”之失。他又说：“运笔要看墨迹，结字要看碑志。不见运笔之结字，无从知其来去呼应之致；结字不严之运笔，则见笔而不见字；无恰当位置之笔，自觉其龙飞凤舞，人见其杂乱无章。”（《坚净居杂书》）[②]所以，师碑、师帖二者辩证统一，不可偏废。

启先生在长期的书法实践中也逐渐将这二者结合到一起，走过了一段“从重结字到重用笔，再到结字与用笔并重”的历程，并详细地叙述道：“仆于石刻，见解亦尝数变。早岁初见唐碑，如《九成宫醴泉铭》《多宝塔》碑等，但知其精美，而无从寻其起落使转之法。继得见唐人墨迹，如敦煌所出，东瀛所传，眼界渐开，又复鄙夷石刻。迨后所习略久，乃见结字之功，有更甚于用笔者，故纵刊刻失真，或点画剥蚀，苟能间架尚存，亦如千金骏骨，并无忝于高台之筑。即视作帐中灯下之李夫人之影，亦无不可也。”（《论书绝句》之七九）[③]这种兼济的地步，就如人既可饮茶，亦

① 启功：《启功书法丛论》，页 85。
② 启功：《论书绝句》，赵仁珪注释，页 262。
③ 启功：《论书绝句》，赵仁珪注释，页 158。

可饮酒；既可偏嗜，亦可兼能，从而达到“从心所欲不逾矩”，“纸上神行手不知”（《论书绝句》之四九）的境界。[1]何况好的碑刻，简直可以视为“下真迹一等”，能在很大程度上体现出原来墨迹的风采，如《曹全碑》不仅刊刻精善，而且“体势开张，点画沉劲，远在《孔宙碑》之上”（《明拓〈曹全碑〉跋》），更应是师法的范本。

既然不否定师碑，而大多碑刻又确实存在失真缺陷，那怎样才能更科学地师碑呢？启先生又给我们指出一种富于辩证观的方法和途径——“师笔不师刀”，“透过刀

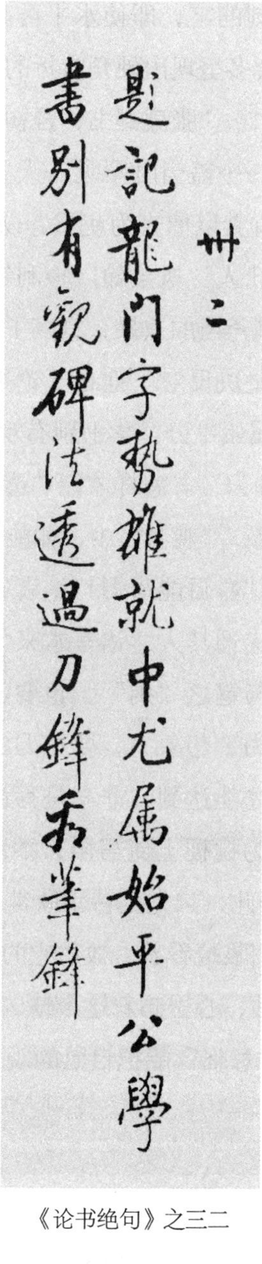

《论书绝句》之三二

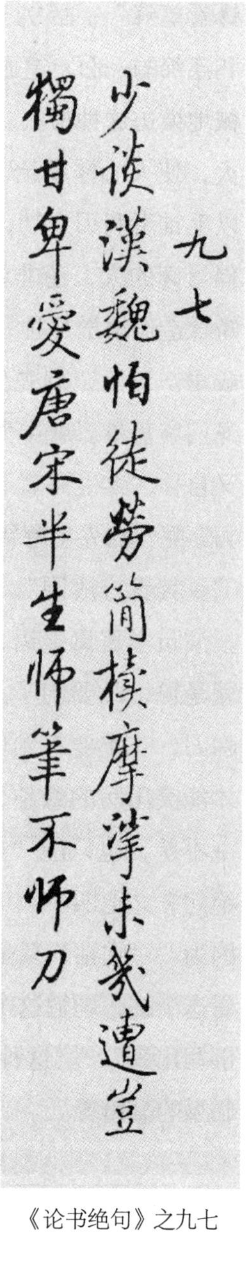

《论书绝句》之九七

① 启功：《论书绝句》，赵仁珪注释，页98。

锋看笔锋”。因为刊刻的字，即使水平再高，也很难再现柔毫原有的柔和连绵的一面，笔画会多呈现出硬角方折的形状。于是不辨事理的人就机械地模仿这种写法，如：“张廉卿书，吾初病其斧凿痕太重，如观吞刀吐火，使人心悸不怡。……盖当时罕见古人墨迹，书家误为刀痕所惑，欲以毛锥奏利刃之功，宜其以僵直为庄重，以喑哑为沉默也”[①]。而那些提倡习碑的人，还非要让人“执柔翰以拟利锥”，描头画角，效其皮相，矫揉造作地学那种刀刻斧凿的效果，真应了“削足适履”“打肿充胖”的成语。对此，启先生坚决反对。他在《论书绝句》之三二中说：“题记龙门字势雄。就中尤属始平公。学书别有观碑法，透过刀锋看笔锋。”[②]又自称“半生师笔不师刀”。怎样才能“透过刀锋看笔锋”，“师笔不师刀”呢？启先生解释道：“观者目中，如能泯其锋棱，不为刀痕所眩”，“令其看方成圆”，“心目能辨刀与毫者，始足以言临刻本。否则见口技演员学百禽之语，遂谓其人之语言本来如此，不亦堪发大噱乎？”也就是说，既要明了刀与笔之“别”，也要能想象刀与笔之“融”，以笔临刀，一定要有领悟力、想象力，要把刀的效果还原成笔的效果，这样才能突出写的意趣，才能达到“非摹是写最精神”的境界。否则即使丝毫不差，也只能“如为桃梗土偶写照，举动毫无，何论神态”（《论书绝句》之七四）[③]。为此，启先生特别欣赏“临帖不如读帖”这一观点。因为“‘临帖’只是用眼睛看着、效仿它的样子来学，‘读帖’是拿眼睛看这个帖，理解这个帖，心里想着这个帖，然后拿笔不一定照这个帖就能够写出来”[④]。这种“意临”能把自己的观察、领悟都融进其中，这才是临摹的高境界。

---

① 启功：《启功书法丛论》，页 149。
② 启功：《论书绝句》，赵仁珪注释，页 64。
③ 启功：《论书绝句》，赵仁珪注释，页 148。
④ 启功：《启功书法丛论》，页 262。

三是书法与书家的关系。在传统观念中人们常把书品和人品混为一谈。对于书品、人品俱佳者，这当然不成问题，如启先生评郑板桥曰："先生之名高，或谓以书画，或谓以诗文，或谓以循绩，吾窃以为俱是而俱非也。盖其人秉刚正之气，而出以柔逊之行，胸中无不可言之事，笔下无不易解之辞，此其所以独绝今古者。"（《我心目中的郑板桥》）但如遇到二者有悖时，就需要辩证地看待了。如理学家朱熹曾认为学曹操的书法再好，也是学了汉之逆贼；学颜真卿书法再差，也是学了唐之忠臣，用迂腐的理学观来指导书法学习。对这类现象进行澄清和论证，标志着论者能站在更高的层面对书法艺术进行更深入的人文研究。启先生在这方面也为我们做出了榜样。《论书绝句》之五四论柳公权曰："劲媚虚从笔正论。更将心正哄愚人。书碑试问心何在，谀阉谀僧颂禁军。"[①]在自注的古文中，启先生谈到这样几个相关的观点：（一）柳公权在回答皇帝问有关笔法时，以"心正则笔正，笔正乃可为法"作答。而这位"愚"皇帝居然为之"改容"有悟。启先生认为柳公权这种说法只是聊作"笔谏"而已，与真正的书法无关，后人的赞美纯属"哄传"。（二）事实胜于雄辩，文天祥之忠烈不比颜真卿差，但书法不彰；六祖慧能，"心正"最坚，但连字都不会写，哪来的"心正则笔正"？（三）如果真如柳公权所说的那样，那么当他为"腥闻彰于史册"的宦官、神策军，以及"辟佞比于权奸"的僧端甫书《玄秘塔碑》时，他的"心正"跑到哪儿去了？（四）但柳公权的字确实好："史称其体势劲媚，此言最为确论"，"其书固劲媚丰腴，长垂艺苑"。所以，最后的结论是："笔下之美恶，与心中之邪正，初无干涉，昭昭然明矣。"能得出这样的结论，既有真知，又有胆识。同理，蔡京、蔡卞的书法也很出色，启先生称之为"笔姿京、卞尽清妍，蹑晋踪唐傲宋贤"（《论书绝

① 启功：《论书绝句》，赵仁珪注释，页108。

句》之十二）[①]。但书史在评二人时，也常以其“人奸”而加以贬斥，甚至在并列“苏黄米蔡”时，以蔡襄取代蔡京、蔡卞，这也是将人品与书品混为一谈了。对达官权贵，启先生不迷信；对卑微凡人，启先生不轻视。他对敦煌写经的无名经生、对被忽视的“书佐”，以至长期被忽视的石刻工匠都大力表彰，称其书“莫不结体精严，点画飞动，有血有肉，转侧照人”（《论书绝句》之十一）[②]，称其功“都列入每件碑刻艺术品的成功因素之内”，“永远都是我们不能忽略的”（《从河南碑刻谈古代石刻书法艺术》）[③]。

四是古今与高下的关系。他在《论书绝句》之五、八一、九四、九五、九七、九八的古文自注中都反复论述过这一命题。现综论如下。他说：“书体之篆隶草真，实文字演变中各阶段之形状，有古今而无高下。”[④]但书家往往“贵远贱近”，感慨“时代压之，不能高古”，“有我则无古人，有古人则无我”[⑤]；认为“篆高于真，隶优于草，观念既成，沦肌浃骨，莫之能易”[⑥]。更有甚者，如明代的祝允明、王宠等盲目学古，“于是所书小楷，如周身关节，处处散脱”，“盲于佞古，竟加仿效。石刻模糊，书家亦囫囵临写”。[⑦]对这种“贵远贱近”的谬说，启先生指出，古今是时间概念，高下是艺术判断，二者不能简单地对应。古的未必高于近的，先的未必优于后的，就好像“滕王善画蛱蝶，然未闻滕王先工画卵蛹而后始工画蝶也”[⑧]，可谓一语道破。因此，练习书法者也就“非必先

① 启功：《论书绝句》，赵仁珪注释，页24。
② 启功：《论书绝句》，赵仁珪注释，页22。
③ 启功：《启功丛稿·论文卷》，页142。
④ 启功：《论书绝句》，赵仁珪注释，页190。
⑤ 启功：《论书绝句》，赵仁珪注释，页196。
⑥ 启功：《论书绝句》，赵仁珪注释，页190。
⑦ 启功：《论书绝句》，赵仁珪注释，页162—163。
⑧ 启功：《论书绝句》，赵仁珪注释，页194。

学篆隶始能作真行笔势也”[①]，尽可从自己喜爱的书体入手。这种“贵远贱近”的观念流毒甚远，就如本书第一章提及的郭沫若先生认为《兰亭序帖》不是王羲之所作的理由恐怕也与此有关，因为在他们看来，“右军之书，必如二爨始称真迹”。启先生又分析了这些人为什么会有“贵远贱近”的心理，他以楼兰出土的晋人手迹为例，人们看到它如此的“笔意生动，风格高古”，就很容易产生一种越古越好的感觉，其实“当时人作书，并无许多造作气，只是以当时工具，作当时字体。时代变迁，遂觉古不可攀”[②]。在此基础上，启先生进而倡导古今各有所长，只要处理好古今的关系，就能有所进步：“人莫逃乎时代风气，虽大力者，创造与规避，两不可能。惟有广于借鉴，天然消化耳。”[③]“书法习尚，代有变迁。所谓‘臣无二王法，二王亦无臣法’，并非谐语。以时世既异，其法亦必两有不能者。”[④]所以，后人大可不必盲目崇古而妄自菲薄。这种书法随时代发展的辩证观也十分可贵。

三、破除迷信的自觉性

上文所评介的观点，很多都体现了启先生不盲从前贤之成见，敢于独立思考、破除迷信的精神。这种精神尤其体现在指导今人学习书法所应持的态度上。中国的书法早已成为“显学”，产生了很多“理论”。其中当然不乏精辟之论，但有些观点并不完全正确，但被一些所谓书法家、书法理论家一炒，好些谬论也都成了“金科玉律”，后人千万不能盲目“佞古”，被这些“诈人”的“权威”唬住。特别是对于初学书法的人来说尤其如此。对此

① 启功：《论书绝句》，赵仁珪注释，页 194。
② 启功：《论书绝句》，赵仁珪注释，页 10。
③ 启功：《论书绝句》，赵仁珪注释，页 196—197。
④ 启功：《论书绝句》，赵仁珪注释，页 188。

启先生多次强调，学习书法的第一要务就是要“破除迷信”，并多次以此为题做书法演讲。

最典型的例子莫过《晋书》所载的故事：说王献之六七岁时练习写字，王羲之猛然从后面拔他的笔，竟然没有拔去。于是书家就生出执笔要如何有力，如何“指实掌虚”等一套理论，而且被奉为入门须知的典则。对此，启先生大不以为然，他说，“这个故事即使当年真有，也不过是说明小孩子注意力集中”而已（《论书随笔·琐谈五则》）[①]，绝不可把它神化。他特别赞赏苏东坡对这一公案的评判：“献之少时学书，逸少（王羲之）从后取其笔而不可，知其长大必能名世。仆以为不然。知书不在笔牢，浩然听笔之所之而不失法度，乃为得之。然逸少重其不可取者，独以其小儿子用意精至，猝然掩之，而意未始不在笔。不然，则是天下有力者莫不能书。”[②]诚然，用突然抽笔来检验是否能成为书法家，那只有大力士能当选了。启先生又继而论道：“东坡论笔之佳者，谓当使书者不觉有笔，可谓妙喻。吾申之曰：‘作书兴到时，直不觉手之运管，何论指臂，然后“钗股漏痕”，随机涌现矣。’”（《论书绝句》之四九）[③]其中所说的“钗股”“漏痕”也是被一些书家吹捧得玄乎其玄的用笔效果，启先生也曾有所辩驳，认为这不过是一种或运笔清，或连绵流畅的自然状态而已。这种“纸上神行手不知”的感觉才是执笔、运笔的自然状态和理想境界。

至于后来一些人又由王氏父子这段故事派生出什么“指实掌虚”的“执笔法”，更没什么神秘可言：“指不实，拿不起笔来。……‘实’不等于用大力、死捏笔；掌的‘虚’，只为表明无名指和小指不要抠到掌心处。为什么？如果后二指抠入掌心窝内，就妨碍了笔的灵活运动。这个道理，本

---

① 启功：《论书绝句》，赵仁珪注释，页 224。
② 启功：《启功丛稿·艺论卷》，页 276。
③ 启功：《论书绝句》，赵仁珪注释，页 99。

极浅显。有人把指实误解为用力死捏笔管，甚至要捏碎笔管，把掌虚说成写字时掌心处要能攥住一个鸡蛋。诸如此类的附会之谈，作为谐谈笑料，固无不可，但绝不能信以为真。”（《论书随笔·琐谈五则》）[①]那么，最实在的执笔法是怎样的呢？启先生非常平淡地说：“我觉得执笔和拿筷子是一样的作用，筷子能如人意志夹起食物来即算拿对了；笔能如人意志在纸上划出道来，也即是执对了。”[②]何其简单明了！

类似的例子还很多，《启功口述历史》有生动的记载，不妨转录一些：

> 比如握笔，现在还有人提倡“三指握管法”，称这是古法。不错，这确实是古法，而且古到当初席地而坐的时代。那时没有高桌，书写时，左手执卷，右手执笔，三指握管（犹如今日握钢笔）的姿势，正好和有一定倾斜的左手之卷成九十度，非常便于书写。而有了高桌之后，人们把纸铺在水平的桌上，这时再用三指握管法就不能和纸面成垂直状态，不便于软笔笔锋的运用。那些人不明白这基本的道理，还在提倡“三指握管法”为“高古”，并想当然地说“三指握管法”是拇指在内，食指、中指在外的握笔姿势。更有甚者，还有提倡所谓“龙睛法”“凤眼法”的，说三指握笔后虎口成圆形的为“龙睛法”，成扁形的为“凤眼法”。还有人在如此执笔的同时，尽力地回腕，把手往怀里收，可惜不知这叫什么方法，权且叫它“猪蹄法”吧。最可笑的是包世臣《艺舟双楫》记载的刘墉写字的情况：他为了在外人面前表示自己有古法，故意要起“龙睛法”，还要不断地转动笔管，以至把笔头都转掉了，这不是唬人是什么？难怪刘墉的字看上

---

① 启功：《论书绝句》，赵仁珪注释，页223。
② 启功：《论书绝句》，赵仁珪注释，页223。

去那么拘谨。

至于悬腕、运笔、选帖、择笔等也有很多类似的现象。如有人说不但要“悬腕”，还要“平腕”，练习的时候要在手腕上放一碗水，让它不洒才行，请问这是写字还是耍杂技？运笔讲究提顿回转，这本不错，但有人硬说写一横要按八卦的位置走，“始艮终乾”（艮和乾都指八卦的位置），请问这是写字还是排八卦阵？还有人说只有练好篆书才能练隶书，练好隶书才能练楷书，练好楷书才能练行书、草书，这貌似有理，但怎么才叫练好？难道学画蝴蝶必须先从画蛹开始吗？这是写字还是子孙传代？有的人字还没练得怎么样呢，就先讲究笔的好坏，有些人还把不同质地的笔的功能差异说得神乎其神，还以用希奇古怪的质地为尚，其实善书者不择笔，我八九十年代最喜欢用的是衡水地区产的七分钱一支的笔，一下就买了二百支。凡此种种都需要我们先破除迷信才行。

临摹碑帖也需要破除迷信。碑拓须经过书丹（把字形描到石头上）、雕刻、毡拓等几道工序才能完成，每道工序都要有一次失真，再加上碑石不断风化磨损，所以笔画还会有一些变形，拓出后有的出现断笔，有的出现麻刺。可笑的是有人在临帖时还故意模仿，美其名曰“金石气”。我小时看到兄弟二人面对面地临帖，每写到碑上出现拓残的断笔时，哥俩就互相提醒，嘴里还念念有词：“断，断。”那时还觉得挺神秘，现在想起来真可笑，不妨称他们为“断骨体”。还有人故意学那麻刺，我戏称他们为“海参体”。有些魏碑的笔画呈外方内圆的形状，临摹者刻意模仿，写出的字都像过去常使用的一种烟灰缸，我戏称它为“烟灰缸体”，殊不知这种笔道是无奈的刀刻的结果。当然碑的功劳不可灭，好的碑拓基本能保留原作的风貌，虽然笔墨的干湿、枯润、浓淡以及细微的连缀难以传真地再现，但结字的间架还是可以表现出来的，多临摹还是有好处的。特别是那些经过时代考验的作品，确实是今人学习的永恒基础，可以保证我们有正确的审美观念而不至于走火入魔。当然师古人的时候也要有所选择，别以断骨体、海参体、烟灰缸体为尚就是了。[1]

启先生不惜以尖刻的语词、挖苦的口吻来揶揄那些所谓神秘的技法，其目的不是想全盘否定传统的书法理论，而是要让后学者在学习书法时有“破除迷信”的自觉性和坚定性，这对继承和发扬书法艺术具有重大的现实意义。

四、书法文化的价值观

启先生不但对书法技艺本身有广泛而深入的论述，而且还能高屋建瓴，把书法置于中国文化的大背景中关注它的人文价值，这种理论建树就不是一般书家所能企及的了。他在《碑刻中的古代文学资料》一文中，曾深入论述到碑刻不仅是书法艺术，“还有许多关于古代历史、文学史和工艺美术等方面的资料”[2]，有助于校勘、考证、补遗、研究工作（详见下章），只有书家兼学者才能从文化史的高度提出这样深刻的观点。

启先生还多次指出，书法是中国独有的艺术品种，在中华文化中具有独特价值。汉字形、音、义的结合已在世界文字中享有独特的价值，艺术化的书法自然更有其他文字书写时所不具备的审美功能，不能因为国外没有这门艺术就否定它在艺术界的重要地位，相反，更应把它视为国粹，倍加珍惜，努力发扬。他还借鉴曹丕《典论·论文》中“文章经国之大业，不朽之盛事”的观点，来论述书法的文化价值。如云：“事业贞观定九州，巍峨宫阙起麟游。行人不说唐皇帝，细拓丰碑宝大欧。”（《论书绝句》之

① 启功口述，赵仁珪、章景怀整理：《启功口述历史》，页 178—179。
② 启功：《启功丛稿·论文卷》，页 213。

四十）[①]并在古文自注中进一步申述道：唐太宗在剪灭群雄后，大修宫殿，粉饰太平，令魏徵撰文，欧阳询书碑，记唐太宗在九成宫避暑发现涌泉之盛事，结果后人只宝爱碑上之字而无人理会碑上之文，更无人去膜拜这位“唐皇帝”的功业：“然今之宝此碑者，一波一磔，辨入毫芒；或损或完，价殊天地者，但以其书耳。至其文，群书具在，披读非难，而必挂壁摊床，通观首尾者，意不在文明矣。文且无关，何有于事？事之不问，何有于人？乃知挂弓之虬须（指唐太宗），有愧于书碑之鼠须（指笔）多矣。”所以结论便如昔人所云：“翰墨之权，堪埒万乘也！”[②]又云：“买椟还珠事不同。拓碑多半为书工。滔滔骈散终何用，几见藏家诵一通。”（《论书绝句》之四一）[③]并在古文自注中进一步阐释道：“然自书法言之，崇碑巨碣，得名笔而益妍；伟绩丰功，借佳书而获永。是知补天之石，尚下待于毛锥（指书写与刻石）；建国之勋，更旁资于丹墨（指书写）。虽燕许鸿文，韩柳妙制，于毡蜡（指拓碑）之前，仅成八法之楦（书法的字模），又何怪藏碑者多而读碑者少乎？夫撰文所以纪事，濡丹（指把字写到碑上）所以书文，而往往文托书传，珠轻椟重，岂谀墓过情者，有以自取耶？”[④]明确指出那些歌功颂德的丰碑都要靠碑上的文字来宣扬，但再好的文章，如燕国公张说、许国公苏颋，以至韩愈、柳宗元，如不从碑上拓下来，也只能永远是书法的字模。而人们之所以把它拓下来，“多半为书工”，而不是为读碑上的文章。所以，世上藏碑的要比读碑的多得多。这样看来，正应了“买椟还珠”的成语——原来是想通过文章来歌功颂德，没想到文章的价值反不如书法的价值了。这也是那些善写“谀墓”文章的人自找的结果吧。

这里特别重要的一句话是，“文托书传”。书法虽是文字的载体，诚

① 启功：《论书绝句》，赵仁珪注释，页 80。
② 启功：《论书绝句》，赵仁珪注释，页 80—81。
③ 启功：《论书绝句》，赵仁珪注释，页 82。
④ 启功：《论书绝句》，赵仁珪注释，页 82。

如本节首先提及的那样，“书法只是文字的优美书写，或曰只是文字艺术化的表现形式，因此书法之美离不开文字的社会性”。但书法又绝不仅处于从属的地位，借助于优美的书法，“滔滔骈散”的文章、碑记才得以流传，高度赞美了书法的文化价值，也再次体现了启先生高度的辩证观。

五、《论书绝句》的创新体

以上对启先生书法理论的分题介绍，虽然出自他的各种著述，但出自《论书绝句》一百首为最多，这说明此书内容之广泛、观点之深刻，在众多著述中占有重要的地位。此书“前二十首为二十余岁时作，后八十首为五十岁后陆续所作”（《论书绝句》引言），竭尽了启先生毕生的精力与识见。而结构的安排与涉及的内容皆以书法史为纲，可视之为一部书法史简明札记。非但如此，此书的体例也独具创新性。它先用生动的语汇将精辟的观点凝聚在一首七绝之中，再用精美的古文阐释诗中有关的要点，诗文结合，既观点鲜明精警，又论述简明周详，读起来朗朗上口，回味无穷，不亚于优美的文学作品。讲的是书法艺术、书法理论，用的是诗歌形式、文学手段，堪称是艺术学术化、学术艺术化的典范之作。古往今来，书法理论著作不可谓不多，颇具影响力的也不少，但它们或只限于对某些现象予以论述而缺少系统的关照，或只满足于一些形容词语的罗列而缺少明晰的论述，或陷入无谓的成见而缺少科学的判断。比起这些著作，这部《论书绝句》无疑在内容与形式上都具有极大的开创性。读其书，不但可以学到很多书法理论知识，更可对了解启先生的为人为文有直接的帮助。故本文不惧效颦之讥，以诗文互配的形式，再单独论述如下：

（一）据不完全统计，《论书绝句》一百首涉及各种版本的各种碑帖，或专讲碑帖的书籍凡二百八十余种，涉及历代书法家或书法理论家凡二百三十余人。如果仅以每人有一名、一字、一号、一爵里而论，二百三十余人所涉及的称谓更多。对如此众多的碑帖和书家，启先生皆烂熟于胸。论碑帖，大至风格流派，小至贼锋泐痕，无不历历在目，成竹于胸；论书家，大至生平事迹，小至奇闻逸事，无不了如指掌，信手拈来；论书史，大至史观建设，小至考证方法，无不有根有据，令人信服。然此仅为该书所涉及者，尚未列入之帖，尚未纳入之人，所在多是，启先生亦能如数家珍，娓娓道来。然此仅为碑帖一学，至于文学、史学、绘画，乃至平生师友之风义、朋友之交往、亲戚之过从，亦无不如是。其过目之广、见闻之丰、记忆之强，令人赞叹，难怪人称启先生的大脑为“活电脑”。然电脑还需一一存储调出，何如此“活电脑”来得如此便捷活泼！

诗曰：“法帖书家千百论。对君指点似家珍。何须电脑繁存储，一任先生调往频。”

（二）真知灼见者，绝非门外理论家云山雾罩地高谈阔论，也绝非腹笥有两部唐书，便觉芒角撑肠，自以为是地评头论足，而是熟知个中甘苦的门内人集一生经验之所悟。就启先生一生不离书法事业的经历、学养、成就而言，其对书法的见解才堪称真知灼见。如就墨迹与碑帖的关系而言，他主张“师笔不师刀”，“透过刀锋看笔锋”，但枣石碑版亦不可偏废，但须如观“李夫人”影耳。就用笔与结字的关系而言，认为结字更须当先，其中甘苦，“惟骨肉不偏为难”，而对结字关系当符合“黄金率”的发现，更是前所未有。就书法风格而言，认为自然天成乃是最高境界，正所谓“神全原不在矜庄”，因此对强分流派，强作鼓努，强求古意者多加批判。就各种书体而言，认为每种书体都是随时代的发展应运而生，都有不同的功效与美感，因而不能强行对它们进行优劣划分。对人品与书品的关系，认为虽不像柳公权所说“心正则笔正”那样简单，但也应有郑板桥那样，“躁释矜平”，“秉刚正之气，而出以柔逊之情”的胸襟。凡此种种都可谓真知灼见也。

诗曰：“书学自古讼纷纷。谁肯金针度与人？今有一编君且读，真知灼见指迷津。”

（三）对历代碑帖，藏家只宝其书而不重其文，此即启先生所谓“滔滔骈散知何用，几见藏家诵一通”[①]。然《论书绝句》则不同，不但前面百首绝句的墨迹美轮美奂，令人赏心悦目，后面百篇短札的文章亦生动绝伦，令人爱不释手。同样是滔滔骈散，但“龙门诸记，豪气有余，而未免于粗犷逼人；芒山诸志，精美不乏，而未免于千篇一律”，“崇碑巨碣，得名笔而益妍；伟绩丰功，借佳书而获永”，“乃知按模脱墼，贤者不为，而登楼用梯，虽仙人不废焉”，道理阐释得何等深刻，语言组织得又何等精彩。启先生还以比喻擅长。如讽刺只知墨守碑刻而怀疑墨迹之人为“见橐驼谓马肿背”，形容倪瓒之“精警权奇”为“有阮嗣宗白眼向人之意”。批评褚遂良强求古意为“可怜鼓努三龛记，乍绾双鬟学霸王”，读之都令人神观飞跃，倍感亲切，比起古人以《汉书》下酒还有意味。噫，“几见藏家诵一通”，今则见矣；不但见矣，且何止一通！

诗曰：“明月清风酒一壶。《论书》妙语意何如？钿头银篦击节碎，下酒何须用《汉书》。”

（四）大凡人一旦进入高妙境界，其一言一语，一颦一笑，一举手一投足，无不神采飞扬，令人向慕，如吴道子信笔点染，即惟妙惟肖；李延年轻舒歌喉，能响遏行云。此无他，本色所致耳，启先生的诗文亦如此。该书虽以论书为主要内容，但在似经意、似不经意之间，常有一些信手所至的旁说侧论之笔，或说古论今，或论政议治，或褒贬人物，或感叹人生，无不闪烁着智慧的火花，凝聚着深刻的哲理，文章得以增辉，读者从而受益。如在论辩“蜀贼”本到底应否称诸葛亮为“贼”时，引出“桀犬吠尧，尧之犬亦吠桀也”一段，此段仅六十七字，但其转折起伏之多似可与王荆公九十字的《读孟尝君传》媲美，单抽出来，亦可成为一篇精美绝伦的小品，而且深含

---

① 启功：《论书绝句》，赵仁珪注释，页82。

“莫论物议，只需做人”的哲理。又如“庸医杀人，世所易见，名医杀人，人所难知”；“石刻斑驳，壁上之鬼神也；墨迹淋漓，人间之狗马也，欲有借鉴，惟画狗马而不画鬼神，其券可操之于己耳”，不一而足，皆可作如是观。

诗曰：“玉液琼浆满翠樽。当筵流溢亦芳馨。不经意处两三语，最是人间绝妙文。”

（五）《论书绝句》虽以评介碑帖、臧否人物为主要目的，但评介与臧否亦有高下之分，低者仅能述其情状，高者则能写出感情。很多碑帖的背后都有一段生动的故事，每到此处，启先生即为之驻足，为之徘徊，为之低回叹惋，为之唏嘘慨叹。于是，叙述文字变为抒情文章，死之碑版注入活之灵魂，读之令人回肠荡气。即此可知，启先生不但是学问中人，更是性情中人。如在评介王羲之《丧乱帖》时，据帖首“丧乱之极，先墓再离荼毒”之语，便在诗中发出“大地将沉万国鱼”的感慨，而此时正值神州沦陷的抗战之际，启先生的一片爱国之心跃然纸上。在评介恽寿平时，说他“生丁桑海之际，崎岖戎马之郊……一水一石，巍并西山；一草一花，香齐薇蕨”。这不但是对恽寿平的歌颂，更是对民族气节的歌颂。又如在评介《张猛龙碑》时，于诗中写道：“小人何处通温凊，一字千金泪数行。”在评介汪中书时，于文中写道：“逮读至《与汪剑潭书》，泪涔涔滴纸上。”何以至此？盖想到自己“早失严怙，先母抚孤，备尝艰苦”的经历。一派慈爱之心不亦“若助风木之长号也”？又如评杜牧《张好好诗》而感慨故人早逝，“何胜人琴之痛”；评宋克书《七姬志碑》由感慨七姬血肉，伤文人难获令终，诸如此类，皆是从性情中流出的好文章。

诗曰：“虽然臧否必求真。笔下何妨赤子心。每到寸心相感处，抛书掷笔泪沾襟！”

（六）启先生是幽默之人，故其文亦多诙谐之语。然诙谐亦有雅俗，调侃亦分高下。俗者、下者，不离插科打诨的市井气，雅者、高者多富令人解颐的书卷味，故幽默诙谐也是一种品位、一种文化。它需以坦荡大度的胸襟为人格基础，以游刃有余的学养为文化背景，凡俗木讷之人岂可企及。《论书绝句》介绍的虽是刻板的碑帖之学，至多能牵扯到一些文人雅士的旧闻逸事，无更多的笑料可资，无特别的猎奇可言，但启先生的诙谐幽默仍时时可见。如借助米芾评蔡襄为“勒”字，黄庭坚为“描”字，苏轼为“画”字，而自己为“刷”字；以及以“世人皆以芾为颠，愿质之子瞻”的传说，论述米芾书法之气势；借助“苏黄互嘲其书，有石压蛤蟆，枯梢挂蛇之谑”，以黄庭坚《松风阁》诗中“‘夜雨鸣廊到晓悬’句以喻黄书，亦枯梢挂蛇之意耳”；借助药山惟俨“牛皮也须透”之语，巧妙地为自己年轻时只注重枝节而解嘲。至于包世臣将自己既论文又论书的集子称为《艺舟双楫》，而康有为一心想超而过之，将自己只论书的集子称为《广艺舟双楫》，结果只落个不伦不类，而被人戏称为《艺舟单橹》，则可直入《笑林》。有这些花絮穿插，再专业化的论述，也显得轻松幽默、趣味横生，令人忍俊不禁了。

诗曰：“雅事自当雅语吟。更将谐语走逡巡。峰回路转开新境，读罢《世说》读《笑林》。”

（七）古人的书法著作不胜枚举，如张彦远的《法书要录》、孙过庭的《书谱》、董其昌的《画禅室随笔》、何绍基的《东州草堂题跋》、包世臣的《艺舟双楫》、阮元的《南北书派论》、冯班的《书法正传》、康有为的《广艺舟双楫》、王文治的《快雨堂题跋》、叶昌炽的《语石》、张伯英的《阅帖杂咏》等。这其中当然不乏佳作，但或限于所见真迹不多，眼界难以阔大；或限于过分追求专门，立论难以展开；或有意故作玄妙，竟陷入“始艮终乾”的呓说；或只知墨守成规，跳不出捏碎笔管的俗套。更有甚者，牵强附会，强分流派，流毒甚广，徒成遗憾。但《论书绝句》绝没有这些遗憾。该书资料丰富，论述全面。从古老的宫廷秘藏、历代珍品，到新出土的汉魏木简、晋人墨迹；从国内少数民族的书法家，到国外诸如日本的书法家；从帝王文臣到诗人和尚，作者无不涉猎，包拢备至。其眼界之宽、所见之多，是前人不可企及的。其论述大至风格流派、书体发展，小至版本考辨、趣闻逸事，亦无不自由驰骋、纵横如意，真可谓兼收并蓄、细大不捐，内容之丰富灵活也是前人无法望其项背的。再加之观点深刻，见识卓绝，笔带感情，文采斐然，诗文结合，体例新颖，足使它成为前无古人的传世佳作。前代诸贤于九泉之下亦当相视而笑，颔首称道矣。

诗曰："论书佳作古纷纷。难比斯编美且新。仰望经天行白日，晨星寥落月黄昏。"

通过以上详尽的论述，我们可以得出这样的结论：启先生的书法理论与他的书法创作具有同样的成就，不但为当代之翘楚，亦可比肩古人。无论是广度、深度，还是科学度、精彩度都可与上举的张彦远《法书要录》、孙过庭《书谱》等相媲美，进而超越包世臣《艺舟双楫》、康有为《广艺舟双楫》等，接续了中国书法理论的正脉，为书法理论系统而科学地建树做出了不可替代的贡献。

第四节　历史地位

至此，我们应当给启先生的书法总成就做一历史定位。既然启先生的书法创作和书法理论都是现当代较杰出者之一，他在这两方面取得的成就都可以超越时代，特别是清、明两代，而直接赵孟頫，远祧宋唐诸家，如果再加之下章所要论及的他在书画鉴定方面所取得的理论和实践的成就，以至他的诗文创作、学术水平，那么称他为书法史上"不世出"或"间数世"的人物，应当是实至名归、并不过誉的。我们做出这样的结论，并不是非要把启先生奉为当今书法第一人。古人说得好："文无第一，武无第二。"每一代都有并驾齐驱的风流人物，对他们强加划分是无益的。但有些人似乎仍跳不出这种思维，好像把启先生评价高了就贬损了他人，因而对上面的结论就颇有微词，对此本书不得不略加申述。

评价启先生的书法创作，可以见仁见智，因为既然是艺术，就可以有不同的审美取向。但结合启先生的具体情况，有两点必须声明在前：一是应以其精品为标准，这是评论任何书画家的通则。启先生这样的作品很多。但众所周知，在难以应付的、巨量的求字时，启先生也有一些无奈的应酬之作，再加之晚年精力不济，眼疾严重，难免有些笔力衰退之作。如果论者以此为据，是没有任何意义的。二是应以手书墨迹为标准，这也是启先生一贯的主张。古代留下的手书墨迹少，故碑刻成为评价的主要对象。如今则不同，特别是启先生的墨迹流传于世的当以万计。如果论者专以“某某大厦”“某某酒店”的题字为例，也没有太大的意义。因为这里存在着比例放大、制作不精良带来的走形，甚至不排除有假冒者。有这两点前提，我们才可以找到探索的空间。

梅墨生先生在《启功——一位书法文化的象征性人物》一文中，首先大力肯定了启先生的书法成就，以及在其他领域中的杰出贡献和高尚人品，称赞他是当今“一位书法文化现象象征性人物”。同时又说：“我始终不认为启功书法是这个时代的最高峰。我认为这个时代的书法最高峰将是一个虚设。”[①]其原因有二：一是从体势说不够完备……启功书体以楷、行、草为主，篆隶为所短。二是从风格上说面目略单调。……前后变化不大，风貌较单一，一见即为“启功体”。这种建立在全面考察之上，又力求客观的评价态度是严肃的、值得肯定的，也是每个人都享有的“争鸣”的权利。只有通过这样严肃的学术讨论，我们才会得到更科学的结论。本书对他的观点不持

① 梅墨生：《启功——一位书法文化的象征性人物》，收入秦永龙主编：《第二届启功书法学国际研讨会论文集》，页51。

异议，非要明确排定谁是“最高峰”是没有意义的，也是不科学的，将其“虚设”不失为明智之举。但他提出的两点理由还可再商榷。书史上几位最著名的书法家，如王羲之、颜真卿、柳公权、苏东坡、赵孟𫖯等，也都是仅以楷、行、草见长，有的还仅以其中的一种见长，篆、隶都为其所短。而这些人风格也都谈不上多种多样，一看也即为“颜体”或“柳体”。但这些现象都不能妨碍他们是书法史上不同阶段的不同高峰，只是不要把某一人称为“最高峰”即可。本书之所以对启先生的书法有“不世出”或“间数世”的高度评价，也是基于这样的观点：我们只是说他是书法史上，包括当代书法史上，伟大的一群人中的“之一”，而不是“唯一”，更何况他创作与理论兼擅，而且都是超一流水平，这在书法史上不能说“唯一”，但实属罕见。故本书的开篇诗才有“理论兼实践”，“自古‘几人’能”，“众人齐瞻仰，北斗‘一颗’星”之说。

但有些人的评价就失于偏颇和武断了。如有人称启功书法是“馆阁体”，这真让人百思不得其解。这些人的理由，或许还是根源于对清末以来柔弱书风的不满，认为那一代刻板保守、了无生气的书风一直延续到现代，必须加以改革或纠正；或许他们只看到启先生书法柔美、温润的一面，没看到他还有刚健、瘦硬的一面。其实，启先生的书法和“馆阁体”并无关涉。首先从理论上讲，启先生对“馆阁体”是持明确批判态度的。这在前面他论述傅山“宁拙毋巧，宁丑毋媚，宁支离毋轻滑，宁真率毋安排”时已说得十分清楚了——与专写“白折子”“大卷子”、毫无生气、类似印刷的“馆阁体”相比，还不如写得拙、丑一些。其次从创作实际上看，启先生的清雅自然、刚柔结合、富于变化的书风哪一点与只讲“黑、大、光、圆”的馆阁体相似？对此，启先生曾明确地声明：“有人骂我的字是馆阁体，笑话，我想写得像馆阁体，能做到吗？我是这一时代的人，就脱离不了这一时代的思想感情，审美观念。写出的字总要带有时代特征，怎么能像馆阁体？”①不错，启先生的书法充满书卷气、文人气，难道一有书卷气、文人气就必定是“馆阁体”吗？更有甚者，称启先生为“馆阁余孽”，必欲打倒而后快，甚至用很不光明正大的方式进行谩骂诅咒、人身攻击，完全失去了学者的风度。这使人怀疑他们的目的——既不想通过长期艰苦的努力来提升自己的水平，又想急功近利地早日成名，于是就想打倒一个坚持传统的代表名人，为开创他们“以怪诞为创新”的不良书风制造舆论。而且他们实际上也是这么做的，把字写得粗服乱头、东倒西歪，胡涂乱抹，且声称只有这样才不是“写字”而是“书法艺术”。如果真的是这样，那就只能等待历史的检验和宣判了：看看究竟谁会“身与名俱灭”，谁能“不废江河万古流”了。

① 张志和：《略述启功先生的书法艺术观》，收入秦永龙主编：《第二届启功书法学国际研讨会论文集》，页 126。

第四章

鉴定家启功

鉴定最需绝世功。先生应对自从容。

丹青碑帖平生爱，创作研究两手雄。

鱼鲁难逃凭法眼，捉刀能辨赖博通。

风格笔墨多经眼，一统泱泱学问中。

（鱼鲁：谓容易混淆者。）

第一节　渊源与生涯

启先生从青少年时起就与书画鉴定结下不解之缘。他特别喜爱这项工作，并把它当作终生事业，用功甚勤。启先生在《贺新郎·癖嗜》中生动地写到，连自己都奇怪，为什么急躁的自己竟能如此专心地坐下来去“鼓捣”碑帖：

> 癖嗜生来坏。却无关，虫鱼玩好，衣冠穿戴。历代法书金石刻，哪怕单篇碎块。我看着全都可爱。一片模糊残点画，读成文，拍案连称快。自己觉，还不赖。　　西陲写本零头在。更如同，精金美玉，心房脑盖。黄白麻笺分软硬，魏晋隋唐时代。笔法有方圆流派。烟墨浆糊沾满手，揭还粘，躁性偏多耐。这件事，真奇怪。①

看来“这件事”只能用他与碑帖天生有缘来解释了。他还有这样一段跋语，写自己得到一部善本的《张猛龙碑》后，既可鉴赏，又有助于对此碑的鉴定，高兴的心情不亚于赵子固得到落水本的《兰亭序》：“今兹重合断璧，竟使余心动经年，夜眠不着，其余威盛烈，不亦盖可见乎？其书者、刻者、拓者、装者，名氏虽不可知，然吾知其下泉倘得晤对，必将相与拊双掌，竖巨擘，欣然共庆，又获一异代赏音曰启功元伯焉。而余之钩填浓淡，决眦于秋毫之末，神明焕然，旧观用以顿还者，又恨诸贤之不及见也。”（《〈张猛龙碑〉跋》）②其欣喜若狂、意气飞扬的情状真如辛稼

① 启功：《启功丛稿·诗词卷》，页 49。
② 启功：《启功丛稿·题跋卷》，页 284。

轩词所说："不恨古人吾不见，恨古人不见吾狂耳。知我者，二三子。"这种尚友古人、钟爱先贤的精神是鉴定工作者必备的先决条件，而忘我的投入、由衷的热爱，则是成就他鉴定事业的基础。

要想成为优秀的书画鉴定家必须具备两个起码的身份，即"书画家"和"学问家"，二者就像人的两条腿，缺一不可。只会书画，缺少学问，则无鉴定的学理根底；只有学问，不擅书画，则无鉴定的技术经验。所以鉴定一项，往往成为学术的艺术化与艺术的学术化相结合的最好领域。而在这一领域中，启先生可谓左右逢源，纵横无碍。鉴定界据不同鉴定家的特长有一种不太科学的分法，如技术派、艺术派、经验派、学术派等，如按这种分法，启先生可谓淹有众长，尤以学术独步。他不但自幼就具备临池创作的经验，书画创作皆臻于化境，而且对与鉴定相关的传统文化知识，如金石文献、书画著录、校碑考帖的典籍、美术史、古文字、音韵训诂之学都有精深的研究，应用到书画鉴定上自有一种触类旁通、高屋建瓴的优势。

启先生在书画鉴定界早已成名。抗战胜利后，故宫博物院成立了文献馆和古物馆，启先生被聘为专门委员，参与古物馆书画鉴定的工作。1946年，启先生又参与故宫博物院对流散于东北的古代书画回收的鉴定，那批书画大多是溥仪从故宫带到东北的，"伪满洲国"灭亡后，流散到了民间。当时，鉴定由故宫博物院院长马衡主持，邀请了包括启功在内的许多顶级专家。在工作中，启先生不但大饱眼福，而且听到很多前辈专家学者的议论，大大开阔了自己的见识。

启先生参加的故宫第一次收购鉴定会是在马衡家中召开的，前文已有所介绍。第二次收购鉴定会是在故宫绛雪轩举行的。那里供奉着赵公元帅，门外有诸葛拜斗石，旗杆上裹着獾子皮，旗杆是由好几根木头接成的，后来向南弯曲了，大家就管它叫"望江南"。这次得到几件好作品。一个是唐人所写的《王仁昫刊谬补缺切韵》一卷，不但首尾完整，内容难得，而且装订是"旋风叶"的形式，即把内容都写在单叶纸上，然后把它们一张一张紧挨着贴在一张大幅长纸上，这在古籍的装订上也是孤例（按，启先生又云：据说台湾地区也有一本旋风叶，传说是吴彩鸾所书），所以会前唐兰先生到处游说大家务必要把它留下，后来果然如愿，唐先生还把模糊的字补齐。还有一幅夏昶的墨竹卷，参加鉴定会的胡适请徐悲鸿鉴定它的真假，不料徐悲鸿所答非所问地说："像这样的作品，我们艺专的许多教师都能画得出。"看来他是不屑于此画的。

新中国成立后，启先生继续留任故宫专门委员，又参与了国家文物局的鉴定工作。郑振铎时任局长，王冶秋任副局长，参与的专家有唐兰、张珩、谢稚柳、徐邦达、朱家济等。当时的鉴定工作主要在北海公园南门的团城玉佛殿进行，启先生参与了大量的活动。一次，一位专从东北收购文物的文物商带回了很多好货，行内称之为"大脑袋"，但被公安机关扣留，文物局方面需要出人登录这些文物的清单，便派了与这位文物商毫无牵连的启先生去。回到团城后，已经是晚上了，但郑振铎与许多专家还在那里等候。启先生向他们做了详细的报告，由于有长期的学识与实践的积累，大家都很认可他的意见。后来有人要卖给故宫一册宋人书札，开始大家的意见还有些分歧，唐兰副院长特别征求启先生的意见，启先生有理有据地发表了自己的见解，被大家采纳。唐先生便开玩笑地说："公之一言，定则定矣。"这句话是从陆法言《切韵》序的"我辈数人，定则定矣"套来的，启先生马上谦逊地回应道："公何以遗漏'我辈数人'四字耶？"一时成为美谈。

"文革"后，1983年国家成立"全国书画巡回鉴定组"，除启先生外还有谢稚柳、徐邦达、杨仁恺、刘九庵、傅熹年、谢辰生等，都是当时国内顶尖的专家，通过协商，推举谢稚柳与启先生为并列组长。书画鉴定工作首先从北京开始，先后对故宫博物院、北京地区的各大博物馆、美术院校共十二家单位的藏品，以及"文革"抄家的私人藏品进行了鉴定，共过目一万三千多件，有一万一千多件选入《中国古代书画目录》，三千四百件选入《中国古代书画图目》。后又对全国二十六个省、直辖市的书画进行鉴定，据统计，过目作品达六万一千五百九十六件，制作编目卡片三万四千七百一十八张，成果颇丰。在此基础上编成大量的书画目录、绘画全集、书法全集等大型书画作品集，对研究中国美术史、书法史产生深远影响。

当时规定鉴定组人员每年到全国各地工作三个月，启先生一来因学校有课，二来因鉴定组内常出现一些无谓的争论，未能全程参加。由于常出现争论，有人就索性提出辞职。后来消息传到谷牧副总理那里，他请大家吃饭，祝酒时特意叮嘱道："一个都不许走啊！"鉴定组这才坚持下来，启先生也一直坚持了下来。

1986年，启先生又被任命为国家文物鉴定委员会主任委员，负责鉴定的范围更宽了，不但包括书画鉴定，而且包括出土文物及古籍的鉴定。如对王安石《楞严经要旨》、宋代龙舒本《王文公文集》、北宋何子芝造金银字《妙法莲华经》、文天祥墨迹手札等，启先生都参与了鉴定。后来，启先生又参与了对《出师颂》《淳化阁帖》的收购与鉴定。总之，文物鉴定，特别是书画鉴定，是启先生一生参与的主要工作之一，也是他很在意的一项工作，经他"掌眼"的文物当以数万，甚至十万计。

启先生之所以能在文物鉴定方面做出如此贡献，自有其深厚的渊源。他自幼在学习书画和古文的同时，就打下了坚实的书画鉴定基础。首先，这与启先生学习书画的主要途径有关。不管是研习书法还是绘画，启先生都以大量的临摹为主要途径，这使他格外注意古代优秀的书画作品。启先生说起它们，简直如数家珍。

其次，这与启先生的师承有关。贾羲民先生是当时所谓"外行画"的代表，即不太注重画理、形似等纯笔墨的技巧，而更注重文人所强调的意境、气质等内在的因素。他知识广博，学艺兼擅，书画史和书画鉴定是他的强项。他常带着启先生到故宫看书画藏品，边看边讲，如"北派"山水和"南派"山水有什么区别，宋人山水和元人山水怎么不同，等等。这些知识和眼力是非常抽象的，只靠看书是学不会的，必须多经眼，且有真正的行家当面指点才行。而经眼多和熟悉不同的风格是书画鉴定必备的条件，在贾先生的指导下，启先生在这些方面得到很好的训练。如有一回，启先生看到一张米元章的《捕蝗帖》，非常欣赏，可贾先生告诉他那是假的，当时启先生还不理解。后来经眼多了，特别是见了很多米元章的真迹影印本，再回过头来看这张《捕蝗帖》，才觉得它真的不行。再如，最初见到董其昌的一些画，难以理解，明明落的是他的款，上面还有大收藏家如吴荣光的题跋，但里面为什么有那么多的毛病？比如画面的结构不合比例，房子太大，人太小，或构图混乱，同一条河，这半从左向右流，那半又从右向左流，等等，便认为这些都是假的，或代笔的画手不高明。但贾先生告诉他并非都如此，因为很多文人，特别是名人，都有许多随意而为的“大爷高乐”的作品。“大爷高乐”是《艳阳楼》中的一句唱词：“大爷，您在这儿高乐呢。”画家常有些不顾画理，信手而为的作品，尤其是一些文人画，没什么画理可讲，不能把它们一概视为假画。这些教诲使启先生对文人画有了更深的理解。

而吴镜汀先生则是所谓“内行画”的代表。他不但自己有深厚的笔墨功力，而且对古代诸多著名画家的笔墨手法、独特风格有精深的研究，是一位解剖“风格”和解密“习惯”的高手，他能逼真地、惟妙惟肖地分析和模仿很多“大家”和“名家”的手法。不同人的不同形象都是怎样画出来的，他们用笔的枯润、浓淡、深浅、轻重、皴染，以及线条的刚柔、构图的习惯，他都能表演出来。在他的笔下，古代许多画家的风格再也不是只能意会却难以言传的抽象概念，而是可以具体鉴别的图像。按照他的指导，启先生曾临过大量的古画，对他们的风格习惯也有了深入的了解和掌握。这不但提高了启先生的绘画技法，而且对日后的鉴定产生了深远的影响。因为看笔墨、看技巧正是书画鉴定的基本方法，看得多了，又懂得“解剖学”的基本原理，便可掌握许多独到的诀窍，一看纸上的用笔，就八九不离十，知道这是不是那人的风格，符合不符合那人的习惯。

启先生的师法还有更广泛的来源，这就是民间的高手和专家，如琉璃厂的一些人品、业务俱佳的掌柜、师傅。启先生从小就常到琉璃厂逛古董铺，那里的老板和师傅虽然称不上什么学者，但其中也不乏藏龙卧虎的高手，因为他们有很多实践经验。如有一个古董店的老板叫苏惕甫，他的店堂里挂着两个大字的牌匾“贞固”，是铁保所书，苏先生的人品就当得这两个字。一次，启先生在他的店里看到一幅自己非常喜欢的画，准备攒钱买下来，但苏惕甫先生告诉他：“这张是假的，里屋那张才是真的。”并讲解了一下其中的原因，这对一个古董商来说实属难得。他看启先生常来，又虚心好学，就觉得他“孺子可教”，不但告诉了他实情，还教授了一些鉴定的常识。启先生一直保留着花四元钱从他那里买来的清雍正年间朱琳的一幅“黑乌老等”，算作对他的纪念。还有一位李孟东先生，他原是琉璃厂专卖古代碑帖的“隶古斋”的学徒，最后做了“宝古斋”的总经理。他的知识面很宽，不但懂得碑帖，还会写会画，善于鉴别。一次，

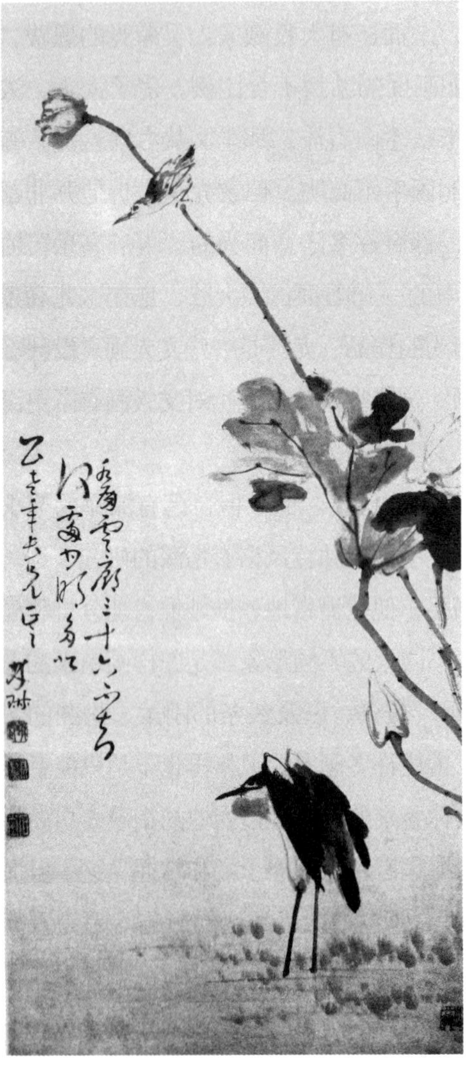

朱琳所绘“黑乌老等”

他从外地用低价购得一幅倪云林的画，画面虽很潦草，但善于“掌眼”的他却慧眼识珠。拿到故宫后，徐邦达一看就拍板道“要”，于是卖了一个好价钱。李孟东曾临过一卷于右任的帖，与原迹比较，竟很难看出分别，这就不是一般坐堂卖古碑帖的人所能比拟的了。启先生经常光顾他的店铺，一来二去就成为朋友。他店里有些唐人写经，他经常给启先生讲解哪块好、哪块不好，有时还赠送一些残块。遇到启先生喜欢的东西，他常低价卖出，还无偿赠送了一套《八大山人法书》拓本。这一套拓本虽不是什么最珍贵的善本，但对学习、研究八大山人的人却很实用。一些珍贵的碑帖不能白送，就尽量送一些拓片。这种高风亮节是很难得的。

类似的情况在旧书店里也会遇到。年轻时，启先生会到琉璃厂卖画贴补家用，但也经常得了钱就直奔旧书店。有时挑到一部好书，老板或伙计却告诉他：“这是八卷本的，不全，那边还有十卷本的，是某某版的足本，价钱也不贵，你为什么不买那套呢？”隆福寺的孙仲连就是这样的人。

总之，启先生从苏惕甫、李孟东、孙仲连等人的身上既学得了一些实际经验，开阔了眼界，也学得了很多做人的道理。

多多经眼，辨析笔墨，熟悉风格都是书画鉴定的必要修养，但离大鉴定家还有很大差距，因为这些功力还多多少少只偏重于经验与技艺层面。正如傅熹年先生所论，一般的业者只要勤看勤记，勤读历代著录，积累经验，熟悉各家的笔墨特点、习惯手法等，都可获得相当的成绩，如果仅专门鉴定近现代名家，仅判断一下孰真孰伪，则更加容易。而要想成为鉴定界的通才慧眼，能在纷繁的书法史、绘画史的素材中，去伪存真，解疑辨惑，正本清源，并从中形成正确的艺术史观，指出这些书画作品的历史意义和艺术价值，则须有更广博、更高深的功力，那就是对传统文化的综合修养，包括文学、文献学、艺术、历史、语言、文字、考古、民俗、宗教等综合的修养，越广越好，越杂越好，因为在鉴定时会出现各式各样的问题，也就需要有各种各样的知识去解决与判定。而启先生的博学恰恰为此打下了坚实的基础，因而他的书画鉴定的总体成就，也是一般鉴定家难以望其项背的了。傅先生又云：

> 和其他鉴定家不同之处的是，他（启先生）兼有对传统文化有深入广博研究的学者和当代书画大师的身份。他那些最令人心折赞叹的研究成果产生于传统文化的深厚素养与敏锐准确的艺术鉴赏眼光的完美结合。正是这种结合，使他能透过外表，深入内容，看到别人熟视无睹的问题，发表出别人不能发表的卓见，独树一帜，居当代鉴定大师之前列，为同辈所推重，为后学所景仰。①

启先生能达到这样的水平，既得益于贾羲民、吴镜汀等先生，又得益于戴姜福、溥心畬、溥雪斋、陈垣等先生，他们既教他书画，也教他治学。因此在鉴定所必备的多经眼、辨笔墨、看风格、凭学问等各种功力中，启先生都是顶级的，而尤以学力超绝，正堪称古人所说的“识其大”者。

第二节　论文与成就

一、书画鉴定论文的代表作

前文评介启先生书法理论时，已全面评介了他《论书绝句》一百首及众多碑帖书画作品的题跋。这些绝句和题跋中已不乏书画鉴定的内容，虽都是简明扼要的札记小品，但不论是鉴赏还是鉴定，都体现了启先生博学多识

---

① 傅熹年：《学术研究与艺术鉴赏的完美结合》，收入《以观沧海：启功百年诞辰纪念文集》，页 10。

的特点。而在专论书画鉴定时，这一特点体现得尤为明显。四卷本的《启功丛稿·论文卷》所收录的多数论文都是这类文章，因而更能体现启先生书画鉴定的成就，以及这些成就是如何建立在深厚的传统文化的综合修养之上。这些论文与题跋从内容上看，大致可分为两类：一是以考证、考辨及文献综述为主；二是以议论为主，其中有的偏重驳论，有的偏重立论。当然，二者多是交错在一起的。

（一）考辨类

1946年所写的《〈急就篇〉传本考》，是启先生书画鉴定专题论文的第一篇。此文对“急就”命题的本意、“急就”书体的本源、《急就篇》研究的当代意义进行了考辨与论述，得出自己的论断。对已逸的古本，最主要的“皇象本”及其异文、伪刻本，传世的写本都详加罗列与说明。可谓涉猎广泛，征引详尽，巨细无遗，对书法史、书法文献、书体研究都有重要的贡献。

《〈平复帖〉说并释文》的主要贡献在于对其“苦不尽识”之文（《墨缘汇观·法书卷上》）的破解。启先生早在20世纪40年代即据印本对前人已释出的十四个字进行了研究，后又据真迹加以订正，结合对陆机的综合研究加以考辨，从残损的五个字中又释出三个字。从此，《平复帖》成为一篇基本可读的文章。这就不是一般仅凭字迹来鉴定的人所能胜任的了，所以有充实的学问为基础，确实是启先生鉴定成就最能服众的要素。

《〈兰亭帖〉考》是启先生对兰亭帖做出的郑重考辨和论述。文章先指出《兰亭帖》原迹被唐太宗殉葬后，现存的重要复制品有两类，“一是宋代定武地方出现的石刻本，一是唐代摹写本”，而“当时摹拓临写的人，有欧阳询和褚遂良。欧临得真，遂以上石，世称定武本，算作正宗；褚临多参己意，算作别派”。接着，文章又对各种临摹本及各种刻本做了概括的介绍，特别是对定武本和号称“神龙本”的褚临本做了更为详细的论述。之后，文中又对清人李文田提出的《兰亭帖》非王羲之所书的几点理由，诸如

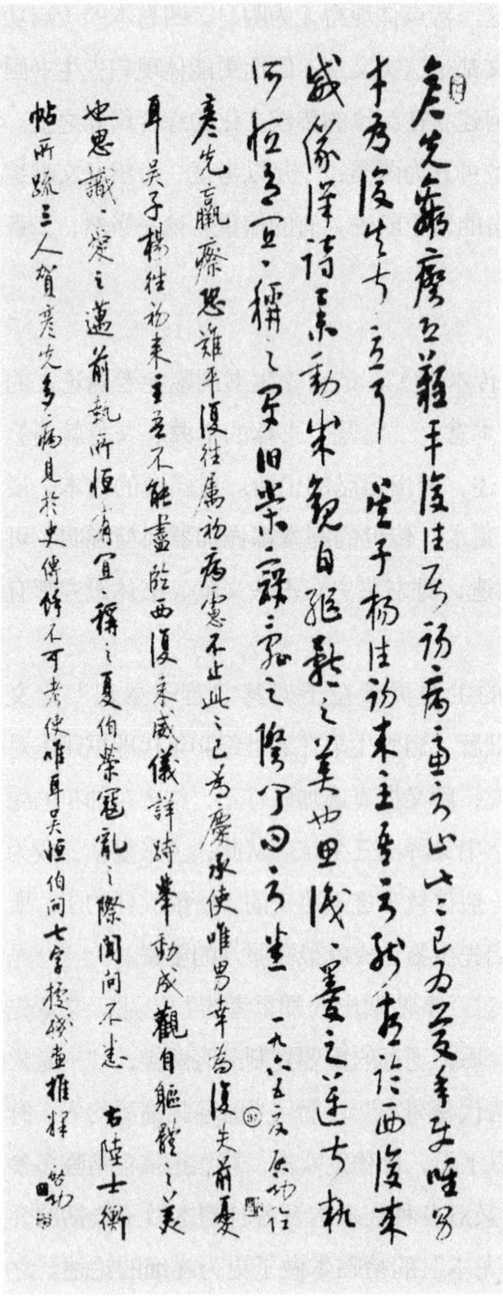

《平复帖》及启先生的释文

《兰亭帖》的笔意与晋人的不同，《兰亭序》亦非王羲之原作而是隋唐人“妄增”之作，《世说新语》注所引的《兰亭序》比现传本多出四十二字，注家只可能删减而不可能增添，等等，一一进行了有理有据、有本证有旁证的分析与批驳，捍卫了王羲之的著作权。最后对现在流传的百余种临摹本、石刻本进行了系统的、科学的归纳，更见出了启先生对《兰亭帖》是多么的烂熟于胸，以及从中所体现出的化繁为简、举重若轻的学力。至于后来由此引出的一段离奇的公案，前文已有详述，此处不再重复了。

《〈唐摹万岁通天帖〉考》《孙过庭〈书谱〉考》《论怀素〈自叙帖〉墨迹本与宋刻本》《说〈千字文〉》等论文，亦有很多精彩的论述，但更偏重对文献分门别类的整理与综述，包括作者情况、各种传本和逸本、著录，以及流传过程、主要特点、释文异同、历史地位、艺术价值等，方方面面，应有尽有，内容翔实，条理清晰，对想了解相关知识的读者来说，可谓一部小百科在手，所查所需尽在其中。从中亦足见启先生经眼之广，研究之深，学力之强。

《旧题张旭草书古诗帖辨》《谈南宋院画上题字的“杨妹子”》《戾家考——谈绘画史上的一个问题》《〈石涛上人年谱〉商榷》等篇，虽都从具体的一个人、一件作品或一个现象入手加以考证，但最后都能上升到对美术史的认知上。尤其是《戾家考》一文，从社会身份的“戾家”，说到元代戏曲行业的“戾家”，再说到绘画流派中的“戾家”及相对的“行家”，并引证大量的材料，详析画家的“行”“戾”之辨，并自然而然地引到董其昌的“南北宗”之说，而近代美术史常用的概念“内行”“外行”即由此而来（“内行”由“行家”引申而来，“外行”由“戾家”引申而来）。这就牵扯到绘画史上的一个重大的论题。所以，虽是一个名词的考证，却能以小见大，生发出重大的学术命题，足见启先生对美术史有融会贯通的见解。

（二）议论类

议论类的论文当以《山水画南北宗说辨》《谈诗书画的关系》《从〈戏鸿堂帖〉看董其昌对法书的鉴定》《董其昌书画代笔人考》《从河南碑刻谈古代石刻书法艺术》《碑帖中的古代文学资料》等为代表作。

1938年启先生二十六岁时发表的《山水画南北宗说辨》是一篇观点十分鲜明的驳论文章。文章开宗明义地指出，“在各项伪史料中比较流行久、影响大的，山水画‘南北宗’的谬说要算是一个”①，又把首倡此说的董其昌及其支持者的观点归纳为四方面：一、山水画有如禅宗，有“南北宗”之别；二、“南北宗”着色方法、风格截然不同；三、南宗以王维为祖师，北宗以李思训为祖师，他们各有一系列的传承；四、“南宗”是文人画，是好

---

①启功：《启功丛稿·论文卷》，页167。

的，“北宗”是“行家”，是不好的。接着，启先生针对这四个论点进行深入的批判，指出：一、绘画绝不同于修禅，任何画家、画派都不可能有如禅宗中的南宗那样“顿悟”，那样“一超直入”；二、王维与李思训“都不是什么‘祖师’，更不是对台戏的主角”；三、他们所列的传授系统中的人物，互有出入，不符客观实际；四、董其昌自己也曾“学”过，或希望“学”他所不屑的“北宗”画法。那董其昌为什么宣扬这样不科学的观念呢？启先生一针见血地指出：他的“动机是自私的”，是想把“南宗”画和“戾家”“文人画”拉上关系，来为自己不免有“行家”和“北宗”之嫌来解嘲。启先生最后得出结论：“我们必须把这臆造的‘两个纵队’打碎，而具体地从作家和作品来重新做分析和整理的功夫。”[①]总之，这是一篇拓清美术史长期谬种流传、重构美术史实事求是科学观的重要论文，体现启先生不迷信成见，对美术史有清晰而宏观的把握。

《谈诗书画的关系》是一篇从美学高度，正面论述以诗、书、画为代表的中国传统文化的力作。这样的题目很多人都写过，但启先生自有他不同凡响的真知灼见。如论书、画关系时，一般人多从一些外在的因素来论述“书画同源”，但启先生认为，应该从二者之所以都能成为美的艺术来探讨它们之间相通的“内因”，或曰“内核”：“所以我想与其说‘书画同源’，不如说‘书画同核’，似乎更能概括它们的关系。”[②]这个核“就是一个民族文化艺术上由于共同工具、共同思想、共同方法、共同传统所合成的那种‘信号’”[③]。又如在论述诗与画的关系时云：“不是画家都是诗人，诗人也不都是画家。但一首好诗和一幅好画，给人的享受则是各有一定的分量，有不同而同的内核。”这个内核就是都要抒发胸中的逸气与内在的

---

① 启功：《启功丛稿·论文卷》，页 179。
② 启功：《启功丛稿·论文卷》，页 230。
③ 启功：《启功丛稿·论文卷》，页 231—232。

感情，都“具有作者的灵魂、人格、学养”[①]。这些高论只能出自诗、书、画“三绝”兼擅，对中国传统文化有深厚的综合修养的大师之口，实为难得。

《从〈戏鸿堂帖〉看董其昌对法书的鉴定》《董其昌书画代笔人考》是两篇以议论为主的考证文章。前者是一篇观点鲜明的批驳文章，指出慑于董其昌的大名，“也就无人细核其（指《戏鸿堂帖》）各件底本的真伪了”，其实他“不能不负鉴定眼力不高和学识不足的责任”。[②]然后从六方面一一指出其谬误：一、拼凑失误；二、不管避讳缺笔；三、公然污蔑他人；四、把临本《集王羲之圣教序》认为是怀仁刻碑底本；五、楷书《千字文》不是欧阳询的原迹；六、其他笔迹风格有疑点。每一点都是根据确凿，不容辩驳，体现了启先生在鉴定时不迷信权威、实事求是的科学精神和严肃扎实的治学态度。《董其昌书画代笔人考》以立论见长。文章先据通行影印本指出，署名董其昌的画作有两类，一类以《秋兴八景册》《董香光山水册》为代表，“虽亦各有所长，但‘生拙’之处，明显可见”，而一些“没骨设色，以及烟云渲染极工致的画为另一类，都精能熟练，与二册一类之笔，判若两人。……这两类之间，并未见相同之处”。[③]之后详细列举“间接证据”“直接证据”，共三十二条，最后得出结论云：“他平生的作品中，书之非亲笔的，别人伪造为多，董氏的责任较轻；画之非亲笔的，代笔为多，董氏的责任较重。”[④]据启先生考证，代笔者乃为赵左（文度）、沈士充（子居）、僧珂雪、吴易（楚侯）、杨彦冲等人，并云：“赵左、沈士充的画流传较多，面目易见，董款画得精能者，大率是二君之笔。”[⑤]对董其昌书画代笔的公案可谓一文而定谳矣。

---

① 启功：《启功丛稿·论文卷》，页 237。
② 启功：《启功丛稿·论文卷》，页 128。
③ 启功：《启功丛稿·论文卷》，页 184—185。
④ 启功：《启功丛稿·论文卷》，页 199。
⑤ 启功：《启功丛稿·论文卷》，页 187。

《从河南碑刻谈古代石刻书法艺术》《碑帖中的古代文学资料》是两篇正面论述碑刻书法的论文，亦与书画鉴赏和考证密切相关。前者介绍了碑刻工艺的发展过程，论述了碑刻中常用的几种字体，如“蝌蚪”“小篆”“隶书”“草书”“真书”的不同风格。后者指出碑刻不仅是书法艺术，“还有许多关于古代历史、文学史和工艺美术等方面的资料”，包括“有助于校勘的资料”“有助于补充的集外诗文资料”“有助于作家作品史实考证的资料”“有助于研究创作技巧、修改过程的资料”[①]；又把古代碑帖资料分为三类：一是文学家所书自己的文学作品，二是书家所书他人的文学作品，三是有关作家和作品的考证资料。这些资料可发挥四方面的作用：一、作品的校勘；二、集外作品的补编；三、作家作品的事实考证；四、创作技巧的研究。启先生自己就为我们提供了一个考证与研究的范本：他从曹雪芹祖父曹寅所藏《楝亭图咏》的题咏，探测出很多有关曹寅的家世和社会地位的信息：曹家是内务府的人，是皇帝的亲信，属于“暴发户”。在他收藏的这幅图上题咏的，既有名公钜卿如徐乾学，也有颇为执着的明代遗民如恽寿平。“恽寿平尽管画得非常潦草，不题上款，从画上几乎听到他说‘爱要不要’，但究竟还得写上‘楝亭图’三个字。……这可以见到曹寅的势力，如果深一步推测，这些书画的背后，也即透露着曹寅拉拢这般人的痕迹。”启先生又进而指出，题咏者中，最可笑的是王士禛，他本人的字不坏，但在此画上题咏的却是代笔，而且还在自己相关的文章中指明过，由此可见，王并不愿意应酬曹这样的人。但同时启先生又指出，尤侗曾在诗序中记载过，曹寅是王的座上宾，可见王与曹一方面私室燕欢，一方面在诗赋题字上又煞费苦心地保持距离，王的矛盾人格不是通过题咏就表现出来了吗？这种通过一幅题咏，就能发历史隐微的功力，不是很令人叹为观止吗？[②]启

---

① 启功：《启功丛稿·论文卷》，页 213—223。

② 刘宁：《启功先生和古文献学》，收入《以观沧海：启功百年诞辰纪念文集》，页 122。

先生的观点，对一般鉴赏书画或研究碑刻的人多局限于书画本身而忽视更广泛的文化价值，是一个很好的启示。启先生在《论书绝句》一百首之四一中曾感叹道："买椟还珠事不同。拓碑多半为书工。滔滔骈散终何用，几见藏家诵一通。"[①]启先生身体力行，不但重视碑刻的书法艺术，而且重视碑刻的文化价值，为相关研究者做出了榜样。

二、书画鉴定文章的总成就

综合以上的评介，我们可以将启先生书画鉴定文章的总成就和深厚的学术功底归纳为几方面。

（一）详尽的文献资料

从以上的介绍中，可知启先生对书画鉴定相关的文献资料，包括书画家的各种史料记载、生平逸事，古代以来的相关著录、书画专著、笔记从谈、题跋评语以及新出土的相关文献，无不烂熟于胸，并能利用这些文献资料有的放矢、游刃有余地对相关书画家及其作品进行品评。前文评论启先生书法理论时，说他的《论书绝句》一百首涉及各种版本的各种碑帖，或专讲碑帖的书籍凡二百八十余种，涉及历代书法家或书法理论家凡二百三十余人。《论书绝句》仅由一百首七言绝句和一百篇注解式的短札组成，而启先生专门的书画论文及题跋所涉及的内容和范围要远远超出《论书绝句》，因此所涉及的书目及人数当数倍于《论书绝句》。这不是一般鉴定者，更不是只会写写画画的人所能企及的。而像张彦远《历代名画记》《法书要录》、张怀瓘《书断》、郭若虚《图画见闻志》、包世臣《艺舟双楫》等书中的著名论断，启先生都能熟练背诵。这正是启先生作为书画鉴定大师的学力功底。在此基础上，启先生还有严谨的治学态度

① 启功：《论书绝句》，赵仁珪注释，页 82。

和科学的论证方法，即坚持老校长要“竭泽而渔”地掌握第一手材料的教导，秉持“无征不信为立言之本”的古训，坚持从有根有据的材料出发得出合情合理的结论。

如《〈急就篇〉传本考》先对已逸的十种古本一一详加介绍，之后对诸家所写的“皇象本”的流传及字数出入、各种异文详加考订，并一一分析了出现这些出入的原因，从而推断出孰是孰非，这都是很见功力的地方。最后对现今流传的十一种隶、真、今草的写本和十五种章草的写本一一加以考证，严谨周密，详核有据。又如《〈兰亭帖〉考》对唐太宗获得前的三种出处，唐太宗赚取的三种记载，隋唐时十种摹拓临写本、四种刻本，定武本出自何人的六种说法，都一一详加考证和论述，真不愧是一篇“考”类文章的典范。又如《孙过庭〈书谱〉考》先罗列了自米芾《书史》开始有文字记述的十二种版本，之后对今传的题有宋徽宗瘦金书签的“唐孙过庭书谱序”的墨迹本文字缺失情况详加考订，并得出它确为墨迹本而非摹本。之后又对宋内府四种摹刻本，现今流传的十一种摹刻本，七种见于著录而已逸的摹刻本，三十种“历代引据传录临仿及释文各本”，都做了详细的介绍，对材料的掌握真可谓“竭泽而渔”、一网打尽，没有扎实的学力为功底是很难综论得如此详尽系统的。因而后面对“墨迹缺失诸行之臆测”“论添注涂改剥损诸字”“论释文异同诸字”，也就不是武断的“臆测”，而是“无征不信”的有据论证。又如《董其昌书画代笔人考》根据董其昌画作风格水平之所以常出现相互抵牾的情况，考证出是因为有很多代笔人。之后边列举、边分析“旁人所记的间接证据”十三条，“董其昌自已笔下的直接证据十九条”。在列举了一系列代笔人之后，启先生又说：“赵左、沈士充的画流传较多，面目易见，董款画的精能者，大率是二君之笔。”但赵、沈的代笔画比其他人究竟高在哪里，其画究竟有哪些特点？对此启先生又在相关的一些题跋中分析道：“文度之作工力湛深，识解超卓，不但无一笔文、沈，直无一笔宋石门，乃所谓见过于师者，与吴楚侯之效颦董氏亲笔之画者，不可同日而语。”（《跋明赵左〈溪山无尽图〉卷》）[①]启先生还对明代其他的代笔作多加考证[②]，如在一幅具名沈石田而实为邓钹的作品后，启先生这样跋道：“吾近于友人斋中，见常熟邓钹山水一卷，自署‘正德壬申秋橅（意为模仿）石田老人’。意其树石苔草，以至人物须眉，无不与此卷之笔吻合，乃知邓氏好拟沈法，初无作伪之意，而遗迹流传，多为后世篡改款字以充石田，所谓两伤者也。”“戊辰夏五获观此卷，以邓卷相证，豁然心胸为之大快，因详记于此。”“石田翁画仿本充牣，在当时已多难辨……今见邓氏此卷于石翁画本之捉刀人又得一证，其可贵处殆不减于石田真迹焉。”（《跋邓钹仿沈石田山水画卷》）[③]试想，如没有绝胜的眼力，如不能把相关的作品烂熟于胸，如何能做出如此精辟的判断？而一旦得出这样的判断，并发现这一结论对已往的相关命题又有重大的补充作用，又该是何等的兴奋，难怪启先生都要为之“心胸大快”了。总之，对董其昌书画代笔人的考证可谓有闻必录，爬罗备至，言之凿凿，不容置辩。足见启先生对材料搜集之全面，在充分而可靠的证据前，“董其昌书画代笔人”遂成铁案。

（二）深刻精辟的观点

有了充分的材料作论据，就能得出深刻独到的观点。启先生鉴定文章中精彩的观点比比皆是，它们往往要言不烦、鞭辟入里，道别人所未道，却合情合理，具有极强的说服力，读来令人大开眼界、大有所悟。

例如清人李文田论《兰亭帖》非王羲之所写，首先提出的理由是“唐人称《兰亭》，自刘悚《隋唐嘉话》始矣。嗣此何延之撰《兰亭记》，述萧翼赚《兰亭》视如目睹，今此记在《太平广记》中”。启先生一针见血地指出李文田的目的：“意谓这篇《兰亭记》是小说家言，不足为据，

---

① 启功：《启功题跋书画碑帖选》，页 14。

②《启功评传》2017 年 7 月第 1 版第 1 次印刷的版本中，此处“启先生还结合具体作品”以下有误，此次出版做出修改。

③ 启功：《启功题跋书画碑帖选》，页 42。

遂并疑《兰亭帖》为伪。”于是启先生反驳道：“不知小说即使增饰故实，和《兰亭帖》的真伪是无关的。正如同不能因为疑虬髯客、霍小玉的事情是否史实，便说唐太宗、李益并无其人。”[①]反驳得何等有理有据。

李文田提出的理由还有《兰亭序》之名与《世说新语》中所记的题目《临河序》不符，字数也不尽相符。启先生举出大量的例证驳斥道：古人流传下来的文章，不同版本的字数以至题目有出入的很多，有的版本本为初稿，未加题目更不足为怪。“这都是金石家、文学家所习知的事，博学的李文田氏，何至不解此例？于是再读李（李文田）跋，见末记此为浙江试竣（参加浙江科举考试后）北还时所书。因忆当日科举考试，虽草稿也必须写题目，稿文必与誊正相应，否则以违式论，甚至科以舞弊的罪名。我才恍然明白李氏这时的头脑中，正纠缠于这类科场条例，并且还要拿来发落王右军罢了！”[②]批驳得多么合情合理，又多么入木三分，不禁令人大呼过瘾，不是对科举考试了如指掌的人焉能想到这一层。

李文田提出的看似最有力的理由，是王羲之的书法被称为“银钩铁画”，作为晋代的书法家的笔意“必其与《爨宝子》《爨龙颜》相近而后可，以东晋前书与汉魏隶书相似，时代为之，不得作梁、陈以后体也”。这也正是后来郭沫若重提《兰亭帖》非王羲之所书的主要根据。为此，启先生边立论、边驳论道：“至于书法、简札和碑版，各有其体。……因为它们的作用不同。并且同属晋代碑版，也不全作‘二爨’的字体。如果必方整才算‘银钩铁画’，那么周秦金石、汉魏碑版俱不相副，因为它们还有圆转的地方。不得已只有所谓欧体宋板书和宋体铅字，才合李氏的标准。且今西陲陆续发现汉晋简牍墨迹……也不作‘二爨’之体，越发可以证明，其用不同，

---

① 启功：《启功丛稿·论文卷》，页48。
② 启功：《启功丛稿·论文卷》，页47。

体即有别。且出土简牍中，行书体格与《兰亭》一路有极相近的，而笔法结字的美观，却多不如《兰亭》，才知道王羲之所以独出作祖的缘故，正是因为他的真、行、草书变化多方，或刚或柔，各适其宜。”[①]这是以事实为根据做出的客观结论，尤其是以出土简牍为证，更有说服力。如果李文田能有幸看到这些简牍，想来也会“悔其少作”了。

又如《董其昌书画代笔人考》中论证董其昌常让他人为自己代笔时说：“有人问：‘时隔三百年，这事你是怎样知道的？’回答是：‘我们从前代人记述直到董氏自作的书札中得若干条，再来印证他的书画作品，是分明易见的。因为一切技艺的事，造诣生熟，一览可见，在同一类的艺事中，已经真‘能’或真‘熟’的人，必不可能复有真‘生’或真‘拙’之作。”[②]这是深谙艺术创作者的真知灼见。

又如《从〈戏鸿堂帖〉看董其昌对法书的鉴定》一文批驳董其昌完全不顾事实，武断地将《戏鸿堂帖》卷七中的一卷草书定为张旭的作品，并在帖前亲笔自书“张旭长史伯高真迹”，帖后又为之题跋，很自以为是地说，“余乍展卷即命为张旭”，理由是“四声始于沈约，狂草始于伯高”。启先生驳斥道：“他认为‘狂草始于伯高’，即定为张旭（字伯高）所书。”“董氏不知自己的话，已犯了逻辑上的毛病：狂草始于张旭，不等于凡是狂草体的字迹便都是张旭所书，好比说仓颉造字，于是凡是字迹便是仓颉所书，岂非笑柄！”[③]经启先生这一点拨，董其昌此论真成笑柄矣。

又如《谈诗书画的关系》提出这样的观点：与其说它们是“同源”，不如说是“同核”，这个核就是美的享受，情的抒发，生活的感悟。“它们有一个共同的母亲，即是生活。具体些说，即是它们都来自生活中的环境、

---

① 启功：《启功丛稿·论文卷》，页 47—48。
② 启功：《启功丛稿·论文卷》，页 184。
③ 启功：《启功丛稿·论文卷》，页 131。

感情等等，都有美的要求，有动人力量的要求，等等。”正像倪瓒所云，他画竹只是写胸中的“逸气”。“到了八大山人又进了一步，画的物象，不但是‘在似与不似之间’，几乎可以说他简直是要以不似为主了。鹿啊、猫啊，翻着白眼，以至鱼鸟也翻白眼。哪里是所画的动物翻白眼，可以说那些动物都是画家自已的化身，在那里向世界翻着白眼。”“这些诗人、画家所画的画，所写的字，所题的诗，其中都具有作者的灵魂、人格、学养。纸上表现出的艺能，不过是他们的灵魂、人格、学养升华后的反映而已。如果探索前边说过的‘核’，这恐怕应算核中的一个部分吧。”①这是美学大师才能道出的精深之论。

又如《山水画南北宗说辨》最后下结论说：“我们研究绘画史不能承认王维、李思训的传授系统，但应承认董其昌谬说的传播事实。更要承认的是这个谬说传播以后，一些不重功力，借口‘一超直入如来地’的庸俗的形式主义的倾向。”②这是多么富于现实意义的批判，这种不重功力，只求以标新立异而走终南捷径的庸俗的形式主义倾向，不是仍然蔓延以至猖獗于现代书画界吗?

（三）广博的文化功底

一般的书画鉴定家大多只将注意力集中在书画本身上，亦即只注重书画本身的优劣真伪，但作为一个高水平、大格局的鉴定家，就不能只看作品本身的艺术技巧，而且要鉴定出作品所包含的更深广的文化内涵和文化信息。当年大诗人陆游所说的“功夫在诗外”可推而广之，对书画鉴定而言，则可以说“功夫在书画之外”。当然，要想达到这一境界，没有广博的文化修养是绝难实现的，这就要求鉴定家还应是大学者。正如傅熹年先生所评：“遇到艺术史上的重大问题或需对有疑义的重要作品做分析研究时，因多涉

① 启功：《启功丛稿·论文卷》，页236—237。
② 启功：《启功丛稿·论文卷》，页179—180。

及传统文化的深层内涵，一般鉴定家就不易措手了。由此可知，同是书画鉴定，从学术研究角度或从实用角度出发，在性质、深度、水平上是大不相同的。启功先生……有极高的艺术素养和敏锐的鉴赏眼光，故能在学术研究与艺术鉴赏结合的基础上，从整理、充实中国书法绘画发展史的高度，有目的地去考订若干古代书法史、绘画史的重要实物和关键性的历史公案，取得高出侪辈的卓越成就。”[①]启先生在《记〈式古堂朱墨书画纪〉》中有这样一段论述，说的是同样的道理：

> 夫鉴定书画之法多端，如辨纸素，校印章，证题跋，皆市贾持为秘诀者。具眼之人，则必审笔墨之精粗，神气之雅俗。且一人笔墨，幼而稚弱，壮而健劲，至于老境，或归平淡，或成衰退，各有造诣，巧匠作伪，所难尽合。至于官阶升黜，居处南北，系于史实，皆可以岁月索骥，故鉴赏家得名迹，于纸素、印章、题跋之外尤须考核岁月，以相印证。[②]

可见启先生是非常自觉地注重这种“外力”修养的，而这也正决定他能成为超越仅靠眼力取胜的鉴定匠而成为靠学力取胜的鉴定家。试举几例。

比如对陆机《平复帖》的整理研究。对古帖进行整理研究也是鉴定工作的一项重要内容。陆机的《平复帖》在书法史上占有崇高的地位，董其昌早有所评：“右军以前，元常以后，惟存此数行，为稀代宝。”启先生又进一步评道：“可以说，在近代汉、晋和战国的简牍大量出土以前，数百年的时间，人们所能见到最古的、并非摹本的墨迹，只有这九行字。而在今日统

---

① 傅熹年：《学术研究与艺术鉴赏的完美结合》，收入《以观沧海：启功百年诞辰纪念文集》，页3。

② 启功：《启功全集》（修订版）第四卷《随笔杂记》，页12。

观所有西晋以上的墨迹，其中确知出于名家之手的，也只有这九行。”[①]但由于“其文苦不尽识”，尽管张丑从八十六字的全文中释出十四个字，但至今仍无人能读懂它。启先生在此基础上又展开了进一步的研究，纠正了其中某些谬误，又从残损的五个字中识别出三个字，而这三个字的识别就不是仅靠对字形的判断所能为了。为此，启先生遍查史传，陆机本集、总集，旁及传世魏晋典籍，结合文义才推释出来，然后又对帖中提及的贺循、吴子扬、夏伯荣三人与陆机的交游略加叙述，还对帖中透露出的当时品藻人物的风气和分寸做了评述。如云：“吴子扬，他前曾到陆家作客，但没受到重视，这时临将西行，又来相见，威仪举动，较前大有不同了，陆机也觉得应该对他有所称誉。但所给的评论，仍仅止是‘躯体之美’，可见当时讲究‘容止’的风气和作用，也可见所谓‘藻鉴’的分寸。”[②]如果没有对“魏晋风度”及《世说新语》的深入研究，怎能得出这样学术含量极高的论述？而这种深入的理解又为研究“魏晋风度”和《世说新语》提供了新的材料。总之，“全篇论文仅三千字，却从短短的八十六字的帖文中钩稽出如此多史料，极有说服力地解决了古法帖中的一个著名难题，并从帖文内容上也证明此帖确出于陆机之手。这是只有靠多方面的学识与高度的鉴赏能力相结合才能做到的”[③]。

又如《从〈戏鸿堂帖〉看董其昌对法书的鉴定》及《说〈千字文〉》，从“避讳缺笔”来鉴别《戏鸿堂帖》所收法帖有造伪者，智永所集的王羲之的“底本中也有伪迹”。能敏锐而精准地运用这些常识常规来鉴定书法作品的真伪，恰是启先生广博综合鉴定能力的很好体现。

再如《〈石涛上人年谱〉商榷》辨订“康熙三十三年”中所列的“有

---

① 启功：《启功丛稿·论文卷》，页31。

② 启功：《启功丛稿·论文卷》，页34。

③ 傅熹年：《学术研究与艺术鉴赏的完美结合》，收入《以观沧海：启功百年诞辰纪念文集》，页7。

‘过平山精蓝画山水轴’，题诗三首”曰：“题诗三首，全抄米芾的苕溪诗，而改头换面，词理不通，真可称是点金成铁。这必定是伪画，绝无疑问。有人说：古画剥蚀，劣手描补弄错的，也往往有的呀！是的，但是辨订真伪，究竟是修谱人的责任。并且年谱中的这一条，实据影印本，假使果然由于描补，而词理既不通，那么这个描补人的程度也就可知了，所补的字体，又怎能与残存的真迹各字一致呢？既见到影本岂可无所判断呢？”[①]又如，在《谈诗书画的关系》中提及苏轼的《题虔州八境图》云：“我平生看到的宋画，敢说相当不少了，也确有不少作品能表达出很难表达的情景，即此诗中的涛头、城郭、章贡台、暮霭、孤云、落日都不难画出，但苏诗中那种回肠荡气的感情（及后文又说到的‘那种惆怅心情’），肯定画上是无从具体画出的。”这些都是运用文学知识来鉴赏、鉴定书画作品的很好例证，体现了启先生书画修养与诗歌修养的高度契合。

第三节　实例与经验

一、鉴定实例举隅

书画本来是艺术，但一旦与经济生活挂钩，其属性就会发生变化，不良商人、不良收藏者就会把书画艺术品当作商品来牟利，因此书画作品作假就几乎成为有书画作品以来的衍生品，书画鉴定也就成为伴随书画创作的专门行业。鉴定家首要的任务就是辨别真假，启先生生动地比喻到，做警察的不会去偷东西，但不能不知道小偷怎么偷，搞鉴定工作的实质上和

① 启功：《启功丛稿·论文卷》，页210。

警察的性质差不多。更何况书画作品两千年来多如牛毛，流传之中，即使无人作假，也会发生各种情况需要鉴定甄别。所以，书画鉴定是一项涉及面极复杂、专业性极强的工作，没有长期的书画艺术和传统文化的积累和修养，是无法胜任此项工作的。启先生恰恰具备了丰富的实践经验、精湛的书画艺术、广博的文化修养，因此在具体的鉴定工作中有很多卓越的建树和成功的例证，正如他自己所说："功幼而失学，曾读书背书，虽不解其意，而获记其句逗。曾学书学画，以至卖所书所画，遂渐能识古今书画之真伪。"（《〈启功丛稿〉初版前言》）[①]至于具体例证，很难一一列举，现只能在前文的基础上再补充一些典型事例，以期达到举一反三的效果。

（一）运用"避讳"等知识进行鉴定

"避讳"是封建社会行文的常规，包括为圣者讳、为尊者讳、为亲者讳。避讳的习惯手段是在书写时改用同义、近义字或缺笔。前文提及的两篇文章《从〈戏鸿堂帖〉看董其昌对法书的鉴定》《说〈千字文〉》就是运用避讳的规则对相关问题进行了科学的鉴定。现再举几个原来存在争议的作品，看启先生怎样运用避讳说来进行考订的。最典型的例子是对《旧题张旭草书古诗帖》的辩驳，分别见于《〈旧题张旭草书古诗帖〉辨》和《从〈戏鸿堂帖〉看董其昌对法书的鉴定》二文。这幅字是写在五色笺上的狂草，原来共用了多少幅纸，写了多少首诗，已无从可考。现在保留下来的是庾信的五言古诗二首（按：当是《步虚词》二首）和谢灵运《王子晋赞》二首，"赞"也是五言古诗。但有人作伪在先，利用"谢灵运王子晋赞"几个字从"王"字以下另起一行的空子，把"王"字的上一横挖去，或这一小横写得太短，看上去就像草体的"书"字，恰巧这一行是一篇的题目，写得略低了一些，看上去更像是一行写者的名款，于是前面的两首庾信的诗就变成"谢灵运书"了。据王世贞《艺苑卮言》载，全卷在

① 启功：《启功丛稿·题跋卷》，页361。

北宋时拆散，一部分冒充了谢灵运，其余部分变成《子晋赞》等零碎流传，后被明人华夏逐渐凑全，但前面仍然是“谢灵运书”的名义。这卷草书在北宋刻石之后，曾经宋徽宗收藏，并著录于《宣和书谱》，著录时仍把它标为谢灵运书，题为《古诗帖》。对此，明代丰坊等人已经有所揭露和批驳，丰坊指出，庾信生活的年代（513—581）比谢灵运（385—433）晚八十多年，谢灵运怎么能预写庾信诗呢？这当然是铁证如山！但他又根据一些别的理由推测此帖可能是贺知章所书，但他的口气是比较灵活的。而董其昌又妄断于后。他也承认谢灵运不能预先书写庾信的诗，但又在帖后的跋中，劈头就说这是张旭所书，并不顾事实地说，自宋以来都认为是谢灵运所书，就连丰坊也这样说：“自宋以来，皆命之谢客（‘客’是谢灵运的小字）……丰考功（指丰坊）、文待诏（指文徵明）皆墨池董狐，亦相承袭。”丰坊的跋文历历在目，绝无“持谢书甚坚”的任何表示，董其昌“大约认为一般人看不到原卷，自然不会知道丰坊是怎么鉴定的，就敢这样‘瞪着眼睛说瞎话’”[①]。而他断定是张旭所书的理由，也仅限于风格像现在已失传的张旭的“烟条”“宛溪”二帖，并无其他根据，只是补充说“狂草始于伯高（张旭字伯高）”，但始于张旭并不等于就是张旭呀。为此，启先生斥责道，前人作假还费了一番心思，董其昌“摇笔一题”便能“欺骗当时和后世亿万的读者……却未免过于卑劣了吧”。“这种无中生有的公开造谣，至于此极，竟自骗得鉴赏权威的大名，历三百年而不衰，岂非咄咄怪事！”[②]

那么，这四首诗帖究竟是谁写的呢？书画鉴定小组的专家有不同的意见。谢稚柳和杨仁恺主要根据笔墨风格认为是张旭所书，徐邦达认为书写时间不能早于北宋大中祥符五年（1012），实际上否认了张旭所书。傅熹年和

---

① 启功：《启功丛稿·论文卷》，页 131。
② 启功：《启功丛稿·论文卷》，页 132。

刘九庵认为是北宋人所书，因书写时有避宋讳的现象。而持这种意见最力者是启先生。他不从很难把握的书风立论，因为拿此帖与张旭的其他帖相比，也很难断定是否风格一致或接近。他就从避讳入手。他根据庾信的原诗为“北阙临玄水，南宫生绛云”，而书写者却作“北阙临丹水，南宫生绛云”的现象，就可以找到线索：按古代排列五行方位和颜色，是东方甲乙木，青色；南方丙丁火，赤色；西方庚辛金，白色；北方壬癸水，黑色；中央戊己土，黄色。原诗中的“玄水”即黑水，和“北阙”的“北”正相应；“绛云”即红云，与“南宫”的“南”正相应。到了宋真宗大中祥符五年十月戊午，他自称梦见他的始祖名“玄朗”，次日早朝昭告大臣，命令天下避讳这两个字，凡“玄”改为“元”“真”，“朗”改为“明”，或缺其点画，其事载于宋人李攸《宋朝事实》卷七。这里不写“玄”，显然是为了避讳，而若写成“元”或“真”，显然又与五行的方位颜色无关，于是以“丹”代替，这虽与传统安排不符，但终究可和“绛”字对仗，所以才发生这种现象。因此，本帖的书者当是北宋大中祥符五年（1012年）之后，《宣和书谱》编订之前。启先生此文不但批驳前人的谬误，特别是董其昌有意的混淆是非和毫无根据的编造，而且根据可靠的历史文献和避讳的常规，明确断定了写作年代，遂使这幅草书帖终究出自何年何人有了定论。

《从〈戏鸿堂帖〉看董其昌对法书的鉴定》一文，还有类似的从“避讳缺笔”来鉴别《戏鸿堂帖》所收法帖有造伪者。如此帖卷八刻草书《景福殿赋》，董其昌自写标题《孙虔礼（即孙过庭）书景福殿赋》，卷后还附有所谓曾肇的题跋。启先生认为此帖显然是伪作，原因既简单又明显。因为帖中所有“玄”字和带“玄”的字，如“眩真”“不眩”都缺末笔；“列署”的“署”字，缺最下边的“日”字；“增構”的“構”字，缺右下边二小横画；“克讓”的“讓”字缺末笔一捺。“凡此各字，都是明明白白的宋讳，难道唐人孙过庭能预先敬避后一朝的‘圣讳’吗？这分明是一卷南宋人的草书，作伪的人伪造曾肇的题跋，冒充孙过庭的笔迹而已。”[①]同理，《说〈千字文〉》认为智永所集的王羲之的“底本中也有伪迹”，为什么呢？因为文中出现过“正”字、“旷”字，而这些字“都是王羲之的‘家讳’，他把‘正月’都写成‘初月’，又怎能直写这些字呢？”[②]

又，王连起先生在《漫谈启功先生的古书画碑帖鉴定》中记录了这样一个生动的场景：“1984年鉴定组在故宫看画，上级领导派人送来一件清康熙皇帝的书法大轴，说是海外爱国人士藏品要捐赠国家。六位专家说真伪的正好三比三。认为是真迹的先生要断为伪的先生拿出证据。启功先生指着帖文中的一个‘邱’字说：这就是证据。看着对方茫然的神情，先生说：‘雍正四年（1276），为表示对孔圣人的尊敬，要避孔子名讳，凡“丘”都要加耳刀。文意中的山丘的“丘”变成“邱”，康熙怎能遵此规定呢？’‘哦，是这么回事！’老先生们的意见由此得到统一。”[③]

与对尊者、亲者要避讳相类似，书画作者在落名款时，也要注重称谓得体，这也是鉴定家特别着眼的地方。启先生在鉴定“文化大革命”期间抄家的书画作品时，看到“一幅宋人画的雪景山水，山头密林葱郁，确是范宽的画法。三拼绢幅，更不是宋以后画所有的。宋人画多半无款，这也是文物鉴定方面的常识”。如果不画蛇添足，说它就是范宽的作品也完全可信。“但这幅画中一棵大树干上不知何时何人写上‘臣范宽制’四个字，便成画蛇添足了。”因为据郭若虚《图画见闻志》载：“（范宽）名中正，字中立（也作仲立），华原人，性温厚，故时人目之为范宽。”可见范宽是绰号，形容他度量大，不斤斤计较。“正如舞台上的包拯，都化妆黑脸，小说中便有‘包黑’的诨号。有农村说书人讲包拯故事，说到他见皇帝时，自称‘臣

---

① 启功：《启功丛稿·论文卷》，页130。

② 启功：《启功丛稿·论文卷》，页266。

③ 见王连起：《漫谈启功先生的古书画碑帖鉴定》，收入《以观沧海：启功百年诞辰纪念文集》，页79。

包黑见驾’，这事早已传为笑谈。”同理，范宽怎么能在称臣时把别人给他起的外号当作落款写到画面里呢？这不比他的《溪山行旅图》，此图的树丛里也有“范宽”两个题字，用绰号落款本令人几乎断定它是赝品，更何况加上“臣”字？难道他敢在正式场合里，在皇帝面前，就大不敬地以诨号自称？这又不像戏里、评书里可以随便称“臣包黑见驾”。所以，启先生的结论是，这都是一些原来没落款的画，后人特意想把它坐实，便自以为是给它妄加上的。“如不提到款字，只看作品的风格，我倒可以承认它是范宽，如以款字为根据，那便与‘包黑见驾’同一逻辑了。”（参见《鉴定书画二三例》）①

（二）运用综合的文史知识进行鉴定

书画创作离不开文字，书画作者离不开时代，一行诸文字，一涉及时代，就会对作者和作品的定位形成某些必然的规定，作伪者再谨慎，也难免“智者千虑，必有一失”，敏锐的鉴定家就能从中发现破绽，但这必须以有广博的知识为前提。启先生就具备这样的条件。

如《诸上座帖》为狂草，有些字狂到逸出法度之外，所写的内容又是禅僧语录，用词诡异，极其难读，为它作释文不但要熟悉草书，而且要精通禅宗的公案、话头，启先生能顺利地把它释出也是得力于书法以外的广博知识。

又如，据王连起所述：

> 20世纪80年代初，某地发现了一部宋代名帖《潭帖》，被推荐到文物出版社出版。刚拿来时，我有幸先睹其帖，但见笔画僵死，是明显的帖翻帖，而且还刻有宋徽宗、宋高宗题字画押。从李卿云先生到启功先生，都曾经给我讲过法帖谱系、源流，潭帖刻于北宋仁宗的庆历年间，

① 启功：《启功丛稿·题跋卷》，页92。

怎能有徽宗、高宗的题、押呢！……启功先生一看，即指出其伪的证据：此帖卷九有唐代大诗人李白的《庐山归去来帖》五言绝句，这是宋王安石书太一宫壁诗。帖名就是此诗的最后一句，谪仙能写王荆公的诗么！而且先生接着便指出它的来源：钱梅溪《履园丛话》讲的，作伪者买了翻版《绛帖》一部，将每卷两张重刻不同年月，以新纸染色拓之，冒充宋刻，凡五种，其五曰《潭帖》。①

这一例子，可证先生的精鉴与博学。

又如《蒙诏帖》，谢稚柳先生从风格上判断，认为这幅帖当是柳公权所书，因为它既有柳书的一些特点，又写得奔放自然，并间有躁笔。但启先生早从张伯英先生那里得知这是赝本，因为它的文辞不通：帖文中有"公权蒙诏，出守翰林，职在闲冷"之句，"翰林"是朝官，怎么能说"出守"？这与宋刻《兰亭续帖》所记不符。后来，启先生在上海博物馆及友人家中陆续看到《兰亭续帖》，得知原文本是"公权年衰才劣，昨蒙恩放出翰林，守以闲冷"，这才讲得通。启先生又从《兰亭续帖》中找出柳书原帖，即《年衰帖》，或连后两行称《紫丝靸鞋帖》，黄庭坚曾称其"笔势往来如铁丝纠缠，诚得古人用笔意"。由此可知，《蒙诏帖》墨迹本乃是他人放笔临写者，且删节了文字，以至不辞。

再如对《曹娥碑》的鉴定。《曹娥碑》的来历本身就疑点重重，而其碑文更是文辞荒谬。为此，启先生特意撰写了一篇《"绝妙好辞"辨》。文章先厘清了有关历史记载的混乱：据东晋《会稽典录》记载，先是上虞长命其弟子邯郸子礼为曹娥投江救父之事立碑，"其后蔡邕又题八字：'黄娟幼妇外孙齑臼'"，也不知这"其后"是指时间还是指位置。但到了《水经注》即由弟子变成外甥。再到《世说新语》，就出现了曹操和

① 王连起：《浅说作为鉴定家的启功先生》，未刊稿。

杨修猜“八字谜”的故事，后经《三国演义》一“演义”，完全变成了小说，但最大的破绽是曹操和杨修从来没去过会稽。后来刘峻注《世说新语》，猜谜的杨修又变成祢衡。再后，碑文出现了，流传了很多版本，“直到北宋，蔡卞重书碑文，意在弥补原碑亡逸的缺陷，这卷碑文，此时算是受到正式承认”[①]。碑文用的是杜尚设祭诔之的诔文，而诔文的荒诞不羁则令人咋舌。本来是哭父殉父，却用了“哀姜哭市”“杞崩城隅”这类哭夫殉夫的典故。之后又用了“坐台待水”“抱柱而烧”两个典故。前一个典故说的是“楚昭王夫人，等待水来，都与曹娥渺无关系，所搭得上的只是一个‘水’字”；后一个典故中的“抱柱”说的是尾生为守与女子的承诺，宁肯抱柱被水淹死的故事，尾生是男子，当然无从比附，稍能搭上关系的就是与水相关；“而烧”显然与尾生故事无关，若从守承诺而言，当指伯姬不肯下堂避火而被火烧死的故事，而故事中并没有说她当时是否抱柱，且这个故事乃是“节妇”的故事，与“孝女”无关，只好强把“抱柱”移到伯姬的身上。把两个本不相干，更与“孝女”无关的故事生拉硬扯地挤在一起，实属生编硬造。诔文中还用了“何者大国，防礼自修”“生贱死贵，义之利门”这类的评价，这种封建说教更属可恶，且曹娥投江救父与封建的“礼防”又有何干？文中还有“劈耳用刀”“丘墓起坟”之语，这说明诔文不但用典不当，就连修辞也有问题。“劈”就是用刀割，已包含了“用刀”的意思，“劈耳用刀”这样的修辞就好比说“吃饭用口”一样；“丘”与“坟”，“坟”与“墓”皆为同义，“丘墓起坟”这样的修辞又与“天地乃宇宙之乾坤”有什么两样？“如此等等，叠床架屋，真是‘废词’，而非好辞，又怎么能算得‘绝妙’？”[②]总之，经过启先生运用文学的、历史的多方考证，我们可知

① 启功：《启功丛稿·论文卷》，页 243。
② 启功：《启功丛稿·论文卷》，页 247。

《曹娥碑》疑处重重，人们绝不要受“绝妙好辞”这类小说家的蛊惑，真的把它当成书法史上的奇葩。

（三）辨别笔墨风格进行鉴定

如《〈兰亭帖〉考》论“神龙本”（摹写本）及“定武本”（石刻本）《兰亭帖》之精美云：“这帖的笔法秾纤得体，流美甜润，迥非其他诸本所能及。破锋和剥落的痕迹，俱忠实地摹出。……‘每揽’的‘每’字中间一横划，与前各字同用重墨，再用淡墨写其余各笔。原来原迹为‘一览昔人兴感之由，若合一契’，后改‘一览’为‘每揽’。这是从来读《兰亭帖》的人都没有见到的。”[①]试想，没有对《兰亭帖》极度细致的揣摩，没有对书法用笔极度细致的体会，怎能发现“每”字是从“一”字改写而来的呢？这确实是一般人想不到、看不出的。但这仅是问题的一个方面，启先生接着论述道：“这‘每’字在行中据其上的‘哉’及其下的‘揽’字，俱甚逼仄，这是因为原为‘一’字，其空间自窄。‘定武本’则上下从容，不见逼仄的现象。可知定武不但加了直阑，即行中各字距离亦俱调整匀净了。若非见唐摹善本，此秘何从得见！……惟怀仁《圣教序》中‘間’字、‘跡’字，俱集自《兰亭》，而俱有破锋，神龙本中却没有，可知神龙本也还不是毫无遗漏的。”[②]这种对不同版本间字距的细致观察，以及对出现这种现象的解释，到了何等精密的程度！有了这样细致的观察才能真正证明“神龙本”与“定武本”的精美确实超出其他诸本；否则，“此秘何从得见？”

又如，有人怀疑今传孙过庭《书谱》非墨迹本而是摹本，启先生细致地鉴别道：“按墨迹本有特点数端，试略言之：一、宣和签题玺印完具；二、笔锋墨彩干湿浓淡，处处自然，毫无勾描痕迹；三、笔法有一种异状，为临写所不能者。即凡横斜之笔画间，常见有一顿挫处，如竹之有节。且一

① 启功：《启功丛稿·论文卷》，页 53。
② 启功：《启功丛稿·论文卷》，页 54。

行中，各自之顿挫处常同在一条直线之地位，如每行各就其顿挫处画一线，以贯穿之，其线甚正而且直。又各行之间，此线之距离，又颇停匀。且此线之一侧，纸色常有污痕，而其另一侧，则纸色洁净。盖书写时折纸为行，前段尚就格中书写，渐后笔势渐放，字渐大，常骑在折痕之上写，如写折扇面，凸棱碍笔，遂成竹节之状，亦初非有意为顿挫之姿，其未值凸棱之行，则平正无此顿挫之节。纸上污痕，亦由未背时所磨擦者。”（《孙过庭〈书谱〉考》）[①]观察得何等细致，解释得何等合理，足见其在鉴定的经验与技术方面亦有深厚的功底。

又如2003年对号称晋人索靖所书章草体的史岑《出师颂》的鉴定。其实，史籍早有记载它不是索靖的作品。米元章在他的《草书六帖》（现在日本大阪美术馆）中曾记载说他从未见过索靖的真迹，并以此为憾，说如见到就能知道他下笔的方法了。米元章的朋友黄伯思在《东观余论》中也有两处明确记载唐以后就见不到章草体的墨迹了，所以宋高宗在让米友仁鉴定时，米友仁明确说这是“隋贤”的作品。启先生早在1942年《晋人草书研究》的演讲中就对《出师颂》做过深入的研究，并得出结论。他说：“《出师颂》书作章草，墨池堂‘戏鸿堂本’题曰索靖，‘玉烟堂本’题曰肖子云，‘三希堂本’有米友仁跋，定为隋人。尝合校之，明人所刻（按：指戏鸿堂本和玉烟堂本）‘鼓无停响’，‘鼓’皆作‘敊’，文遂不通。‘三希堂本’墨迹今有影本行世，笔势古厚而流美，绝非向拓可得，因尝悬断明人所刻底本为伪。……此帖摹本非一，皆辗转传摹，信笔题属，要以米跋本为最古。至其是否隋人，固无的据，总之不题为六朝以上人，米氏自有特识。”[②]启先生明确指出，此《出师颂》绝非六朝以前人所书，而同意米友仁的见解，以定为隋人最为合理。后来，他又在《论书绝句》中谈到这个问题：“隋贤墨

① 启功：《启功丛稿·论文卷》，页88—89。
② 启功：《启功丛稿·艺论卷》，页2。

迹史岑文。冒作索靖萧子云。漫说虚名胜实诣，叶公从古不求真。”并在题记中解释道：“佚名人章草书史岑《出师颂》。米友仁定为隋贤书。宋代以来丛帖所刻，或题索靖，或题萧子云，皆自此翻出者。……米友仁题曰隋人者，盖为其古于唐法，可谓真鉴。昔人于古画牛必署戴嵩，马必署韩幹。世俗评法书，隶必署蔡、钟，章必署索、萧，亦此例也。”[①]又在《禹域出土墨宝书法源流考》中进一步说道：“《三希堂法帖》直接来自墨迹，而其它帖是转模而来，转模间，隋人之书变为晋人书，以至冠以索靖之名。”这些都是从历史考证结合笔墨观察等方面来进行鉴定。而判定这本《出师颂》非索靖所书还有其他的根据：此帖前有落款宋高宗所题“晋墨”二字及画押，而题写此二字的纸上有龙形图案。启先生非常同意傅熹年先生的观点：仅凭这些图案就可断定此“晋墨”二字为后人伪托，因为龙上的须发都是方形向上的，称为“立发龙”，而这种画法是明代以后才有的，明代以后的纸怎么会有宋人的题字？更何况画押的签署与宋高宗写给岳飞手札上的花押也不同。这一鉴定的结论不但建立在看笔墨的基础上，而且还建立在看纸张的基础之上了，这些都是鉴定家必备的常识。但不幸的是，很多人由于贵

所谓的宋高宗所题“晋墨”二字

① 启功：《论书绝句》，赵仁珪注释，页74。

远贱近观念的作祟，宁肯信古而伪的作品，不信近而真的作品。否则《出师颂》在拍卖时，怎么会真的把它当成索靖的“晋墨”而把价钱炒得那么高呢？其实，即使把它当作一幅隋人的作品，它本身也是一件好东西，值得宝而藏之的。

又如在团城参加书画鉴定时，启先生曾仔细辨别过“三希帖”中的“中秋”“伯远”两帖（其中的《快雪帖》在台湾地区）。启先生对着光，能清清楚楚地看到《伯远帖》哪笔在前，哪笔在后，当是真迹无疑，而《中秋帖》当是米元章所临。而台湾地区的《快雪帖》当是唐人的双钩廓填。又如称为梁楷的《右军书扇图》、倪瓒的《狮子林图》，对照原有的影印本，得知只是旧摹本。这些结论都是在仔细研究作品笔墨风格基础上得出的。

对于看纸墨，启先生还有更高的期待，他认为高科技的引入在这一领域尤为急迫，比如电脑的笔画复制和识别，化学元素的检验和鉴定，等等，都应是过硬的第一手材料。而在当下，经验和眼力当然也是必需的。又如，据杨新先生回忆，“故宫博物院收藏有石涛《悬崖墨竹图》，启先生一看就说：‘这是横着画出来的。’果然把条幅横过来欣赏，便笔笔顺畅，作伪者在技术水平上达不到，就采用横着画、竖着题款的方式来作伪”[1]。试想，若无炉火纯青的笔墨经验，如何能一眼看穿这局中之秘。

最后，再举两例，让我们领教一下启先生的鉴定水平[2]。第一例看看他在刚接触到一幅作品时的第一反应是多么胸中有数、应对自如。1991年9月，启先生参观大阪美术馆，看了五件作品：1. 苏轼的《太白仙诗》；2. 宫素然的《明妃出塞图》；3. 李成、王晓合作《观碑图无尚神品》；4.燕文贵《溪风图》；5. 胡舜臣、蔡京合作山水。启先生分别加以评论。1. 《太

① 刘宁：《启功先生和古文献学》，收入《以观沧海：启功百年诞辰纪念文集》，页120。

② 见王连起：《漫谈启功先生的古书画碑帖鉴定》，收入《以观沧海：启功百年诞辰纪念文集》，页68。

白仙诗》，是苏东坡伪托李太白作的诗，是游戏之作，戏说李太白神仙来了。此书是用蜡笺纸写的，印的和写的直感不同，这次看得很清楚。2.《明妃出塞图》中有“镇阳”地方的印章，启先生指出，镇阳即河北正定，即今白洋淀一带。宋时有人去北方探秘，要拿证据证明他真的到了北方，就买镇阳人的画，到了宋金交界过关卡时，关卡就会在上面钤印，这幅画就是宋派往金国的探子带回来的。画上的印确实是北宋时的印，而画盒上把“镇阳”写成“锁阳”是错的，因为是盒纸被磨而造成的。3. 李成、王晓的画不是好作品，画得又如死猫瞪眼，水平不高。4.《溪风图》确实是宋人画，因为“宋人画栏杆不出头，画得很忠实”，启先生还根据记忆从题款上指出，这幅画曾在傅增湘先生手札提及过。5. 胡舜臣、蔡京合作山水中胡舜臣的题款错把“王壘”写成“王畳”，以后的人全都跟着错了。大阪美术馆的人深为钦佩与感谢。由此也可见启先生对历代书画作品是多么的熟悉。

第二例看看启先生是如何鉴定《爽籁馆欣赏》中的一本吴历画册，因为它综合体现了上述三种鉴定方法。这本画册“画法细密，相当精彩，本款是‘丙戌冬至摹古八帧’，每页都有清初人对题”。前人以题跋年月有问题已怀疑其伪，但提不出更周密的根据。且看启先生是如何鉴定的：“其实这一册的漏洞，并不在于对题的年月，况古代名画拼配题跋的事很多，都无损于名画的真实性。而这册的问题实有以下六点……”这六点分别为：一、此册当是明末武丹的画风，吴历的画法、用笔、布局、渲染都有其特殊风格，此册与之完全不同；二、吴历书学苏轼，而又有自己的特点，与此册题字笔法全不一样；三、印章不符；四、款书墨色浮，同画上墨色不同；五、末页吴历题款，原是恽寿平题画语，见《瓯香馆集》；六、册中仿李成一页题云“李营邱秋渡图”，清代雍正四年为避孔子讳，“丘”字才改为“邱”。而吴历卒于清康熙五十七年（1718），不能预避“丘”字。启先生还特意标出这是他的老师陈老校长考证出的。最后的结论是，这一册是用武丹画改造作伪的，而为此图改款的具体人就是善于作伪的祁崑（祁井西）。能运用多种知识、技能，一气从六方面进行综合鉴定，最后得出如此可信结论的能有几人呢？

二、鉴定经验总结

启先生始终把鉴定工作当作终生的事业，殚精竭虑，勤勉用心，在长期的实践中总结了很多宝贵的经验和理论，为此特意写下《书画鉴定三议》《鉴定书画二三例》等文章，为书画鉴定事业和书画鉴定者留下了一笔宝贵的财富。

在这些文章中，启先生强调，“书画鉴定有一定的‘模糊度’”，因为书画鉴定是一项非常复杂的工作，它不是艺术上真假优劣的简单判断，“有许多问题是在书画本身以外的”，更何况其中存在很多“世故人情”。为此，鉴定人士应抱有“求同存异”“多闻阙疑”的科学态度，承认其中有很多客观存在的“模糊”之处、难以确定之处。所以，有时过分自信，唯我是尊，反而不如王国维在谈研究结果和考证问题时常说的三个词——“弗晓得”“弗的确”“不见得”——更有水平。“我现在几乎可以说：凡有时肯说或敢说自己有‘不清楚’‘没懂得’‘待研究’的人，必定是一位真正的伟大的鉴定家。”（《书画鉴定三议》）[①]那为什么说“鉴定不只是‘真伪’的判别”呢？因为自古以来书画即有各种复制品、临摹本、无款之作、拼配之作、代笔之作，以至伪作，情况十分复杂，必须就事论事，具体对待，很难一概而论。即使是同一作者或同一鉴定者，也可能因年龄、经历、精力的变化而产生不同的效果与结论。

那么，鉴定中为什么有“世故人情”，“世故人情”又包括哪些呢？因为鉴定本身虽是学术行为，但在社会生活中往往被染上商业色彩，鉴定就

① 启功：《启功丛稿·题跋卷》，页99。

涉及真伪优劣，真伪优劣就牵涉到钱财，钱财就涉及世故人情。启先生从八方面总结了这些“世故人情”。

（一）皇威。这是封建社会特有的现象。如清乾隆皇帝先把假的《富春山居图》当成真的来题跋，后来只得把之后发现的真品说成是假的，造成书画鉴定史上的一大冤案。

（二）挟贵。如某官僚先拿出一幅自己也深知既伪且劣的作品对鉴定者说：“这一幅你们随便说假，我不心疼，因为我买得最便宜。”大家一乐，彼此心照不宣，下边再看多少，一律都是真的了。

（三）挟长。如张效彬先生是启先生的长辈，也是当时著名的鉴定专家，被推为收藏界的“泰山北斗”，晚年曾收藏了一幅清代人的画。正好元代有一个画家和他同名，有人就借此作假，在画上加了一段明代人的跋，说这幅画是元代那个画家画的，连张效彬也信以为真。这正是前文所说的“同一作者或同一鉴定者，也可能因年龄、经历、精力的变化而产生不同的效果与结论”的典型例证。启先生和王世襄先生一起写文章澄清过这件事，张老先生知道后很不高兴。再见到他们后就用训斥小孩子的口气半开玩笑地说：“你们以后还淘气不淘气了？”启、王二位也就知趣地答道：“再不淘气了。”大家哈哈一笑就算过去了，而这幅画也就继续被当作元人的画流传下去。

这（二）（三）中的事例虽然是两段可入新编《世说新语》的雅趣笑谈，但也足见“挟贵”“挟长”的现象是普遍存在的。“挟贵”“挟长”的要害是迷信权威，也包括迷信某些著录。比如端方写了一本《壬寅消夏录》，他一直想在书前放一张最古、最有分量的人物像。蒯光典知道了这个消息，就拿了一张号称尉迟乙僧画的天王像，找上门去，在端方的眼前一晃。端方当然知道著录书上曾记载过尉迟乙僧画过这类题材的作品，于是胃口一下被吊了起来，连忙说：“今天你拿来的画拿不走了，我这里有的是好东西，你随便挑，要什么我都给你，只要把这张画留下。”这正中蒯光典的下怀，这本是一幅假画，他本来就想利用端方并不真正懂行，而著录书上又有相关的记载来骗他。于是，蒯光典大大方方地挑了一幅赵孟頫的《双松平远图》手卷，上面本有清乾隆皇帝的题诗，可能是太监偷出来的原因，题诗已被刮去。后来，这张画又被张珩买走，他请高明的裱匠重新装裱，画面平整如初，好像没被刮一样。启先生后来在美国华盛顿的弗瑞尔博物馆看到那张天王像，确实不行，它贴在木头板上，上面有很多题跋，但假的居多，只有宋人的一个账单是旧的，记载此画在当时流传过，但并不能说明它就是尉迟乙僧的。

（四）护短。鉴定者之间常怕被对方视为眼力弱、水平低，于是不免争吵，但有时又不屑无谓的争吵，便不肯多惹闲气，致使难以得出公正的结果。

（五）尊贤。如某前辈特别喜欢褚遂良，见到一幅仿褚遂良的大字《阴符经》就认定是褚作，别人质疑时，他就反问道："那你说是谁写的呢？谁能写到这个样子呢？"这个问题答不出，于是这件作品就归了褚遂良。启先生又在几则题跋中进一步举例何为"挟贵""挟长""尊贤"以及它们的危害。如《跋宋拓争座位帖》云："余尝谓古拓之可贵，在能传昔人之笔法，其使转出入，一一可寻，是为下真迹一等。若世之徒矜某点某画不泐，便诩为一字千金，虽墨痕狼藉、面目全非在所不论者，仅好事家争奇斗富之资，非学书人存精寓赏之玩也。"[①]这是批评重名轻实的碑帖家。又如《跋郭有道碑》云："世人闻蔡邕能文……遂以汉世诸碑之撰者归之……虽彼此重复不顾也。又闻伯喈能书……于是汉世诸碑之书者俱归之，虽年代乖舛不顾也。……当蔡中郎之名沦浃既深，群以为必如我心目中之形状，始为真笔。及见其碑，与意中预悬者不符，又必指摘瑕疵，辨为伪作。正如西施遗体，苟如近出长沙墓中汉轪侯之夫人发肤完好，观者必戟指顿足，斥其非

---

① 启功：《启功题跋书画碑帖选》，页 171—172。

真，叶公之见，本为自古之常情，殊不足怪也。”①这是批评某些叶公好龙的“尊贤”者。又如《跋翁方纲信札手卷》云：“覃溪考订精详，文字讲究，真可谓事事道地者，然微伤专固，转有失于眉睫间者。李猛庵先生笔记中记乾隆时龚某一札，颇诋覃溪，容有偏见，而记朋辈谑谥曰‘翁文厉公’，则堪一噱，亦足见其谈艺之执着焉。不佞垂老而日渐自信，亦每与人忿争，书此亦足自警也。”②这不但是说不要“挟贵”“挟长”，而且敢于自我解剖，给我们的教益远远超出了如何做鉴定工作，而且是如何治学、如何做人了。

（六）远害。字画商和流氓掮客相勾结，寻衅鉴定者，造成鉴定者敷衍了事，不敢坚持原则。

（七）忘形。鉴定者不应过分自以为是，听不得别人的意见。启先生特别检讨了自己的一件事：“一次在朋友家聚集看画，见到一件佳品，一时忘形地攘臂高呼‘真的’，还和旁人强辩一番。有人便写给我一首打油诗说：‘独立扬新令，真假一言定。不同意见人，打成反革命。’我才凛然自省，向人道歉，认识到应该如何尊重群众。”

（八）容众。前文提及的鉴定一册宋人书札，启先生与唐兰先生之间有“我辈数人，定则定矣”的对话，就是一个典型的例子，即当别人称赞你能有“定则定矣”的水平时，你一定不要忘记“我辈数人”——大家的功劳，一定要谦虚谨慎。

启先生所总结的八条，都是以真人真事为根据的，其中也包括自己，是他一辈子从事鉴定工作所得出的经验教训。最直接、最明显的经验就是，很多题跋都是出于人情世故而为，如果只看题跋的表面恭维的文字，不能把握其中的微言大义，那么就会出大问题了。启先生也承认自己的一些题跋文

---

① 启功：《启功题跋书画碑帖选》，页175—177。
② 启功：《启功题跋书画碑帖选》，页41。

字常常不得不为“世故人情”所囿。了解了其中的奥妙，再读先生的文字，就会特别留意其中的“春秋笔法”，甚至是故意留下的破绽或埋伏。正如在那篇言不由衷的《兰亭的迷信应该破除》中故意留下的那句话一样：“及至读了郭沫若同志的文章，说《丧乱帖》和《宝子》《杨阳》等碑有一脉相通之处，使我的理解活泼多了。”更重要的是，这些经验教训至今还有强烈的现实意义，在市场经济高度发达的现代，那些挟贵仗势、那些远害作假的情况不是更甚于从前吗？某些“鉴定家”不是为了自身的利益，已完全丧失良知了吗？我们应该重温像启先生这样老一辈鉴定家的教诲：“坚持真理是社会主义的新道德；迁就世故是旧社会的残余意识。在今天还有贯彻新道德的余地的情况下，注意讲求，深入贯彻，仍是建设精神文明的一个重要环节，也是值得今天做鉴定工作的同志们共勉的！”（《书画鉴定三议》）①

① 启功：《启功丛稿·题跋卷》，页102。

第五章

诗词家启功

余事作诗人，一生成三册。
开卷目不暇，篇篇映奇色。
驱得五车书，纷纷来听喝。
拘来古诗翁，奔走门前过。
轻松白香山，滑稽东方朔。
蓬莱驾鹤仙，曹溪参禅客。
西江次第排，竹林散淡客。
义山送精研，东坡献疏阔。
更有杜少陵，诚心输魂魄。
掩卷闭目思，毕竟只一个：
风调与音容，分明启元白。
幽栖坚净居，吟榻独自卧。
烟云过眼空，笔底吟不辍。
更兼性情真，天生多幽默。
敏捷世无双，才高无人和。
小诗信手拈，只需一磨墨。
有时稍费时，至多一入厕。
也有呕心篇，推敲费斟酌。
所幸常失眠，月下细雕刻。
莫嫌住院频，正堪增吟课。
药液如琼浆，滴滴酿奇货。
归家病债消，诗稿增一摞。
愿公从今后，精神更矍铄。
新诗日日堆，直把楼冲破。

（启先生字元白，“白”读如“bò”）

启先生是中国当代旧体诗坛上独树一帜、引人注目的重镇。他曾将他创作的旧体诗词先后辑成《启功韵语》《启功絮语》《启功赘语》三部诗集出版，后总称为《启功韵语集》，所收作品六百余首。后来北京师范大学出版社在编辑《启功全集》时，又增补了四百余首。与宋以后文人别集动辄数千首作品相比，启先生旧体诗词的数量并不多，但那些经过启先生亲自筛选收入集中的多为作品中的上乘之作。启先生按格律写新声，近乎完美地利用了古典诗词固有的形式，灵活自如地书写了新时代特有的内容，既展现了他深厚的功力，又形成了属于他自己的鲜明风格，为当代旧体诗词创作的继承与创新树立了极佳的典范。不仅如此，启先生对旧体诗词的创作还发表了很多精辟的见解，从理论上对当代旧体诗词的创作进行了深入探讨。因此，无论是在创作实践上，还是在理论阐述上，他都对中国当代旧体诗坛做出了卓越贡献。

第一节　“三分人事七分天”[①]：天赋与学力

清人赵翼《瓯北诗话》卷十云：“诗之工拙，全在才气、心思、功夫上见。”[②]一首诗的好坏，取决于写诗人先天所具有的才气、命题立意与谋篇布局的构思以及他的知识储备。其实，评价一个诗人也可以从这三个方面展开，即他是否生来就具有诗人的禀赋，他是否通过后天的学习与钻研拥有深厚的功力，他是否能够在写作过程中将天赋与学力展现为奇思妙想及过人

---

① 赵翼：《瓯北集》卷二十五《闲居无事，取子才、心余、述庵、晴沙、白华、玉函、璞函诸君诗，手自评阅，辄成八首》其七，李学颖、曹光甫校点，上海：上海古籍出版社，1997 年，页 542。

② 赵翼：《瓯北诗话》，霍松林、胡主佑校点，北京：人民文学出版社，1998 年，页 147。

见识。毋庸置疑，启先生是一位优秀的诗人，诗思之敏捷近乎文献传说中的援笔立就、倚马可待。而从另外一些非常直观的侧面，譬如背诗、论诗、作诗、解诗等，人们也能感受到启先生在诗歌方面的才华与功力。

一、启先生背诗

启先生背诗的功夫着实惊人。任何一个人，只要和启先生有过一两次接触，就会发现和启先生聊天，能大大增广见闻、学识。其中一个很重要的原因就是在聊天中，他常能脱口而出，引用很多诗词，似乎这些诗词早已变成他语料库中的常用词汇，可以任意驱使，无不如意。启先生之所以能做到这一点，是因为他自幼就背下了海量的诗。

在启先生的家庭教育中，背诗是很重要的功课。一直到晚年，启先生还清晰地记得祖父抱他坐在膝上背东坡诗的情景。从那时起，他就非常喜欢背诗，虽然并不完全懂得其中的含义，但那优美的韵律使他着迷。祖父教他吟诵时的腔调深深地印在他的脑海里。启先生认为，吟诵的好处就在于使诗歌变得更优美，也能使背诵者多一层听觉上的刺激，记得更牢。所谓知之者不如好之者，好之者不如乐之者，启先生因为觉得背诗有意思，因此举凡《诗经》、汉魏六朝诗、唐宋诗词、元明清诗词、近现代诗词中的许多名篇，乃至稗官野史中的打油诗都一路背了下来。

令人吃惊的是，记忆力过人的启先生并不单单背诵名篇。以杜诗为例，除那百十来篇常见的诗外，启先生还能成组地背下《秋兴八首》《咏怀古迹五首》《诸将五首》，以至他并不喜欢的《八哀诗》等。正因为对杜诗烂熟于心，在启先生的诗词作品中，引用或化用杜诗的诗句有十余处，其中大多都算不上所谓“名篇”。

更令人钦佩的是，有些作品即使是在很多专治古典文学的学者看来都算是生僻之作，甚至无人关心过，但启先生也能照背不误。如苏轼的《朱寿昌郎中，少不知母所在，刺血写经，求之五十年，去岁得之蜀中，以诗贺之》是一首很长的七言古诗，其中使用了大量的典故，但它打动了启先生的孝心，所以到老仍能倒背如流。真不知启先生到底能背下多少诗。

笔者在《诗人启功》一文说到，曾就一些专门问题请教启先生，如六言诗的格律，无禅语而有禅意的禅诗有哪些代表作。每次在毫无准备的情况下，启先生都能即兴背出大量的作品，很多还都是一般人注意不到的作品。真可谓有问必答，问一答十。试想，记忆库中如果没有足够丰富的诗歌储备，而是临时“动手动脚找东西”，要想在浩瀚的古代诗歌典籍中翻检出这些诗，其难度真不亚于“上穷碧落下黄泉”了。可是在启先生这里，便可不假思索，迎刃而解，不能不令人惊叹而佩服。

说起启先生背诗的本领，还有几个极有说服力的佐证。

其一，启先生的长辈溥心畬先生，早年曾出版过《西山集》，但可惜的是，后来的诗词稿本大部分已经遗失，很多作品不为人知，但其中的四首七律《落叶》却靠着启先生杰出的记忆力得以保存。事情是这样的：当时溥心畬把这四首诗抄在一张小高丽笺上，拿给启先生看，启先生一面捧持讽诵，一面就把这四首诗背了下来。时隔数十年后，启先生在写《溥心畬南渡前的艺术生涯》一文时，仍能将这四首诗完整地默写下来。

其二，启先生有一次去日本访问，遇到祖上的世交陈曾寿的孙女陈文芷女士，她说带来一首她姑夫赵朴初（陈曾寿的侄女婿）最喜欢吟诵的陈曾寿的诗，启先生说：“你不必说了，必定是陈老先生的《泪》。”随即吟诵道：“万幻唯余泪是真。轻弹能湿大千尘。不辞见骨酬天地，信有吞声到鬼神。文叔同仇唯素枕，冬郎知己剩红巾。桃花如血春如海，飞入宫墙不见人。”陈女士不禁大惊：“你怎么知道是这首，还能背下来？”“这不奇怪，因为陈老的这首诗写得太好了。”说罢，二人不禁开怀大笑。

其三，一次来客偶与启先生谈到旅顺、大连景物，启先生说：“那里有一座白塔山，是当年日俄战争的战场，日本的乃木希典率日军曾在此与沙俄血战，付出六个师团的兵力，最终攻占了此山，在一个小石碑上刻了他的一首诗作：‘山川草木转荒凉。十里腥风新战场。征马不前人不语，金州城外立斜阳。’”来客惊奇道：“这样不被人注意的诗您怎么也能背？”启先生说：“大连还有一首《大连赞》：‘星宿浦，老虎滩。东海之表大连湾。日俄战，白玉山。虎嗜狼吞吾土残。山河在，敌寇败，尚留欠积弥天债。万民欢，五十年。喜看日月换新天。’1979年我到辽宁博物馆，路过白塔山，看到了乃木这首诗，觉得写得挺好，后来又看到这首《大连赞》，觉着写得也很实在，就背下来了。”来客大为惊叹。

至于背诗与作诗有什么关系？启先生说：“关系太大了。喜欢，才去背；背多了就会在脑子中形成一个套路，不但词汇、句法上，而且构思、情调上自然而然就会受它的熏陶，这比任何高明的老师教都管用，这就是俗话所说‘熟读唐诗三百首，不会吟诗也会吟’。但是，如果只学、只背一家，顶多落个酷似而已，不会有大出息，这样的例子在文学史上太多了。因此，只有转益多师，才能融合各家之长，形成一家之风。”用启先生的诗作去核验启先生这段话，我们发现确实如此。唐宋之前，启先生最喜欢的是《文选》中的古诗，于唐宋则最喜欢老杜、乐天、东坡的作品。因此，《古诗十九首》之高古、老杜之精练、乐天之轻松、东坡之才情横溢都在启先生诗中得到充分展现。

除了汉魏古诗、唐宋诗外，启先生还能背诵大量元明清诗。元代如虞集，明代如“前七子”“后七子”，清代如钱谦益、吴伟业、王士禛、袁枚，甚至一些并不以诗名世的文人如沈周、姚鼐等人的诗歌，启先生也能背诵很多。启先生对这些诗有一个总体评价，认为它们都是学唐音，虽有模仿之嫌，但都精美流丽，正像有人评价王士禛的诗是“清秀李于麟（攀龙）”那样。而明“七子”、清人的清秀，又都直接导源于元代虞集等人。启先生因为喜欢这份清秀，就一路背下来，而这自然对其诗歌创作发生过深远影响。读启先生诗集不难发现，他很多古雅的诗，特别是年轻时的诗，其实学的即这一路数，清雅摇曳、风华蕴藉。影响所及，老年所作的《近见沈石田与诸友唱和落花诗，文衡山以小楷录为长卷，因拟之，得四首》（见后文），通过描写落花，含蓄地咏叹了那动荡时代不同人的命运，仍然带有很明显的清初诸大家的特点。

二、启先生论诗

启先生虽没有大部头的“诗学”“诗论”著作，但作为一位诗词大家，他对诗有非常独到、深刻的见解，值得我们学习，有些见解甚至可以成为今日诗词创作的准则。

首先，启先生论诗非常注重音韵格律。他的总观点可以概括为“平仄须严守，押韵可放宽”十个字。启先生认为严守平仄是中国（汉语）诗歌的必然特点，因为汉语是属于有声调的汉藏语系，而诗歌不仅是供人阅读的案头文学，更是供人诵读的泛音乐文学（至于乐府、词曲更是纯音乐文学），因此就必须利用汉语固有的声调变化的特点，以造成音调上高低起伏、抑扬顿挫的变化，从而达到美诵与美听的效果，否则岂不白白浪费了这个特点？如果把诗篇比成一座美丽的殿堂，那不等于把优美的浮雕当成砖头来乱砌吗？我们的先人自古就发现、利用了这一特点和优点，才创造了具有民族特色的中国诗歌。有一种观点认为中国的声律学是起自六朝沈约等人，而他们之所以发现四声的特点又是在翻译佛经时受到梵文的启发。启先生对此坚决反对，认为这是典型的崇洋媚外之论。为此，启先生从《诗经》《楚辞》以至《史记》中举出大量的例证，证明古人早就在诗中，甚至是散文中注意到语言的声调搭配，只不过到六朝时逐渐找到声调的最佳组合，逐渐总结成规律，并最终形成律诗。

对于押韵，现在还有很多人主张要严守主正统的《切韵》—“平水韵”—《佩文韵府》的系统，但启先生认为可适当放宽。原因是已经压缩过的《佩文韵府》的一百零六个韵部仍显得过细，难免窒碍意思的充分发挥，与自古以来贤达所倡导的“不以词害意”有悖，所以该通用通押的就应适当合并，这在《佩文韵府》中已做了标明。对此，启先生有中肯的推论，他说，《切韵》的主编者陆法言在《切韵序》（见于《广韵》卷首所载）中所说的：“欲广文路，自可清浊皆通；若赏知音，即须轻重有异”，“这‘清浊皆通’指的是韵字还是韵部？按每一韵部中都有清浊声的韵字，例如东韵中的‘东’字是清声，‘同’字是浊声。如一首诗中，既用了东部中的‘东’字，又押‘同”字，并不能算‘出了韵’，那么‘皆通’二字岂不等于废话？可见决非指韵字的清浊，而应是指韵部的不太拘泥，大约即是后来韵部‘同用’的情况”。[①]“至于‘轻重’怎么讲？在古代论著中，还未见明确划一的解释。按沈约《宋书·谢灵运传论》谈到‘浮声’‘切响’，我们借以理解‘浮声’即指扬调的平声，‘切响’即指抑调的仄声。那么《切韵》序中的这两句话用现在话来说，即是想要行文路子广阔，韵部可以通融不拘泥；想要使知音者赞赏，平仄是不可混淆的。”[②]这是对“平仄须严守，押韵可放宽”聪明而到位的简明解释。

何况《广韵》的二百零六韵部、《佩文韵府》的一百零六韵部分得也未见得都合理。启先生在《汉语现象论丛》中曾举过这样一个例子：清代的高心夔两次考试都遇到要作“十三元”的诗题，结果都误用了另外韵部的字，出了韵，当然只能被列入四等（不及格），于是王闿运就作了一副对联讥笑他：“平生双四等，该死十三元。”[③]因为这一韵部把今日很多发“uan”“üan”的韵与发“en”的韵归为一个韵部，难怪人们难以区别，也难怪清乾隆时就有人建议将此韵部分为两部。再者，写的时候虽恪守了古代

① 启功：《启功丛稿·诗词卷》自序，页 3。

② 启功：《从单字词的灵活性谈到旧体诗的修辞问题》，收入《汉语现象论丛》，北京：中华书局，1997 年，页 87。

③ 启功：《从单字词的灵活性谈到旧体诗的修辞问题》，收入《汉语现象论丛》，页 86。

的韵部，但读的时候却很难一一按古音读出，这样反而感受不到音律之美，达不到押韵的效果与目的。

启先生又进一步考察到，其实古人作诗用韵早已有明确反对拘泥韵书的主张了，启先生在《汉语现象论丛》中，就引用了罗大经《鹤林玉露》所载的杨万里和魏了翁的议论：“杨诚斋云：‘今《礼部韵》乃是限制试子之程文，不许出韵，因其难，以见其工耳。至于吟咏情性，当以《国风》《离骚》为法，又奚《礼部韵》之拘哉？’魏了翁亦云：‘除科举之外，闲赋之诗，不必一一以韵为较。况今所较者，特《礼部韵》耳。’”诚然，科举考试为统一标准、统一规则，强求遵守《礼部韵》，有情可原，而诗人平时吟咏性情又何必非要自我拘束呢？古人尚且如此通达，我们又何必斤斤计较、作茧自缚呢？

启先生在教授和写作中也特别强调这一点，如用声律学的观点解释魏晋人为什么喜欢驴叫，为什么看似平常的“池塘生春草，园柳变鸣禽”会成为千古名句（详见《学问家启功》的有关论述）。笔者曾经写过一篇评论钟敬文诗论和诗作的文章，题目叫“诗笔诗心两兼之”，启先生看后说：“为什么不叫‘诗心诗笔两兼之’呢？这样多顺口，多合律啊？”说完，启先生可能担心听者尴尬，又说：“我这也是一病（指力求合声律到了几乎挑剔的地步）。”后来笔者又写了一篇介绍北师大中文系古典文学教研室的历史与展望的文章，题目叫“曾经沧海，更上层楼”。启先生看后，说这题目起得好，很合律。笔者在和启先生谈诗时，只要有不合律的读音，启先生必定十分注意纠正。例如，笔者读成“一番（fān）洗清秋”时，启先生就加重语气地读作“一番（fàn）洗清秋”；笔者读成“今宵酒醒（xǐng）何处”时，启先生就加重语气地读作“今宵酒醒（xīng）何处”。可见，启先生非常注重读音的合律。而听启先生诵读诗词，听那抑扬顿挫的声调，本身就是一种享受。启先生甚至说，其实不用听一个人讲，只听他念，就能看出他的水平。这真是行家之论！

其实，启先生主张的“平仄须严守，押韵可放宽”正与现在诗词界“求正容变”的主流主张相合。

其次，启先生论诗还特别强调传统的寄托、比兴手法及形象化的表达。很多人误认为启先生的诗很少写时事，其实不然，他只是不愿直白地写时事，而是通过比兴寄托来表达。他说：

> 我认为反映现实、表现生活应有多种形式。……而我则认为诗不应太直接地叙写时事，不应太就事论事，而要把它化为一种生活感受和思想情绪加以抒发，写的时候应更多地采取寄托、象征的手法，也就是说借助写景咏物等手法来委婉含蓄地加以表现。[①]

这样的作品在他的诗集中并不少，尤其值得我们注意。

启先生的诗不但讲究寄托，而且注重形象组合。启先生认为诗是非逻辑的，因此“妙义难从句下求”，更不能坐实地去解释句中的字义。他在一首咏杜甫的诗中这样写道：“主宾动助不相侔。诗句难从逻辑求。试问少陵葛郎玛，怎生‘红远结飞楼’。”[②]诚然，“红远结飞楼”确实不能用“葛郎玛”（语法）来解释。如果有人追问启先生，您这句诗到底是什么意思，他会回答：“我也很难表述清楚，因为它不是一件事，而是一种很难言的感情。正像‘沧海月明珠有泪，蓝田日暖玉生烟’一样，能胶柱鼓瑟地解释它到底是什么意思吗？”

此外，启先生论诗还特别看重用浅显的语言表达丰富的意蕴，认为“善于用浅显语写深意境”[③]是写诗的最高境界。启先生认为，虽然《南部

---

① 启功口述，赵仁珪、章景怀整理：《启功口述历史》，2004年，页198。

② 启功：《启功丛稿·诗词卷》，页93。

③ 启功口述，赵仁珪、章景怀整理：《启功口述历史》，页202。

新书》中说白居易作诗用大众口语、“求解于老妪”的说法并不可靠，而且可能是有人故意编派此事来讽刺白诗的浅俗，“但作诗令老妪都懂，也是他的成功之处”①。在《论诗绝句二十五首》之十二中，启先生又如此评价白居易诗：“境愈高时言愈浅，一吟一上一层楼。”②白诗语言的浅显并不意味着诗歌所达到的境界低下，恰恰相反，白居易不乏境界愈高而语言愈浅的诗作，这些诗在明白如话的语言背后，却有着极深的意蕴可供读者品味，经得起反复咀嚼。晚年作口述历史时，启先生再次申说自己的观点：

> 我觉得诗的最高境界是：“佳者出常情，句句适人意。终篇过眼前，不觉纸有字。”——让读者不必在文字上费工夫就能领略作者的情意。③

正因为如此，启先生作诗时也不避讳语言的“浅俗”。且能在浅俗中生出新意、妙意，拓展幽默风趣的风格。他从不忌讳自己的诗是打油诗，也不惮别人说他的诗是“油腔滑调”。诸如此类的观点与实践，都显得相当大胆，为当代的古体诗歌创作做出了极为宝贵的探索。

三、启先生作诗

启先生诗思极其敏锐，手笔极其快捷，常有古人即席赋诗的雅举。此处略举几个生动的例子。

“文革”结束后，中国的外事活动逐渐增多。一次，日本某访华团与

---

① 启功：《启功讲学录》，赵仁珪等编，页24。
② 启功：《启功丛稿·诗词卷》，页94。
③ 启功口述，赵仁珪、章景怀整理：《启功口述历史》，页199—200。

中方聚会，席间准备了纸笔，一位日本友人用汉语赋绝句一首，号称“即席”之作，并书写下来。中国方面一面称赞，一面略显尴尬，因为事先没料到会有此一手。这时，只见启先生走到案前，提笔掭墨，略加沉思，竟步其原韵一口气连和了两首，大为中方争回了面子，也算是“外交史”上的一次小小胜利吧。故本章的开篇诗有云：“小诗信手拈，只需一磨墨。”

1995年，笔者的一位书画家朋友要开一个书画展，想请启先生为之揭幕，以壮声威，恰巧启先生住进医院，无法前往。笔者到医院看望，说起此事，启先生听后，说：“那我就给他题首诗，算作表示吧。”说罢翻出一张B4的纸和随身带的方便毛笔。笔者见启先生要“即席”赋诗，便退到一旁，想看看启先生到底有多快，正巧小几上有花生米，便一颗一颗拈起来吃。只见启先生在纸上落笔时并不是逐行逐字地写，而是断断续续、时前时后，把先斟酌好的词句写下来，再陆陆续续把空出的字很快填上，于是一首字迹优美的七言绝句和跋语便写好了，这时，笔者的花生米正吃到第二十五颗。诗曰：“健笔真行溯汉分（汉分即汉代书法，隶书）。墨池春涨起玄云。更将余兴描山水，传得中华大地文。”这在启先生的诗中并不算上品，所以诗集中并未收录，但也够得上老到工稳、文采斐然了。跋曰:“志华同志工书善画，近出精品多帧，公诸艺苑。功以伤腿，就医北大医院，未能恭趋展室，一钦雅范，而聆教益。敬拈短句，用志叹仰之忱。”亦是典雅整饬、颇见功力的好文章。诗与跋加起来不过用了七八分钟的时间，而且连书法都有了。笔者不得不感慨道：“当年我总怀疑曹植作‘七步诗’的传说有点太夸张，及至亲见启先生成诗时诗思之快，才信服世上确有这样的才人。”

有一次，一位篆刻家托人请启先生为他的篆刻作品题词。其作品是在两个直径一尺多的圆形石材上，用篆字密密麻麻地刻上《琵琶行》和《春江花月夜》，然后用朱泥印到宣纸上，一眼望去，颇似一片“红海洋”。启先生观看片刻之后，问了篆刻家的名字，便提笔题诗。启先生的写作方法仍如上述，大约过了六七分钟，他便在“红海洋”旁边用秀丽的墨笔字写下了一首七绝：“铁笔千秋艺最精。熔金琢玉属神工。士宏学贯周秦业，巨刃摩天刻彩虹。”后有跋曰：“士宏王先生精镌巨印，解观为之目眩，因拈俚句以志敬佩，公元二千零二年秋日，启功具草，时目疾未瘳，书不成字，启功。”跋中的“为之目眩”虽略带调侃，但诗写得非常得体，特别是“巨刃摩天刻彩虹”一句，正应“红海洋”之壮观，可谓点睛之佳句。

如果说以上两诗还多少带有应酬的成分，那么下面这首诗则堪称真正的创作。1988年的一天下午六点来钟，启先生家正准备吃晚饭的时候，一位剑南春酒厂的人突然造访，想请启先生为剑南春酒厂题诗，并说第二天一早他就要离京。启先生说：“你晚饭后来取吧。”晚饭后，一幅精美的作品已经写好，尺幅还相当大，显然这也是一幅即兴的作品。诗曰：“美酒中山逐旧尘。何如今酿剑南春。海棠十万红生颊，都是西川醉后人。”这真是一首“绝妙好辞”，把饮剑南春酒后满面红光的人比成盛开的海棠，而海棠又恰恰是四川的名花，正应了剑南春是四川名酒的身份，既贴切，又生动，若不是妙手偶得，就是天赐佳句。启先生自己也非常得意，因此把这首诗收入诗集之中。

至于随机应答、信手拈来、不必太讲格律的脱口之作，那就更多了。朋友要出欧洲园林摄影集，启先生随手题曰：“静坐书案前，如行万里路。多谢摄影家，省我辛勤步。”到连云港游览时，东道主用当地的特产猕猴桃招待，并夸耀本地东临大海，背靠南山，求启先生为他们题联，启先生脱口应道：“游连云港福如东海；吃猕猴桃寿比南山。”思路之快令人吃惊，应景之妙令人称奇。

但我们不要误认为启先生的诗全是这样的急就章。启先生作诗也有极严肃、极认真的一面。

启先生和人谈诗谈到高兴时，经常拿出自己的诗稿给人看，并挑出自己得意的作品给人讲。只见诗稿上涂涂改改，勾勾画画，足见其一丝不苟，

“饮馀”“读日”联

经常修改打磨。启先生常说自己的诗大多成于两种时候，一是生病住院时，一是夜里失眠时。试想，在那种只能“诗成仰面书”的困状中，启先生付出了多少心血！这正如本章开篇诗所云：“也有呕心篇，推敲费斟酌。所幸常失眠，月下细雕刻。”举一例可证：《频年》一诗有句云“饮馀有兴徐添酒，读日无多慎买书”，据启先生讲，“慎”最初拟作“快”字，又改作“不”字、“戒”字，最后才选中“慎”字。细想起来，只有这个“慎”字才最含蓄，最能道出老年人又想多读书，又不得不考虑如何才能更好地利用有限的时间去读书的复杂心态。启先生还明确强调推敲修改的重要性。他说，诗就要不断地“打磨”，虽然不必像某些苦吟者那样“吟安一个字，拈断数茎髭”，但一定要“大胆落笔，细心收拾”，“富于千篇，穷于一字”，学习杜甫“新诗改罢自长吟”，学习陆游“年来旧稿花前改”，学习金人“石鼎夜联诗句细”的精神，尽量把每一个字安排好。这种反复推敲的研炼，使我们不由得想起王荆公锻炼“春风又绿江南岸”诗句的典故和古人严肃的写作精神。

四、启先生解诗

诗人的心都是相通的。高明的作者往往是别人的最好读者，最好的读者往往同时也是优秀的作者；因为他们有着“心有灵犀一点通”的心智、思维和情感。所以，往往听不会作诗的人讲一百堂诗词课，不如听真会写诗的人讲一堂课。启先生既然能把复杂真切、细腻微妙的感情化作简洁优美的诗句，也必然能从别人生动凝练的诗句中读出同样丰富的感情。所以，听他解诗往往会有很多惊喜之感，有如高明的禅师当头棒喝，醍醐灌顶，直指人心。

如用解构的方法对李商隐《锦瑟》诗的解读，将这首千古诗谜分析得十分透彻；用宏观的视角解析《碧云天》一曲为二十五字“六合图”（参见《学问家启功》《教育家启功》有关论述）都是非常典型的例证。

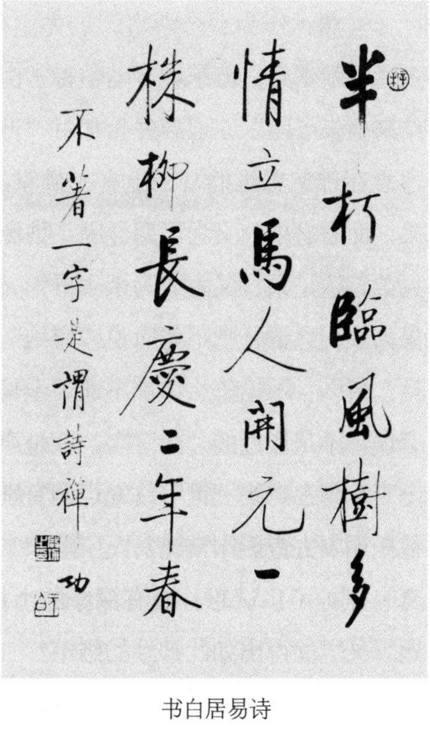

书白居易诗

对哪些作品可以算某一作家的代表作，启先生也常有独到之见。如讲白居易，启先生特别看重这首《勤政楼西老柳》：“半朽临风树，多情立马人。开元一株柳，长庆二年春。”他说这四句看起来谁也不挨着谁，全由一系列的名词或名词性词组组成，但里面包含的沧桑之感、人生体验太深沉了，难得的是，这样沉重的感情却能如此

"轻松"地就表达出来，没有绝大的笔力是写不出来的，而这正是白居易诗的特点。又如孟郊诗，以奇险古奥、钩章棘句、讲究思力著称，历来论著者多以《借车》《秋怀》为例，但启先生特别看重这两首诗："试妾与君泪，两处滴池水。看取芙蓉花，今年为谁死？"（《古怨》）"妾恨比斑竹，下盘烦冤根。有笋未出土，中已含泪痕。"（《闲愁》）前首要与情人相比，看谁的眼泪多得能把芙蓉花（水莲）淹死，想象极为新颖。后首借斑竹咏恨，但不写地上的斑竹，而写未出土的笋根已饱含泪痕，构思确实不同凡响。经启先生这么一讲，我们不是对孟郊思力非凡的特点有了更深切、更直观的感受了吗？但可惜的是，大多数的白居易诗选和孟郊诗选中居然都没选这些诗。看来即使最被有些学者轻视的选本，如果没有真正的行家里手来主持，也是很难编好的，而多一些像启先生这样独具慧眼的人，才能挖掘出更多不被人注意的好诗，正所谓千里马常有，而伯乐不常有也！

当然，作为一个学者，启先生在解诗时也特别注意考证。例如，在众多通行版本中，苏东坡《狱中寄子由》之一尾联都作"与君世世为兄弟，又结来生未了因"，但启先生却对"世世"一词一直存疑。他认为这两句诗是建立在佛家思维的基础上——佛家的因果之说认为：有今之因，乃有后之果，而后之果，又为再后之因。推测苏东坡的原意，这两句是想说今生既为兄弟，这是果，又将成为来生再为兄弟之因。而一般的版本作"世世"，如果为预祝之词，则下句应说"愿结"；如果为已知之数，则下句岂不成了废话？所以，不论怎么讲都不通。于是，启先生怀疑两"世"字的前一个必当有误，不是形近的"此"字，就是声近的"是"字。但"是"字古代是浊音上声，与去声的"世"终究声调有别，所以最大的可能还是"此"字。后来他托朋友去查影印常熟翁氏所藏宋本《施顾注苏诗》，果然是"此"字。这真有点神了！试想，没有深厚的考据和音韵学的功力，岂能看出这样的问题，又岂能得出如此神妙的结论？

又如，对南朝民歌《西洲曲》的评价。大多数的人都从意象的优美、节奏的跳跃、修辞的精妙去分析它的好处，而启先生却从它所属的清商曲的音乐性出发，指出音调的优美更是它不可忽视的优点。他对全诗三十二句进行了详尽的分析，指出其中的十九句都符合后来标准的五言律句，其余的也多是后来常见的拗句，所以诵读起来朗朗上口。在此基础上，启先生指出：

> “清商曲”是“巷陌歌谣”，也就是民歌。歌唱的方法是徒歌，也就是不用什么音乐伴奏的。所谓“执节者歌”，有人解释为由执持节旄的人来唱。试问巷陌歌谣，不过是牧歌渔唱之类，哪里去找节旄？不难理解，节是伴奏的简单工具，也就是打拍的节板。清代唱莲花落和今天数快板的有两种伴奏工具，声音轻而碎的一串小竹片叫作“节子”，两块大竹板叫作“板”，用节或板打出节奏，来辅助歌唱的效果。手拿这类节板来唱，应该即是所谓“执节者歌”。徒歌既没有管弦伴奏，那么在句调中就必须求其本身和谐，才能使听者悦耳。这大概就是古代徒歌读着格外顺口的原因。这种民间徒歌的歌手探索出来的旋律，被文人借鉴吸收，就是六朝诗中那些律调诗句和不完整的律调诗篇的来源。①

这一解释不但解决了《西洲曲》为什么声调优美的问题，而且解决了律调为什么产生的根本原因，可谓要言不烦，探骊得珠。

有趣的是，启先生还能凭自己对诗的深入理解，以及他的聪明才智来和古人开个玩笑，从而用另一种方式来解诗。启先生对朱熹之流抱着封建道德观去解释《诗经》十分不满，于是借助改诗对他们进行讽刺。如《诗经》的第一篇《关雎》：“关关雎鸠，在河之洲。窈窕淑女，君子好逑。”这本来是一首表现婚爱的诗，但《毛诗序》却说：“《关雎》，后妃之德也，《风》之始也，所以风天下而正夫妇也。”朱熹更说：“盖指文王之妃大姒

① 启功：《古代诗歌、骈文的语法问题》，收入《汉语现象论丛》，页21。

为处子时而言也。君子则指文王也。……汉匡衡曰：‘……此纲纪之首，王教之端也。’可谓善说诗矣。”对此，启先生讽刺到，何必只说它是歌颂文王呢？给它改一改，还能说它是歌颂尧舜呢！诗曰：“关关众雎鸠，聚在河之洲。窈窕二淑女，君子之好逑。”为什么是“二淑女”呢？因为尧有二女，一名娥皇，一名女英，都嫁舜为妃，这样一来，岂不可仿照《毛诗序》和朱熹之流所说，“美尧舜之德”吗？这真是才人学者的高级幽默。

第二节 “生面果然开一代”[①]：探索与创新

要想深入研究现当代诗词家的创作成就，必须把他置于现当代诗词创作与研究的大语境之中。这个大语境是什么呢？那就是如何将继承传统与开拓创新相结合。任何现当代诗词创作都绕不开这一核心问题。有的作者继承有余而创新不足，很多作品放入唐宋诗人的集子中几乎可以乱真，但缺乏时代感、新意境；有的作者创新有余而继承不足，很多作品读起来太缺乏古典诗词固有的味道和意蕴，让人感到似乎背离了诗词的优秀传统。当然也有将继承与创新完美结合在一起的诗词家，启先生就是其中很有代表性的人物。

清人叶燮论诗，主张一个好诗人应该具备“才、胆、识、力”四要素[②]，诗人若想自成一家，就必须大胆创新。启先生的旧体诗词创作，成就是多方面的，而取得这些成就的关键之一即大胆探索，勇于创新，其中包括对格律、语言的创新，但更重要的是对幽默风格的卓越建树。这既是启先生人品

---

① 袁枚：《小仓山房诗集》卷二十六《谢赵耘菘观察见访湖上兼题其所著〈瓯北集〉》，周本淳标校，上海：上海古籍出版社，1988 年，页 645。

② 赵翼：《瓯北诗话》，霍松林、胡主佑校点，页 16。

风格在诗词创作中自然而然的流露，也是对中国传统诗歌风格的可贵贡献与突破。可以说，启先生在旧体诗方面的有关实践，不仅奠定了他作为一个足以传世的诗人地位，更是为旧体诗如何在当代文化语境中焕发新的生命力做出了有益的探索，他的成功经验足资后人借鉴。袁枚《随园诗话》卷十五云："诗能令人笑者必佳。"现即以幽默风格为纲，结合有关问题分别论述。

一、谐谑风趣，自成一家

鲁迅先生曾说过一句话，很能道出后人在面对前代诗歌成就时的心态。他说："我以为一切好诗，到唐已被做完，此后倘非能翻出如来掌心之'齐天大圣'，大可不必动手……"[①]这话看起来不错，特别是在唐诗之后，中国的旧体诗又经历了那么长时间的发展，今人再想在风格上有什么新发展，似乎已非常难了。但任何艺术总不会有尽头，正像宋诗在唐诗之后照旧有发展的余地一样，古典诗词仍旧会给今天的我们留下若干可供发展的新天地。幽默风格的发展是其一，而启先生可算是幽默诗风的大师。

实事求是地讲，中国人本缺乏幽默感；而幽默诗风虽自古有之，但发展得确实并不充分。最早虽然可以追溯到《诗经》，如其中的《硕鼠》《伐檀》等不乏幽默之风，但这之后很长一段时间内，似乎很少有这种风格的作品。汉魏六朝时期，具有鲜明幽默风格的佳作似乎只能数出《陌上桑》等有限几篇。即使到了唐代，也很少有谁特别擅长这种风格，只能在某些诗人中偶然见到几篇这类的作品。到了宋代，幽默诗风有了较大的发展，苏轼和杨万里是北宋、南宋幽默诗风的两座高峰。但可惜的是，两宋之后，很少有人在正统的诗词中（曲除外）继承这种风格，甚至有些人还对这种风格颇多微

---

① 鲁迅：《鲁迅全集》第十三卷，北京：人民文学出版社，2005 年，页 307。

词和讥讽。直到清代的袁枚、易顺鼎才又对这种风格做了某种恢复。因此，这种风格确实有很大的发展余地。启功先生对它的大力发展为填补和完善这种风格做出了重要而突出的贡献。

说到幽默诙谐，首先要把它和开玩笑、耍贫嘴、发噱头、打猛诨或一味地俚俗打油区别开来。幽默的背后其实是智慧与达观，它需要有很多高品位的修养。前人的某些误解也主要是混淆了二者的区别。启功先生的幽默就具有种种高品位的特点，具体表现主要在几个方面。

（一）幽默与旷达的胸襟。成天生活在忧郁中的人是不可能幽默的。只有旷达才能轻松，只有轻松才能幽默。旷达是幽默的人生前提。苏轼的幽默主要出于此，与苏轼酷似的启先生也得益于此。启先生对人生看得很开，面对着“谁能不自针尖老”的飞逝时光，面对着“千差万别堪惊诧”的今昔变化，启先生采取了“故吾从此全抛下”（《踏莎行三首》）[①]的旷达态度。正因为此，他才能对自己的荣辱祸福、生老病死采取爽朗超然的态度。因此，在别人看来不堪忍受的“害病”，在他的笔下也无不带有强烈的幽默风格。这种幽默具有更高的品位，因为顺境时幽默易，逆境时幽默难，它需要有更高层次的旷达胸襟做底蕴。只有有了这种胸襟，才敢去咀嚼痛苦，才敢和命运开玩笑。如写血压高云：“血压不高才二百，未妨对酒且婆娑。”（《对酒》二首）[②]写颈部牵引云：“《洗冤录》里每篇瞧，不见这般上吊。”（《西江月》）[③]写打吊针云：“一针见血瓶中药，七字成吟枕上声。”（《鹧鸪天》）[④]写患“美尼尔氏综合征”云：“车轮转有数，吾头转无休。久病且自勉，安心学地球。”（《转》）[⑤]我们在读这些诗时，

① 启功：《启功丛稿·诗词卷》，页 51。
② 启功：《启功丛稿·诗词卷》，页 70。
③ 启功：《启功丛稿·诗词卷》，页 57。
④ 启功：《启功丛稿·诗词卷》，页 54。
⑤ 启功：《启功丛稿·诗词卷》，页 54。

只觉得它好笑就太肤浅了，只有体会出它背后旷达的人生境界，才能真正了解领略其中幽默的价值。

（二）幽默与深刻的哲理。在一般人眼里，幽默和哲理似乎是风马牛不相及的事，幽默仅仅是逗乐好笑，哲理却是严肃郑重，所以他们才不屑于幽默。殊不知高品位的幽默往往能寓深刻的哲理于会心一笑之中，高品位的幽默往往是轻松微笑的哲理。因而能否将幽默的趣味性与哲理的深刻性统一起来，是判断幽默品位的重要标志。苏轼和杨万里都擅长此道。有人只看到了杨万里“好耍”的一面，而忘掉了他同时也是一个理学大师，在他“好耍”的背后，正体现出他“透脱”的人生观。启功先生在这方面更有其独诣之处。他能凭借深厚的功力将这二者圆满地结合在一起。上述旷达超然的人生态度，当然也是一种哲理，除此之外，它还可以扩展到对人生、历史、社会等各个方面。启先生的幽默诗也确实为我们在这些方面提供了理性的思考，其中尤其精彩的是他的咏史诗，如前已举过的《贺新郎·咏史》：

古史从头看。几千年，兴亡成败，眼花缭乱。多少王侯多少贼，早已全都完蛋。尽成了，灰尘一片。大本糊涂流水账，电子机，难得从头算。竟自有，若干卷。　　书中人物千千万。细分来，寿终天命，少于一半。试问其余哪里去？脖子被人切断。还使劲，龂龂争辩。檐下飞蚊生自灭，不曾知，何故团团转。谁参透，这公案？①

古人写咏史诗的大有人在，但写得如此生动幽默、信手拈来又极尽辛辣讽刺之能事的却不曾见。但封建社会成者王侯败者贼，字里行间只见“吃人”二字的残酷历史不是被揭露得格外深刻了吗？不能“参透”这段公案，如何能写出这样的诗来。

---

① 启功：《启功丛稿·诗词卷》，页 49—50。

（三）幽默与悲情的表达。以幽默写旷达易，以幽默写哲理亦易，难的是以幽默写悲情。而满口诙谐语，浑身风趣人，其内心往往有大痛苦、大悲情，其经历往往有大挫折、大坎坷。只不过他们不愿仅生活在怨天尤人的哀愁与牢骚之中，他们要超越痛苦，以达观的态度去书写这份更复杂的经历与情感。所以幽默之中往往是“一把辛酸泪”。试想，满腹悲愁无从发泄，不幸命运无法改变，却只能自我调侃，暂作解嘲，以几声苦笑，来聊以自慰；这表面上的欢愉之语，旷达之词，内下里该是多么的艰辛与惆怅。对此，若只以泪笔写之，仅悲伤而已；若反以谐语写之，不但悲伤，且能超越悲伤，凌越命运，见出作者兀傲的胸怀和卓绝的个性，其感染力必当倍增。苏轼就是榜样，各方面都酷似苏轼的启先生也不例外，且看他的《自撰墓志铭》：

> 中学生，副教授。博不精，专不透。名虽扬，实不够。高不成，低不就。瘫趋左，派曾右。面微圆，皮欠厚。妻已亡，并无后。丧犹新，病照旧。六十六，非不寿。八宝山，渐相凑。计平生，谥曰陋。身与名，一齐臭。①

前一部分写自己事业一事无成，中间部分写自己孤独多病，后一部分写自我评价。表面看都是自我嘲讽的自责之语，但“瘫趋左”的疾患是自己能控制的吗？“派曾右”的政治遭遇是自己能左右的吗？面对严酷的现实，作为一介书生，只有随其浮沉，看透微生而已。所以，这些自责自嘲之语就大有反语之意；这些貌似旷达超脱的调侃语的背后不仅掩藏着遗憾与痛苦，而且透露出一股难以掩盖的孤傲与自得。这里面最值得玩味的是“面微圆，皮欠厚”“瘫趋左，派曾右”二句。显然“面微圆”本无须写入这一简短的

① 启功：《启功丛稿·诗词卷》，页81—82。

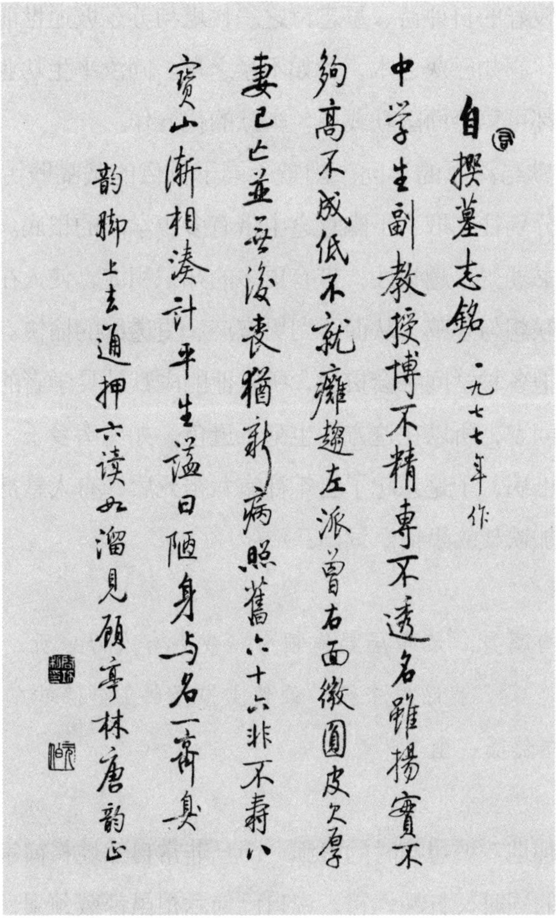

《自撰墓志铭》

墓志铭中，它的作用仅是为了引出“皮欠厚”一句，而“皮欠厚”看似无关宏旨，但相对“厚黑学”而言，它就是难得的品格。而“派曾右”一句显然是主，是想要表达悲惨的经历；“瘫趋左”一句是宾，是特意搭配上的。但为主的一句“点到为止”，为的是冲淡“派曾右”所包含的无限感慨，不愿陷入其中发更多的牢骚，使全诗保持一种超脱的格调，十分得体，且给人更多的想象空间。可以说，这首诗从形式上讲是中国最好的三言诗之一，从题材内容上讲是较好的自评诗、墓志诗之一，堪与苏东坡逝世前类似绝笔诗的《自题画像》“心如已灰之木，身如不系之舟。问汝平生功业，黄州惠州儋州”相媲美，都可算冷面幽默或黑色幽默的代表作。

（四）幽默与深厚的学问。幽默不同于世俗的贫嘴贱舌，它有高下雅俗之分。这种分别往往取决于幽默之中带有多少学问的根底。高雅的幽默往往带有更多的书卷气、趣味性，带有更多的知识积淀，使人在所说的事情之外产生更多的联想与共鸣，从而得到更宽广、更透辟的愉悦。苏轼是一个大学问家，且能把各种学问融会贯通，所以他的幽默独具学者的魅力。启先生也是一个大学问家，所以在这方面也毫不逊色。如《南乡子·颈架》写自己戴上颈架治颈椎病，于是想起了当年禅宗六祖死后，有人悬赏其头颅，其弟子便在他颈上加铁架的事情。词曰：

> 大鉴有真身。漆布层层作领巾。夜半有人刀一斫，无痕。一个头颅二十缗。　我眩发来频。颈架支撑竖铁筋。多少偷儿不屑顾。嫌昏。六祖居然隔一尘。[1]

这首词不但风趣地戏谑患病时的狼狈，而且非常自然地将禅宗的故事引入作为对照，自嘲的同时又打趣六祖，说自己与六祖虽都戴颈架，但自己却无被砍之虞，这种“呵佛骂祖”的打趣本身又是深合禅理的，这一切都得益他的学问修养。又如《转》：

> “别肠如车轮，一日一万周。”昌黎有妙喻，恰似老夫头。法轮亦长转，佛法号难求。如何我脑壳，妄与法轮侔。秋波只一转，张生得好逑。我眼日日转，不获一雎鸠。日月当中天，倏阅五大洲。自转与

---

① 启功：《启功丛稿·诗词卷》，页 72—73。

公转，纵横一何稠。团圉开笑口，不见颜色愁。转来亿万载，曾未一作呕。车轮转有数，吾头转无休。久病且自勉，安心学地球。[1]

此诗把韩愈诗、佛家典、《西厢记》和《诗经》，以至有关地球自转、公转的现代自然科学知识拉杂用来，幽默之至，真给人目不暇接之感。这岂是一般的幽默所能比拟的！

（五）幽默与超凡的才气。有时幽默不但要靠学问，而且还要靠聪明，即善于别出心裁，独具手眼，在别人意想不到处搞出幽默，在自己灵机一动中发现幽默。袁子才尤擅此道。他的幽默中，似乎总憋着一股淘气劲，或曰“坏”劲。这种风格要透着天生的机灵聪明才行。启先生的幽默也不乏这种伎俩。

例如，王昭君的悲艳故事自古以来不知感动了多少诗人，他们写下了数以百计的诗歌，有人随手辑录了一下，就出了厚厚的一大本诗集。应该说，这里面不乏立意新颖的作品，正如《红楼梦》第六十四回《幽淑女悲题五美吟》写到林黛玉为王昭君题诗，贾宝玉所评的那样：“作诗不论何题，只要善翻古人之意。若要随人脚踪走去，纵使字句精工，已落第二义，究竟算不得好诗。即如前人所咏昭君之诗甚多，有悲挽昭君的，有怨恨延寿的，又有讥汉帝不能使画工图貌贤臣而画美人的，纷纷不一。后来王荆公（王安石）复有‘意态由来画不成，当时枉杀毛延寿’，永叔（欧阳修）有‘耳目所见尚如此，万里安能制夷狄’，二诗俱能各出已见，不与人同。”因此，后来者面对昭君咏这样的诗题，大多会有题无余蕴之叹。且让我们看看聪明的启先生是如何独出机杼的，他在《昭君辞二首》的序中说：

古籍载昭君之事颇可疑，宫女在宫中，呼之即来，何须先观画像？

---

① 启功：《启功丛稿·诗词卷》，页54。

即使数逾三千，列队旅进，一目足以了然。于既淫且懒之汉元帝，并非难事。而临行忽悔，迁怒画师，自当别有其故。按俚云：“自己文章，他人妻妾”，谓世人最常矜慕者也。昭君临行所以生汉帝之奇慕者，为其已为单于之妇耳。咏昭君者，群推欧阳永叔、王介甫之作，然欧云：“耳目所及尚如此，万里安能制夷狄。”此老生常谈也。王云：“汉恩自浅胡自深，人生乐在相知心”，此激愤之语也。余所云“初号单于妇，顿成倾国妍”，则探本之义也。论贵诛心，不计人之讥我“自己文章”。①

对文献记载的昭君临行之际汉元帝忽生悔恨之心，用俚语“自己文章，他人妻妾”来解释，认为汉元帝之所以此时觉得昭君明艳过人，是因为昭君已经属于单于，成为别人的老婆了。因此，启先生写下新的翻案诗句：“初号单于妇，顿成倾国妍。”读者莞尔一笑之余，很快会觉得这符合一般人的心理特点，套句时髦的词，是符合“心理美学”的。这种聪明的立论，真不愧为“诛心之论”，直使贾宝玉认为的能“各出已见”的王荆公、欧阳永叔之作也“落第二义”了。如此淘气的出新，堪称千古一人，发前人皆未发，道前人所未道。

（六）幽默与生活的体验。日常生活中其实有很多幽默的素材，就看你能否通过细心的观察，在别人没发现它们的时候发现它们，并通过生动的描写，在别人难以表现它们的地方表现它们。杨万里很擅长这一点，常常能于细微处体现其幽默的风格。启功先生也常有这样的神来之笔，令人忍俊不禁。如《止酒》写自己禁不住朋友相劝喝醉酒的情景：

欢笑逾三巡，技痒旋自取。

---

① 启功：《启功丛稿·诗词卷》，页38—39。

蚁穴溃堤防，长城失其守。
舌本忘醇漓，甘辛同入口。
席终顾四座，名姓误谁某。
踯躅出门去，团圞堕车右。
行路讶来扶，不复辨肩肘。
明日一弹冠，始知泥在首。
醒眼冷相看，赧颜徒自厚。①

这里连用了四个漫画式的细节描写：一是“名姓误谁某”，醉得把人名都弄混了；二是“团圞堕车右”，醉得像一团肉一样从车上摔下来；三是“行路讶来扶，不复辨肩肘”，别人想扶他都无从下手；四是“明日一弹冠，始知泥在首”，醉得直到第二天戴帽子的时候，才发现满脸是泥。这四个细节将醉酒的狼狈形象刻画得十分传神。如果说《止酒》是一个故事的连环漫画，那么《鹧鸪天八首·乘公共交通车》就是乘车的系列漫画剧了。现仅以其中的三、四、七为例：

这次车来更可愁。窗中人比站前稠。阶梯一露刚伸脚，门扇双关已碰头。　长叹息，小勾留。他车未卜此车休。明朝誓练飞毛腿，纸马风轮任意游。

铁打车箱肉作身。上班散会最艰辛。有穷弹力无穷挤，一寸空间一寸金。　头屡动，手频伸。可怜无补费精神。当时我是孙行者，变个驴皮影戏人。

① 启功：《启功丛稿·诗词卷》，页27。

入站之前挤到门。前回经验要重温。谁知背后彪形汉，直撞横冲往外奔。　门有缝，脚无根。四肢着地眼全昏。行人问我寻何物，近视先生看草根。[1]

以上情景很多人都经历过，特别是乘公交车时所遇到的种种窘境，更是当代社会人皆有之的经历；甚至上车被车门所夹，车里被挤成“相片”，下车被撞翻在地，在草窠里找眼镜的狼狈也大有人体验过，但一般人却不见得能写出，现在一经作者生动地描写，就能引起人们会心的共鸣。这是新生活、新题材入旧体诗、旧格律的典型代表作。

二、语言创新，自如表达

幽默风格的创新是一种气质上、立意上的创新，而这种创新离不开某些形式的辅助与处理，新语言的运用就是重要的一环。它不但有利于幽默风格的表现，也能保证新思想、新内容的顺畅表达。上引的很多诗已很好地体现了这一点，这里再详加论述。

纵观发展到目前为止的古典诗词的语言，大约只经历了两个阶段。第一阶段由先秦到清代后期。其中又经历了两个过程：一是先秦到南北朝时期，语言显得相对古奥。二是唐宋以后，语言显得相对雅洁。这两者虽然风格不同，但从语言材料和语言构成上看却是相同的，都属于传统的文言系统。第二阶段从清代后期到现在。这一时期虽短，但语言的材料和构成却发生了明显的变化，即随着新文明的发展，随着新生活的扩充，白话与新名词开始大量登上诗坛，如你乘坐的本是轮船，再称它为兰舟，就显得太不伦不类了。这两期的分界线可以从黄遵宪、梁启超等人提倡的“诗界革

① 启功：《启功丛稿·诗词卷》，页103—104。

命”算起。这一“革命”在语言的运用上确实有开创性的意义，但它又是不彻底的。开始多是谭嗣同“纲伦惨以喀私德，法会盛于巴力门”（按：“喀私德”是印度种族社会的音译，“巴力门”是英国议院的译音）式的“颇喜挦扯新名词以表自异”（梁启超语）的作品。后来他们虽自觉地提倡“能以旧风格含新意境……苟能尔尔，则虽间杂一二新名词，亦不为病”（梁启超语）的观点，但仍没能很好地解决旧形式与新语言之间的关系。从上述言论看，他们认为新诗词之所以成为新诗词，主要是其中含有新思想，而不是新语言；相反，新语言太多了反而不好，所以才有“间杂一二新名词，亦不为病”之说。后来，黄遵宪对使用新语言的问题在理论上有了更深的见解。他在《杂感》之二中说：“我手写我口，古岂能拘牵？即今流俗语，我若登简编。五千年后人，惊为古烂斑。”[①]但从创作实践上看，他的诗中还是大量地存在旧典故、旧语词、旧句法，只不过在其中穿插使用了一些新词汇而已，新、旧两种语言还未能达到浑融的境界。可以说，自此以后如何在旧体诗中使用新语言就成为诗人不断探索的新课题。启功先生在这方面取得了很大的成绩，为解决这一问题做出了重要的贡献。当然，启功先生很多诗用的仍是传统语言语汇，如他青年时期所作的社课诸诗，以至老年时所写的《落花》四首等，将它们置入古人诗集中，其语言的典雅、古奥一点也不亚于古之一流作家。但就语言创新而言，启先生旧体诗的一些特点值得我们特别注意。

一是巧用今语、今典。

因为是今人作旧诗，所以不可避免地要使用新语词、新典故，这是无须避讳的问题。如果在大量的作品中居然看不到任何新词汇，而全是古典成语，那么我们真要怀疑这些作品到底有多少新思想、新内容了。启功先生有

---

① 黄遵宪：《人境庐诗草》卷一，见《续修四库全书》一五六六册，上海：上海古籍出版社，2002 年，页 631。

很多诗是专写害病的，这些诗与古代诗人笔下动辄就是“文园消渴”“西施捧心”截然不同，写得非常生活化、个性化、现代化，一看便知此乃今人之作。如《蝶恋花·就医》云：

> 医术高明经验富。细诊详观，心领兼神悟。历询病情听主诉。安排疗法亲分付。　　此病根源由颈部。透视周全，照遍倾斜度。骨刺增生多少处。颈椎已似梅花鹿。①

此词不但巧妙地将现代医疗的检查诊断都写入，而且写得相当专业，如颈椎透视一定要“照遍倾斜度”。但作者又没有仅满足于对诊断过程的技术描写，一句“颈椎已似梅花鹿”可谓曲终奏雅，将就医时无可奈何的心情描写得十分幽默而生动。

随着现代生活的发展，一些词汇成了新典故，巧妙使用亦会增加生动的生活气息。如前文提到的“派曾右”，又如《友人索书并索画，催迫火急，赋此答之》云：“左臂行将枯，左目近复坏。左颧又跌伤，真成极右派。”②其中的“右派”即可视为对今典的巧妙使用。

二是巧用古语、古典。

即在现代语言的总体风格中，特意点缀一些古语、古典，从而更好地反衬这种新的语言风格，为表现今我服务。只要我们不像当年的“江西诗派”那样故意地卖弄古典，或像今日的胡适先生那样故意地避开古典即可。启功先生在这方面有很高的造诣。当年“江西诗派”所标榜的，但又未能实现的“化腐朽为神奇”，“脱胎换骨，点铁成金”，在他笔下所在多是。如《人造卫星发射纪念征题》有云：“地球竟入宜僚手，一箭腾飞宇宙

---

① 启功：《启功丛稿·诗词卷》，页57。
② 启功：《启功丛稿·诗词卷》，页82。

新。”“宜僚”是旧典，是楚国一位善表演抛球手技的勇士，用此形容现代社会有可以像他那样、自如玩转卫星的科技水平，写的是时事，但又巧借了古典，真非一般人所能。又如《北风》云：

北风六级大寒时。气管炎人喘不支。
可爱苏诗通病理，“春江水暖鸭先知”。①

《南乡子·题淡拓石门铭》讽刺《石门铭》拓片之模糊云：

刀钝石纹粗。纸薄于烟墨又枯。鹰眼也生白内障，模糊。“草色遥看近却无。”②

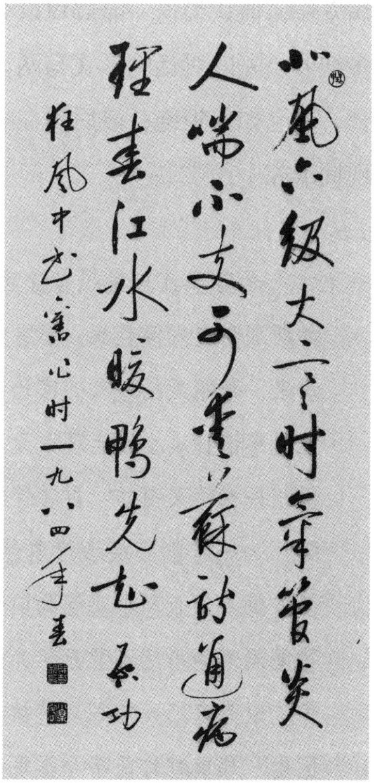
《北风》

其中的“春江”句，“草色”句，以及前引的《鹧鸪天八首·乘公共交通车》中的“他车未卜此车休”“可怜无补费精神”等，都是这种手段的很好体现。试想，如果没有东坡诗、昌黎诗、义山诗、评后山诗的引用衬托，作者旷达幽默的性格何以展现？而有了这些古典雅语的衬托，前面的“气管炎人喘不知”“鹰眼也生白内障”等今之俗语也

① 启功：《启功丛稿·诗词卷》，页 45。
② 启功：《启功丛稿·诗词卷》，页 71。

随之变得生动活泼起来。

三是对传统句式的大胆突破。

传统诗词以五、七言为主，间以杂言，至多不过十一言。这对表达特别细腻的内容，尤其是叙述性的内容确实存在一定的限制。随着题材的扩展，自由度的加强，有时就须打破一些句式上的固有传统。启先生就有类似的作品，现以《赌赢歌》为例。这首诗写的是启先生的夫人在病危时，和启先生打赌，夫人认为他必定再娶，启先生表示坚决不会。后来启先生心脏病发作，他认为这一赌局可以分出输赢了，自己果然没再娶。诗中描写了很多细节，先以对话的形式写两人如何设赌；再写夫人死后很多人如何前来撮合，自己如何拒绝；最后写在病危时可以笑着宣布自己的胜利，全诗较长，现摘录如下：

> 老妻昔日与我戏言身后况。自称她死一定有人为我找对象。我笑老朽如斯那会有人傻且疯，妻言你若不信可以赌下输赢账。……从兹疏亲近友纷纷来，介绍天仙地鬼齐家治国举世无双女巧匠。何词可答热情洋溢良媒言，但说感情物质金钱生理一无基础只剩须眉男子像。……劝言且理庖厨职同佣保相扶相伴又何妨？再答伴字人旁如果成丝只堪绊脚不堪扶头我公是否能保障？……昨朝小疾诊疗忽然见问题，血管堵塞行将影响全心脏。……诊疗多方臂上悬瓶鼻中塞管胸前牵线日夜监测心电图，其苦不在侧灌流餐而在仰排便溺遗臭虽然不盈万年亦足满一炕。……忽然眉开眼笑竟使医护人员尽吃惊，以为鬼门关前阎罗特赦将我放。……床边诸人疑团莫释误谓神经错乱问因由，郑重宣称前赌今赢足使老妻亲笔勾销当年自诩铁固山坚的军令状。①

启先生自称这是一首“数来宝”式的诗歌，它将本应简明的句式故意拉长，

① 启功：《启功丛稿·诗词卷》，页 191—192。

有些句竟多达近三十字，而那细致的心理状态，惟妙惟肖的神情，幽默诙谐的对话，如怎能保证对方不会由“伴”变成“绊”，如果不用长句式，也确实很难表现得如此细腻和风趣。读者的评价可以见仁见智，但这种大胆的尝试无疑值得提倡。

四是用浅显语写深意境。

是不是一首好诗，关键不在于它的语言是古典的还是白话的，这只是表现形式的问题，唯古典或白话是从，已经落入第二义。不管是古典的还是白话的，都要为表现诗的意境服务。而用浅显语表现深意境，往往比用艰深语显得更生动，更耐人寻味、出人意表。启先生的作品中，如“莫名其妙从前事，聊胜于无现在身”（《一九九四年元旦书门大吉》）[①]，“饮馀有兴徐添酒，读日无多慎买书”（《频年》）[②]等都属于此类。

这里特别值得指出的是《启功絮语·古诗二十首》《启功赘语·古诗四十首》和《启功韵语·痛心篇二十首》这三组诗。前两组是以咏古、怀古为主的杂诗，后一组是悼念亡妻的抒情诗。这些诗大多属于以浅显语写深意境的作品。如前边已经介绍过的《痛心篇》二十首，全用最明白浅显的语言写成，所谓从性情中自然流出者也，所谓以血泪写成者也，更别具一种感人的力量。如果把它换成古典语，那反而会大大降低启先生即兴而发的真感情。读这种诗正像启先生在《古诗四十首》之三十一所说：“佳者出常情，句句适人意。终篇过眼前，不觉纸有字。”[③]应该说这是诗的最高境界，他启示现在作古诗的人，要想作出好诗来，最主要的是写出真感情，而无须亦步亦趋地学古语、古典，斤斤计较于语言的古奥与否。

除此之外，启功先生还善于用俚语、俗语、音译语入诗，体现了他善

---

① 启功：《启功丛稿·诗词卷》，页 237。
② 启功：《启功丛稿·诗词卷》，页 239。
③ 启功：《启功丛稿·诗词卷》，页 250—251。

于驾驭语言的能力。更重要的是他能将这些手段融会贯通加以运用，亦今亦古，亦庄亦谐，左抽右旋，无不如意，为旧体诗的语言运用开辟了新天地。在一般人看来，今人作旧体诗首先语言上就遇到障碍，语汇的选择面受到很大的限制，但启功先生给我们的启示是，不但不受限制，而且面更宽了，因为不但可以用古语、古典，而且还可以用今语、今典，就看写作者是否能左右逢源了。

要想使古体诗词语言得到充分的解放，也离不开对传统格律的适当突破。前文评述“启先生论诗”时已较详细地介绍了他“平仄须严守，押韵可放宽”的主张。这些主张在启先生的诗作也确有体现。如他在《沁园春·夜梦初回》题下自注道：“‘中东辙’，即不按平水韵来押韵，而用‘中原音韵’后的十三辙来押韵。”在《心脏病突发》诗后自注道：“此首杂用支、灰诸韵，以其时实不能检韵书矣。方家赐阅，幸揭过之。”在《夜中不寐》诗题下自注道：“杂用相类诸韵，不敢解嘲称进退格也。”而在《启功韵语·自序》中他更明确地提出：“用韵率通词曲，隶事懒究根源。但求我口顺适，请谅尊听絮烦。”而对平仄的处理启先生是十分严格的，但在严格之中也不失创新。如《卡拉OK》有云“卡拉OK唱新声”，《踏莎行三首》有云“张三李四是何人，一堆符号A加B”。不但径直将英文字母入诗，而且还巧妙地严守格律，因为按中国习惯的读音，K与B都读降调，与它所处的音节当为仄声正好相符，真可谓“天作之合”。

最后，我们可以用一段问答作为本节的总结：有人问启先生，诗词创新的关键在哪里，他回答说是勇气和胆量。这话与他回答学书法的关键极相合，对我们很有启发。因为有些人一提起作旧体诗，首先就在脑子中横亘着一个“雅”字，一个“庄”字，认为只有满篇都是“之乎者也”才叫旧体诗，多用了今语今典、新词俗语就不叫旧体诗；认为只有庄重的言志抒情才叫旧体诗，一幽默就失去了诗人高贵严肃的身份。所以，与其说他们不能如此，不如说他们不敢如此。只有抱定“由人顶礼由人骂”，“豁出去，我就这样了”的态度，才能解放思想，从根本上打破这些观念上的束缚，率意天真地“我手写我口”。

第三节 “为有源头活水来”[①]：继往与传承

读了以上的引诗及评论，你若认为启先生就会写那种风趣幽默、诙谐调侃、令人发笑的诗，那就像张中行先生所说的那样——大错特错了。启先生也会写很雅的诗，甚至雅得不能再雅的诗。评价启先生的诗词，不能脱离启先生学诗的背景。启先生从小受传统诗词的熏陶，稍长即受溥心畬“空灵”诗说的教诲，以至在青少年时期就能模拟溥心畬的空灵诗风，以诗投谒，并自信地问“您就说像您不像您吧”，而溥心畬也报以会心的一笑。那时他写的诗完全是传统风格，笔力之老到、意境之高雅、风格之温厚竟能感动得资助他的长辈为之唏嘘堕泪，足见启先生的诗词创作是从传统入手的，至于后来的创新发展也是在继承传统的基础上形成的。

古典诗词的创作传统是经几千年的积淀自然形成的，现当代任何人的创作都逃不脱这一客观存在的基础，因此必须立足它、正视它、延续它，否则我们的创作将成为无本之木，无源之水。在这方面，启先生可谓当代旧体诗人之翘楚，他对古典诗词创作传统的继承已臻于化境。他有深厚的旧学渊源，他能熟练背诵数以千计的诗词作品，并以它们为底蕴进行创作。读启先生的诗，我们可以深切地感受到这一传统的深厚内涵和强大张力，感受到他正是用他最熟悉、最得心应手的方式在进行创作，从而使形式和内容得到了

---

① 朱熹：《观书有感二首》之一。

完美的统一——内容、思想、情感是现代的、我的，但形式上却是古色古香的；而不像有些人那样，是用一种与古典诗词风马牛不相及的形式来进行创作；或虽极力靠近这种古典的形式，但又显得那么力不从心、牵强生硬。

启先生曾称宋以后的诗是“仿”出来的，言下对“仿”出来的作品稍有微词，但他对王士禛诗之韵味深长、音调流走酷似唐人，以及王闿运的诗毕肖六朝、得其神韵又赞不绝口。可见，在启先生心目中，“仿”其实有两重含义：一是走向死板机械的因袭模拟，这当然不足取；二是学习传统的必要途径，只要正确对待，就能走上继承之路，成为今后发展的开端。这足以说明启先生对继承传统有充分的、自觉的认识。

古典诗词的传统是多方面的，既表现在词汇、用典、对仗等语言、形式、学力方面，又表现在立意、格调、韵味等情感、气质、才情方面。在这两方面，启先生都为我们做出了榜样。

一、雅语数典，对仗工巧

词汇是语言的基础，词汇所显示的语言色彩、形式色彩最能标志时代的差别和文体的异同。古典有古典的语言，这是不言而喻的，要想驾驭它已不是很容易的了；而同属古典中，诗有诗的语言，词有词的语言，这就是一般人所忽略的了，要想驾驭它就需要有更高的艺术功力。这就要求我们能熟练地掌握一大批生动的、尚富有生命力的古典词汇。比如，文中可以直白地说“船”说“舟”，但在诗词中却要说“扁舟”“桅樯”“楼船”“篷窗”或“桂棹”“兰桨”“画舫”“兰桡”了。这是因为诗词的语言更需要精美，更需要富于装饰性和感情色彩。“长袖善舞，多资善贾”，只有有一个丰富的语料库，我们才能有充分的语言材料去构建这美丽的诗词殿堂。虽然我们不必像有些人标榜杜甫那样，非要“无一字无来历”，更不必像沈义父所言那样“炼字下语，最是紧要。如说‘桃’，不可直说破，须用‘红雨’‘刘郎’等字，说‘柳’不可直说破，须用‘章台’‘灞岸’等字”（《乐府指迷·咏物不可直说》），但如果满篇都是普通平实、毫无文体特色的今体词语，那也很难成为旧体诗。

启先生的旧体诗，很多使用的都是纯粹的、精美的古典诗词语言（除了因内容的需要故意不使用外），读起来给人一种声与情、言与体完美谐和的感觉。如称老师、教席为“函丈”（语出《礼记》）、“宫墙”（语出《论语》）、“绛帐”（语出《后汉书》）、“后堂丝竹”（语出《后汉书》）等；称敬仰、向往为“钦迟”（语出《晋书》）、“瓣香”（佛教语）、“心香”（佛教语）、“羹墙”（《后汉书》）等；称令人神往、带有仙气之地为“玉楼”（语出《十洲记》）、“道山”（道家语）、“林屋”（道家语）等；称与离别相关之地为“河桥”（苏李诗）、“霸陵”（唐人常用语）、“鄂渚”（《楚辞》语）等；称史书为“麟笔”“青编”等；称毫芒之地为“卓锥”“棘刺”等；称残杀功臣为“功狗或无生”（见《古诗二十首》）；称希望来信指正为“钳锤希来鸿”（见《狮城友人属题》），等等，不一而足，吉光片羽熠熠生辉，珠联璧合浑然一体，显得那样的古色古香、典雅华赡，富于书卷气。

用典又是诗词常用的修辞技巧。古文中经常用典，现代诗歌也不免偶一用之，不过用得最多的还是具有高度凝练性的古典诗词。这是中国古典诗词创作的重要传统，也是最能体现诗人学力深浅的重要标志，不会用则笔力窘迫，用得好则锦上添花，用不好则画蛇添足。启先生本人非常注重用典，且对典故的性质、作用有精辟的见解：“用典是把事物压缩成为信号，供人联想或检索，是比喻的简化，也是比喻的进一步发展。”“无论剪裁、压缩、简化、命名，任何办法，都是要把那件事物，作为一个小集成电路，放在对方的脑子中。”“首先它有助于说理”，“又可唤起读者某些感情”，“还可在少数字句中，输入多项内容”，更“有助于发表不愿直说的思想或事物”，“有助于（读者的）联想”。[1]

启先生的诗中就有很多精彩的用典。如《姑苏建城二千五百年纪念征题》：“旧迹依稀响屧廊。胥涛无改尚轩昂。行人犹记吴王事，共说今朝草最芳。”[2]用与吴王相关的西施响屧廊和伍子胥死后化为钱塘潮神的典故来歌咏苏州，十分贴切。又如《题文与可晚霭图卷》，题下自注云“图为江安傅氏世守，经劫遗失，为熹年兄复得”，诗中有“秦火枉图燔大器，楚弓重得获先型”之句，上用秦始皇焚书之典，说明这一图卷曾经历过那场浩劫，“发表了不愿直说的思想”；下用楚人遗弓，楚人得之之典，说明它终于又被自家（自注中所云“熹年”兄，为“傅”熹年先生）所得，非常巧妙而得体。

启先生还有更巧妙的典故。有时他反用典故、戏用典故，如《年来肥而喜睡，朋友见嘲，赋此答之》云：“宰予获圣心，昼（繁体为‘晝’）寝真法乳。汉儒强解事，画（繁体为‘畫’，与‘晝’形近，故以画寝来辩解非昼寝）寝非达诂。咄咄朽木训，岂是由衷语。夫子惜金针，不度聋与瞽，寄声陈希夷，慎传混沌谱。”[3]不但戏谑地翻了孔子斥责宰予昼寝为“朽木不可雕也”的案，而且还煞有介事地为此考证一番，说汉儒为宰予辩解不是“昼寝”而是“画寝”——在装饰庙宇，纯属多此一举，从而为自己贪睡解嘲。最后又拉扯上陈抟老祖，让他不要再把睡觉的秘诀“混沌谱”传人，非常有趣。启先生信笔旁涉，使看似只为搞笑的诗顿时增加了浓重的学问色彩，非一般只会开玩笑的人所能为。又如《颈部牵引》有云：“董宣强项名，几以性命换。朱云指佞臣，拽得栏杆断。”[4]因自己做颈部牵引，便拉扯上“强项令”董宣，又顺便拉扯上同样“强项”的朱云，玩笑中又使

① 启功：《比喻与用典》，收入《汉语现象论丛》，页95—100。
② 启功：《启功丛稿·诗词卷》，页138。
③ 启功：《启功丛稿·诗词卷》，页28。
④ 启功：《启功丛稿·诗词卷》，页58。

用了严肃的典故，可谓奇趣横生。

有时启先生还用一些专门的、少见的典故。先看引刑典。启先生有《西江月》一首，咏因颈椎病而做牵引之事，最后曰："《洗冤录》里每篇瞧，不见这般上吊。"①原来《洗冤录》是古时验尸专著，其中载有各种上吊的方式。

再看引佛典、禅典，这方面例子更多。如《听杨君大钧弹琵琶》云："广坐威音真入胜，深灯永夜欲通禅。"②《题石涛画卷二首》云："毫端一踢铜瓶倒，云在青天水自流。"③启先生甚至还用耶教之典，如《司铎书院海棠，用东坡定惠院海棠诗韵》云："崇坛素炬分光气，宝铎仁音异丝肉。"④盖天主教祭祀神坛用白蜜腊，故有上句；唐时就有天主教的分支景教流行，他们"击木振仁惠之音"（见《景教碑》），而后来的神甫也称司铎，传播仁音，故有下句。下面又说："玉局诗歌谁继响，墨井丹青我私淑。"玉局，指苏轼，他曾作《定惠院海棠诗》，应题面所说。墨井，指清画家吴历，号墨井，是天主教徒。两典相配，非常切题，又非常对仗。又如《司铎书院海棠二首》第一首云："池边绿长恩波永，林下香稀道力安。"⑤上句是说绿叶生长乃是基督所赐，下句是说按《新约》规定，修道者不能闻香气，以免不能专心修道，而海棠花，恰恰没有香气。而第二首又用了"夭桃警悟理同真"——用禅师见桃花开而悟道的典故，真可谓中西合璧。更有趣的是《古诗二十首》之十二：

元戎基督徒，问其部下将：

---

① 启功：《启功丛稿·诗词卷》，页57。
② 启功：《启功丛稿·诗词卷》，页31。
③ 启功：《启功丛稿·诗词卷》，页127。
④ 启功：《启功丛稿·诗词卷》，页29。
⑤ 启功：《启功丛稿·诗词卷》，页29。

祷告近如何？答言圣灵降。

元戎掴一掌，俨然临济棒。

乃知耶与禅，参透都一样。[1]

元戎——冯玉祥让部下跟着祷告耶稣，不过是蒙哄他们，并非真让他们信教，部下不解其意，煞有其事地说信服得圣灵降生了，元戎自然要掴其耳光以为“棒喝”。所以，结论是“乃知耶与禅，参透都一样”，把深奥的耶典与禅典熔为一炉。

再看更巧妙的学问之典。如《陆俨少为韩天衡作黄山图袖卷》有云：“画笔探微输后劲，诗情务观怯先鞭。劫波流转名山换，始见韩陵片石坚。”[2]前两句说晋代大画家陆探微的画和宋代大诗人陆务观的诗都不如作者，用两个“陆”姓的典故来应题中的作者“陆”俨少；后两句用《朝野佥载》典：庾信认为北朝的好文章只有温子升的《韩陵山寺碑》，用“韩”陵山寺碑来应题面的“韩”天衡，且指出这些作品都是经过劫难才保留下来的。这种咏某人就专门用某姓的典故，且能巧妙而贴切地同时照顾到两组，实属不易，即使在古代，也只有苏轼、辛弃疾等人才有这种才情和学力。

与用典相似的一个手法是点化前人的诗句，点化好了，确实可以起到画龙点睛的作用，因为古人的某些描写确实生动精辟到无以复加的地步。适当地借用这些描写有如适当地使用典故，往往会以少胜多，化繁为简，化难为易，化陈为新。对饱读诗书的启先生来说，这当然是轻车熟路、易如反掌。这里仅以点化杜甫诗为例。有的是直接引用成句，如“佳句少陵频误诵，野人相赠满筠笼”，后句是直接引用《野人送朱樱》的；《写字示友》中的“行笔如‘乱水通人过’，结字如‘悬崖置

① 启功：《启功丛稿·诗词卷》，页200。

② 启功：《启功丛稿·诗词卷》，页85。

屋牢’”[1]，是直接引用杜甫《山寺》成句；《题齐萍翁画册八首》中的“老杜四更山吐月，古今诗境并无殊”[2]，是直接引用杜甫《月》诗“四更山吐月，残夜水明楼”；有的则是化用杜诗，如“石栏点笔坐题诗”，是点化《重过何氏五首》之二中的“石栏斜点笔，桐叶坐题诗”的。另如《题南宋人画瓶梅二首》中的“名山北固钟神秀”[3]，是点化杜甫《望岳》“造化钟神秀”的；《论诗绝句》中的“试问少陵葛郎玛，怎生红远结飞楼”[4]，是点化《晓望白帝城盐山》的，意谓杜甫的很多诗句无法用语法分析；《喜晤牟润老》中的“敢附青云效羽毛”[5]，是点化杜甫《咏怀古迹五首》“万里云霄一羽毛”的；《潘君虚之自狮城寄示移居之作……并以自嘲》中的“拈髭夙具平生乐，步屧偏多水石缘”[6]，下句是点化杜甫《遭田父泥饮》“步屧随春风”的。似此不一而足，都用得恰到好处，充分体现了启先生能把传统材料信手拈来的功力，这种笔下有古人神助的本领当然会极大地提高诗的表现力。

对仗是中国诗歌的又一重要传统，能否继承、发扬这种传统是决定诗歌创作水平高下的又一重要关键。启先生凭借他深厚的传统功力为我们创作了很多精美的对句。其中有极生动的巧对。如：“心放不开难似铁，泪收能尽定成河。终归火葬新规律，近距风瘫剩几何。”（《对酒》二首）[7]前一联写自己对亡妻难以割舍、绵绵不断的思念，非常感人；后一联写自己近来多病，难逃一死，用“风瘫”对“火葬”，属五行相对；用“几何”对“规律”，盖几何乃是建立在规律之上，十分巧妙。又如：“小子如今才懂得，

---

① 启功：《启功丛稿·诗词卷》，页 137。
② 启功：《启功丛稿·诗词卷》，页 194。
③ 启功：《启功丛稿·诗词卷》，页 77。
④ 启功：《启功丛稿·诗词卷》，页 93。
⑤ 启功：《启功丛稿·诗词卷》，页 116。
⑥ 启功：《启功丛稿·诗词卷》，页 202。
⑦ 启功：《启功丛稿·诗词卷》，页 70。

圣人从古最糊涂。饮馀有兴徐添酒，读日无多慎买书。”（《频年》）[①]前一联写人生的感慨，把难得糊涂和尽信书不如无书等多种感情一语收尽，而两句在结构上又形成流水对；后一联写诗酒自娱，情调高雅，韵味悠长，“徐”字和“慎”字尤见功力。又如《一九九四年元旦书门大吉》中的“莫名其妙从前事，聊胜于无现在身”[②]，对人生诙谐、幽默而富于哲理的感慨尽收两句之中，难怪很多人读后都唏嘘不已。

启先生还有很多更讲究的对仗。如能把对仗和用典巧妙地结合在一起。前面举的“秦火”“楚弓”之句，“祟坛”“宝铎”之句等都是很好的例证，兹再举几例。例如为寒山寺所题的楹联曰“佛祖传心如指月，诗人得句在闻钟”[③]，不但对仗工稳，而且上句用《指月录》典，下句用张继《枫桥夜泊》典，都切合寒山寺情事。又如《题九江琵琶亭联》曰“红袖夜船孤，蛤蟆陵边，往事悲欢商妇泪；青衫秋浦别，琵琶筵上，一时枨触谪臣心”[④]，用高度精美的对仗语，将有关的典故高度概括其中，“红袖”对“青衫”，“商妇泪”对“谪臣心”，可谓天下巧对。

又如讲究形式技巧、花样翻新的对仗。如“常将动气发风手，写到翻云覆雨时”（《临池》）[⑤]，这是流水对。“片瓦遮天裁薜荔，方床容膝卧僬侥”（《卓锥》）[⑥]中的“薜荔”与“僬侥”，“水仙新叶参差绿，秋菊残花烂漫黄”（《友人为余摄影，装于镜框中相赠。乃夹以瓶盎，倚置东壁，前为卧榻，因赋长句》）[⑦]中的“参差”与“烂漫”皆为双声叠韵对。“鸩毒沦肌来鸦片，燕嬉销骨积牛毛”（《虎门炮台征

---

① 启功：《启功丛稿·诗词卷》，页239。
② 启功：《启功丛稿·诗词卷》，页237。
③ 启功：《启功丛稿·诗词卷》，页286。
④ 启功：《启功丛稿·诗词卷》，页290。
⑤ 启功：《启功丛稿·诗词卷》，页36。
⑥ 启功：《启功丛稿·诗词卷》，页37。
⑦ 启功：《启功丛稿·诗词卷》，页184。

题》）[1]，不但语词古雅考究，字有来历，而且“鸦”借“鸦”的音，与“牛”相对，这是撞声对。“矫矫东方赞，峨峨北魏碑”（《赵悲庵画扇面集册》）[2]，这是叠字加物名对。“杜甫湘中句，韦庄剑外踪”（《心畬公画小卷，散原老人为袁思亮题引首》）[3]，这是人名、地名对。《净慈寺联》云，“净业在加持，无垢湖光，四众心开圆镜智；慈云垂庇荫，常明山色，三时人仰佛头青”[4]，不但对仗极其工整，切合佛事，而且上联第一字“净”，与下联第一字“慈”，分别对应题目“净慈”，这是冠顶格。江山楼饭馆征联（原题为《日本长崎华侨营江山楼饭馆征联》）云，“江海聚英贤，门迓高轩，樽盈美酒；山川钟秀气，筵开广座，宾上层楼”[5]，上联第一字“江”与下联第一字“山”，对应“江山楼”的“江山”，上联最后一字“酒”与下联最后一字“楼”，关合“酒楼”这一特点，这是上有“冠顶”，下有“粉底”的“双钩格”。“双松光腾金，一纸色吐火”[6]，“风梢摇天寒，石濑润地渴”[7]（《壮暮翁画墨竹》），这是五平声对五仄声。启先生自撰，并经常书写的“行文简浅显，做事诚平恒”联，以“简浅显”三仄声对“诚平恒”三平声，且这三仄、三平又为叠韵，真可谓琳琅满目，美不胜收。前人谓天下好对都被陆放翁用尽，读了启先生的诗，我们有理由相信，只要努力继承，仍大有潜力，更何况再创新呢？

---

① 启功：《启功丛稿·诗词卷》，页 128。
② 启功：《启功丛稿·诗词卷》，页 212。
③ 启功：《启功丛稿·诗词卷》，页 212—213。
④ 启功：《启功丛稿·诗词卷》，页 285。
⑤ 启功：《启功丛稿·诗词卷》，页 287。
⑥ 启功：《启功丛稿·诗词卷》，页 177。
⑦ 启功：《启功丛稿·诗词卷》，页 198。

二、格调神韵，意在言外

对古典诗词传统的继承，更重要、更难的是在格调、意境、神韵方面的继承。启先生在这方面也为我们提供了很好的借鉴。

众所周知，在书写时事时，古人有两个传统：一是比较直接地把事件表现出来，如杜甫的很多史诗、白居易的很多乐府诗等；二是不愿径直地写出，而是通过借物言志、双关寄托、比兴设喻等手法委婉含蓄地加以表达，如李商隐、南宋末期骚雅词人等。前者显得更痛切锋利，后者显得更温柔敦厚。前者虽曾傲视百代，后者却是传统诗教，二者本不应偏废。但近几十年来，文学批评界却出现了偏差，认为前者是现实主义的，而后者则有唯美主义、形式主义之嫌。应该说，这是对诗歌传统的一种割裂和误解。所幸的是，这种偏见最近逐渐得到了纠正，这为我们探讨启先生的诗奠定了一个公正的基础，因为启先生的诗不像有些人所误解的那样，不写时事，而是用后者的情调和手法来写时事。启先生认为诗最好不要过于就事论事，为纪事而纪事，也不要过于简单直露地抒发感慨。因为诗的功能不仅仅在于记载和暴露，而在于对自我、对周围世界的情感表达，只不过这种感受不是凭空而来的，而是从生活的感受中得到的。对此，启先生虽然没有正式的文字阐述，但他的某些诗句也能透露出这一信息，如《终夜不寐，拉杂得句，即于枕上仰面书之》之三云："朋友诗多健，凄凉忆废兴。有时抒义愤，怒发指冠缨。唾斥伤元气，仍传丑秽名。何如心与笔，倾耳莫从听。"[①]当然，启先生所说的"莫从听"决不是根本不过问世事，而是不要逞一时之愤耳。古人确有这种诗论，如黄庭坚。对这种诗论如何评价，可以见仁见智，但我们不能不承认这是传统诗教之一。从这个角度看，正像启先生所云，"古今诗境

① 启功：《启功丛稿·诗词卷》，页276。

并无殊”。基于这种观点，启先生的很多诗都呈现出“多目金刚怒，双眉弥勒开”的面目——在婉曲含蓄的背后往往包含了很多积郁于内心的情感。让我们从具体例子谈起。

先看启先生不到二十岁时所作的《社课咏春柳四首拟渔阳秋柳之作》。王渔阳的《秋柳》原是为感慨南明福王兵败事而发的，而启先生这些诗恰写于东北事变及溥仪被日本人诱入东北之后，这就决定它们不能不带有言外之意，味外之旨。现以“其一”为例略加分析：

如丝如线最关情。班马萧萧梦里惊。
正是春光归玉塞，那堪遗事感金城。
风前百尺添新恨，雨后三眠殢宿酲。
凄绝今番回舞袖，上林久见草痕生。①

第一联写闻说溥仪出关后的惊讶之情；第二联是写想起关外之东北就给人以“何以堪”的感慨；第三联后句写即使在春天，柳枝也会有变蔫的时候，暗示不测之事随时都会发生，前句的“添新恨”更是直咏此事；第四联是写溥仪此番出关，见到的只能是一片凄凉而已。全诗无一句直写时事，但无一句不寄寓着对时事的感慨。《社课咏福文襄故居牡丹》则与这首稍有不同，它虽然大部分篇幅是咏社课之事，但结尾两句“莫问临芳当日事，寸根千载入危邦”，又感慨到此事上。当日临芳殿前可能尚存繁华，但今日竟以“寸根”（即南宋末帝赵昺的太后所说的“宋家一块肉”之意）的身份而入危邦，其花不能不凋零。总之，这些感情都是作者当时想说，但又不想明说的，便借助于咏物来加以表达了。

启先生后来写于北京沦陷后的《金台》也有异曲同工之处：

① 启功：《启功丛稿·诗词卷》，页23。

金台闲客漫扶藜。岁岁莺花费品题。
故苑人稀红寂寞，平芜春晚绿凄迷。
觚棱委地鸦空噪，华表干云鹤不栖。
最爱李公桥畔路，黄尘未到凤城西。[①]

二、三两联咏叹沦陷后北京的荒凉，最后两句是说自己任教的位于城西李公桥（即李广桥）附近的辅仁大学属教会学校，尚未受日本人统治。全诗虽都是曲折含蓄的描写，但仍不失为咏叹沦陷景物及沦陷生活的佳作。

又如《杨柳枝二首》：

绮思馀春水一湾。流将残梦出关山。
王孙早惜鹅黄缕，留与今朝荡子攀。

青骢回首忆长杨。玉塞春迟月有霜。
一样东风吹客梦，独听羌管过临潢。[②]

诗中所用的意境看似都在歌咏题面的“杨柳枝”，但细究典故则另有深意。这两首诗作于1944年汪精卫死于日本之后。其一的“流将残梦出关山”指汪精卫最终叛离祖国。“王孙”指清末摄政王载沣，“荡子”指日本人。当年汪精卫刺杀摄政王，未遂被捕，摄政王反而保释了他，才给他留下日后投靠日本人的机会，成了日本人任意摆布的工具，而汪精卫则像是“这人攀了那人攀”的“杨柳枝”。其二的“玉塞春迟月有霜”，是说东北沦陷后一直没

① 启功：《启功丛稿·诗词卷》，页28。
② 启功：《启功丛稿·诗词卷》，页278。

有明媚的春光。后两句用典：当年金灭北宋，曾扶植刘豫傀儡政权，刘豫失宠后被迫徙于金人指定的临潢，并死在那里，这和汪精卫最后被弄到日本，并死在日本一样。所以，诗中的“杨柳枝”仅是借托之物，仅是入手之处，斥责汪精卫卖国求荣及其可悲的下场才是真正的主题。

又如《题从碧堂张伯驹先生鉴藏捐献法书名画纪念册》一诗，前六句盛赞了张伯驹先生收藏品的精美及他高超的鉴定功力，最后两句曰：“暮年牖下平安福，怀宝心同胜卞和。”①上句写他最后得到善终，下句写他捐献的义举。但我们只要明白卞和的典故，就能明了他的“献宝”必定有过一段不幸的遭遇。事实上，他“献宝”不久，就被划为“右派”，但作者不愿在诗中明言此事，便以用典的方式委婉言之，真可谓不言而喻。

最值得注意的是作于打倒“四人帮”不久的《友人家昙花一盆，盛开速落，因赋长句。时在一九七七年秋》：

深宵何物幻奇芳。色逊梨花故作香。
根蒂几时来异域，声华毕竟藉空王。
轻拈迦叶成微笑，一现阎浮识淡妆。
签漏未移英已尽，这般身世太寻常。②

这是一首典型的富于比兴寄托韵味的咏物诗。表面看，句句是咏昙花。第一句写它于深夜梦幻般地绽出芬芳。第二句写它的美色不及梨花，故只能特意地以香味诱人。第三句写它产地不同凡响，不知是何时来自异域。第四句写它毕竟要借助于佛教的声望（昙花被佛教视为圣花）才能博得如此的美誉。第五句借助佛教“释迦拈花，迦叶微笑”的典故，写它的神秘色彩。第六句写它终于一

① 启功：《启功丛稿·诗词卷》，页23。
② 启功：《启功丛稿·诗词卷》，页78。

现人间，让人们见识到它的真容。第七句写它短暂的生命，夜未央而花已尽。第八句感慨它的身世不过如此而已。如此看来，说这首诗是一首纯咏物诗也固无不可。但深入看，句句又都寄托着深意。启先生于题目中特意标明此诗作于“一九七七年秋”，即透露出此诗的真正主旨：刺江青也。第一句写她神秘地、奇幻般地出现于政治舞台。第二句写她资质本不如人，所以只能故作特异。第三句写她本非此圈中之人。第四句写她之所以声名鹊起，以至如日中天，乃是借助了特殊的地位。第五句写她借助特殊的身份博得了特殊的象征价值。第六句写她有朝一日终于浮出水面，登上政治舞台，让人们见识到她的真面目。第七句写她“盛开速落”的下场。第八句写她的身世不过如此而已，难逃宿命，更难创造什么奇迹。如此看来，这首诗又绝不是寻常的咏物诗，而是一首典型的托物言志诗。

与此有异曲同工之妙的还有《近见沈石田与诸友唱和落花诗，文衡山以小楷录为长卷，因拟之，得四首》，现以第二首为例：

晴空点点入云衢。红雨如山阵可呼。
金谷草生行碍马，玉关人远出无车。
馀香分后歌声换，高烛残时笑靥孤。
不殉恩留铜雀上，阿瞒深意古来殊。[①]

这首诗仍是借物咏人的。就写落花而言，第一联写落花由始至盛，盛至铺天盖地，高入云端，列阵如山；但它的阵势终究是虚张声势，有如淝水之战中苻坚的军队，只要有点风吹草动，随时难逃全部毁灭的灾难。第二联写这些落花一旦凋落，就会被草丛覆盖，气势全无，被困一隅，无人理会，倍遭冷落。第三联说如果把它们比喻成美人，它们可不像曹操的姬妾那样，都得

① 启功：《启功丛稿·诗词卷》，页 219。

到事先的安排，可以分香卖履地求个平安，它们只能面向原来的主人去唱挽歌，当人们在“只恐夜深花睡去，故烧高烛照红妆”时，看到的只是它孤独的身影。第四联说这样看来这些落花的命运真不如曹操的姬妾，那些姬妾没有成为曹操的殉葬品，但落花却成了形势的殉葬品。就写人而言，这首诗咏叹了一个曾显赫一时、炙手可热、可呼风唤雨的人物，又因使用了有关曹操姬妾的典故，故必是一个女性。她曾身居高位，拥有强大的势力，但失败得也很迅速，而且失败后落个“行碍马”“出无车”——被羁押的、失去自由的下场，她只能孤独地唱着挽歌等待死亡，成为历史的殉葬品。这一下场无法与有远见的曹操为他的姬妾早早安排好出路相比。她是谁呢？不是不言而喻了吗？这正所谓其言愈微，其意愈深；其言愈曲，其意愈直；其言愈婉，其意愈劲。这种含蓄委婉、引喻象征的手法在古人的集中所见多是，启先生不但继承了这种手法，而且安排之巧妙、韵味之深厚，甚至是很多古人都难以企及的。如前所述，在打倒“四人帮”后，启先生也写过一些直抒胸臆、用语直露的诗，但他在自编诗集时绝不收入这些诗，而只收入上举的几首，这足以见得启先生诗歌创作的审美趋向。在歌咏时事时，他标举的是托物言志、比兴寄托的诗风，认为这样的作品才是真正的创作。

所以本节的结论是，绝不要只看到启先生诗大胆创新、力求风趣幽默的一面，还要看到他功力深厚、继承传统的另一面。而有些人却只看到前者，便先入为主，无视后者。更有甚者，有些人以正统自居，认为启先生（还有聂绀弩）的幽默创新都是非正统的旁门左道，有失风雅，必须予以“清算”，诗歌的正统才能得以延续。不知他们是否读过并读懂本节所评介的这类诗，也不知道他们读了这些诗是否还会这样认为，更不知道他们写起风雅诗来能否风雅得像启先生这样。

第四节 “独向毫端抉性情”①：境界与情智

一、融合与互补

通过上两节的论述，我们可以清楚地看出，启先生的诗有些纯以创新为体的，如《止酒》《鹧鸪天·乘公共交通车》，或以创新为主、继承为辅的，如《年来肥而喜睡》等；也有纯以继承为体的，如《杨柳枝二首》《落花四首》等，或以继承为主、创新为辅的，如《昭君辞》。但二者绝不抵牾。不管哪种形式都能做到自然流畅，一气呵成，没有任何的生硬与羁绊。还有很多诗结合得更加天成自然，创新中有继承，继承中有创新，直至难以分判究竟是创新还是继承，这才是二者最完美的结合，也更能见出启先生将创新与继承结合得炉火纯青，从而达到一种独到的境界。如《寄寓内弟家十五年矣。今夏多雨，屋壁欲圮，因拈二十八字》：

> 东墙雨后朝西鼓。我床正靠墙之肚。
> 坦腹多年学右军，如今将作王夷甫。②

前两句“朝西鼓”“墙之肚”是何等通俗的语言，体现了大胆的创新精神。

---

① 洪亮吉：《更生斋诗》卷四《赵兵备翼以所撰唐宋金七家诗话见示，率跋三首》其一，刘德权点校，北京：中华书局，2001年，页1294。

② 启功：《启功丛稿·诗词卷》，页44。

后两句用事，手法古典，但只要我们理解典故的内涵，又会觉得古雅之中不失风趣。大意是，我本来是想学王羲之（号逸少）的啊（王羲之在郗太傅派人到王家选婿时，王家子弟都作矜持态，只有王羲之袒腹躺在东床上），谁知却成了快被压死的王夷甫了（石勒看重才学俱佳的王夷甫，想起用他，但王夷甫不从，石勒怕他为别人所用，就起了杀心，但又不忍锋刃相加，便“夜使推墙杀之”）。该诗把自己当时的抱负和实现不得、面临窘地的惨状表现得何等生动、何等幽默，又何等旷达超脱。

又如《李可染九牛图》：

李君画师古。笔端金刚杵。
细者如一毛，大者兼二虎。
匹夫心匪石，拉转徒自苦。
韩滉枉驰名，平生才画五。①

此诗把“九牛一毛”“九牛二虎”的成语及“九牛拉不转”的俗谚都巧妙地嵌织在诗中，读起来令人解颐，最后以韩滉只画《五牛图》来调侃李可染画《九牛图》时“笔端金刚杵”的魄力，又令人忍俊不禁。全诗的语言是如此通畅明了，充满现代气息，充分体现了创新的精神；但内容的构成却充溢着古典的成分，把众多的成语典故一连气地组织在一起，充分体现了继承的功力，确实是一首创新与继承完美结合的作品。

又如《踏莎行三首》之一：

造化无凭，人生易晓。请君试看钟和表。每天八万六千余，不停不退针尖秒。　　已去难追，未来难找。留他不住跟他跑。百年一样有

① 启功：《启功丛稿·诗词卷》，页106。

仍无，谁能不自针尖老。[1]

感慨造化无凭，人生易老，这是再传统不过的题材了。但启先生在继承这一题材时，却完全用新观念、新事物加以表现。全诗紧紧围绕钟表展开。人生就在秒针每天“八万六千余”嘀嘀嗒嗒的行走中不知不觉地过去了。在“不停不退”的秒针面前，人是那样的无奈，人生也只能“不停不退”地“跟他跑”，跑得日益衰老。最后的结尾不泛泛地说“谁能不自时光老”，而形象地说“谁能不自针尖老”，再次凸显了用新事物表现老命题、将创新与继承密切结合在一起的创作特色。

二、性情与智慧

创新与继承完美结合的目的是为了获得更广阔的创作空间，更自由如意地抒发作者的真性情、真思想，从而体现启先生一贯提倡的“我手写我口”（原为黄遵宪语）的创作原则。而这些性情与思想又当是善的、美的、智的，这样才能被人所感、被人所爱。抒情言志、真善美智永远是诗歌的生命。如果失去了这一目的，再热闹的创新，再精深的继承都毫无意义。启先生既具有一副真性情，又善于在诗中以和善的爱心与美好的方式表达自己的人生智慧，故能深得诗之精魄，深具自我之个性。如果说“兴、观、群、怨”是诗之用的话，那么“真、善、美、智”就是诗之魂。人们在赞美贤达时常以道德、文章并称，能兼具者即堪称伟大；但伟大的人并不见得都可亲可爱，只有在道德、文章之外再兼具性情，或曰情味，才能别具魅力，启先生正是这样的人。这一点很像魏晋风度、禅宗境界及东坡性格。苏东坡曾云“诗人情味最动人”，他堪称中国文化史中最具人情味的名人。启先生对苏

---

① 启功：《启功丛稿·诗词卷》，页51。

东坡，特别对其真性情崇拜有加，曾云："浩瀚通明是长公（人称东坡为长公）"（《论词绝句》）[①]，"语自天成任所遭"（《论诗绝句》）[②]，"渊明不为诗，写其胸中妙。此说出东坡，后山转相告"（《古诗四十首》之二九）[③]，"香山（白居易）不辞世故，青莲（李白）肯溷江湖。天仙地仙太俗，真人惟我髯苏（即东坡）"（《东坡像赞》）[④]。这种懂人、爱人，懂生活、爱生活，并能出之以真情，处之以智慧的品德修养，现在称为"情商"，启先生就是继苏东坡之后极富有情商的那种诗人。故其很多歌咏所体现出的情味都与苏东坡神合，如《偕友人行经西压桥，听谈北海旧游》有云"如今西压桥边路，添得铿然杖一枝"[⑤]，与苏东坡的"莫嫌荦确坡头路，自爱铿然曳杖声"（《东坡》）同一机杼；《春归》有云"客来谈鬼兴偏张"[⑥]，与苏东坡让客说鬼，客曰无鬼，苏东坡曰"姑妄谈之，姑妄听之"如出一辙。

让我们看看他是如何在诗中表现性情与智慧的：

前引的《族人作书画，犹以姓氏相矜，征书同展，拈此辞之》中所声称的"闻道乌衣燕，新雏话旧家。谁知王逸少，曾不署琅琊"[⑦]就很好地表现了启先生坦诚磊落的性情，他认为王谢贵族聚集的乌衣巷也会随历史的变迁而沦落，高风亮节的王羲之从不自署高贵的郡望，我就是普通之我，我当求我之真在。有了这样的真我，自然能写出真感情。

启先生真情流露的诗歌首先要数他那些怀念自己爱妻及慈母的悼亡诗。前文叙述启先生生平时，我们已评介了启先生在夫人逝世时写的《痛

---

① 启功：《启功丛稿·诗词卷》，页 90。
② 启功：《启功丛稿·诗词卷》，页 95。
③ 启功：《启功丛稿·诗词卷》，页 250。
④ 启功：《启功丛稿·诗词卷》，页 123。
⑤ 启功：《启功丛稿·诗词卷》，页 52。
⑥ 启功：《启功丛稿·诗词卷》，页 186。
⑦ 启功：《启功丛稿·诗词卷》，页 153。

心篇》，这些诗岂止是“不为诗”，岂止是“写其胸中妙”，简直就是一片衷情的自然喷发，就是肺腑中天籁的流溢，不须修饰，不须加工，即天然的好诗，因为这些诗字字句句都浸染着真情与血泪。正如启先生自己所说，《痛心篇》二十首“文辞都很简单明了，但都是我‘掏心窝子’的话，我觉得我对老伴的真情根本不需要通过修饰去表达，最家常、最普通、最浅显的话就能，也才能表达我最真挚、最独特、最深切的感情”[①]。换言之，这些作品从语言的使用上自然而然地选择了更富于创新色彩的现代语。

因为情真，所以意切。之后，启先生还不断地写诗悼念亡妻，但风格有些变化。痛定思痛之后，文辞变得典雅考究了起来，但感情仍然是真实而炽烈的。换言之，这些作品无论是在风格上还是语言上，选择了更富于继承色彩的路数。如一周年时《对酒》二首写自己的心情为“心放不开难似铁，泪收能尽定成河”[②]。五周年时写不知谁误启了自己保存的夫人的镜匣而引起的刻骨相思：

> ……江河血泪风霜骨，贫贱夫妻患难心。
> 尘土镜奁谁误启，满头白发一沉吟。
> （《见镜一首，时庚申上元，先妻逝世将届五周矣》）[③]

九周年时，面对先妻镜匣又写道：

> ……绵绵青草回泉路，寸寸枯肠入酒杯。

---

① 启功口述，赵仁珪、章景怀整理：《启功口述历史》，页200。
② 启功：《启功丛稿·诗词卷》，页70。
③ 启功：《启功丛稿·诗词卷》，页105。

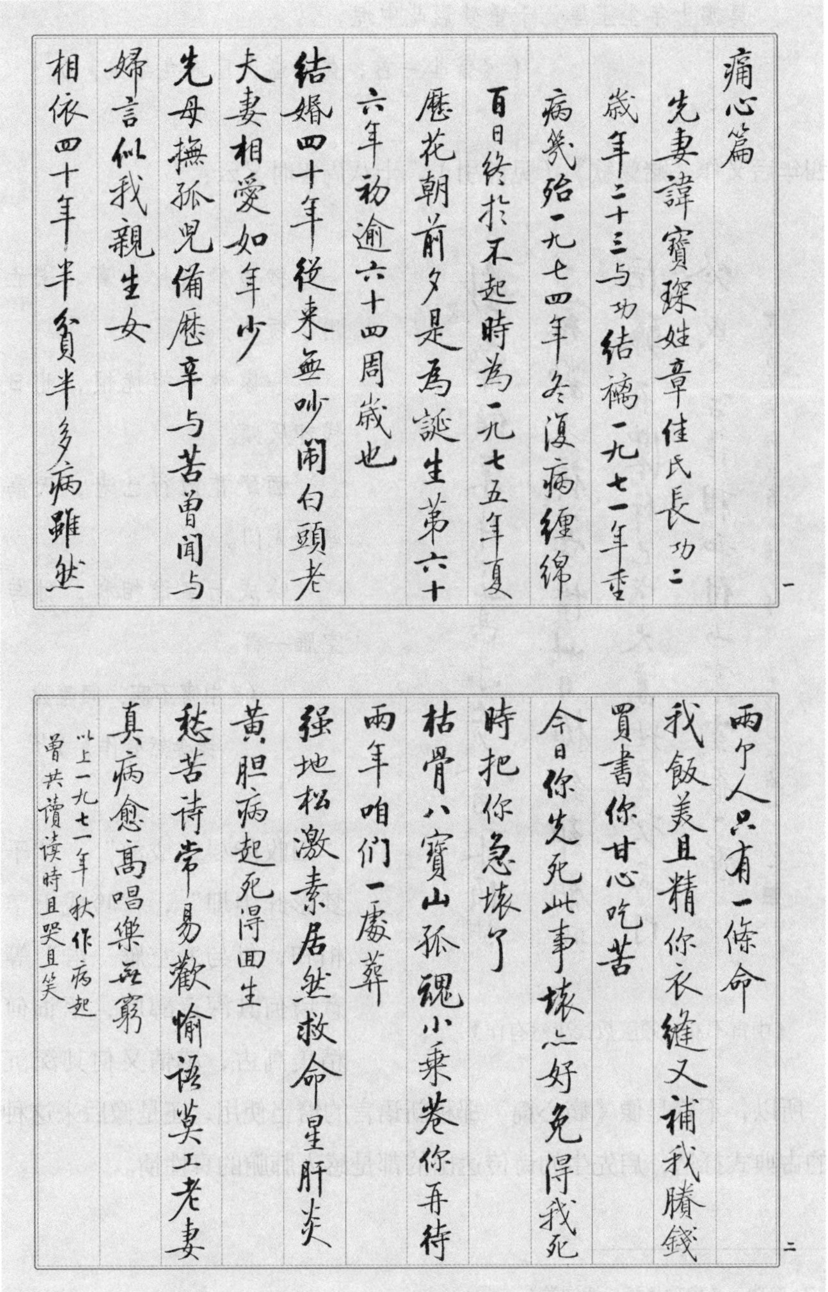
痛心篇
先妻諱寶琛姓章佳氏長功二
歲年二十三与功結褵一九七一年患
病幾殆一九七四年冬復病纏綿
百日終於不起時為一九七五年夏
歷花朝前夕是為誕生第六十
六年初逾六十四周歲也
結婚四十年從來無吵鬧白頭老
夫妻相愛如年少
先母撫孤兒備歷辛与苦曾聞与
婦言似我親生女
相依四十年半貧半多病雖然
一
兩个人只有一條命
我飯美且精你衣縫又補我膳錢
買書你甘心吃苦
今日你先死此事壞㸃好免得我死
時把你急壞了
枯骨八寶山孤魂小乘巷你再待
兩年咱們一處葬
強地松激素居然救命星肝炎
黃胆病起死得回生
愁苦詩常易歡愉語莫工老妻
真病愈高唱樂無窮
以上一九七一年秋作病起
曾共讀讀時且哭且笑
二

《痛心篇》

莫拂十年尘土厚，千重梦影此中埋。

（《镜尘一首，先妻逝世已逾九年矣》）[1]

十四年后又作《赌赢歌》（见前引），十八周年时又云：

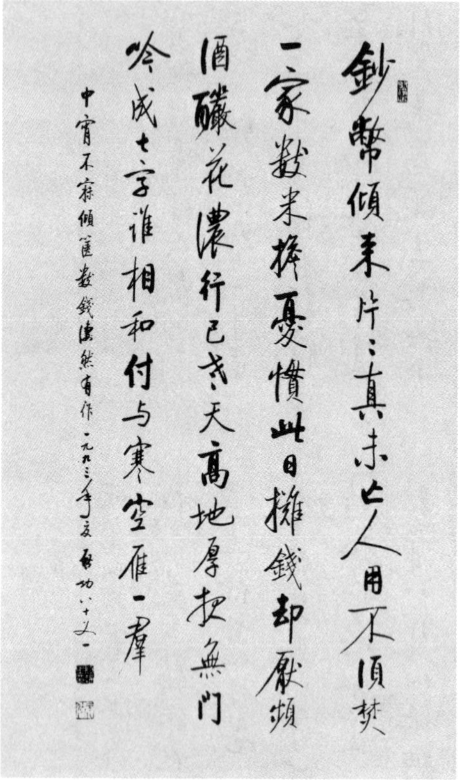

《中宵不寐，倾箧数钱凄然有作》

钞币倾来片片真。未亡人用不须焚。

一家数米担忧惯，此日摊钱却厌频。

酒酽花浓行已老，天高地厚报无门。

吟成七字谁相和，付与寒空雁一群。

（《中宵不寐，倾箧数钱凄然有作》）[2]

“泪收能尽定成河”，“千重梦影此中埋”，“吟成七字谁相和，付与寒空雁一群”等，意境何其深远醇厚，语词何其精美高古，感情又何其深沉缠绵。所以，不管是像《痛心篇》那种新语言的恰当使用，还是像后来这种含蓄的古典式抒情，启先生的诗传达出的都是感人肺腑的真性情。

---

① 启功：《启功丛稿·诗词卷》，页 129。

② 启功：《启功丛稿·诗词卷》，页 235。

又如《古诗四十首》之十一云：

先母晚多病，高楼难再登。
先妻值贫困，佳景未一经。
今友邀我游，婉谢力不能。
风物每入眼，凄恻偷吞声。①

婉谢友人邀请出游，原因仅仅是因为在先妻与慈母生前未能陪她们好好出游过，这份深情甚至化作了一种负罪感，使他终生感到内疚，只有真性情者才会有这种沉重的感情。在这看似平淡的语句里，包含了多少遗憾与深情！而这种“凄恻”只能“偷吞声”，更令人为之唏嘘长叹！

启先生的真性情，在其他题材中也无处不在，如《题旧作山水小卷，昔预校点诸史之役，目倦时拾小纸作画，为扶风友人持去，选堂为颜“云蒸霞蔚”四字。今归天水友人，为题四首》之一、之二云：

小卷零笺任意描。丛丛草树聚山坳。
不知十几年前笔，纸上畸魂似可招。

窗下馀膏夜半明。当年校史伴孤灯。
可怜剩墨闲挥洒，块垒填胸偶一平。②

在看似是“任意描”“闲挥洒”的作画中，启先生却在其中寄托着自己的

① 启功：《启功丛稿·诗词卷》，页244。
② 启功：《启功丛稿·诗词卷》，页183。

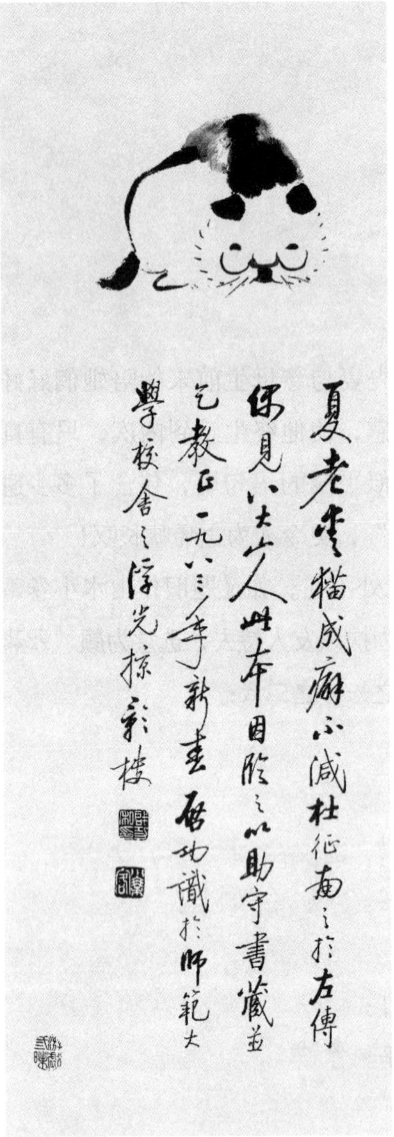

"夏老爱猫成癖"

"畸魂"——胸中块垒难以平复的感情；而当这种感情一旦寄托于笔墨之后，也就找到了"块垒填胸偶一平"的感觉。这不正充分说明不管是作画还是作诗，启先生都在其中寄寓着自己的真性情吗？

重人情必倡人性，启先生是一个坚定的人性论者，只不过多以含蓄的口吻抒发之。例如，《古诗二十首》之九写夏衍老的一个故事：

> 老翁系囹圄，爱猫瘦且癞。
> 七年老翁归，四人势初败。
> 病猫绕膝号，移时气已塞。
> 人性批既倒，猫性竟还在。[①]

《古诗四十首》之十八，写与邻家小狗的故事：

> 见人摇尾来，邻家一小狗。
> 不忍日日逢，恐成莫逆友。
> 人意即仁义，未学似固有。
> 狗命难自知，随时遭毒手。[②]

---

① 启功：《启功丛稿·诗词卷》，页 199。
② 启功：《启功丛稿·诗词卷》，页 246。

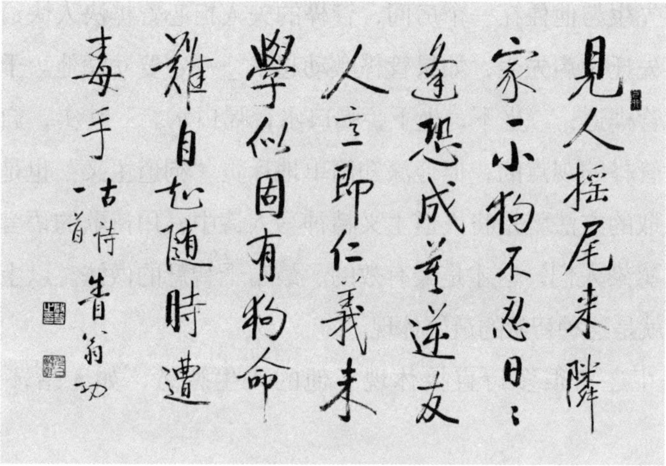

《古诗一首·见人摇尾来》

《古诗四十首》之十，写可爱的小麻雀：

窗前生意满，树密鸟雀多。
檐头有空隙，双双来作窝。
不时出或入，警惕网与罗。
天真小麻雀，一一堪摩挲。[①]

以猫狗尚有本性，可爱的小麻雀却要时时警惕受到人们的攻击，讽刺极左时代只讲斗争，不讲人性，可谓辛辣之至；也强烈表达了自己对真性情的坚守与追求。更可贵的是在表达自己真性情时，还体现了一种深藏其中的智慧。启先生曾讲过一个故事。20世纪五六十年代，在意识形态领域已开始批判“人道主义”了。一次在“文联”召开的座谈会上，管桦发言，情绪越来越激动，以至不由得站起来责问道：“不讲人道主义，难道讲狗道主义吗？”

① 启功：《启功丛稿·诗词卷》，页243。

当时，启先生与他住在一个房间，管桦的夫人担心管桦快人快语、言多语失，曾事先托付启先生，如果管桦激动起来，一定要劝劝他。于是，启先生赶紧劝管桦道："坐下，坐下，喝口水，喝口水。"其实，启先生内心是很同意管桦的观点的，但他深知简单地斥责"狗道主义"也是无济于事的。他采取的方法就是将人道主义精神写入诗中，用诗歌的语言、诗歌的情感，去感染人们，这才是最有效的、最富于智慧的做法。以上所举的三首古诗，就是这种智慧的最好体现。

启先生还有很多诗直接体现了他的人生智慧，如《踏莎行三首》之三：

> 昔日孩提，如今老大。年年摄影墙头挂。看来究竟我为谁，千差万别堪惊诧。　　貌自多般，像惟一霎。故吾从此全抛下。开门撒手逐风飞，由人顶礼由人骂。①

全词的语言，尤其是每阕的前三句，语言都是创新的现代语，但每阕的四、五两句都很富于哲理，都传承了前贤的智慧。"看来究竟我为谁"二句，真堪称哈姆雷特式的惊心一问；"开门撒手逐风飞"二句，真堪称禅宗醍醐灌顶的大彻大悟。全词配合在一起正是大俗而大雅的佳作。

最后我们引一首一般人都忽略了，却饱含刻骨铭心的真情实感的怀人诗，所怀之人曾是启先生心目中难以忘怀的一位女性。诗曰：

> 一寸横波最泥人。东流西去总无因。
> 洞庭木落佳期远，洛浦风生往迹湮。
> 璧月终残天外路，馀霞空染镜中身。

---

① 启功：《启功丛稿·诗词卷》，页51。

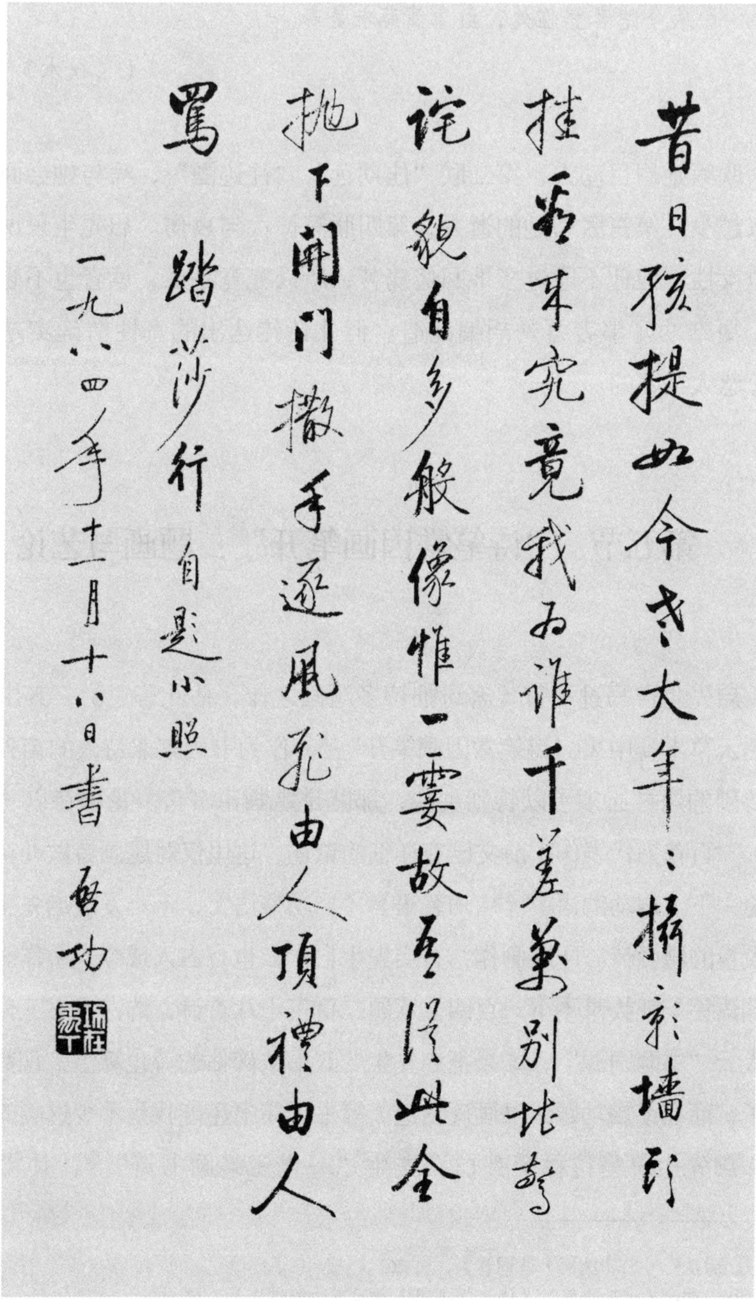

《踏莎行·自题小照》

从今楚客登临处，红蓼青蘋未是春。

（《秋水》）[①]

第一联写她眉目动人，第二联“佳期远”“往迹湮”，写与她会面的机会越来越少，第三联写她的逝去，第四联写悼亡与哀伤。启先生只说过这是一位女性，但他不愿过多地回忆痛苦，所以究竟是谁，读者也不必妄加猜测，更奉劝好事者万勿胡编乱造。但此诗传达出的真性情确实是实实在在、感人至深的。

第五节　“诗笔常因画笔开”：题画与艺论

启先生曾写过一首《客讶拙诗多题画之作，拈此答之》，其中有句云“烟云草木卷中来。诗笔常因画笔开”[②]。作为书画家兼诗人的启先生有一类特别的题材必须予以特别关注，那就是题画论书诗。论书诗以《论书绝句》一百首为代表作，前文已有详细的论述，这里仅对题画诗做补充论述。翻检一下《启功韵语》《启功絮语》《启功赘语》，不难发现启先生确实写了大量的题画诗。所题画作，有启先生自作，也有古人或今人所作。仅《启功韵语集》就收录不下一百四十八题二百三十八首诗，约占全书三分之一，古人云“书画同源”，如果把启先生题跋书法碑帖的诗也算上，那数量就更多了，而在《启功题跋书画碑帖选》等书画集中还能找到不少这类的作品。

启先生曾写诗称赞齐白石先生“一生三绝画书诗”[③]，其实他自己

① 启功：《启功丛稿·诗词卷》，页26。
② 启功：《启功全集》（修订版）第七卷《三语集外集》，页100。
③ 启功：《启功丛稿·诗词卷》，页220。

一身兼为诗人、画家、书法家，“三绝”的桂冠又何尝不适合自己呢？诗、书、画“三绝”是中国历史上一种很值得重视、有悠久传统的文化现象，历代堪称“三绝”的不乏其人，如唐之郑虔，宋之苏轼、黄庭坚，元之赵孟頫，明之董其昌，清之郑燮等都堪当此誉。启先生与他们相比，可谓毫不逊色。启先生的题画诗如果是题在自己画作上，则在一幅作品上，诗、书、画“三绝”熔于一炉，其文化艺术价值自是不言而喻。即使是为他人画作题诗，由于启先生善书，这类题画诗也同时兼具书法艺术价值及文学价值。因此，对启先生题画诗的研究，其实应该从诗、书、画三个方面整体衡量，至少也应包括两个方面：一是对其“题”诗的书法研究；二是对所题“诗”的研究。囿于章节划分，有关书法研究，本书已另有专论，此处仅论其所题“诗”。

就诗而言，启先生的题画诗涉及以下几个方面：一是对诗、书、画关系的理论认识；二是对所题画作（或法书）的鉴赏，涉及画作（或法书）艺术内涵、美学风格等方面；三是借题发挥，就题画而对画家，或画中人与事，或启先生自己有关经历，抒发感慨与议论。

一、诗画关系的精见

众所周知，绘画是空间艺术和视觉艺术，它不是，也不能在时间的延展中去表现美，而是靠瞬间的包容性，在一个固定的空间中，通过艺术安排去展现美，因而它又是静态的、无声的艺术。它的艺术手段或曰艺术语言主要是线条、色彩、明暗、层次等，并通过它们塑造出艺术形象，加诸欣赏者的视觉感官。它的主要优长在于直接性、具象性、鲜明性，通过瞬间的包容来集中各种活生生的具象求得生动性。它的局限在于具象背后深层意蕴的难以表达性和静态带来的难以展开性。

而诗歌是时间与空间相结合的综合艺术和思维想象的意识艺术。它不是固定在唯一的时间和唯一的空间中，它可以通过时间的延展，在不同的空间中创造出连续的艺术形象，因而它又是动态的艺术。它的艺术手段或曰艺术语言主要是词汇、修辞等，读者要将这些语言修辞背后所传达的艺术画面、艺术形象，通过思维和想象作用于意识（当吟诵时还直接作用于听觉），从而化作审美的活动。它的主要优长是丰富性、延展性、无限性、活跃性，通过时空的各种组合，综合各种感官感觉，使表现对象更为生动。它的局限在于间接性和不确定性。

不过，诗与画都是精神活动和审美表现的艺术结晶，都需要精心的艺术构思，都要讲究韵味、意境、和谐、变化、虚实、主次、层次、节奏等艺术要素，正如苏轼所云“诗画本一律，天工与清新”，因而在美学上又是互补相通的，所谓“画是无声诗，诗是有声画”。诗画家的共同任务就是如何揭示并实践二者的结合。自从苏东坡提出“诗中有画，画中有诗”的命题后，诗画家们就不断地探讨二者的关系，并不断地发表精辟的论述，如清人叶燮云：“画者，天地无声之诗；诗者，天地无色之画。故画者形也，形依情则深；诗者情也，情赋形则显。”（《已畦文集·赤露楼诗集序》）这样的论述在启先生的文集中也屡见不鲜，如他曾撰过长文《谈诗书画的关系》，其中有很多精彩的论述，诸如：“不是画家都是诗人，诗人也不都是画家。但一首好诗和一幅好画，给人的享受则是各有一定的分量，有不同而同的内核。”“有人形容美女常说‘一双能说话的眼睛’，我想借喻好画，说它们是一幅幅‘能说话的景物，能吟诗的画图。’”“这些诗人、画家所画的画，所写的字，所题的诗，其中都具有作者的灵魂、人格、学养，纸上表现出的艺能不过是他们的灵魂、人格、学养升华后的反映而已。”“诗与画是同胞兄弟，它们有一个共同的母亲，即是生活，具体些说，即是它们都来自生活中的环境、感情等等，都有美的要求、有动人力量的要求等等。如果没有环境的启发、感情的激动，写出的诗或画，必然是无病呻吟或枯燥乏味的。如果创作时没有美的要求，不想有动人的力量，也必然使读者、观者味同嚼蜡。”[①]

更可贵的是，启先生还能通过简明扼要的语言，将上述深刻见解在题画诗中予以表达，使他的题画诗充满睿智和理性。如《题罗复堪先生临宋比玉江亭秋晚图卷》云：

秋老江干楚客思。无情草木有声诗。
复翁镂石镕金手，起得畸魂入砚池。[②]

“无情草木有声诗”虽是“诗是有声画，画是无声诗”的故意从俗的反说，但显然仍是紧紧地将诗画二者联系在一起，以揭示它们之间在艺术上的相通之处。也正因如此，启先生才能透过罗复堪所临的看似无情实则有情的画面，看到背后他所临的宋比玉所寄托的一颗不幸的“畸魂”。短短的二十八字，很好地阐述了诗画同源、诗画同核，诗中有画、画中有诗的艺术原理。

《自题画蒲桃三首》之三：

深灯醉眼尽模糊。春草诗心倦更芜。
夜半长吟邻舍骂，敛将酸涩入圆珠。[③]

前二句说越是在深夜，越是在困倦的时候，自己的诗思越是有如春草般的杂芜乱涌。后二句说真想把此情变成诗句，高吟朗咏，又怕惊动邻人，于是只好将满腔的诗情寄之于画笔，所以那看似酸涩的葡萄实际上都凝聚着我的诗句啊。这是对“画是无声诗”的最好诠释。

---

① 启功：《启功丛稿·论文卷》，页 226—238。
② 启功：《启功丛稿·诗词卷》，页 169。
③ 启功：《启功丛稿·诗词卷》，页 175。

再如《题张髯翁画芍药并录姜白石词》云：

白石词仙韵最娇。沉吟密咏费霜毫。
何如恰好髯翁画，意态生成百不凋。[①]

更进一步指出张大千的画就等同于姜白石的词。又如《竹涧图》云："拈毫不费推敲力，自有心声纸上吟。"[②]这更明确地道出所谓画者，实为纸上之诗也。

类似的将诗画并提、打通诗画之间界限的诗句在启先生的题画诗中比比皆是。如当看到一幅竹石图时，启先生写道："高标如骏骨，比玉斗双尖。伴我孤吟诗万首，石兄丑色依然。"（《临江仙·自题新绿堂图，次黄君坦先生韵》）[③]当为丛菊题跋时，他写道："菊有黄华。元亮生涯。我附骥尾，诗正而葩。"（《题明人画册八首》之七）[④]当称赞林散之画时，他写道："吴生画笔杜陵诗。纸上依稀两见之。"（《题林散之先生太湖秋色图二首》之二）[⑤]称赞金农时诗书并提："笔肥墨饱家不贫。诗歌僻涩吟其真。"（《题金冬心书真迹，用其集前像赞韵》）[⑥]总之，启先生总以诗、书、画相结合的角度去评价书画作品，去写题画诗，这就为揭示书画作品背后丰富的诗意内涵打下了深厚的美学基础。

---

① 启功：《启功丛稿·诗词卷》，页 266。
② 启功：《启功丛稿·诗词卷》，页 214。
③ 启功：《启功丛稿·诗词卷》，页 33。
④ 启功：《启功丛稿·诗词卷》，页 80。
⑤ 启功：《启功丛稿·诗词卷》，页 53。
⑥ 启功：《启功丛稿·诗词卷》，页 211。

二、传神达意的体认

从创作途径和艺术构思而言，题画诗的写作与广义的咏物诗的写作颇为相近。当作者面对一幅书画作品准备对它进行描述时，就好像一个诗人面对几竿丛竹、几枝寒梅、几曲山水进行创作一样，只不过咏物诗是面对活生生的物象，而题画诗是面对这些本来活生生的、经画家艺术处理后转而变成纸面上的物象，因而它们在创作上有很多相通之处。

不过，咏物诗在诗歌创作中是属于比较难写的一类。对此，南宋著名词论家张炎说："诗难于咏物，词尤为难。体认稍真，则拘而不畅；模写差远，则晦而不明。"（《词源·咏物》）因此，写好咏物诗应具备三个条件。第一，要对物象本身有准确而生动的描写，也就是所谓"形似"。但仅局限于形似的描写又会产生张炎所说的"体认稍真，则拘而不畅"的毛病。所以，第二，要对物象有更深层的揭示，要写出它们内在的精神气质，这就是所谓"神似"。第三，不管是形似还是神似，都未脱离对物象的客观描写，而好的咏物诗还应该写出作者内在的情感，将作者的身世之感融入所咏之物上，写出自己的主观之情，这就是所谓寄托。但不论是神似还是寄托，都应该掌握一个尺度，这就是能把自己的主观之情真实地、恰如其分地传达给读者，否则故弄玄虚就会犯张炎所说的"模写差远，则晦而不明"的毛病。显然，在这三个标准中，后两个更为重要，它们是决定咏物诗能否成为具有象外之意的高水平之作的关键。

对此，我们可以借鉴苏轼和刘熙载的相关作品和评论。苏轼《定风波·咏红梅》有句云："偶作小红桃杏色，闲雅，尚余孤瘦雪霜姿。"《荷花媚》咏荷花有句云："天然地，别是风流标格。"刘熙载《艺概》云："雪霜姿、风流标格，学坡词者，便可从此领取。"刘熙载之所以如此说，是因为苏轼的这两句词成功地写出了梅花与荷花形似背后的神韵和气质，并寄托了自己的清高人品。

但题画诗与咏物诗也有不同之处，或曰更难写之处。因为咏物诗面对的是原生态的、“无情”的物象，而题画诗面对的是绘画作品，它已经由画家对原生态的、“无情”的物象进行过一次艺术加工，在它们身上已寄托了画家的联想和情感，也就是说画面上的物象经过画家的艺术处理已变成活泼的、富于生命力的、融入了作者理解与情感的物象，即由自然美衍生为艺术美。如果所题的诗是自己的画，那么作者还容易处理，即把自己在绘画时的构思用诗的形式直接道出即可，甚至可以把画面上自认为还没有表现的内容直接补充出来，这反倒容易使二者相得益彰。但当一个诗人面对另外一个画家的作品时，他不但要体会画面上原物象之美，还要解读和阐释画家在它上面所表现的审美情趣和情感内涵。也就是说，题画诗比咏物诗多了一重任务和含义，即对画家的艺术构思进行再创作。而这次再创作甚至要难于画家的第一次创作，因为它更抽象，也更不确定，它不但要准确体会物象后的诗意，还要深刻领会画面后的情韵，所以更难以把握和表述，更容易犯或“拘而不畅”或“晦而不明”的毛病。

对画面上的物象已带有画家的饱满感情和象外之境这一特点，启先生早有论述，他在《谈诗书画的关系》一文中，以杜甫的《奉观严郑公厅事岷山沱江画图》诗为例说，此画不外画了一些山水，但杜甫的题诗却说：“沱水流中坐，岷山到北堂。”“再退一步讲，水的‘流’可用水纹表示，而山的‘到’，岂能画上两脚呢！无疑，这是诗人赋予图画的内容，引发观画人的情感，诗与画因此相得益彰。”[①]他又引八大山人为例：“到了八大山人又进了一步，画的物象，不但是‘在似与不似之间’，几乎可以说他简直是要以不似为主了。鹿啊、猫啊，翻着白眼，以至鱼鸟也翻白眼。哪里是所画的动物翻白眼，可以说那些动物都是画家自己的化身，在那里向世界翻着白

① 启功：《启功丛稿·论文卷》，页234。

眼。”[①]“这些诗人、画家所画的画，所写的字，所题的诗，其中都具有作者的灵魂、人格、学养。纸上表现出的艺能，不过是他们的灵魂、人格、学养升华后的反映而已。”[②]

更可贵的是，在简明的题画诗中，启先生也能表达出如此深刻的观点。

首先值得注意的是，启先生在题画诗中多次提到被刘熙载大力标榜，在苏轼咏物词中屡屡提及的“标格”一类概念。如《题墨梅图》云：“有目共知标格好，这般才是画梅花。”[③]《亚明画欧阳修像》云：“亚明信笔留标格，画里今朝识醉翁。”[④]《自题画竹四首》之三云：“风标只合研硃写，禁得旁人冷眼看。”[⑤]《题台静农先生遗笔墨梅小帧》云：“独标孤瘦雪霜姿。照水凌寒玉一枝。”[⑥]这说明启先生在写题画诗时，特别注重表达画中能反映物象“标格”的诗韵和情感。所以，启先生的题画诗绝少仅对画面做形似的描述，偶尔为之，也尽力不忘神似的点染。如《题南宋人画瓶梅二首》之一云：

铁铸枝柯玉碾花。春风长在画人家。
分明七百年前树，折作生绡万古霞。[⑦]

形容瓶梅的枝干有如铁铸、花朵有如玉碾，整幅画面有如锦绣，这都是形似的描写，但“铸”“碾”“春风”，又不忘对它进行神似的渲染。而在多数

① 启功：《启功丛稿·论文卷》，页 236—237。
② 启功：《启功丛稿·论文卷》，页 237。
③ 启功：《启功丛稿·诗词卷》，页 81。
④ 启功：《启功丛稿·诗词卷》，页 139。
⑤ 启功：《启功丛稿·诗词卷》，页 197。
⑥ 启功：《启功丛稿·诗词卷》，页 210。
⑦ 启功：《启功丛稿·诗词卷》，页 77。

情况下，启先生的题画诗更注重神似和寄托的描写，追求的是对画面背后神韵诗情的理解和揭示，以及对画家思想感情的捕捉和提取，他认为只有这样才能“浅碧深青韵最长”，才能“领取画家真实义”[1]。试举几例：

喜气写兰怒写竹，丛兰叶嫩竹枝长。
漫夸心似沾泥絮，喜怒看来两未忘。

（《自题画册十二首》之八）[2]

鸟眼向谁白，心声动地来。
千言无一语，何用苦相猜。

（《读八大山人诗》）[3]

当年乳臭志弥骄。眼角何曾挂板桥。
头白心降初解画，兰飘竹撇写离骚。

（《仿郑板桥兰竹自题》）[4]

这三首诗都是强调感情因素在绘画中的重要作用，强调要想写好题画诗，首先要领略画家的感情世界。第一首诗中“喜气写兰怒写竹”虽为元人语，但深刻揭示了兰竹的精神气质，后两句用宋代参寥和尚的典故指出，任何看似平淡、静谧的画面，实际都包含了画家难以掩饰的喜怒之情，题画诗作者的任务就是揭示出这种常人难以发现的内在之情。第二首诗是对八大山人丰富的内心世界的揭示，正像前文所引那样，画中的鸟翻着白眼，实际上是八大

① 启功：《启功丛稿·诗词卷》，页 79。
② 启功：《启功丛稿·诗词卷》，页 65。
③ 启功：《启功丛稿·诗词卷》，页 275。
④ 启功：《启功丛稿·诗词卷》，页 180。

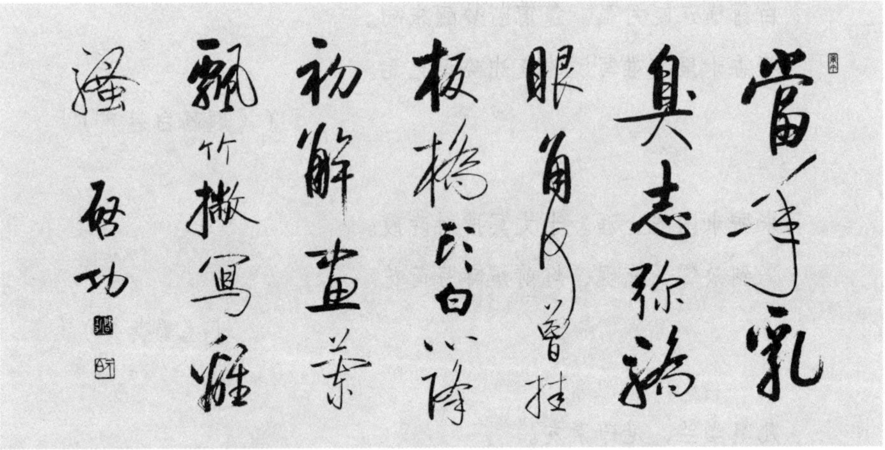

《仿郑板桥兰竹自题》

山人翻着白眼，而这白眼背后包含了怎样的感情，是见仁见智、难以用语言表达的。第三首诗剖析自己在年轻时志满意骄，不能理解郑板桥丰富的情感世界，因而也就不能很好地解读郑板桥笔下的兰竹精神，只有经历了种种人生磨难、坎坷遭遇，才能和郑板桥灵犀相通。“兰飘竹撇写离骚”一句，不但道出了兰竹的感情色彩和精神气质，而且运用了“倒喻”和“移情”的手法，将它们表达得格外传神，不禁使人想起辛弃疾写山的名句：“我觉其间，雄深雅健，如对文章太史公。”（《沁园春》）

再如：

吴生画笔杜陵诗。纸上依稀两见之。
触我飞腾江上梦，嘉陵千里夜潮时。

（《题林散之先生太湖秋色图二首》之二）[①]

---

① 启功：《启功丛稿·诗词卷》，页53。

白露横江晓月孤。篷窗断梦醒来初。
荷香十里清难写，昨夜沈吟记已无。

（《题画白莲》）[①]

朱驴水国墨生涯。十丈冥搜对晚霞。
兴到效颦开冻砚，灯前炉畔写荷花。

（《墨荷》）[②]

几笔幽兰，是曰素友。
其淡如无，不求挂口。

（《再题一首。石根尚有淡墨兰叶数笔，前诗失及，补此解嘲》）[③]

这四首诗都是写出画面“标格”的佳作，都充分利用了诗歌善于联想、善于时空转换的优长，克服了画面因受时空限定、多凭直观取胜而缺乏引申与暗示的局限，把画面背后更丰富的想象空间、更广泛的思想蕴含、更传神的诗情诗韵发挥得淋漓尽致，这正是题画诗美学内涵的精华所在，最值得我们玩味与探究。第一首诗面对着太湖秋色图上的浩渺湖水，诗人跳出了对湖面景象的具体描述，突发奇想，写自己观画后犹如置身于梦中，遨游于千里嘉陵之上，倾听到滔滔夜潮。通过把视觉转换为听觉的描写，写出了浩渺太湖烟波千里、动人心魄的诗情画意。第二首写白莲。莲的气质最难捕捉与表达，幸亏周敦颐的《爱莲说》对莲“香远益清，亭亭净植，可远观而不可亵玩”的高洁特质做了生动的描述。“荷香十里清难写，昨夜沈吟记已无”二句（见彩插三十），遗貌取神，没有对白莲的形态做过多的描述，而是重点写

---

① 启功：《启功丛稿·诗词卷》，页 205。
② 启功：《启功丛稿·诗词卷》，页 176。
③ 启功：《启功丛稿·诗词卷》，页 207。

彩插三十 《题画白莲》

彩插三十一 《墨荷·朱驴水国墨生涯》

出它在“白露孤月”中的亭亭之态，写出它的清新可人，写出它超凡脱俗的气质，而这种气质又如朦胧的诗意一样，可遇而不可求，可意会而不可言传，可远观而不可亵玩，所以说“昨夜沈吟记已无”。第三首“灯前炉畔写荷花”（见彩插三十一），遗貌取神，写出了“兴到”之时，尽情挥洒的创作激情。第四首诗真可谓妙手偶得的兴会之笔，诗人以调侃的口吻说在上次题写竹石图时，忘记了题写石旁的几笔幽兰，于是解嘲地补充道：“几笔幽兰，是曰素友。其淡如无，不求挂口。”而这种“其淡如无，不求挂口”的幽素品格，不正是兰草有如谦谦君子般美德的生动写照吗？

要想揭示画面所赋予的诗意，还有一种重要的手法，就是借助画中物象加以寄托。物象是客观之景，寄托是主观之情，象为情设，情因象生，象彰其形，情注其神，象中寓情，情中见景，即景即情，即物即我，将二者紧密地结合在一起，以致难以区分孰为景、孰为情，既是我在写诗，又是诗在写我，浑然一体，莫辨主客，使原画从更偏重自然属性，在题过诗后，变得更重社会属性，从而提高题画诗的品位。要达到这种境界需有大手笔、大眼光，启先生就具有这样的学识和眼力。试举二例：

乔木成灰倚旧墀。庭前又得玉参差。
改柯易叶寻常事，要看青青雨后枝。

（《自题新绿堂图》）[①]

一曲溪山换草莱。雨馀清净夕阳开。
小亭无语乾坤大，坐阅青黄又几回。

（《题乾坤一草亭图》）[②]

---

① 启功：《启功丛稿·诗词卷》，页 33。
② 启功：《启功丛稿·诗词卷》，页 118。

第一首诗原题下有自注曰："窗前种竹两竿，榜曰'新绿'。心畬公为作新绿堂图，自题一首。"可见这是一首题竹诗，前两句从一般树木的凋零写起，反衬出丛竹在深秋季节挺拔婀娜的身姿，一个"灰"字，一个"玉"字将二者的对比表现得淋漓尽致，深得画外之旨，是诗对画的最好补充。但更深刻的是后两句，"改柯易叶寻常事"，表面上呼应第一句，进一步写草木逢秋凋落乃是自然界的规律，但这里面包含了作者无限的感慨。作为一位世纪老人，他见证了多少历史的兴亡、政权的更迭，所以从树木的"改柯易叶"中，读者不是可以解读出对改朝换代的感慨吗？"要看青青雨后枝"表面上是呼应第二句，进一步写雨后青竹旺盛的生命力，但不也包含了对一切新事物、新生命由衷的赞美吗？通过寄托的手法，以小见大，充满哲理，表现了更为深刻的主题。第二首诗是作者自题诗，"乾坤一草亭"原本是杜甫诗句，作者用它来为自己的草亭图命名，前两句写草亭所处的环境：它依偎在溪山环抱之处，在一场暮雨后正沐浴在夕阳的落晖中，"雨馀"读出了画难以画出的境界。后两句通过拟人的手法加以寄托，"小亭无语乾坤大"表面上是描写一座孤亭的寂寞，但很容易让读者将这座孤亭想象成一个独立寒秋、饱经沧桑、冷眼向洋看世界的智慧老人，这正是作者的自我写照，不禁使人想起苏东坡写亭的名句："惟有此亭无一物，坐观万景得天全。"（《和文与可洋川园池三十首·涵虚亭》）"坐阅青黄又几回"则是所看到的世界，与上一首诗所说的"改柯易叶寻常事"同一机杼，都是将具体的画面引申到对社会人生的思考。像这样的题画诗，没有深邃的眼力、高深的学养、丰富的阅历，是写不出来的。

三、独到深刻的品评

对画家、画中人物、事件及相关的问题进行品评，这也是题画诗的重要内容之一。题画诗水平的高下，取决于诗人观点是否深刻、见解是否新颖。而能否成功做到这一点，诗人学养的高下至关重要。要言之，诗人需具备丰富的历史知识，特别是美术史的知识以及高度的文学修养，才能做出精辟而生动的评价。启先生在这方面同样有精彩范例，如：

所南翁，心独苦。画幽兰，不画土。
肖即有可思，构宁无自侮。
谁实助了金安出虎银蒙古。

（《临国香图因题》）①

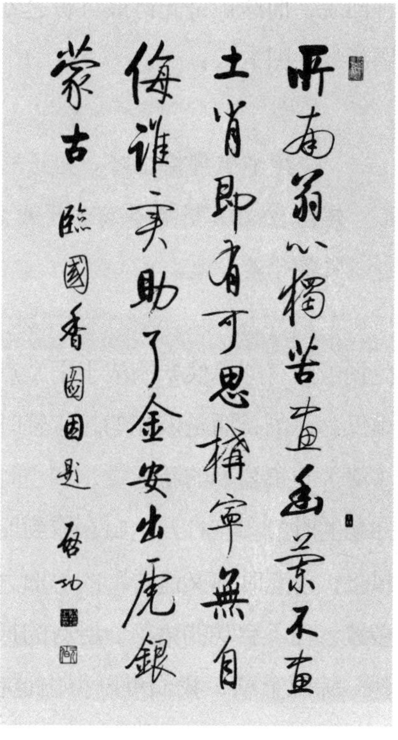

《临国香图因题》

此诗先用四个三字句，点出了郑思肖在南宋灭亡后画兰花不画土的良苦用心的典故，这是一般书画家都知道的常识，但下面几句议论就不是一般诗人所能生发的了。“肖”即已亡之“趙”，“构”即亡国之君赵构，“肖即”二句是说即使赵宋值得追思，无奈昏君自取侮辱。安出虎，即满语“金”的音译；蒙古，即满语“银”的音译。最后这句是说究竟是谁帮助了金、元入主中原呢？对南宋灭亡的原因做出了深刻的阐释，从而对郑思肖（“思肖”即思念已亡之赵宋）《国香图》的题跋升华到常人难

① 启功：《启功丛稿·诗词卷》，页 205—206。

及的历史高度。试想没有丰富的美术史和通史知识，没有丰富的民族史和语言学的知识，岂能写出这样精辟的题画诗呢？这才是学者型的题画诗。

还有些题画诗的议论、抒情与绘画作品已无太多的关系，只不过是以此为由借题发挥而已，写好这类诗的关键与品评画家及画中人物事件有异曲同工之处，都需要见解深刻、感情敏锐，在此一并论之。如这首《临八大山人画自题》云："胆无八大大。气无八大霸。八大再来时，还请八大画。八大未来时，此画先作罢。试读《人觉经》，我话非废话。"[①]启先生在此诗中虽说"胆无八大大""气无八大霸"，而实际上是以八大山人的代身自比，写出自己有八大山人一般的胆气，刻画了执笔作画时意气风发的精神面貌，而这正是此诗最可贵之处，读来令人回肠荡气。又如《虞美人·自题新绿堂图》云：

> 缥缃乍拂馀尘暗。始讶流年换。锦园明月旧南楼，识否当时青鬓不知愁。　　墨痕翠滴浓于雨。点点增离绪。乱红无语过芳时，又是浓阴密叶满平池。[②]

此词虽然有"墨痕翠滴浓于雨，点点增离绪"两句描写画面，但其目的并不是仅为评画，而是以此勾起年轻时的一段美好回忆，那时年轻的自己出入于（溥）心畬公家的新绿堂，和当时的名流耆宿一起吟诗作画，度过了一段不知愁的时光。当打开尘封，看到旧作时，不禁动了物是人非、"又是当年好风景，落花时节又逢君"的思旧之情。全词写得情意深重，感慨良多，委婉多致，在《启功韵语集》所有的抒情诗中也属于难得的上品。

综观全章，我们可以得出这样的结论：从发展的眼光看，启先生的诗

---

① 启功：《启功丛稿·诗词卷》，页141—142。
② 启功：《启功丛稿·诗词卷》，页33。

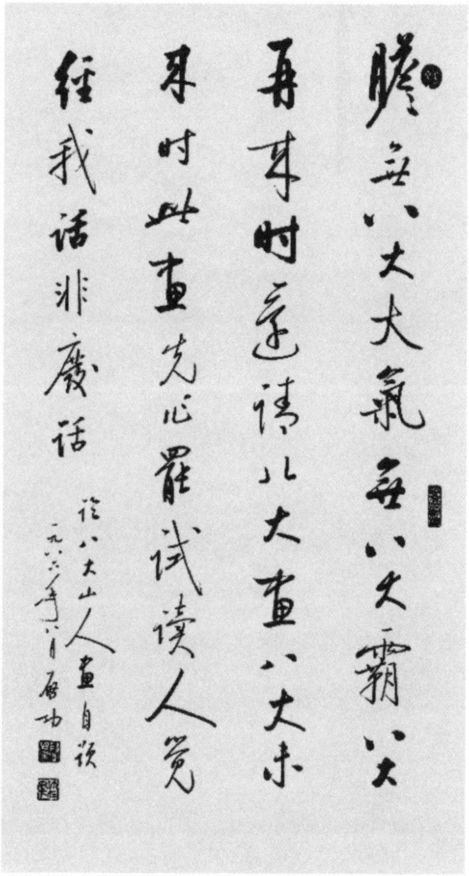

《临八大山人画自题》

词是创造性很强的诗词，是具有大胆革新精神的诗词；从学术的眼光看，启先生的诗词是继承性很强的诗词，是具有坚实学力功底的诗词；从艺术的眼光看，启先生的诗词是独创性很强的诗词，是具有强烈真情实感与深邃哲理智慧的诗词；从取材的眼光看，启先生的诗词是专业性很强的诗词，是具有高度书画修养的诗词。因而启先生的诗词是学者的、才人的、艺术家的诗词，是当代诗坛独具一格、不可替代、具有深远影响的诗词。

第六章

学问家启功

学术之广，经史子集，浩如烟海，能皓首而独诣某家者，已属难得；而今有一人：逍遥无碍，博专兼备，朴学与哲思会通，提升艺术之学术化，世称其“文通”夫子；

文艺之美，诗词书画，烂若锦云，可悠游以超逸数端者，尤为不易；自古无多双：从容不迫，写作俱佳，创作并理论兼擅，引领学术之艺术化，自许是“杂学”先生。

依函丈卅九年，信有师生同父子
刊习作二三册，痛余文字答陶甄

——启功先生悼陈垣校长挽联

启功先生不但是杰出的书画家、书画鉴定家、诗人，而且是学富五车、成就卓然的学者。上引悼陈垣校长挽联中所谦称的、聊以能报答恩师的“习作二三册”，就是他学术成就的代表作。他的学术风格有着鲜明的特点——“杂”，他自己也颇喜以“杂家”自居。在读书人都志在“成名成家”的年头，他曾这样自谦道：“庞杂寡要，无家可成焉。”（《启功丛稿》前言）其实，“庞杂”的杂家，有可能正是一位通识通才的大学者。正如黄苗子先生所评：“《论衡》说：‘通书千篇以上，万言以下，弘扬雅言，审定文牍，而以教授为人师者，通人也。’这还不够，还应加上，记览宏博，门类纷披，而又融会贯通，互相为用才算真正的‘通人’。现在‘家’太多，‘通人’太少，启老其宜为‘文通先生’乎！”[①]

概而言之，启先生作为“文通先生”主要表现在：他能在艺术上将诗、书、画“三绝”集于一身，在学术上又能将文、史、哲三科融为一体。举凡中国传统文化，诸如文学、史学、哲学（尤其是佛学）、语言文字学、书画学、考古鉴定学、文献学、版本目录学、民俗学、红学，以至星象占卜学、俚俗风谣，他几乎无所不通、无所不晓。他的“杂”几乎杂到犄角旮旯无所不晓的地步。正如黄苗子所比喻的那样：启先生有个百宝箱，他是高兴时露一角给人看，谁也没见过这个箱子里到底藏有多少宝物。他举例道：“记得前几年某日，偶然想起看过一段记载，有个和尚爱写打油诗，出过一本诗集叫《牛山四十屁》，但想不到出处，便打电话向启先生请教，他随口就说：‘这事见《聊斋》，你查查看。而且这和尚写的《牛山四十屁》，清

① 黄苗子：《杂说启先生》，香港《名家翰墨》第 11 期，页 125。

末缪荃孙曾收入他的《书目》里。’果然后来从《聊斋》卷十一《司札吏》的附录中，翻着这一条。启先生广泛的涉猎与过人的记忆力，不是下愚如区区者所能企及。”①

类似例子很多，这里再举几例。

有一次，王大山先生问启先生：曾见过一块匾，名曰“德红堂”，按理说，“红”应作“宏”才有讲，为什么写成“红”呢？启先生马上答道：“德红堂”实际上就是“东堂”，因为古人用反切法注音时，注的“一东”韵的第一个字“东”，选用的两个字就是“德红”；而东堂就是东厢的殿堂或厅堂，直接写“东堂”显得不够文雅，用“东”的反切字，显得文气些，这也是文人喜欢耍聪明、掉书袋的习气。王大山听后，顿时醒悟。

在与王重民合编《敦煌变文集》时，王先生把和尚的“壊（简体为‘坏’）色衣”校成了“瓌（简体为‘瑰’）色衣”，因为“壊”与“瓌”只差左上一小横，而敦煌写本中多一笔少一笔是常有的事，王先生可能受和尚常披着华丽袈裟的影响，才做出此校。启先生告诉他，就应该是“壊色衣”，或曰“百衲衣”，因为和尚穿的大多都是用百家不同的破布头拼制而成的，寓意“苦行”。这让大启先生十余岁的王先生大喜，更加尊重和信任启先生了。②

一次，启先生与朋友到全聚德吃饭，饭罢，店家拿出留言板，请大家题字留念。只见留言板上大多都是一些俗词滥语。启先生却题了“推潭仆远”四字。同行人不解，问是何意，启先生答曰：“见《东观汉记·莋都夷传》《后汉书·西南夷传》。”原来前书记载“远夷《乐德歌》诗有‘邪毗绁𦈡，推潭仆远’”之句，《后汉书·西南夷传》译作“多赐缯帛，甘美酒食”。所以，“推潭仆远”即西南少数民族“甘美酒食”的音译。

---

① 黄苗子：《杂说启先生》，香港《名家翰墨》第11期，页121。

② 侯刚、章景怀：《启功年谱》，页64，引柴剑虹语。

又如，有人见“红学”文章中提到“铜钵柳”“紫台醉”，不解何意，问启先生。启先生笑曰“铜钵柳”即“金瓶梅”的对语；“紫台醉”即“红楼梦”的对语，何况铜钵、紫台都是成语，借用过来，文人的语言游戏而已。

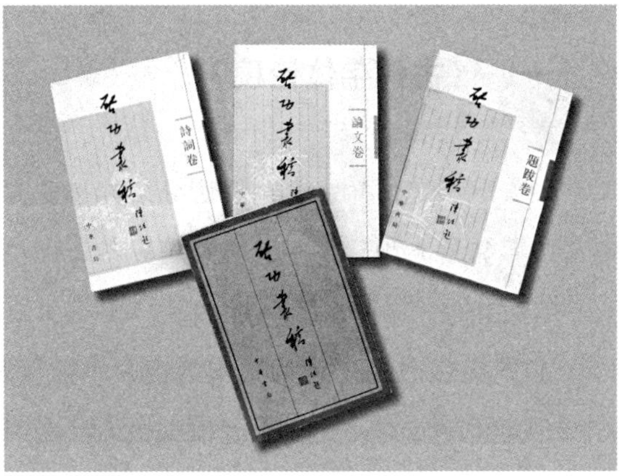

《启功丛稿》书影

启先生严肃正规的学术之作，主要见诸中华书局出版的四卷本《启功丛稿》（分别为论文卷、诗词卷、题跋卷、艺论卷）、《诗文声律论稿》，文物出版社出版的《古代字体论稿》，三联出版社出版的《论书绝句一百首》，商务印书馆出版的《汉语现象论丛》，人民文学出版社出版的《红楼梦》序言及注释，北京师范大学出版社出版的《说八股》《启功讲学录》等。此外，启先生还参与了中华书局主持的《二十四史》《清史稿》及《敦煌变文集》的点校整理工作。而他的这些学术著作、学术论文又有一个共同的特点，即尽力不道前人所已道，而道前人所未道，所以很少有动辄数十万的长篇巨著，即使是单独刊行的专著，也大多只有数万、十几万的篇幅，但都是独到的真知灼见，不掺水分的干货、硬货。

前几章已对启先生四卷本《启功丛稿》中的诗歌、题跋、论文多所评论，兹不赘述，现对他其他几部著作略加介绍和评论。

第一节　几部代表性单行论著

一、《古代字体论稿》

古来字体知多少，聚讼纷纭莫一衷。
凭借先生三万字，横看成岭侧成峰。

启先生在他的《启功口述历史》中曾谈及他的恩师陈垣老校长是如何引导他走上治学之路的。陈老校长极力鼓励启先生就自己擅长的专业多写一些论文，启先生向他报告，说自己比较熟悉的领域还在书画艺术和书画鉴定方面，于是就从这里入手。老校长也特别支持启先生，每当看到他有这方面的论文发表，常当着众人的面，爱惜地夸奖道："他是这方面的专家嘛。"最初，启先生写的几篇论文都是针对书画史上的一些个案，如《〈急就篇〉传本考》《〈平复帖〉说并释文》等，经过多年的积累，他对中国古代字体的总体发展演变有了更全面、更深入的研究，于是在1963年发表了《古代字体论稿》长篇论文，后经多次补充修改，再配以大量图片，出版了他的第一部单行专著。

《启功口述历史》中特意记录了这部专著发表前的一段故事：

出版前我想请老师题签。老师非常高兴，问我："你出版过专著吗？"我说："这是第一本。"又问了一些有关情况后，忽然问我："你今年多大岁数了？"我说："五十一岁。"老师又忽然放下我，历数起很多学者的寿命来："全谢山（全祖望）只五十岁，戴东原

（震）只五十四岁……”正当我摸不着头脑时，老师忽然又语重心长地对我说：“你要好好努力啊！”说罢欣然命笔。我愣了一刻，终于明白了他的良苦用心：

《古代字体论稿》书影

他一方面为我的成长高兴，高兴得好像一个孩子，看到自己浇过水的小草开花结子，便高兴地喊人来看；一方面又以长者的经验告诫我，人生苦短，时不我待，要抓紧大好时光多出书。这时，看着他为我题签的身影，我几乎掉下热泪来。老师的书斋名“励耘”，老师用他全部的身心和热血为我解释了什么叫“励耘”，如何做一个辛勤的耕耘者，如何做一个优秀的园丁，如何做一个提携后进的长者。[①]

这部著作的缘起有很明确的针对性。因为文献记载的字体名称和实物中的字体形状，或由时代的发展，或由广义与狭义的差异，或由正名与诨称的混淆，或由泛指与专指的掺杂，或由社会用途、传播工具和方法的不同，或由组织构造与书写风格的变化，往往出现很多概念与名称上的分歧抵牾。而很多论者或因未能见到足够的实物真迹，或因不熟悉文献，而未能辨别这些概念既有并列也有对立，还有兼容等不同情况，因而望文生义、妄加曲解，使问题变得愈发复杂。启先生认为要想厘清这些问题，“必须从实物和

① 启功口述，赵仁珪、章景怀整理：《启功口述历史》，页102。

文献互证，才能得出比较可靠的真相”[①]，必须从“名同实异”或“实同名异”中才能得出科学的结论。这就需要有坚实的文字学、考古学、书法史学作为研究的基础，这绝不是一般单纯的文字学者或单纯的书法家所能胜任，而只有像启先生这样的通才方能完成。为此，启先生精选了九十七帧最有代表性的字体实物图片，并结合这些图片对那些看似混乱的名称和概念进行图文并茂、深入细致的甄别与论述，并得出了很多精辟与透彻的结论。

从历史发展的宏观角度看，启先生认为一种字体不会是一个朝代突然能创造出来的，一种主流字体成熟的时候往往就是它被另一种字体取代的开端。而纵观古代字体的演变可概括为两大时期两大类：秦隶以前的字体为篆类，秦隶以后的字体为隶类。这样划分的理由取决于对“隶”的科学解释。启先生认为，“隶”类的本质意义原是“徒隶的字，是‘以趋约易’的‘俗体字’”[②]。而所谓俗体又包括组织结构和艺术风格两方面。所以，在秦以前的篆类字体中即有隶体，如文献所载秦时“程邈删古立隶文”。那种隶文即是把规矩的、标准的“正体”篆书变成徒隶用的、以趋约易的、不标准的、看起来较为潦草的俗体而已。于是，为了方便，其书写风格和笔画便由标准篆体讲究“匀圆”而变为“方折散开”。正像卫恒《四体书势》所云：“隶书者，篆之捷也。”这种以“以趋约易”为原则的字体逐渐变化，到了汉碑出现了一种“蚕头燕尾”式的字体，汉人又将这种字形视为雅体和标准，于是这种相对正体篆书更俗的隶书遂成为一种狭义的专门字体，独享其荣了。到了魏晋之后，这种字形又进一步“以趋约易”，明显的“蚕头燕尾”“都没有了，这些字实是后世真书的雏形，这是当时的新俗体”[③]，但古人仍称其为隶书，只不过是新隶书而已。这种现象从魏

① 启功：《启功全集》（修订版）第二卷《古代字体论稿、论书绝句》，页 5。
② 启功：《启功全集》（修订版）第二卷《古代字体论稿、论书绝句》，页 49。
③ 启功：《启功全集》（修订版）第二卷《古代字体论稿、论书绝句》，页 59。

晋一直延续到唐宋。如羊欣在《采古来能书人名》称王羲之、王献之“善草隶”“善隶藁”，还有文献称一些隋人、宋人如何善隶书，并直接指明这些所谓隶书，“盖今楷字也”。于是，启先生总结道：“现在看到这些名家的字迹，多是今草、真书和行书，并没有汉隶的字。可知这时所谓的隶，即是真书。”[①]从而得出这样的结论：“秦俗书为隶，汉正体为隶，魏晋以后真书为隶，名同实异。”[②]很多人将这些字体的概念混淆起来，“都是没理解名同实异的变化关系，又可见前代俗体到了后代便成为正体或雅体的规律”。这是何等的大眼光、大手笔。

从某一时段来看，启先生又对很多名实或同或异的概念进行了具体的甄别与解析，涉及的概念有数十种。如对篆类常提及的所谓秦书八体——大篆、小篆、刻符、虫书、摹印、署书、殳书、隶书，以及未提及的蝌蚪书各自的特点是什么，它们之间的关系又是什么，而篆书与籀书，篆书与引书，篆书与古文、石鼓文、金文之间的关系又是什么；又如对隶类中所谓隶书、左书、史书、八分、草书、章书之间的关系与嬗变，都进行深入透彻的剖析，并得出很多精辟的结论。如论大小篆的关系：“秦书八体”中“小篆以前的古体（据启先生其他段落之意按：如《史籀篇》《说文》共出二百二十五字）即大篆，同文（指秦始皇书同文）以后的正体即小篆”。“秦人依据《史籀篇》字为‘或颇省改’，成为秦时‘正体字’，即小篆，于是（再反过头来）尊谥《史籀篇》字为大篆。”“大篆是小篆的本生父，所以得列于‘八体’，古文经中字（据启先生其他段落之意按：如孔壁藏书中的字，大致是秦以外六国时的写本，《说文》共出五百一十字）则是小篆的伯父、叔父，甚至某代祖辈，与当时的‘正体字’不是嫡传关系，所以没有地位。‘亲尽则祧’，再加受到小篆的排挤，且不免于烧，于是终至‘绝

---

① 启功：《启功全集》（修订版）第二卷《古代字体论稿、论书绝句》，页61。
② 启功：《启功全集》（修订版）第二卷《古代字体论稿、论书绝句》，页63。

矣’。”又如论隶书与八分的关系：“（从很多出土文物可见，到了汉魏之际，字体出现了一种新风格，连汉隶最鲜明的‘蚕头燕尾’都没有了）这些字实是后世真书的雏形。这是当时的新俗体、新隶书，因为汉魏正式的碑版上并不见这类字。既有新隶字，于是旧隶字必须给予异名或升格，才能有所区别，所以称之为八分。八分者，即是八成的古体或雅体，也可以说‘准古体’或‘准雅体’。蔡文姬所说：‘割程隶（程邈的隶书）八分取二分，割李篆（李斯的小篆）二分取八分’，只是说明八成古体或雅体，二成俗体而已。”[①]这些具体的论述又是何等的透彻和精辟。

综观全书可以深切地感受到，这是一部学术性、专业性很强的著作，如果把相关的基础知识从头到尾、原原本本地都讲清楚，可能要扩展十倍的篇幅，但启先生的著作风格一贯是不道前人所已道，也不道别人所应知道，而只道别人所未道。正如后记所说：“那些不成问题或没有分歧争论的部分，便不涉及。至于自古至今各种字体的演变经过和各时代流派的变化，则是字体史和书法史的范畴；又如每个字的偏旁组织，象形谐声种种问题，则是文字形义的研究范畴，本文都不论及。”但启先生似乎高估了一般读者的水平，这些他一律不予论及的内容，很多都是一般读者所缺乏的知识，所以这些人就会觉得这部著作好像是从半路写起的，读起来觉得特别费解。其实，这部书本来就不是为一般读者所作，而是为业内专家深入探讨所著。为了突出它的学术性、严肃性，启先生坚持他在写论文时的一贯作风：对相关的史料实物和文献出处务必全面地收集，竭泽而渔，博观约取。他所选的近百幅实物图片都具有典型意义和实证价值，体现了他独到的眼光和见识。又如他在论述章草时，对“章”字究竟何所指，就要言不烦地综述了前人的各种说法。再如据《说文》来描述篆类手写体传统时，他就援引了唐写本《说文》“木部”残卷，日本旧抄本《说文》“口部”残卷十二字，宋雍熙刊版

① 启功：《启功全集》（修订版）第二卷《古代字体论稿、论书绝句》，页59—60。

《说文》和明清一般刻本，并一一附有图片，态度十分严谨，具有很强的说服力。

但此书绝非故作高深，为了把很艰深的概念表述得更生动，本书多次以家族的血统关系来比喻字体递进的脉络，如云："每一个时代中，字体至少有三大部分：即当时通行的正体字；以前各时代的各种古字；新兴的新体或说俗体字。以人为喻，即是有祖孙三辈，而每一辈中又有兄弟姐妹。例如秦时有祖辈的大篆，有子辈的小篆，有孙辈的隶书。而其他五体（按：指秦书八体中的另五体），各有所近，又是各辈的兄弟姐妹。"[①]这种形象的比喻，很有启先生为文的风格特点。又如全文最后几行文字是这样写的："（真书的体态）直到唐初欧阳询九成宫碑等才真正得到统一。也可以说真书的体势姿态，到了唐初，才算具足完成。这虽属于艺术风格的问题，但从隶到真，字体变化的曲折，至此始告结束。虽然欧阳询的儿子欧阳通在所写的道因碑中还偶然写出横画末尾的波脚，也仅只是进化后残留的尾巴尖而已。"[②]用这样幽默风趣的比喻结束艰难深奥的论证，堪称是对曲终奏雅、"怎奈他临去秋波那一转"的绝好发挥，不禁使人掩卷遐思，会心一笑了。

二、《诗文声律论稿》

竹竿节节分平仄，图谱行行析句篇。
巧解连环论格律，才人全豹窥难全。

出版《古代字体论稿》之后不久，启先生又着手撰写他的另一部专著《诗文声律论稿》。经过一两年的努力，终于完稿，他又带着书稿请老校长

① 启功：《启功全集》（修订版）第二卷《古代字体论稿、论书绝句》，页69。
② 启功：《启功全集》（修订版）第二卷《古代字体论稿、论书绝句》，页79。

题签。看到学生又有新进步，老校长非常高兴，非要把稿子留下来好好看一看。但看到老校长衰老的样子，启先生真不忍让老校长再费更多的心，便推托说稿子还需修改，改好后再请老师指教。启先生又想，像这样的书签，老师以后恐怕也不能多题了，不如把将来准备出的文章请老师一并题写了，但鉴于目前还没完全设想好那些著作的具体名目，便想了《启功丛稿》这样一个名称，于是对老师说自己还有一本杂著，求老师一并题写，这就是后来四卷本《启功丛稿》的由来。对这些要求，老校长不但毫不犹豫地答应了，而且当即欣然命笔，每种都写了好几份，以备挑选，这一切都令启先生喜出望外。

但令启先生痛心的是，在《诗文声律论稿》准备交付出版社时，“文革”爆发了，一切学术出版物皆被封杀。但启先生仍然暗自执着地修改加工这部书稿，毕竟这是他多年的心血啊。1971年初稿修订后，他在书稿后写下了这样一句尾注：“本文自1964年起草，至1971年脱稿，曾经修改15次，誊清6次。”足见他对此书用功之深。直到1977年才历经劫波，面世出版。直到开机印刷之前还出现了这样的意外：出版部制好了《诗文声律论稿》的晒蓝样，等着签字付印，可是当时负责出版此书的编辑室主任是一位临时从别的单位调来加强政治领导的人，时称“掺沙子”，此人“左”得可爱，硬是扣着不肯签。理由是这部书稿只谈艺术形式，所举例句有不少情调低沉灰暗，不太健康，担心出版这样的书会有问题，还责问为什么不多举些毛主席诗词为例。幸亏有敢于担当者承担下来，推迟了一段时间终得出版。[①]但此时老校长已经仙逝，再也无法亲眼看到此书和“丛稿”的出版，这成为启先生终身的遗憾和伤痛。

这一经历使这部书成为“文革”的一个见证者。启先生本计划用手写

---

① 参看熊国桢：《有限的交往无限的思念》，收入《以观沧海：启功百年诞辰纪念文集》，页281。柴剑虹：《我的老师启功先生》，页100。

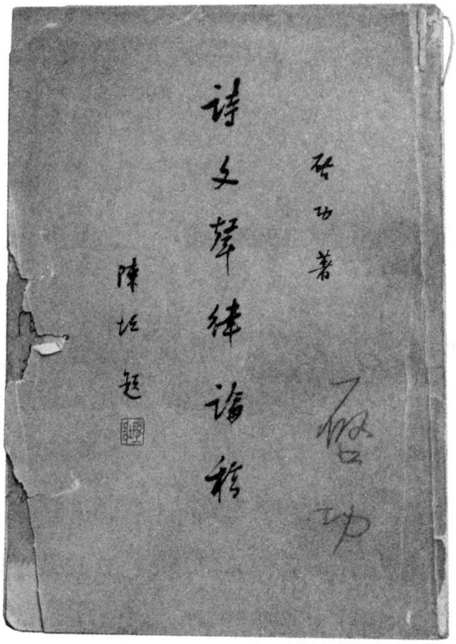

《诗文声律论稿》书影

体来出版这部书，当开始抄写时，他已经感到中国可能会发生重大的劫难，于是他有意用一种最薄的宣纸来抄写，以便收藏。果不其然，“文化大革命”不久，北师大的红卫兵就到启先生所住的小乘巷来抄家。而启先生的夫人更有先见之明，也更敢担当，早把这部书稿和启先生一些其他手稿都紧紧地卷成小卷子，藏在箱子底的旧衣物中。好在启先生平时人缘很好，北师大的红卫兵也就没再翻箱倒柜，只是把这几只箱子封存起来。这样，这部书稿才算躲过一劫，得以在“文革”后重见光明。后来有人写文章，说启师母把这些手稿藏在坛子里，连夜埋在地下，“文革”后人们按她指的地方，果然把这些东西都挖了出来，这纯属小说家的演义了。

《启功韵语集》有一首《题拙著〈诗文声律论稿〉奉答唐立庵先生》记录了他和当时著名学者、原故宫博物院院长唐兰之间关于这部书的典故，对我们了解这部书当有帮助。诗前有小序曰：“余论诗文声律，于未有定论而争辩无休之问题，俱不涉及。唐立庵先生谓究宜讲述，应之曰：‘此马蜂窝也，岂可轻捅。’立老又谓功以北人而谈诗律，亦非易事。赋示立老。”诗曰：

伧父谈诗律，其难定若何。
平平平仄仄，差差差多多。

待我从头讲，由人顿足呵。
欲携唐立老，一捅马蜂窝。[①]

唐兰所说的“以北人而谈诗律，亦非易事”，是内行人的中肯评价。因为讲诗词格律的一个难点就是入声字，而北方人因平时的语言中早已没有入声字，掌握起来确实很困难。但这难不倒启先生，如第一章所述，他从小识字时就已经熟悉哪些字是入声了。所以，他仍能以北人而论声律，成功出版了这部学术含量很高的著作。此书有两大特点，或曰两大贡献。

（一）古往今来讲诗词格律的著作很多，但学识既高、天资聪慧的启先生仍能独辟蹊径，成一家之言，且能通过巧妙的比喻，把很复杂的问题讲得深入浅出。讲格律最难、最关键之处是讲清何为律句，何为律篇；而此书最见彩的地方也恰恰在此，最突出的表现就是他的“竹竿说”。启先生先论定汉语是有声调的语言，概括起来即有扬有抑，或曰有高有低，这一特色在诗词中特别鲜明。而汉语多双音词，这一特色直接导致诗词是以两个字为一音节的，且后者的音响效果要重于前者。启先生把这两个音响的关系比喻成盒底和盒盖，盒底要盛东西，更重要，盒盖只是用来配合盒底的。因此，诗词的音节便形成两高两低不断交错的音调，用诗词的术语来说就是两平两仄的不断交错。为什么不是一平一仄呢？特别善于细致观察的启先生在本书所附的《汉语诗歌的构成与发展》一文中有如此的解释：

有一回我坐火车，那时还是蒸汽机车头，坐在那里反复听着“突突”、“突突”的声音，一前一后，一轻一重。当时我有一位邻居乔东君先生，是位作曲家。我向他请教这个问题，他说，火车的响声本无所谓轻重，也不是两两一组，一高一低，这都是人的耳朵听出来的感觉，

① 启功：《启功丛稿·诗词卷》，页 76。

是人心理上的印象。[1]

于是，启先生把诗词音调的标准程式比喻成一根平平仄仄反复交错的长竹竿：……平平仄仄平平仄仄平平仄仄……又从而得出结论：无论几言，凡是从竹竿依序、完整截下来的一段就是律句，而且它们不会变化无穷，只能是四种样式的反复。先以五言为例：如从第一字截到第五字、第二字截到第六字、第三字截到第七字、第四字截到第八字，分别为：

平平仄仄平

平仄仄平平

仄仄平平仄

仄平平仄仄

这些都是标准的律句。而从第五字截到第九字，则又回到平平仄仄平的格式，所以五言律句的基本格式就是这四种。从中可以看出一个明显的规律：双数字（二、四两字）即启先生所说的盒底，与单数字（一、三两字）即盒盖，绝对是平仄交替的，这是律句的基本规则。又由于两字节的第一字即盒盖的作用，不如第二字即盒底的音响作用大，所以它更灵活，在一定条件下可以更换。如第二种句式“平仄仄平平”可通融为“仄仄仄平平”，第三种句式“仄仄平平仄”可通融为“平仄平平仄”，第四种句式“仄平平仄仄”可通融为“平平平仄仄”。唯独第一种句式“平平仄仄平”不能通融为“仄平仄仄平”，因为这又犯了诗词很忌讳的一个毛病——“孤平”，即将一个平声字夹在两个仄声之中，读起来不好听。这种改动，后边的要求比前边的更严格，也就是说，五言的第一字，除“平平仄仄平”句式不能改动之外，其余都是可平可仄的；而五言的第三字和七言的第五字，往往是不能

① 启功：《启功全集》（修订版）第一卷《诗文声律论稿、汉语现象论丛、说八股》，页90—91。

改动的。因此，俗语所说的“一三五不论，二四六分明”并不完全准确，“二四六分明”（除个别特例之外）没有问题，“一三五不论”则是有条件的。这样计算，五言律句即有七种形式。七言律句可在五言律句上推演，即在“平起”的句头前加两个与它相反的仄声，变成“仄起”；在“仄起”的句头前加两个与它相反的平声，变成“平起”。当然，据前所述，所谓“平起”“仄起”都指两字节中的第二字，因为它是盒底，音响效果重于第一字的盒盖。于是七言律句的基本格式便是：

仄仄平平仄仄平

平平平仄仄平平

平平仄仄平平仄

仄仄仄平平仄仄

同样，它仍可保留后五字的通融变化，且又多出前两字中第一字可平可仄的变化，于是七言律句的形式又比五言翻了一倍，即有十四种形式。

同理，何谓二言、三言、四言、六言的律句，也只管在竹竿上从头截。如二言的可截为“平平”“平仄”“仄仄”“仄平”四种，下又回到“平平……”的往复。三言的可截为“平平仄”“平仄仄”“仄仄平”“仄平平”四种，下又回到“平平仄……”的往复。肯定的是，无论如何也截不出“平平平”“仄仄仄”的句式，也就是说，纯粹的三言诗凡出现三平三仄的句式都不是律句，这也是五律与七律最后三个字（非指前面的三个字）凡出现三平或三仄的“三字脚”也都不是标准律句的原因与根据。四言的可截为“平平仄仄”“平仄仄平”“仄仄平平”“仄平平仄”四种，下又回到“平平仄仄……”的往复。六言的可截为“平平仄仄平平”“平仄仄平平仄”“仄仄平平仄仄”“仄平平仄仄平”四种，下又回到“平平仄仄平平……”的往复。

律句就这样被竹竿解决了。要由律句扩大到律篇，还需要符合一联之内相对，两联之间相粘，双数句句脚要押平声韵，单数句句脚要落在仄声上

（第一句例外，可入韵）等要求。如何把这些讲解得简明清楚也是个难题，启先生仍发挥他“竹竿说”理论，举重若轻地解决了这些问题。仍以五言为例：如果从那支竹竿上截取第三至第七字，称它为A式句（如截取第七至第十一字则又回到同样的句式）；截取第一至第五字，称它为B式句（如截取第五至第九字则又回到同样的句式）；截取第四至第八字，称它为C式句（如截取第八至十二字则又回到同样句式）；截取第二至第六字，称它为D式句（如截取第六至第十字则又回到同样句式），那么将A、B、C、D四种句式排列起来，再重复一遍就是标准的仄起首句不押韵的五言律诗，即：

仄仄平平仄（A）

平平仄仄平（B）

仄平平仄仄（C）

平仄仄平平（D）

仄仄平平仄（A）

平平仄仄平（B）

仄平平仄仄（C）

平仄仄平平（D）

完全符合粘对用韵的要求。如果改成CDAB、CDAB的顺序就是标准的平起首句不押韵的五言律诗。至于首句押韵的仄起式，只要把ABCD、ABCD中的第一个A式句改成仄仄仄平平（注意：不能改成结尾三平调的仄仄平平平）。首句押韵的平起式，只要把CDAB、CDAB中第一个C式句改成仄平平仄平即可，这样五言律诗的四种基本格式尽被囊入其中了。推演一下，七言律诗的四种基本格式也可尽被囊括，只要在仄起五律的前面加上平起的两字节，在平起五律的前面加上仄起的两字节即可。

因此我们可以说，启先生赐给我们的竹竿和在此基础上为我们绘制的图谱表格，真给我们指出了一条走进诗词格律王国的捷径。“山重水复疑无路，柳暗花明又一村”，那高深莫测、令人望而却步的神秘王国，一经启先

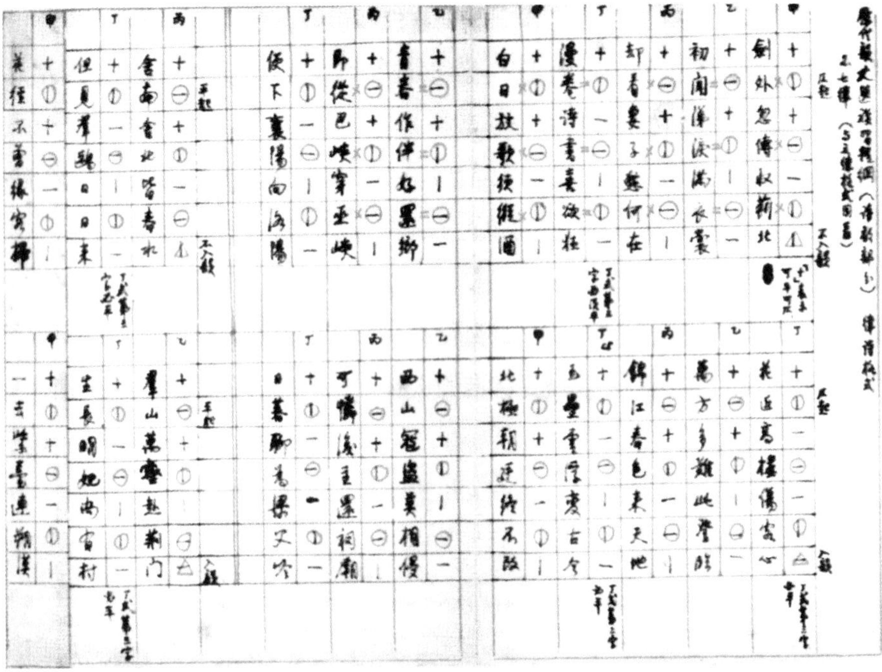

20世纪50年代启先生绘制的用于讲课的律诗平仄表

生指点引导，顿时变成饶有兴趣、其乐无穷的旅途。因此有读者戏称，自己对诗词格律的谜团，被启先生一竿子就打醒了。能把这样高深复杂的问题讲解得如此轻松简明，没有绝大的学识和绝顶的聪明能办得到吗？我们不得不再次钦佩启先生的才华。

为了自成系统，本书也有较为复杂的统计。在“五言、七言句式总例”一节中，启先生统计道：“五言A、B、C、D四类句式，包括律句与非律句，每类可变为八种句式（引者按：四类即有三十二种）。七言A、B、C、D四类句式，包括律句与非律句，每类可变三十二种句式（引者按：四类即有一百二十八种）。”[1]并为读者列了一个总表，且每种都举一例。这

① 启功：《启功全集》（修订版）第一卷《诗文声律论稿、汉语现象论丛、说八股》，页37。

看起来似有些繁复，且对写作律诗也没太大的作用，因为写作时，作者应是按标准句式去措辞，而不是随便写出五个字或七个字来看看它到底属于表中的哪一类。但有了这样一个总表，则可把任何一种句式置于其中，从理论上科学地判断它究竟合不合律，因此这个总表仍有它的价值和意义。

（二）这部《诗文声律论稿》还有一个十分明显的特色，这从该书的书名《诗文声律论稿》即能看出。启先生开宗明义即云："题目所标称的'诗文'是包括古典文学中诗、词、曲、骈文、韵文、散文诸种形式。"①这说明作者是从更宏观的、整体语音学的角度去考察汉语声律的现象和规律，而这种观点是符合汉语语音词汇基本规律的。因为"汉语既是一字即一音，一音即一词"，作为诗、文基本元素的词汇，无论是在诗中，还是在文中，都会体现出声调的特点和规律，只是程度不同罢了。而这种揭示会"使得普通的表意的汉语和美化的艺用的汉语，平添了若干倍的功能"，很有意义。

先看词曲中的声律现象。启先生指出，词因为演唱的需要，有些句子受曲调的限制，会出现比诗更多的拗句或一些特定的句式，"但一般的只论平仄的普通律句，究竟占绝大多数"。比如李清照的名句："寻寻觅觅，冷冷清清，凄凄惨惨戚戚"，"实是三个短句所合成，它的平仄是：平平仄仄，仄仄平平，平平仄仄仄仄。如果去掉重字，或说从每节盒底看，便是：平仄仄平平仄仄。分明是一个七言C1律句。"②至于曲，它和词有相通之处，"还有一种特点，即衬字"，但它也离不开声调需要抑扬的规律，如关汉卿的名句："'我却是，蒸不烂、煮不熟、捶不扁、炒不爆、响当当一粒铜豌豆，谁教恁，子弟们，钻入它，锄不断、斫不下、解不开、顿不脱、慢腾腾、千层锦套头。'合着看，便是两句气势旺盛，似乎不可分割的长句

① 启功：《启功全集》（修订版）第一卷《诗文声律论稿、汉语现象论丛、说八股》，页3。
② 启功：《启功全集》（修订版）第一卷《诗文声律论稿、汉语现象论丛、说八股》，页66。

子，但分析开来，实是许多三个字的衬句，最后各用五言律句镇住末尾。‘一粒铜豌豆’是五言A1律句，‘千层锦套头’是五言B1律句。两列衬句的趋势，都向末尾贯注而来。前列末尾A式句是抑，后句末尾B式句是扬，非常匀称。”[①]“各种曲牌中的句式安排，无论间隔疏密，总不离抑扬交替的原则。”[②]类似这样生动的例证和精辟的论述，所在多是，很有启发性。

再看骈文中的声律现象。骈文多以联语行文。每半联（或称一扇）有一句的，也有两句的。启先生指出，半联一句的多是“上下句平节仄节相反”，如“落霞与孤鹜齐飞，秋水共长天一色”即为“仄平（仄）平仄平平”与“平仄（仄）平平仄仄”相对（引者按：括号中所对应的字为虚字，可不追究）。“半联两句的，每句节数并不见得相同，主要在于这半联两句的句脚平仄相反；两半联相对的各节平仄相反。”[③]如：

> 鹤汀凫渚，穷岛屿之萦回；
> 桂殿兰宫，即冈峦之体势。

不但两个四字句中的“汀”与“渚”平仄相反，“殿”与“宫”仄平相反，而且“凫渚”的平仄与“兰宫”的平平，句脚一字为相反的平仄；两个六字句，前边的“穷”“之”与后边的“即”“之”皆为起连接作用的虚词，可置之不论，而“岛屿”与“萦回”呈仄仄与平平的对立，“冈峦”与“体势”呈平平与仄仄的对立；而句脚的“萦回”与“体势”又呈平平与仄仄的对立，声律的安排十分讲究。启先生又指出，很多无韵骈文每句句脚的声调多是平仄仄平平仄仄平的安排，而非平仄平仄平仄平仄的安排，这就是前人

---

① 启功：《启功全集》（修订版）第一卷《诗文声律论稿、汉语现象论丛、说八股》，页67。
② 启功：《启功全集》（修订版）第一卷《诗文声律论稿、汉语现象论丛、说八股》，页68。
③ 启功：《启功全集》（修订版）第一卷《诗文声律论稿、汉语现象论丛、说八股》，页70。

"仄顶仄，平顶平"一说的真正含义。从骈文的多联语，启先生进一步联系到八股文，他说八股文一篇有四"比"，即四联，一"比"有两股，一股即相当骈文中的半联，虽然八股的半联有十几句甚至更多句的，但它们也要注意声律，特别是句尾声调的抑扬安排。这更进一步说明声调规律有其普遍性，诗与文在这方面有其相通之处。

至于既不求押韵，又不讲骈偶的纯散文，也不是完全不讲声律的。启先生说："后世所称的'散文'（或称'古文'，宋人也称之为'平文'）的，似应是句法不拘规格，声调也不管平仄的，其实并不尽然。散文句中也有各节抑扬的问题，篇中也有句式、句脚排列问题。只是字面对偶、句式长短、句次排列等都不甚机械严格罢了。"[①]又说："各种成篇成段的文字中，只有价目表、人名单是毫无声调可言的，但如贾谊的文中（引者按：指《过秦论》）竟有三串人名，居然有抑扬可循。"[②]这段文字及声调如下：

宁越、徐尚、苏秦、杜赫之属为之谋，
仄仄　平仄　平平　仄仄平仄仄平平
齐明、周最、陈轸、昭滑、楼缓、翟景、苏厉、乐毅之徒通其意
平平　平仄　平仄　平仄　平仄　仄仄　平仄　仄仄平平平平仄
吴起、孙膑、带佗、兒良、王廖、田忌、廉颇、赵奢之朋制其兵
平仄　平仄　仄平　平平　平仄　平仄　平平　仄平平平仄平平

启先生分析说："这里是三串人名和三个五字的半句，每半句中末三字都是合律的，而三个句脚'谋、意、兵'是平仄平，抑扬相间。第一串人名'越、尚、秦、赫'是仄仄平仄，合于一般四句诗的句脚排列形式；第二

① 启功：《启功全集》（修订版）第一卷《诗文声律论稿、汉语现象论丛、说八股》，页 75。
② 启功：《启功全集》（修订版）第一卷《诗文声律论稿、汉语现象论丛、说八股》，页 77。

串人名除‘明’是开端处一个平节外，以下七个仄节，是全抑的；第三串人名‘起、膑、佗、良、廖、忌、颇、奢’是两仄两平相间匀称的八个节。这三节各作一个单位看，它们的错综关系是极明显的。第一串最短而合律；第二串虽长而主要取抑调；第三串长短与第二串相等，而完全合律，并以平节收束，最后归扬。从以上各段看来，散文中也有声调抑扬的问题。”[①]《过秦论》大家都读过，对它的文笔都很称赞，但谁都没注意到它对声律也如此讲究，这一发现真堪称独树一帜，独辟蹊径，对我们理解诗文声律有很大的启发。难怪启先生认为，看一个人讲解文章的水平如何，有时只要让他读一遍即可，因为水平高的人，能把文章声调的抑扬顿挫、开合呼应都读出来。“只是从前提倡这种办法的人和当时的读者与听者，都没有具体地说出其中的所以然罢了。”[②]现在启先生为我们说出了，其高明又当若何？

三、《汉语现象论丛》

现象之中规律存。纷纭汉语费耕耘。
先生自有点金术，化腐为神意最深。

《汉语现象论丛》是启先生一部专门探讨文言文的语言专著，它的写作目的是针对马建忠所著的《马氏文通》一书。启先生承认马氏“以英鉴汉”“以英套汉”的葛朗玛（英语“grammar”的音译，意为“语法”）学说和方法确有其价值，能分析一般白话文的语法现象，但如果生搬硬套文言文，特别是骈文和诗歌，就会有很多“对不上榫”的地方。马氏也明知这一

① 启功：《启功全集》（修订版）第一卷《诗文声律论稿、汉语现象论丛、说八股》，页77。
② 启功：《启功全集》（修订版）第一卷《诗文声律论稿、汉语现象论丛、说八股》，页80。

《汉语现象论丛》书影

点，便遁释道：“排偶声律说，等之自郐以下耳。”——竟然声称从语法角度看“排偶声律”不足道也。启先生追问道：“究竟是不值研究呢？还是因套不上而放弃呢？”为此，《汉语现象论丛》一书详细列举论述了汉语，特别是古汉语，尤其是具有高度审美功能的骈文、诗词语音的特殊性。诸如字词的界限、虚字和实字，词与词的关系等词汇的组成及其丰富性、变化性；还有句与句之间的关系、句组中的节拍、语句的结构及其灵活性，以及这些语法现象带来的一些修辞现象，诸如顿挫与倒装、省略与开合、比喻与用典等。总之，此书对文言文的各种语法现象和一些修辞现象做出了全面的论述，而且一如既往，绝不轻易附和、人云亦云；它提出的观点以至所举的很多例证，都独树一帜，别出心裁，很新鲜，很有趣，很有启发性。凡对汉语现象有一定接触的读者都会有这样的印象，即现在的语法、修辞著作，大多都是以现代汉语为研究对象的，专门研究古代汉语的语法和修辞的则少之又少，而全面、深入地专门研究诗词的语法和修辞的著作几乎为空白。启先生此书虽不是全面系统地建构“诗词语法修辞学”，照他的治学习惯和风格，他也无意，甚至不屑一一罗列什么诗词中的主谓宾、定状补，什么明喻、暗喻、借喻等条条框框，他的兴趣是把诗词的语法修辞现象置于整个汉语现象之中，指出它们既有明显的特殊性，又有潜在的规律可循，是一个亟待开发和研究的领域，这本身就极具开拓性、启发性。但启先生却只将此书命名为《汉语现象论丛》而非《汉语规律论丛》是别有深意的。他说："这篇稿并不是想在语言学、语法学上提出什么主张，只是摆出一些浅薄的设想，绝不敢'执途人而强同'。所以行文是从过程到现象，又从那些现象中探索它们的共同常态（只说常态，不敢说规律）。""卑之无甚高论，确切些说，应该叫作'汉语皮相论'吧。"[①]不妄称"规律"而慎称"现象"，这正是深谙"规律"的明智之举。因为汉语实在是太高深了，动辄就想把复杂的现象框在所谓包罗万象的规律之中，最后只能顾此失彼，难以自圆。正如启先生所云："任何医生，都要从'病象'入手。看不懂古文，是病象；从不懂到懂，是治疗过程；现在探索怎么懂的，是总结治法、评选最有效的医方。证明治百病的单方无效，也由此得到根据。"[②]

让我们看看启先生在论述这些"老生常谈"的现象时表现出怎样的聪明才智和真知灼见吧。

如在论述诗词语言的结构特别灵活，可以多方组合，甚至可以颠倒时，启先生以王维的"长河落日圆"为例，他说：

> 这五个字可以变成若干句式：
> 河长日落圆
> 圆日落长河
> 长河圆日落

---

①启功：《启功全集》（修订版）第一卷《诗文声律论稿、汉语现象论丛、说八股》，页111。
②启功：《启功全集》（修订版）第一卷《诗文声律论稿、汉语现象论丛、说八股》，页106。

以上三式，虽有艺术上高低之分，但语义上并无差别，句法上也无不通之处。

长日落圆河

河圆日落长

河日落长圆

河日长圆落

圆河长日落

河长日圆落

这几式就不能算通顺了。但假如给它们各配上一个上句，仍可起死回生。从前有人作了一句“柳絮飞来片片红”句，成了笑柄，另一人给他配上了一个上句“夕阳返照桃花坞”，于是下句也成了好句。现在试援此例，各配一个上句看看：

巨潭悬古瀑——长日落圆河

“长日”可作“整天”“镇日”解，“古”是“由来已久”，“潭”是圆的水，“瀑”是落的水。

甕牖窥斜照——河圆日落长

从甕牖中看河是圆的，“斜照”，是长的落日。

（下略）

这些变了的句式，虽然语义变得有相同的，有不同的，甚至有一些不免“强词夺理”的，但从诗句的特有句法上讲，却非完全不许可的。而且古代诗句中，也确实存在不少的这类句法的先例。还有一式可变，即“河圆落长日”太拙劣，无法替他圆谎了。一句五言诗竟能变成十种句式，其中仅仅有一句绝对不通，能不使人惊异吗？[①]

---

① 启功：《启功全集》（修订版）第一卷《诗文声律论稿、汉语现象论丛、说八股》，页125—127。

经过启先生的奇思妙想，诗词词序具有何等的灵活性不是非常生动地展现在我们的面前了吗？而这种匪夷所思的才人伎俩又“能不使人惊异吗”？

又如，启先生认为“古代汉语中修辞和语法是密切不可分开的关系”，“有些诗歌、骈文的句、段、篇中的修辞作用占绝大的比重，甚至可以说这些部分的修辞即是它们的语法”。①“研究古代汉语，尤其是诗歌、骈文的语言规律，须从两方面注意：一是形象性，也可以说形象思维的；二是逻辑性，也可以说逻辑思维的。在古代的诗歌、骈文的语言特点中，形象性更重于逻辑性。……修辞的作用有时比语法的作用更大，甚至在某些句、段、篇中的语法即只是修辞。”②这种判断本身，就对诗词这一特殊文体具有极大的阐明意义和深刻的启发性。为此，他以李商隐的《锦瑟》一诗为例加以论证。众所周知，《锦瑟》一诗自古以来就有“诗谜”之称，而今更有人称其为诗歌中的“哥德巴赫猜想”，如果把众说纷纭的各种猜想汇集成书，一定会集成厚厚的一大本。且看启先生是怎样以修辞学的角度化繁为简地解释它：

锦瑟无端五十弦。一弦一柱思华年。

这两句的主要内容是“五十年”，先不直接说五十年，而从五十弦说起……看到每一弦一柱，就联想到逝去的每一岁年华。……

庄生晓梦迷蝴蝶，

这句的中心是“梦”。什么梦？晓梦。谁的晓梦？庄周的晓梦。梦见什么？梦见化为蝴蝶。真的吗？不是，是迷离的。

望帝春心托杜鹃。

这句的中心是“心”。什么心？是春心，并不是灰冷的心。谁的春

① 启功：《启功全集》（修订版）第一卷《诗文声律论稿、汉语现象论丛、说八股》，页128。
② 启功：《启功全集》（修订版）第一卷《诗文声律论稿、汉语现象论丛、说八股》，页132。

心？望帝的春心。望帝化为杜鹃，啼血而死，那么作者的这颗心，即是啼血的心。

沧海月明珠有泪，

这句的中心是“泪”。不只人有泪，珠都会有泪。什么时候看见珠有泪？在沧海之中、月明之际。那么这滴滴的泪水，不但晶莹洁白，而且是海月共鉴的。

蓝田日暖玉生烟。

这句的中心是“暖”。也就是我们现在所说的热情之“热”。暖到什么程度？到了冒烟的程度。什么玉？蓝田所产的最白的、最美的、最著名的蓝田玉。玉石竟自能够燃烧生烟，热情的高度，不问可知。

此情可待成追忆，只是当时已惘然。

这两句是说不待回忆，当时即已预感到要是一场悲剧了。如果剥去所有的装饰，便只剩下了“半辈子、梦、心、泪、热，早已知道”，哪里还成诗呢？[①]

启先生用修辞学的观点，给我们删去了只起装饰的修辞枝节，留下了梦、心、泪、热等要抒发的主要情感因素，这虽然不成诗了，但却能使读者在剥去层层的装饰之后，抓住了全诗的主旨——李商隐在此诗中所要表达的，就是一种抽离于具体对象之外，而又不离人的几种普遍之情。但这些装饰，就像“美丽的比喻，都是要突出诗人的心情和眼泪。在层层装饰之内，曲折地反映出要表达的内心思想”[②]。而那些越陷越深的解释者往往就是被那些派生出的美丽联想所迷惑，从而又落在考据的窠臼之中，非要一一索引

① 启功：《启功全集》（修订版）第一卷《诗文声律论稿、汉语现象论丛、说八股》，页123—124。

② 启功：《启功全集》（修订版）第一卷《诗文声律论稿、汉语现象论丛、说八股》，页199。

此诗到底是为妻子作，还是为情人作，还是为某歌伎作，还是为党争作，还是为自己的文集作。而且越陷越深，越考证越离谱。比起这些烦琐考证，启先生的删繁就简法不就高明超脱得多吗？这更说明启先生的论定是正确的："有些诗歌，修辞作用，占绝大的比重，甚至可以说这些部分的修辞即是它们的语法。"这对我们了解诗歌"文辞与语法"和"修辞与美学"之间复杂而微妙的关系不是有很大的启发吗？

又如启先生在论述比喻这一最常见的修辞时，绝不陷入烦琐的明喻、暗喻、借喻等具体的概念之中，而是从语音学、语言学、文字学的高度来加以关照。在充分举例之后，启先生指出："无论表示事物的实词或表示意态的虚词，从选声命名到选形造字，所用的都是模拟或说比喻的手法。""六书无不从比喻而来。"所以，"比喻功用，真是须臾不可离的"。但比喻也有模糊度，特别是在诗歌及其形象的语言之中。"《诗经》形容美女说：'颈如蝤蛴，肤如凝脂'；翻成白话，可说：'她的脖子像一条白而长的虫子，皮肤像冷冻了的猪油'，行吗？又如常言称权威的'金口玉言'，若理解为贵重金属的嘴说出坚硬如玉石的话，对吗？"[①]这"证明比喻是没有十分完美无缺的。实际上，现代的'模糊语言学'和'悖论'也都是从这里得间而兴，发展壮大的。但日常说话、写文章如果都处处不悖、不模糊，势必随时随处都要加上限制词、解释词，因噎废食了"。[②]"如果句句求其逻辑的周延，那便是法律条文，而不是诗句了。"这些纵横捭阖的"现象论"不是对我们探索汉语的规律大有裨益吗？

---

①启功：《启功全集》（修订版）第一卷《诗文声律论稿、汉语现象论丛、说八股》，页194。
②启功：《启功全集》（修订版）第一卷《诗文声律论稿、汉语现象论丛、说八股》，页195。

第二节　《说八股》、论《红楼》、子弟书

八股红楼子弟书。诗文小说尽爬梳。
先生才力知多少，皓首穷经总不如。

一、《说八股》

《说八股》约四万字，1991年发表于《北京师范大学学报》，后由北京师范大学出版社单行出版，又被商务印书馆编入《汉语现象论丛》发行，是启先生又一部字数不多，但见地独到的专著。

八股文作为封建王朝覆灭的陪葬品，早已成为“过街老鼠”人人喊打，不但没人再写、再用，就连研究者也很少问津。纯旧学出身的人往往不会做系统的研究，纯新学出身的人又没有实际的经验，所以八股文研究长期成为空白，即使有论及者也往往语焉不详，正像启先生所云：“在废除八股文后已达一百多年的今天，要想真正谈出这种文体作法中甘苦和窍门，其难也是不言而喻的。”而启先生的学术背景和知识结构，恰好可以弥补这一缺憾，他最得天独厚的条件是恩师陈垣校长曾是一个八股高手。启先生在此书的《引言》中曾云：“先生生于清季科举未废之时，举业既属士子唯一出路，八股文自为必读必习之艺。于是其文体形成之缘起与夫痼弊积累之所在，莫不一一了如指掌。……功抑或退而拟作……每呈函丈，必蒙笑而阅之……追念当年提命，虽末艺之微，笔墨之戏，其拳拳之谊犹有如是者。”可见，启先生的八股文训练是受过陈老校长专门指点的，对此进行研究是有深厚学术功底的。为了研究的严肃性和科学性，为了贯彻要竭泽而渔地收集

第一手材料的治学理念，启先生还专门到处搜集有关的八股文集，他曾很自信地说，他搜集的有关书籍当是当时最全的。

启先生著此书，纯属对八股文进行学术研究，绝没有为“八股”翻案的意图；相反，他在书中曾多次明确而坚定地批判八股科考的腐朽与荒唐。如讽刺八股文不过是为出题人“说谎”“圆谎”，是“没话找话、牵强附会的胡说”，所谓“代圣贤立言不过是公开造谣，假传圣旨”，“都是在郑重的场合中所作的冠冕堂皇的废话”。这种八股取士的考试制度“不但害了士子，也害了一种文体，明末有人作诗有‘断送江山八股文’之句。明亡后还有人写了一柬帖贴于朝堂：‘谨具大明江山一座，崇祯夫妇两口，奉申□敬。晚生文八股顿首拜。’可见世人对八股的谴责”[①]。在举例时，启先生也喜欢挑一些有趣的、能对八股文起到讥讽、揶揄的例子。如有一种题目是从几句话中截取几字而来，称为“截搭题”，于是考官将《孟子》中“王速出令，反其旄倪，止其重器”之句截为“王速出令反”，于是考生都作成“快出令使人造反”，成了笑柄。还有考官将《论语》中《季氏》一句“异邦人称之亦曰君夫人”中的最后三字，和《阳货》一句“阳货欲见孔子”的前三个字，截搭为“君夫人阳货欲”，就更不像话了。又如八股文讲究破题，有考官以“三十而立”为题，考生不知如何破，便破为“两当十五之年，虽有椅子板凳而不坐也”，令人喷饭。又如考题把《中庸》中的“鼋鼍蛟龙鱼鳖生焉”截为“鳖生焉”，于是有考生巧妙地做破题曰：“以鳖考生，则生不测矣。”“以鳖考生”可以讲为用鳖的问题来考生员，也可讲作派鳖来考生员；“则生不测”，可讲作生员莫测高深，也可讲作则会发生不测事件了。结果学政被革职。这可算最荒谬的截搭题和针锋相对的破题了。启先生还特意介绍了一些“游戏八股文”。他藏有一册《西堂杂俎》，全是以《西厢记》的句子为题的。不以法定的“四书”“五经”为题，而离经叛

---

① 启功：《启功全集》（修订版）第一卷《诗文声律论稿、汉语现象论丛、说八股》，页260。

道用才子佳人的《西厢记》为题，本身就是对八股文的绝大讽刺。

《说八股》的学术成就主要有两方面。

一是结合具体的文章，清清楚楚地讲解了八股文的相关知识，包括八股文的各种异称、具体结构和写作八股文的写作技巧。如八股文为何又称“八比”“制艺”“经义”“制义”“时文”“时艺”“四书文”。启先生认为所有以“四书”为文的，并不见得都是八股，但“习惯已久，‘心照不宣’，‘四书’题目，八股体裁，已经牢不可分了”。后来，乾隆皇帝又命方苞编辑以“四书”为题的八股文四十一卷，并命名为《钦定四书文》，“从此‘四书’题的八股文称为‘四书文’，更加名正言顺了”①。所以，“八股”应算是个“诨称”。

从文章的体制上讲，《说八股》结合具体的作品，解析了八股文从头到尾的结构。讲解了何谓题目中的“小题”“大题”“截搭题”；何谓“破题”，破题中何谓“骂题”“暗破”；何谓“起讲（小讲）”，起讲句数的标准以及如何“入口气”，何谓接下来的“承题”，承题又如何分为“领题（原题）”“出题”“过接”“收结”“落下”，如何不许“犯上”“犯下”；再接下来就是所谓“四比”“八股”，即每一比要由两股对联组成，“四比”即有“八股”。

从八股的写作上讲，《说八股》给我们介绍了“换字”法，如破题时，不能“死于句下”，“对题面各字之外束手无策，是初学作文者的第一难关，于是善于诱导的塾师多半从换字教起”②。所谓换字，实际就是用代字，“尤其在两股相对偶的部分，更不容雷同重复”③。又如“对偶也是八股文技巧中极其重要的组成部分”④，因此学习《声律启蒙》《笠翁对韵》

① 启功：《启功全集》（修订版）第一卷《诗文声律论稿、汉语现象论丛、说八股》，页225。
② 启功：《启功全集》（修订版）第一卷《诗文声律论稿、汉语现象论丛、说八股》，页235。
③ 启功：《启功全集》（修订版）第一卷《诗文声律论稿、汉语现象论丛、说八股》，页236。
④ 启功：《启功全集》（修订版）第一卷《诗文声律论稿、汉语现象论丛、说八股》，页236。

也是写好八股的必修课。又如要学会“相题”，这很像我们现在教中学生作文强调“审题”一样，不但不能跑题，还要发挥“读书得间”的方法，善于“钻空子”。对于八股而言，就要适应当时提倡“义理、词章、考据”的风气，善于“积词”“积理”。又如要注意“口气”。八股文是“代圣贤立言”的，所以“要站在那个圣贤的立场，‘设身处地’地想”[①]，还要善于“磨勘”，要注意“口气”的时代性，要懂得对皇帝、圣贤的“避讳”等。至于具体的手法更是五花八门，如“钓”“渡”“挽”等。“钓”是打伏笔，在领题的某个地方加以暗示或提醒；“渡”是引出下文，“挽”是回应上文，等等，不一而足。这些技巧，这些术语，不是行家里手、不深谙其中奥妙是写不出来的。可以说，启先生这部薄薄的《说八股》堪称是一部八股文的小百科全书。

二是对八股文体的源流及其在中国文章史上的地位进行了公允、科学的评价。在现代，凡沾“八股”二字，皆被嗤之以鼻，这并不公允，因为就文体本身而言，它的形成是有长期历史背景的。启先生认为，从立意上考察，八股文的渊源可远追溯到宋代的“经义”“策论”，因为它们可以考查考生的政治头脑和思想标准是否符合以孔孟之道为标准的统治阶级思想；从篇章技巧上看，可追溯到“律赋”，因为这可以考查考生是否具有许多古代文章技巧的素养。这“多种形式拼合而成的综合文体，逐渐定型于八股，成了明清科举考试各种文体中最主要的部分”[②]。明白了八股作为一种文体形成的源流，明白了八股“是陆续积累古代各种文体中的技法，拼凑而成的一种文体，不但那些局部技法无功罪可言，即使开始拼凑的人，以及拼成的规格，也无罪可言。如议罪，那就是有意特定用这种规格去考士子的统治者。他们不但用此套子，而更设许多苛刻条件去‘难’人，致使八股这种文学形

---

① 启功：《启功全集》（修订版）第一卷《诗文声律论稿、汉语现象论丛、说八股》，页239。
② 启功：《启功全集》（修订版）第一卷《诗文声律论稿、汉语现象论丛、说八股》，页249。

式蒙了罪名。统治者不但害了士子，也害了一种文体”[①]。这是公允不刊之论。只要我们能心平气和地认识到这一点，我们不但可以不怪罪这种文体，而且可以通过对它的研究发现、总结出很多有意思、有意义的现象。

例如八股与律诗和骈文的关系：“骈文中几个单句之下用排句，然后再接单句，俗称‘宫灯型’：上下绳穗单，灯架四框偶；或说‘乌龟型’：上下头尾单，前后四腿偶。还有五七言的律诗，也是首尾可单，中间必偶。这些模槽传了一千几百年了，今天作旧体诗的人还用五律七律之体，这问题岂不值得研究民族文学史、民族文化史的学者好好深思吗？”[②]又如：“皮黄的《空城计》诸葛亮出场自述是破题，派将是承题，马谡违背指挥，王平预报地形是起讲，诸葛亮在城上与司马懿对唱是两大扇，斩马谡是收结。即使大鼓书、牌子曲等，开头几句也必要笼罩全篇，等于破题。”[③]至于府邸、四合院的建筑也可以找到类似的套路。为何有此现象呢？盖因为中国传统文化中自有其传统特色，结构上起承转合的思维模式，表述上喜欢排偶的形式都是有传统可循的。正如启先生所云：“诸如此类的现实所反映出的思想方法，似乎都有‘基因’。”[④]不是不分青红皂白地将八股文一棍子打死，而是从其文体形式上寻找传统文化的共同“基因”，寻找传统文化的共同规律，这才是最公允、最科学、最理智的态度和方法。王朝闻先生对此深有同感：“如今能像你这样论证它的功过者，恐已难得。……这么实事求是的论述是以充分占有资料为前提的。……完全同意你对八股文的方式中的肯定，对利用八股文的统治者的作风的否定。……八股文所体现的逻辑方法不能一棍子打死，其实它也相应地反映着生活自身的逻辑。”[⑤]可见《说八

① 启功：《启功全集》（修订版）第一卷《诗文声律论稿、汉语现象论丛、说八股》，页260。
② 启功：《启功全集》（修订版）第一卷《诗文声律论稿、汉语现象论丛、说八股》，页262。
③ 启功：《启功全集》（修订版）第一卷《诗文声律论稿、汉语现象论丛、说八股》，页262。
④ 启功：《启功全集》（修订版）第一卷《诗文声律论稿、汉语现象论丛、说八股》，页262。
⑤ 侯刚、章景怀：《启功年谱》，页196。

股》一文有着很好的社会反响。

二、论《红楼》

在《〈红楼梦注释〉序》一文中，启先生曾生动地记录了他和《红楼梦》的最初接触："我十几岁时看到母亲那里有一套《红楼梦》，但不许我看。偷着看了几次，怕被发现，都是匆忙地翻阅，没头没脑地打开快看，只觉得都是一些'家长里短'，人物是些姥姥舅妈之类，情节是些吃饭喝酒之类，真使我废书而叹。认为这有什么看头，还值得那么神秘。"[①]但命运的安排，使他后来和《红楼梦》结下了不解之缘。这要从他被公认为是注释《红楼梦》的最佳人选说起。

自从《红楼梦》问世以来，不知不觉产生了一门新的显学——"红学"。"开谈不说《红楼梦》，读尽诗书也枉然"，成为近代文化史上一道独特的风景线。在古典文学作品中，《红楼梦》在中国读者圈内的阅读量应是数一数二的，这一现象在新中国成立后仍方兴未艾。1952年作家出版社、1957年人民文学出版社先后根据"程乙本"整理校注出版了《红楼梦》，从那时起很长时间内，中国人读的都是这种版本的《红楼梦》，截止到1962年，仅可统计的印数即达近三十万册，如果加上"文化大革命"期间到如今，估计要有百万册之多。须知，当时的出版物都是国家绝对掌握、独家出版的，也就是说，新中国成立后所有《红楼梦》的读者读的都是这一版本，沾溉他们的都是同一校注者。而为读者整理校注的人是谁呢？很长时间内，很少有人知道重要的参与者之一就是启功先生。1952年作家出版社版的"前言"索性不提整理校注者是谁，1957年人民文学出版社版的"前言"才有了简单的说明："旧注是先后经由俞平伯、华粹深、李鼎芳、启功四位先生合

---

① 启功：《启功全集》（修订版）第五卷《序跋》，页153。

撰的。”又说：“本书注释部分，系由启功先生重新撰写的。相对作家出版社的旧注而言，增加的新注为数很多，原来有注的也大多经过纠正、补充、修改、删汰和重新编排。”总算认可了启先生的功劳。但1958年启先生被补划为“右派”之后，1962年人民文学出版社再版时又把启先生的名字抹去。直到“文化大革命”之后，特别是《红楼梦》成为教育部指定的书目后，启先生的名字才光明正大地出现在注释者的名目之下。对这一切不公正的待遇，启先生始终安之若素，毫无怨尤。对此，于天池先生感慨道：“《金刚经》有言：‘如是灭度无数无量无边众生，而实无众生可灭度者，何以故？若菩萨有我相人相众生相寿者相即非菩萨。’启功先生就是这样具有普度众生的菩萨心态。”[①]“如果说人民文学出版社在一段时间里对不起启功先生的话，我们却又有理由感谢人民文学出版社，因为它为千百万《红楼梦》读者选择了一个最合适的注释者。”[②]

启先生将自己的注释分为八类：（一）某些北京俗语；（二）服装形状；（三）某些器物的形状和用途；（四）官制；（五）诗歌骈文的内容；（六）生活制度和习惯；（七）人物和人物的社会关系；（八）写实与虚构的辨别。这些内容看似简单，好像都是前引的启先生所说的“家长里短”的琐碎小事，其实不然，正像前引的那段话之后，启先生紧接着说道：“后来知道，即使吃一桌饭，其中也有不少文章，例如‘怡红院’的‘夜宴’（第六十三回）……如果有人问起某个人为什么坐在某处，恐怕许多读者未必都考虑过。”[③]要将这八方面都注好，除了要有深厚的学问外，还要有三方面必要条件：一是深谙北京各阶层的方言；二是熟知满族人生活的方方面

---

① 于天池：《润物细无声——谈启功先生对于〈红楼梦〉研究的贡献》，收入《以观沧海：启功百年诞辰纪念文集》，页47—48。

② 于天池：《润物细无声——谈启功先生对于〈红楼梦〉研究的贡献》，收入《以观沧海：启功百年诞辰纪念文集》，页49。

③ 启功：《启功全集》（修订版）第五卷《序跋》，页153。

面；三是要有破落贵族的生活经历，而启先生恰恰具备了这些条件，所以他才能成为最佳人选。对此，启先生常以玩笑的口气说："这叫难者不会，会者不难。"（后来中华书局重新点校《二十四史》时，他也开玩笑地自许这叫"难者不会，会者不难"）。试举两例：

嬷嬷："即乳母、奶娘。她所乳的男子所生的子女，称她为嬷嬷奶奶；她所乳的女子所生的子女，称她为嬷嬷姥姥；她所乳的人称她的子女为嬷嬷哥哥与嬷嬷姐姐。"

（人民文学出版社版第三回）

传事云板连扣四下："旧日习俗：祭神和一般吉礼叩头次数、祭品数目常用'三'，丧礼常用'四'，故有'神三鬼四'的谚语。所以这里传点四下，只是报丧的信号。"

（同上 第十三回）

这些注释的内容在一般的书中往往语焉不详，但启先生凭其丰富的生活经验，做出了深入浅出的注释，并为后来的注释者所采信，甚至为后来语言学者编写字典类书所借鉴，其功可谓大矣。

除具体注释外，启先生还写过两篇有关《红楼梦》的论文，一为《读〈红楼梦〉札记》，一为《〈红楼梦注释〉序》，围绕具体的注释对全书展开更深入、全面的论述，其中的观点也很精辟。如云《红楼梦》既然是一部"迷离惝恍""运真实于虚构""半真半假""以假作真，以真作假""假作真时真亦假，无为有处有还无"的作品，所以对一些描写、措辞的注释就不能胶柱鼓瑟，妄加坐实，否则就会违背作者原有的创作意图，所以启先生才不会为"金陵十二钗"册中的诗做主观臆断的注释。正如启先生所说，"《红楼梦》一书需有注释，而注释为体例所限，又不易把曲折复杂的事物一一详细说透”[①]，所以在这两篇文章中，他又围绕一些注释展开更深入、翔实的论述，对读者深入理解全书很有启发意义。试举几例。

《红楼梦》曾三次描写过辫子，对此启先生解释道：“按清代辫发制度是小孩初生，先剃胎发，中间留一个小小的辫顶，日后头发逐渐长长了，又把小辫顶以外其余的头发梳成许多短的小辫，但这圈小辫之外，仍然剃去一圈。当四周小辫再长长了，归到一总，最后梳成大辫。这个过程，女孩和男孩一样，只是女孩在年龄渐长，发已长长后，便不再剃最外周围的一圈，这叫做‘留满头’，再大到成年待嫁时，便梳起发髻，不再梳辫了。……又有小男孩发未长长时，留一辫顶，俗称‘杩子盖’。”[②]如果没有满族生活的亲身经历和细致观察，谁能做出如此详尽的解释呢？

《红楼梦》第二十八回描写黛玉发现宝玉望着宝钗发愣，便讽刺宝玉是“呆雁”，启先生解释道：“黛玉所说的‘呆雁’是讽刺宝玉看宝钗出了神时说的，这个词本是形容发呆的。雁有何呆，呆何必雁，这都没有什么理由可讲，但北京人都懂得，这是讽刺痴心，形容发愣，但又分量不重的一个词。本书中这个人物、‘这个场合’、这个情节中，便具有既冷峭，又温柔，既尖酸，又甜蜜的作用，精密符合这时三个人的关系。”[③]这是多么细致入微的分析啊！

《红楼梦》第五十五回写探春不称生母赵姨娘的兄弟为舅舅，而称王夫人的兄弟王子腾为舅舅，这是为什么呢？因为贵族官僚家庭选妾是从他们的庄头家挑选，所以“姨娘的父母兄弟，在主人家具有两种身份，在主人面前……他们是奴才”，只有在一定的环境中才能“按家人关系见礼”，而“庶出的子女公认自居是嫡出的，有时也实有这种根据”，因为“常常有庶

---

① 启功：《启功丛稿·论文卷》，页308。
② 启功：《启功丛稿·论文卷》，页291—292。
③ 启功：《启功丛稿·论文卷》，页301—302。

出子女生下后在旗下衙门报档子（即档案，这里即户口簿）时冒称嫡出”。所以探春不承认庄头身份的亲舅舅，“不但说明了阶级制度，即从探春的性格言，这一席话也正是探春的完整形象的一个组成部分”[①]。这种兼具政治、伦理、文学观念的分析对理解《红楼梦》所描述的时代现状，对理解《红楼梦》人物性格的塑造都有很大的认识价值。

对宝黛爱情的失败，启先生解释道：“这固然有悲剧故事情节的必要安排，也实有封建家庭的生活背景。黛玉是贾母的外孙女，宝钗是王夫人姊姊的女儿。封建家庭中，祖父祖母尽管是最高权威人物，但对‘隔辈人’的婚姻究竟要尊重孙子的父母的意见，尤其他母亲的意见，因为婆媳的关系是最要紧的。……宝玉的婚姻既由王夫人做主，那么宝钗中选，自然是必然的结果。这可以近代史中一事为例：慈禧太后找继承人，在她妹妹家中选择，还延续到下一代。这种关系之强而且固，不是非常明显吗？另外从前习惯‘中表不婚’，尤其是姑姑、舅舅的子女不婚，如果姑姑的女儿嫁给舅舅的儿子，叫做‘骨肉还家’，更犯大忌。血缘太近的人结婚，‘其生不蕃’，这本是古代人从经验得来的结论，一直在民间流传着。本书的作者赋予书中的情节，又岂能例外！”[②]一针见血地从社会学、伦理学的角度揭示了宝黛爱情悲剧的根本原因，又是何等的精辟。

启先生还在《启功口述历史》中对自己的这两篇论文做了一些说明。他说自己虽是为“程乙本”做注，但他认为程甲本更符合曹雪芹的原意。程乙本在程甲本的基础上做了一些改动，把原来说得很含混的地方都坐实了，殊不知曹雪芹本来就是有意写得含混。又说《读〈红楼梦札记〉》的写作目的就是要具体分析《红楼梦》中“所写的生活事物，究竟哪些是真实，哪些是虚构”。如对《红楼梦》所写的年代及地点的扑朔迷离进行了具体的

---

① 启功：《启功丛稿·论文卷》，页305。
② 启功：《启功丛稿·论文卷》，页306。

考辨；对《红楼梦》官职中既有虚构的，也有真实的，还有半真半假的，进行了梳理；对《红楼梦》中的服装描写进行了研究，指出哪些是实写的，哪些是虚写的——大体看来，男子的多虚写，女子的多实写，女子中少女、少妇的更多实写，并结合对辫式、小衣、鞋子以及称呼、请安、行礼的描写，分析了当时的风俗。最后对《红楼梦》为什么要“这样费尽苦心来运真实于虚构”进行了分析。又说，以上这些研究虽多着重在礼仪、制度、官职、风俗、社会生活、社会关系等方面，但他同样强调一些带有普遍性的问题，如“《红楼梦》里的诗词和旧小说中的那些‘赞’或‘有诗为证’的诗都有所不同。同一个题目的几首诗，如海棠诗、菊花诗，宝玉作的表现宝玉的身份、感情；黛玉、宝钗作的，则表现她们每个人的身份、感情，是书中人物自作的，而不是曹雪芹作的诗。换言之，每首诗都是人物形象的组成部分”。这是就如何全面理解人物形象提出的见解。最后他说：

> 后来我很少再写红学的文章了，这里面有些复杂的原因。一是1957年我母亲和姑姑先后去世，我没有任何积蓄，办后事的钱都是用《红楼梦》注释的稿费，所以一提起《红楼梦》我就老联想起这段伤心的往事。二来我觉得后来的某些红学研究有点不靠谱，仅以七十年代中期发现所谓的曹雪芹故居来说，依我看就属子虚乌有……我以为与其费劲炒作这种没意义的发现，还不如好好读读《红楼梦》本身，体会一下书中丰富的内容。[①]

这一批评也很切实。

总之，启先生对《红楼梦》的注释及论述都为《红楼梦》的大众普及与“红学”研究提供了宝贵而丰富的资料和观点，他是千古不朽的《红楼

① 启功口述，赵仁珪、章景怀整理：《启功口述历史》，页206。

梦》无可替代的功臣。

三、子弟书

《启功丛稿·论文卷》有一篇很特殊的、专论清代诗歌的论文——《创造性的新诗子弟书》。这篇论文开宗明义说道："唐诗、宋词、元曲、明传奇，在韵文方面，久已具有公认的评价，成为它们各自时代的一'绝'。有人谈起清代有哪一种可以和以上四种杰出文艺相媲美？我的回答是'子弟书'。"[①]这一见解颇为新奇，更有见地，值得我们深思。

何谓"子弟书"？启先生介绍道："子弟书是一种说唱文学形式，篇幅可长可短。各短篇联起来，又成为'成本大套'的巨著。它很像南方的评弹，在敷陈演说历史故事方面，又与《廿一史弹词》那一类作品相似。但子弟书又有它自己的特点，比评弹简洁细腻，比《廿一史弹词》又句式灵活而不失古典诗歌的传统特色。"[②]子弟书是东北各少数民族文化交融的产物，而其发展成熟又与山海关内外的旗下"子弟"密切相关，故名子弟书。子弟书的形式以七言诗句为基调，中可加衬字，这与元散曲相似，但又不受曲牌的限制，显得更加灵活。而篇章的结构多以八句或四句为一小单位，约百句左右为一回，一本书有几回也不受限制。子弟书的内容与大多民间说书内容相似，"佳人才子、儿女情长的固然占绝大多数，而慷慨动人的英雄故事也不少，以讽刺世态炎凉为题材的也有一些，且有'入木三分'的佳作"[③]。

启先生又结合自己的亲历，详尽介绍了子弟书演唱的特色、风格、传承："我在十岁以前，所见'杂耍'场面上已经没有子弟书的位置了，只有

① 启功：《启功丛稿·论文卷》，页309。
② 启功：《启功丛稿·论文卷》，页309。
③ 启功：《启功丛稿·论文卷》，页312。

家里常来的两位老盲艺人能唱。这种盲艺人，称为‘门先儿’，即是做门客的先生。……这些门先儿常在书房、客厅中陪着宾主坐着，有时参加谈天，有时自弹自唱。……可以说是一些‘盲清客’。……在我幼年时，北京能唱子弟书的老艺人，只剩下两位，现在这种曲调在北京绝响已经六十余年了。……子弟书唱起来每一字都很缓慢，即使懂得听的人，有时也找不准一个腔子中的每一个字。……这恐怕也是子弟书‘广陵散绝矣’的因素之一。”①

之所以称子弟书为“创造性的新诗”，首先在于它的文辞之美。启先生以《出塞》一书为例，首先是八句律诗（有“引子”的作用，也很像“快书”前八句的“诗篇”），直接引用了杜甫的《咏怀古迹》：“群山万壑赴荆门。生长明妃尚有村。……”紧接着，该作者自己续作了，“这在修养深的正统文人，恐怕谁也不敢。而这篇《出塞》子弟书的作者，旧题为‘罗松窗’的人，却毫无顾忌，放胆高歌地接着写道：‘伤心千古断肠人。最是明妃出雁门。南国佳人飘雉尾，北方戎服嫁昭君。’……岂不正是因为修养不深，也就是较少地受框子的限制，才能有这样的胆力吗？……子弟书的成就，恰在于胆，也恰在于浅”，更恰在于它有“一拳捶碎黄鹤楼，一脚踢翻鹦鹉洲”的气魄。②

除了曲词有回肠荡气之美外，启先生还总结了它的几个特色。首先，他别出心裁地认为，“子弟书”之名应该改成“子弟诗”才名副其实。“这个‘诗’的含义，不止因它是韵语，而是因它在古典诗歌四言、五言、七言、杂言等等路子几乎走穷时，创出来这种‘不以句害意’的诗体”③，这种诗体绝没有“杀头便冠，削足适履”的弊端。其次，“子弟诗”加衬字后

① 启功：《启功丛稿·论文卷》，页312—313。
② 启功：《启功丛稿·论文卷》，页316。
③ 启功：《启功丛稿·论文卷》，页321。

唱起来依然非常流畅，如“似这般，不作美的金铃、不作美的雨；怎当我，割不断的相思、割不断的情”，“实际上这两句是‘作美金铃作美雨，不断相思不断情’，加上衬垫就把五言、七言句子变得有如烟云舒展、幻化无方了”[①]。绝不似欧阳修《明妃曲》出现的“胡人以鞍马为家，狩猎为俗，泉甘草美无常处”这样拗口的句子，或西皮二黄唱词出现的“翻身上了马能行”一类凑韵的句子。“子弟诗”“衬垫自然，密咏恬吟”，“又没有唱法唱腔上的狭隘局限，岂不是一举数得的民族的、民间的、‘雅俗共赏’的新体诗作吗？”[②]

不管你同意不同意启先生的最终结论，认为“创造性”的“子弟书”在诗歌领域是可以和唐诗、宋词、元曲、传奇媲美的一代之绝，仅就他提出这一观点本身而言，就很有“创造性”，就值得我们去思考，去研究。

第三节　《启功讲学录》内容概述

> 每翻笔记每回忆。情景犹昨历。恰如旧照逐张翻。廿五年前风采尚翩翩。　纵横捭阖谈今古。如指家珍数。通才何处觅仪型？此卷博观约取足为征。

启先生的很多学问还未来得及由他本人撰写成专著出版，但在他平日的讲课中已形成了自己完整而系统的体系与观点。这些内容后来由他的学生万光治、张廷银、赵仁珪等人整理为《启功讲学录》一书。此书内容之丰

① 启功：《启功丛稿·论文卷》，页 323。
② 启功：《启功丛稿·论文卷》，页 323。

富、观点之深刻、见解之独到，亦足能反映启先生治学之水平与特点，现对此加以概论。

一、论历代诗歌

以唐诗为中心，讲解历代诗歌，是《启功讲学录》的重要内容之一。此部分主要根据万光治的听课笔记加以整理。2009年，柴剑虹又根据自己的整理，由中华书局出版了《启功说唐诗》一书。兹根据这两种书综合介绍一下启先生讲唐诗的主要内容和重要观点。

（一）绝不孤立地讲某一人的创作或某一文学现象，而是把它们置于当时的历史背景和文学背景中去考察，因而得出的结论更具文学史的客观性和真实性。启先生非常得意自己的四句话：“唐以前诗是‘长’出来者，唐人诗是‘嚷’出来者，宋人诗是‘想’出来者，宋以后诗是‘仿’出来者。”确实十分精辟，可算是一部中国诗歌史最宏观的大纲，也可算中国诗歌史最生动的标题概论。“长”“嚷”“想”“仿”四字确实道出了这几个

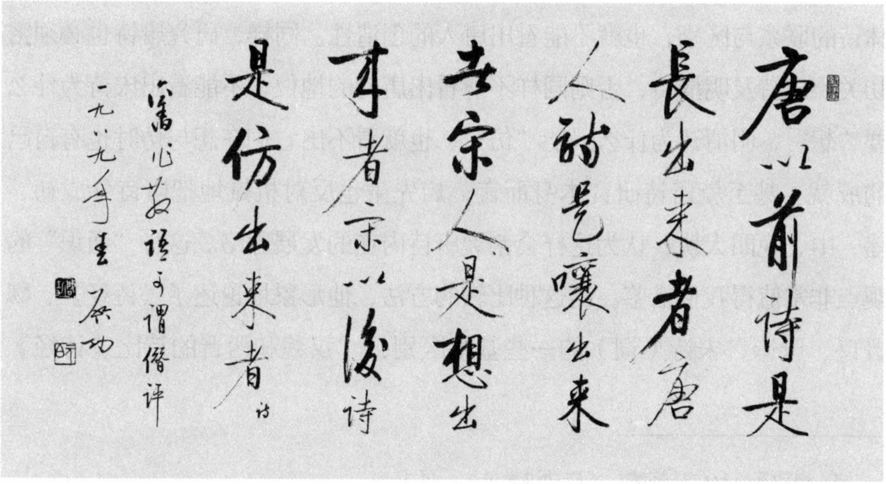

“唐以前诗是长出来者”

阶段的创作特色和主要倾向，真难为他是怎么想出来的。他又解释道："唐人'嚷'诗，出于无心，实大声宏，肆无忌惮。宋人诗多抽象说理，经过了熟虑深思，富于启发力。当然以上几句不可理解得太绝对。"[①]因而对在这四个阶段中出现的作者和现象，就不能简单地以绝对的优劣来加以评判。比如《诗经》，虽在中国诗歌史上占有源头的地位，但大部分作品成就并不高。启先生如此评论道："我认为《诗经》在诗歌史的长河中与唐诗相比，如童稚语，朴实天真，不是长歌咏叹。……现在有人仍用四言诗作挽诗，我感到表达力太差，难以尽兴。《诗三百》是诗的源头，处于不成熟的阶段。'关关雎鸠，在河之洲'……出于朴实，不俗，后人如再重复，便落入俗套。当然，《诗经》中也有比较成熟的，如'昔我往矣，杨柳依依，今我来思，雨雪霏霏'一类，便很有韵味，给人留有余地。"[②]

（二）正因为不孤立地看待某一诗人或某一现象，所以启先生特别强调要贯通整个诗歌史去研究不同时期的创作特色，强调只有通过比较才能看出这些现象的内在关系及其发展脉络。为此，他坚决反对传统文学史上过于死板的分段研究的模式。他认为研究唐诗，必须从研究魏晋南北朝诗入手，否则就不能看清唐诗是在什么样的土壤中成长起来的，不能看清近体诗与古体诗的联系与区别，也就不能看出唐人的创造性。同样，研究唐诗也必须密切关照宋诗及明清诗，否则同样不能看出唐诗的地位，不能看出宋诗为什么要"想"，明清诗为什么只能"仿"，也就看不出它们在想与仿时也有自己的成就。甚至就唐诗研究本身而言，启先生也反对机械地把唐诗分成初、盛、中、晚四大块，认为这样会割裂唐诗内在的发展脉络。这种"通识"的观点非常值得我们借鉴。用这种比较的方法，他形象地论述了《诗经》、魏晋诗、唐诗、宋诗（词）的一些基本区别："汉魏和西晋的诗比《诗经》

---

① 启功著，赵仁珪等编：《启功讲学录》，页 3。
② 启功著，赵仁珪等编：《启功讲学录》，页 7。

大进了一步，能直接地吐露思想感情，这是好事，但未免失之太实。……不死不板，谓之超脱。汉魏六朝诗有这个成就，但还相当粗糙，琢磨得太少。……其间还有硬块。但到了唐人手中，不仅被消化，还颇为流畅，有生意。”他又以很多具体诗例为证，如：“王粲投奔刘表，至武汉，写‘南登霸陵岸’一诗，其间有‘出门无所见，白骨蔽平原’句，是夸张，但也实在。杜甫却不一样。他在成都盼望长安，诗意就很不一样：《秋兴八首》曰：‘夔府孤城落日斜。每依北斗望京华。’‘瞿塘峡口曲江头。万里风烟接素秋。……回首可怜歌舞地，秦中自古帝王州。’诗意比王粲要有余地得多。宋人张舜民被贬到湖南，‘何人此路得生还。回首夕阳红尽处，应是长安。’诗意又更进了一层。到辛稼轩‘西北望长安。可怜无数山’更别有一番气象。同是望长安，几位诗人的处境、思想、感情，乃至运用技巧不同，诗意便不大一样。比较起来，王粲的诗显得太实，毫无缝隙可言。”[①]经过反复的宏观与微观的比较，确实能让人感性地看出不同时代的不同诗风。

这种通识的主张，不但体现在贯通时代上，还体现在贯通文体上。启先生认为诗、词、文虽属不同文体，却有内在本质上的相通之处。他认为“在古代文学作品中，也有‘边缘学科’和‘仿生学’。韩愈和苏轼都是‘以文为诗’，同时也是‘以诗为文’”[②]。并进一步说韩愈的“墓志铭对死者的生平写得很简略，重点是抓住几件大事来写，文情并茂……有评论，有咏叹，有抒情，难道用的不是诗的手法？”而苏轼的“杨花词”，“以杨花的遭遇比喻人的一生，其写过程，有逻辑、有形象，也有议论，是典型的以文为词”[③]。如果没有对诗、词、文的通识修养，是很难得出这样既科

① 启功著，赵仁珪等编：《启功讲学录》，页8—9。
② 启功著，赵仁珪等编：《启功讲学录》，页23。
③ 启功著，赵仁珪等编：《启功讲学录》，页29—30。

学又深入的宏观结论的。

（三）论述某一诗人或某种诗风时，必然要举例说明。启先生在选择例证时，独具只眼，往往能举常人所未举，而又极具特色，表现出启先生对诗歌作品超凡的理解与敏锐的感受。如："用一两个字论诗风，虽不完全准确，但用'苦涩'二字论孟郊，却是很准确的。如孟郊写闺怨：'妾恨比斑竹，下盘烦怨根。有笋未出土，中已含泪痕。'（《闺怨》）说怨、说恨、说泪、说哭，简直入了骨，钻牛犄角。（按：启先生的意思是说，别人写斑竹泪，都从出土后的竹子写起，而孟郊则从未出土时写起，说'有笋未出土，中已含泪痕'，故比别人更深刻一层。）又有写游子诗：'萱草生堂阶，游子行天涯。慈亲倚堂门，不见萱草花。'（《游子》）最后一句，言望游子而不见萱草，真出人意料。又如'试妾与君泪，两处滴池水。看取芙蓉花，今年为谁死？'（《古怨》）以比赛谁流的泪多，已很新奇，而看谁的泪能把芙蓉花淹死，更属新奇。又如'借车载家具，家具少于车'（《借车》）这类诗句，立意也很怪。"[①]又如"白居易的《勤政殿西老柳》：'半朽临风树，多情立马人。开元一株柳，长庆二年春。'《华州西》：'每逢人静慵多歇，不计程行困即眠。上得篮舆未能去，春风敷水店门前。'前首四句，谁也不挨谁，仅是并列的四种景色，但组在一起就兴味无穷。（引者按：对这四句启先生在别处还鉴赏到，这四句全由名词或名词性的词组组成，是典型的实词句，没有任何规定性的动词或形容词作述语，所以能给人更大的想象空间。）后首'上得篮舆未能去'，不等于白说吗？但把那踟蹰的心态表现得淋漓尽致，这都可视为诗的最高境界。"[②]确实，我们读了这些诗，对孟郊和白居易的诗作与诗风立刻就能产生一种具体而形象的直觉，很有启发性和说服力。但一般的文

---

① 启功著，赵仁珪等编：《启功讲学录》，页18。
② 启功著，赵仁珪等编：《启功讲学录》，页24。

学史和作品选却往往没提及这些作品，这更见出启先生论诗眼光的独到处、超凡处。

（四）在具体论述与评价时，启先生也有很多精辟的观点，形成很多足以传世的“语录”，探骊得珠，启迪心智，令人含咏不绝，越咀嚼越有味。试举几例。

在提及“诗穷而后工”时，他比喻道：“《蜀道难》好写，‘大平原’则不好写。”①

在论及韩愈、白居易、元稹诸人异同时，他说：“韩愈气魄大，飞扬跋扈；白居易则婆婆妈妈。元、白诗相比，元是一锅粥，白诗如过滤沉淀后的糖水。北方曲艺行话有‘皮儿厚、皮儿薄’之说。皮儿薄者，一听就懂；反之则皮儿厚。元、白诗正有皮儿厚、皮儿薄之分。”②

在谈诗歌特质时，他比喻道：“诗不能如火车，老在一条轨道上跑，它必须有跳跃。”③

在论及继承与扬弃时，他说：“除注意内容的精华与糟粕，也应注意形式的精华与糟粕。”④又说，我们不但要注意“糟粕”（这当然指封建性的思想内容），“另外（还要注意）有没有‘糟糕’的呢？”“‘糟糕’一词是我借用的，指他艺术上的拙劣”⑤。

在论述李白、杜甫异同时，他分析道：“杜甫《咏怀古迹》‘庾信平生最萧瑟，暮年诗赋动江关’，虽言庾信，其实是暗喻自己，较之李白‘吾亦坦荡人，拂衣可同调’，便高明得多。”“李白是‘继往’，是‘往’的总结，杜甫是未来的开始。”⑥

---

① 启功著，赵仁珪等编：《启功讲学录》，页 2。
② 启功著，赵仁珪等编：《启功讲学录》，页 3。
③ 启功著，赵仁珪等编：《启功讲学录》，页 8。
④ 启功著，赵仁珪等编：《启功讲学录》，页 11。
⑤ 启功著，柴剑虹编：《启功说唐诗》，人民文学出版社 2009 年 7 月版，页 86。
⑥ 启功著，赵仁珪等编：《启功讲学录》，页 14—15。

在论述“古文”这一词时，他说：“经书有今、古文，字体有今、古文，文章又有今、古文，故很容易把人搞糊涂。……经书的古文即是原本；文章的古文即是散体；字体的古文即是旧体。”[①]

在讲明清诗文时，他说：“要读明（清）人的好诗，不如看《牡丹亭》和《桃花扇》。诗、词、曲萃集一身，可谓精妙至极！”[②]

在讲宫体诗时，启先生巧喻道：“当时也有一些并非是奉旨而写的，另有原因，就像花布上没有刀枪图案，要好看一点，所谓‘仕女题材’实际上也是一种图案。这就同骈体文用整齐的四六句来表达一样。这好比是演出中歌剧与话剧的区别，化妆与不化妆的区别。”[③]

亲耳聆听启先生“讲”诗文，还会有意外的惊喜，即可以领教启先生背诗的功夫。他举例讲解诗文作品时，不管它们的长短，基本都能倒背如流。《启功讲学录》有这样明确的记载：“明代的崇祯皇帝在十多年的时间里，换了四十多个宰相，其中有一个叫吴昌时的，与宰相周廷儒共谋政事，后一起遭庭审，被杀。吴梅村为此作了《鸳湖曲》：‘鸳鸯湖畔草粘天。二月春深好放船。柳叶乱飘千尺雨，桃花深带一溪烟。……’（按：启先生将此五十二句的长诗一口气地背诵下来。）……他的《扬州》七律四首（见《吴诗集览》，靳荣藩注）：‘叠鼓鸣笳发棹鸥。榜人高唱广陵秋。……’（按：启先生又将此四诗一口气背下。）”[④]对于这些并不常见的作品，启先生居然能“一口气”接“一口气”地背诵下来，其阅读面之广、记忆力之强，真令人叹为观止！

---

① 启功著，赵仁珪等编：《启功讲学录》，页35。
② 启功著，赵仁珪等编：《启功讲学录》，页50。
③ 启功著，柴剑虹编：《启功说唐诗》，页28。
④ 启功著，赵仁珪等编：《启功讲学录》，页52。

二、论古籍整理

古籍整理，或更扩大一步称文献学研究，本是启先生治学的长项，他绝大多数的研究成果都是建立在深厚的文献学功底之上的。1984年，北京师范大学中文系由启先生牵头创建了文献学博士点，启先生更加注重这一学科的建设，多次为硕士生、博士生讲解有关知识。但他并不太愿意把自己的这门课称为“文献学”，而更愿意称为“文史典籍整理”，愿意多讲一些古代文化常识，他认为这样更实在、更实用一些。他的讲课目录：一、目录、版本、校勘；二、文体；三、音韵；四、文字；五、诗文声律、对偶；六、文与史的关系；七、官制；八、行文；九、学和派；十、典故；十一、对联、联语；十二、考古。这一目录与高校文献学课程的设置相比，更强调古汉语基本语言现象和学术源流，而对官制的了解又实为阅读古代文史的重要基础。这些内容有些被学生详加整理，这就是《启功讲学录》中《论古籍整理》一文的来历。

在《论古籍整理》部分中，启先生首先强调古籍整理或曰文献学的学术性之强、涉及面之广，要远超过古典文学研究，因为“古典文学究竟只是文学类，而古典文献却包括了历史、文化等多方面……涉及的范围非常庞大。”这就需要整理者有更广博的知识。但启先生著书立论向来不主张空谈泛论，更不主张建立什么理论体系，论古籍整理亦如此。全文约两万六千字，所论都是一些具体的问题，包括：一、目录、版本校勘及制度；二、文字与音韵；三、标点与注释。这些问题都是他长期以来自己读到的、听到的、看到的和自己直接思索实践过的，因而非常实在、非常具体，也非常重要。他认为这些内容是古代文化的重要构成，是现在学习和研究古籍的必由之路。这些问题不搞清楚，整理和研究古籍就会困难重重，而这恰恰是初学者最不足的地方。所以，这些内容虽不是古籍整理的

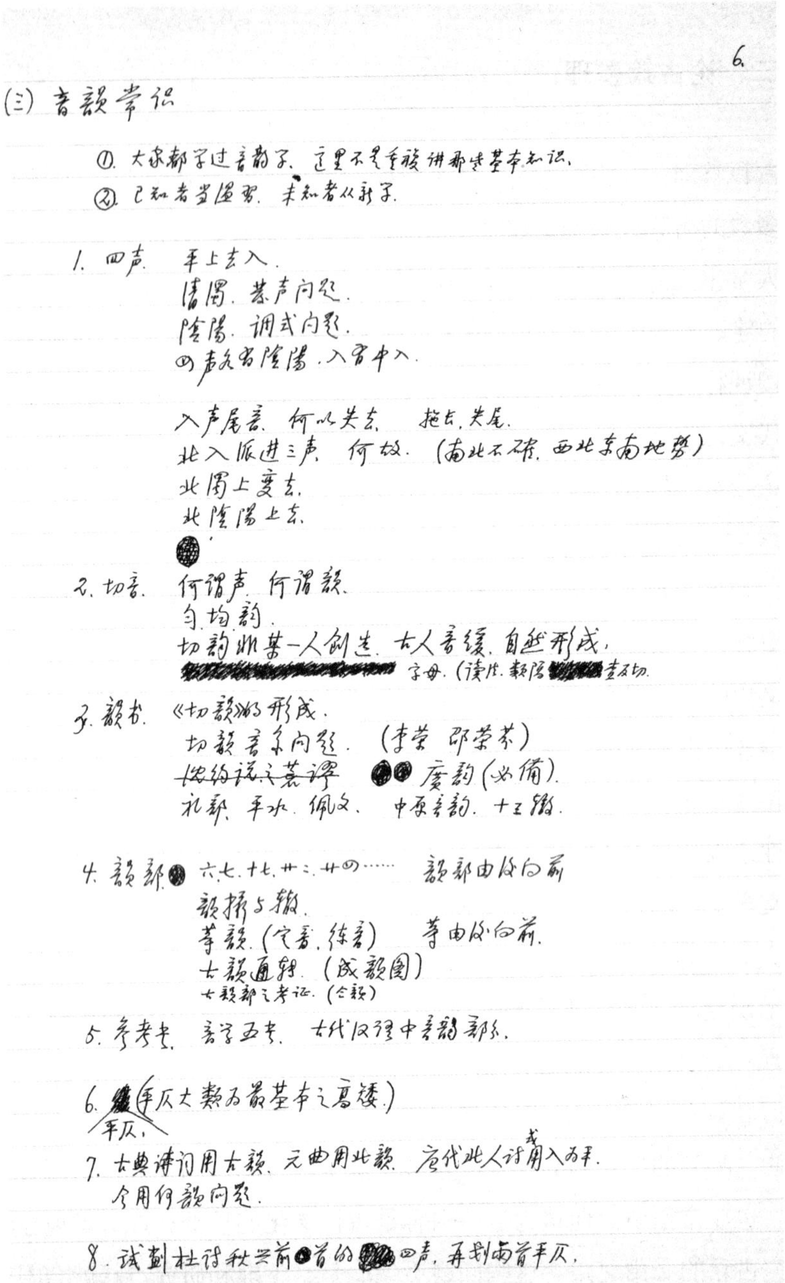
6.

(三) 音韵常识

①. 大家都学过音韵了，这里不是重複讲那些基本知识。

②. 已知者当温习，未知者从新学。

1. 四声. 平上去入.
清濁. 发声问题.
陰陽. 调式问题.
四声各有陰陽. 入有中入.

入声尾音. 何以失去. 拖长. 失尾.
北入派进三声 何故. (南北不确, 西北东南地势)
北濁上变去.
北陰陽上去.
[redacted]

2. 切音. 何谓声. 何谓韵.
匀. 均. 韵.
切韵非某一人创造. 古人早有, 自然形成.
[redacted] 字母. (读法. 戴侗 [redacted] 查反切.

3. 韵书. 《切韵》的形成.
切韵音系问题. (李荣 邵荣芬)
~~陆法言之著译~~ [redacted] 广韵 (必備).
礼部. 平水. 佩文. 中原音韵. 十三辙.

4. 韵部 [redacted] 六七. 十七. 廿二. 廿四…… 韵部由後向前
韵摄与辙.
等韵. (宫商. 徐音) 等由後向前.
古韵通转. (成韵图)
古韵部之考证. (今韵)

5. 参考书. 音学五书. 古代汉语中音韵部分.

6. [redacted] (平仄大数为最基本之需要.) 平仄.

7. 古典诗词用古韵. 元曲用北韵. 唐代北人诗有或用入为平.
今用何韵问题.

8. 试划杜诗秋兴前[redacted]首的[redacted]四声, 再划每首平仄.

启先生讲音韵的讲义

全部，却是最实在、最基础的内容，古籍整理与研究必须从这里起步。为了更好地贯彻这一思想，启先生在讲解时多是结合典型的例子，读起来既不感到空洞与枯燥，又能体会出其中的广博与精深；既有很强的学术性，又有生动的可读性，符合他著书立论的一贯风格。

例如，在讲“目录、版本校勘及制度”时，启先生不但讲解了什么是对校、内校、外校、理校，分析了为什么不能“有校无勘”，批评了有些整理者“择善而从，不出校记”的错误做法，介绍了什么是古书的“旋风装”“蝴蝶装”，而且举了很多很有说服力的例证。如《战国策》有著名的触詟说赵太后的故事，其中有一句说，赵太后送女儿出嫁“持其踵，为之泣”，有些整理者总觉得“持其踵”不合情理，好像赵太后在扯后腿，于是校为“持其手”。殊不知古人是席地而坐的，女儿站起来转身要离去了，赵太后舍不得，一把攥住的恰好是脚（踵）而不是手，因为这时离赵太后手最近的正是女儿的脚。所以启先生说：“若不明白古代的情形，校勘时先来个‘择善而从’，觉得握手是‘善’，‘持其踵’是‘不善’，于是先改‘踵’为‘手’，再‘不出校记’，麻烦就更大了，流传到后来就给人一个错误的版本看。所以校勘时对当时的各项制度得了解，小的生活制度和大的国家制度都要知道。”①

在讲文字与音韵时，启先生举了这样一个例子：《世说新语》里曾两次出现“将无”这个词。一次是王衍问阮瞻：“老子和儒家是同还是不同，阮瞻回答说：‘将无同’。”另一次是记谢安与朋友到东海坐船游览，海面起了大风，有人提出回去，而谢安游兴正浓，“吟啸不言”，一会风越来越大了，大家都坐不住了，谢安才慢慢地说：“如此，将无归。”“将无”当什么讲，历来没有人解释清楚。启先生认为，其实很简单，用音韵学加以解释，“将无”就是现在普通话里的“估摸”。古无舌上音，“将”发音中j

① 启功著，赵仁珪等编：《启功讲学录》，页92。

是舌上音，古时读如g，“无”读音中的u，古时读如m，所以“将无”就是“估摸”的古音。启先生又说：“古音许多在书面变成另一个字，在口语里还是原来的音。父亲在书面上写‘父’，小孩管父亲叫爸，爸就是父的古音，小孩说的是古代相传的音。所以‘将无同’就是‘估摸同’，‘估摸’就是‘估计’。（‘将无同’即‘估摸同’，就是估计相同。）‘将无归’即‘估摸归’，就是‘估计该回去了’。”[①]这种解释既有理论依据，又合情合理。

在讲解标点与注释时，启先生仍举了大量的例证。如“有一位先生点校陆游的《家世旧闻》，附录了李盛铎的一篇跋，其中有‘门人傅沅叔从友人叚得景写一帙见诒’这么一句话。‘叚’就是‘假’，‘借’的意思，‘景’即是‘影’，‘叚得景写一帙’，就是借来了影印抄写的一本。但这位先生点校时就在‘叚得景’旁来一杠（引者按：原来标准的标点符号有在某几个字下面画一道的符号，表明这几个字是人名或地名），成了这个人叫叚得景（引者按：叚，音jiǎ，即‘假’的通假字，形状与姓氏的‘段’易相混，这位先生又将‘叚’误认为‘段’的通假字了），这本书是段得景的抄本。”[②]专家尚且闹这样的笑话，一般的古籍整理者能不慎欤？

可见，启先生在论古籍整理和文献学时，特别强调它的实践性，强调从事这项工作的人一定要有扎实的、全面的常识。正如他所说的那样：“整理古籍得有绝对的多方面的常识，不是说专门学问你钻研得多深多透，多有独到见解，不是这个问题，而是要懂得常识。”[③]这些常识既包括宏观的历史、文化、制度等常识，也包括具体的如通假字、避讳、方言、民俗等常识。广而言之，所有文化学者都应有足够的常识，而这方面的不足正是当今

---

① 启功著，赵仁珪等编：《启功讲学录》，页98。
② 启功著，赵仁珪等编：《启功讲学录》，页105。
③ 启功著，赵仁珪等编：《启功讲学录》，页105。

学术界普遍的现象，必须予以足够的重视。因此，启先生的提示具有很重要的现实意义。为了突出这一观念，启先生特意为这门学问起了个俗名——“猪跑学”。这个词来源于北方的俗语：“你没吃过猪肉，还没见过猪跑吗？”意思是说，你没见过、你不懂得高深的，还没见过、不懂得最简单、最常见的吗？不料有一个从小在城里长大的女学生颇为不解地说：“我真的只吃过猪肉，没见过猪跑哎。”启先生听了以后大笑，应道：“看来更得多讲些‘猪跑学’啦。”著名文献学家吴小如先生得知启先生开设“猪跑学”这门课，大加感慨道：“安得有千百个启功都来讲‘猪跑学’！”

三、论学术思想

《论学术思想》是《启功讲学录》中又一重要内容，这部分内容更接近中国思想史、学术史或哲学史。启先生虽然不是专攻这些学问的，但他一直认为，要学习和研究中国古代历史、文化、文学等各方面的问题，就不能不首先了解每一时期的学术思想及其发展脉络，这也是他倡导的“猪跑学”的重要组成部分。为此，启先生以儒学为核心，结合其他诸家学说，进行了大量的思考和研究，并得出一系列独到的见解和结论。

他首先不迷信从古到今一些所谓“传统”观点，注意从某一学术流派的创始人及其最原初的著作中，寻找最接近原始面貌的学术思想。比如什么叫“儒”，启先生先引述道：“胡适有一篇文章叫《说儒》，他说儒是一种职业，就像南方有一种在家的道士叫‘斋公’。人死了，他给人唱一唱，念一念，把死人的衣服拿到土地庙去，叫‘报庙’。……他认为儒就是给人送葬，吹吹打打。”启先生接着说，“这种说法太简单了。事实上我觉得‘儒’这个字就是‘奴’，是一种文化奴隶。我是这么认为的。按古音说，ri都变为ni，‘娘母’字‘日母’字，都归为‘泥母’字，儒是日母字，变为泥母，就是‘奴’，我觉得就是文化奴隶（引者按：这里所说的文化奴隶似可理解为为统治者从事文化工作的人），也就是孔子所说的‘女（汝）为君子儒，无为小人儒’。你要做奴，要做君子的奴，不要做小人的奴。”[①]这种观点实际上和胡适的说法并不矛盾，只是比他精辟多了，显得更有定义性，且又有学术的依据。

既然是文化奴隶，那么初民时期最重要的“文化”现象是什么呢？启先生认为：“原始民族的两大事情一个是祭祀，一个是占卜，它们是最要紧的文化的起始。”[②]那么它的“奴隶性”表现在什么地方呢？启先生又接着分析道：“孔子所说的正牌的儒是什么？儒就是史，就是巫祝的分支。巫祝是掌握原始文化的人。……国家的‘史’是‘太史’，诸侯衙门的‘史’是‘令史’，一般人家里的‘史’，就是被使唤的人。”[③]启先生又发挥到，这一般的史，相当于从前地主家所请的老师，教孩子念念书，给东家写账。所以从前流传这样一副对子：说地主家是“天棚鱼缸石榴树，老师肥狗胖丫头”。即使对老师有一定的礼遇，但终究脱不出被使唤的“奴”的地位。这些论述何其深刻，何其发人深省。

启先生又对儒家学术思想在不同历史时期的发展进行了系统的梳理，认为从孔子到孟子，再到宋明理学，直至清代“今、古文”学派之争，儒家的思想已发生一次又一次的变化与改造，并明确指出“五四”时期提出的“打倒孔家店”口号中的“孔家店”，已经不是孔子的思想，而是被历代统治者及朱熹等人严重歪曲和篡改了的思想，只不过仍打着孔子的旗号而已。启先生认为，甚至《论语》已不完全是孔子的思想了。《学而》篇第二章，“有子曰：‘其为人也孝悌，而好犯上者鲜也；不好犯上而好作乱者，未之有也。’”这不是孔子的观点。“把孔子《论语》二十

① 启功著，赵仁珪等编：《启功讲学录》，页64。
② 启功著，赵仁珪等编：《启功讲学录》，页58。
③ 启功著，赵仁珪等编：《启功讲学录》，页65。

篇查遍了，没有一处是孔子把孝悌合着讲的。孝悌连用，这是有若（即有子）的首创。……这两句话最适合帝王诸侯的需要。……其实呢，孔子对作乱的态度并不是这样。……可见，说有了孝悌就不会犯上，全是有若加上的。”[①]而这是统治阶级最提倡的观点。到了后来，变得就更厉害了。汉代盛行以董仲舒为代表的“公羊”学派，“说孔子有多少深文奥义，这些东西都是帝王拿来做教科书，与孔子、与儒家毫不相干”[②]。汉代又盛行“今文”学派，坚决抵制以刘歆为代表的“古文”学派，给他加上很多罪名，说他帮王莽篡夺汉朝的天下，这是“儒家第二次被利用”。到了宋、元、明、清，以程（程颐、程颢）、朱（朱熹）和陆（陆九渊）、王（王阳明）为代表的“宋明理学”成为统治思想。宋明理学“就是所谓‘打倒孔家店’里的‘孔家店’，‘孔家店’其实就是宋明理学，或者说是‘朱家店’”[③]。朱熹“虽然尊孔子，编‘四书’时却把《大学》《中庸》放在《论语》的前头，拿孔子后学编的《大学》《中庸》架在孔子的头上，可见孔子在他心目中的地位。……金元两代科举考试都用朱熹的《四书集注》。……这是最厉害的一个办法，他们通过这个，使人们被迫接受了‘四子’的观点”[④]。“这是孔子第三次被打作旗号。……其实这一切与孔子根本没关系。”[⑤]“所以我们今天来看，程朱也罢，陆王也罢，理学这一套东西实在是毫无道理，于国计民生一点影响没有，一点好处没有。”[⑥]启先生对程朱理学不以为然是受其老师戴姜福的影响，他在随戴先生读书时，戴先生就给他出过《孔孟言道而不言理》这样用意明显的作文题。到了清代，“今文”学派再次兴盛，因为今文学派可以

---

① 启功著，赵仁珪等编：《启功讲学录》，页 66—67。
② 启功著，赵仁珪等编：《启功讲学录》，页 71。
③ 启功著，赵仁珪等编：《启功讲学录》，页 73。
④ 启功著，赵仁珪等编：《启功讲学录》，页 74—75。
⑤ 启功著，赵仁珪等编：《启功讲学录》，页 74。
⑥ 启功著，赵仁珪等编：《启功讲学录》，页 76。

留下发挥的余地，可以利用它为变革社会制造舆论，最有代表性的就是康有为。所以，清人讲“汉学、宋学，已经与古代的今文、古文渺不相干了……真正的目的就是要托古改制”①。这应是孔子与其学说第四次被利用。

通过以上的梳理，我们可以看出启先生对中国学术思想的发展变化有着非常系统、翔实的宏观把握，对其中的一些现象有着独到而精辟的见解，特别是那些不苟同成见的观点极富批判精神。这些真知灼见，对于我们建立充分的学术自信，正确地辨别学术源流，树立科学的学术观念，无疑具有十分重要的启示意义。

第四节　艺术学术的融通互化

任何一个读者，倘若读完由《论文卷》《题跋卷》《诗词卷》《艺论卷》组成的《启功丛稿》，不免会产生一个困惑：到底该用什么头衔来称呼启先生？学者，还是才人？自然，可以称启先生为学者，因为他的《论文卷》和《题跋卷》中有那么多深奥的学术论文，涉及的门类包括书法、绘画、碑帖、文物、文学、语言、艺术、历史、宗教，涉及的学问包括鉴定学、考古学、训诂学、音韵学、民俗学、文献学、校勘学、佛学，真可谓博学多闻。而另一方面，称启先生为书法家、画家、诗人，或泛称为艺术家，亦无不可。因为他从小即师从吴镜汀等名师学画，并很早享誉画坛，稍长又刻苦自学书法，并自成一家，成为当代公认的著名书法大师。而由《启功韵语》《启功絮语》《启功赘语》三部诗集组

---

① 启功著，赵仁珪等编：《启功讲学录》，页82。

成的《诗词卷》，共收各体诗词六百多首，更无可争辩地证明他是中国当代著名的旧体诗人之一。之所以会产生这种困惑，是因为启先生既有渊博无涯的学识，又有纵横四溢的才气。他的诗文是学者的诗文，也是诗人的诗文；他的书画是书画家的书画，也是学者的书画。他堪称学者型的艺术家、艺术家型的学者，是学者和艺术家、学者和诗人的完美结合。这种结合与融合，使其学术研究与艺术创作均呈现出独特风貌，具体来说即艺术的学术化与学术的艺术化。对于这一提法，在前述启先生的书法创作与书法理论、书画鉴定以及题画诗时，早有所涉及。这确实是了解、研究启先生总体学术造诣与艺术造诣的关键所在。现在再结合启先生治学的综合成就加以概论。

一、艺术的学术化

所谓艺术的学术化，包含以下三个层面的意思：一是在诗词、题跋等文学艺术作品中讨论、探究学术问题；二是以深厚的学识积淀为基础，滋养诗、书、画这些传统艺术，使其意蕴愈加丰富；三是以自身书画艺术实践中积累的艺术直觉为基础，既溯源问流，探明书画艺术史，又旁通交错，打通相关学科，建立起属于启先生自己的基础扎实、格局宏大的知识体系，服务于其书画鉴定。

先看第一层面，启先生运用诗词、题跋等艺术形式探讨学术问题。

有别于很多诗人、书法家、画家仅知其然而不知其所以然，启先生不仅对文学史、书画史以及相关学科知识了然于胸，而且进行了深入研究。启先生相关研究成果大多以学术论著的形式发表面世，但也有不少是以诗词作品、书画题跋等形式流传。

例如，有关古代文学方面的见解，启先生在其《论词绝句二十首》

《论诗绝句二十五首》中有比较集中的表达。除了这些外，在其他一些诗篇里也有讨论文学问题的。试举《南乡子·友人访"曹雪芹故居"余未克往》为例，词前有小序，谓"友人联袂至西郊访'曹雪芹故居'，余因病未克偕往。佳什联翩，余亦愧难继作"，词为：

> 一代大文豪。晚景凄凉不自聊。闻道故居犹可觅，西郊。仿佛门前剩小桥。　　访古客相邀。发现诗篇壁上抄。愧我无从参议论，没瞧。"自作新词韵最娇"。①

有关《红楼梦》作者的研究，发展到后来俨然有从"红学"中独立出来成为"曹学"之势。但是，在这一过程中，有很多"研究"其实很不靠谱，20世纪70年代在北京西山发现所谓"曹雪芹故居"即属于此列。启先生认为这纯属子虚乌有，给学生上课时曾开玩笑说"打死我我也不相信"②。而在这首词作里，"闻道""仿佛""没瞧"等，已经既幽默又含蓄地表明了启先生对这一严肃的学术真伪问题的态度及观点。

至于启先生以诗歌形式来讨论书法史及书法创作艺术的《论书绝句》一百首，则更是脍炙人口，前已详论，兹不赘述。除此之外，启先生还创作了大量品题书画的作品，这些诗词中有不少涉及对书法、绘画艺术的评价，其中也蕴含了启先生的艺术观点，其性质与题跋很类似，只不过采用了韵语的表达形式。例如《题画兰竹二首》其一谓："朱竹世所稀，墨竹亦何有。随意笔纵横，人眼听我手。"③启先生晚年喜欢画朱竹，当有人问他为什么时，启先生总是幽默地说："省得别人说我是画'黑画'啊！"④

---

① 启功：《启功丛稿·诗词卷》，页73—74。
② 启功口述，赵仁珪、章景怀整理：《启功口述历史》，页206。
③ 启功：《启功丛稿·诗词卷》，页125。
④ 启功口述，赵仁珪、章景怀整理：《启功口述历史》，页168。

实际上，如前《书画家启功》所述，这是典型的中国文人画的观点，不重写实而重写意，如同画“雪里芭蕉”一样，传达的是意趣，而非对客观世界的真实反映。显然，就启先生这首诗而言，是典型的“以议论为诗”的学人诗，充分体现了艺术的学术化。

此外，启先生还写了不少咏史怀古诗，从这些诗中既能看到启先生对史籍典故的烂熟，又能读到启先生对于史事及历史人物精彩独到的评论，这些诗歌同样属于“以才学为诗，以议论为诗”的学人诗。

再看第二层面，启先生深厚学养在其诗词艺术创作中的自然流露及其影响。

任何一个人想在艺术领域中取得过人成就，天资与学力缺一不可。清人袁枚在谈到写诗作文时说：“诗文自须学力，然用笔构思，全凭天分。”[①]即使像他这样主张性灵的人也不敢偏废学力。元人虞集在评论赵孟頫临智永《千字文》时则说：“书法甚难，有得于天资，有得于学力。天资高而学力到，未有不精奥而神化者也。”[②]明人董其昌在论及“画诀”时也说：“画家六法，一气韵生动。气韵不可学，此生而知之，自有天授。然亦有学得处：读万卷书，行万里路，胸中脱去尘浊，自然丘壑内营，立成鄞鄂，随手写出，皆为山水传神矣。”[③]董其昌说的是画山水，气韵生动主要靠天资，但读万卷书、行万里路的学力对于为山水传神也很重要。人们往往惊叹启先生在文学艺术上天分奇高，却忽视了启先生的学养对其诗词、书画创作的影响。

启先生诗词作品中最为雅俗共赏的是那些用日常语言写现代人日常生命体验的诗歌，其语言修辞上最大的特点即启先生评李清照所谓“清空

---

① 袁枚：《随园诗话》，王英志校点，页 394。

② 倪涛：《六艺之一录》，见《影印文渊阁四库全书》第 833 册，台北：台湾商务印书馆，1986 年，页 604。

③ 董其昌：《画禅室随笔》，见《影印文渊阁四库全书》第 867 册，页 446。

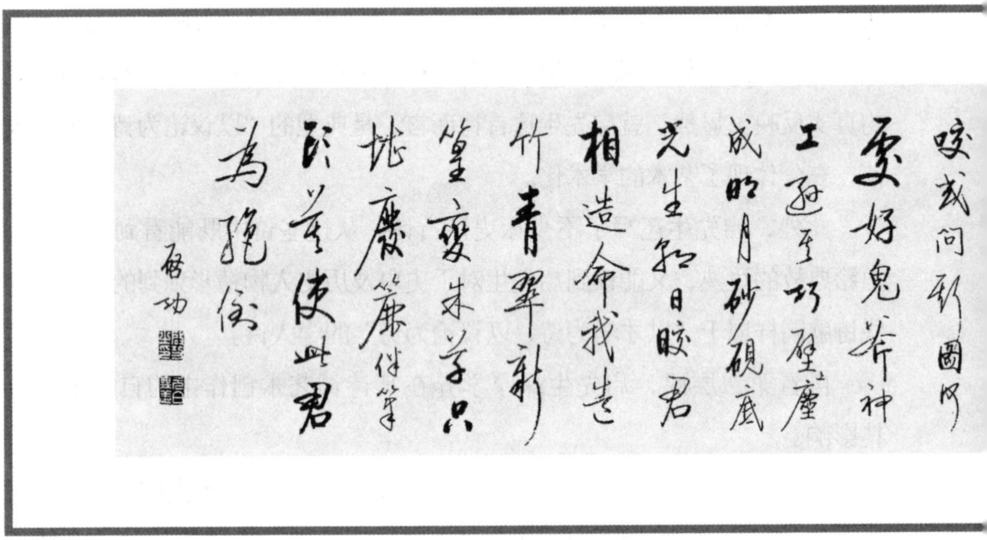

自作诗“看竹者多画者少”

如话斯如话”[①]，或是启先生在《创造性的新诗子弟书》中所说的“皮儿薄”[②]。启先生反对“好用偏僻的典故，故意使人看不懂，以显示自己学问和所读古书的丰富和渊博”[③]，但这并不是因为启先生腹中俭啬，而是因为启先生觉得诗的最高境界是“佳者出常情，句句适人意。终篇过眼前，不觉纸有字”[④]，即让读者不必在文字上费工夫就能领略作者的情意。实际上，启先生的诗词作品中，除了上述论诗、论词、论史、论书、论画等直接见出学问的外，也有不少看似平常、实则非腹笥丰富而难为的。例如，《布书袋铭》云“手提布袋，总是障碍。有书无书，放下为快”[⑤]，启先生的佛学修为，于此略见一斑。再如前已论述过的，在诗歌创作中对各类典故

① 启功：《启功丛稿·诗词卷》，页 92。
② 启功：《汉语现象论丛》，第 160 页。
③ 启功：《比喻与用典》，《汉语现象论丛》，第 96 页。
④ 启功：《启功丛稿·诗词卷》，页 250—251。
⑤ 启功：《启功丛稿·诗词卷》，页 43。

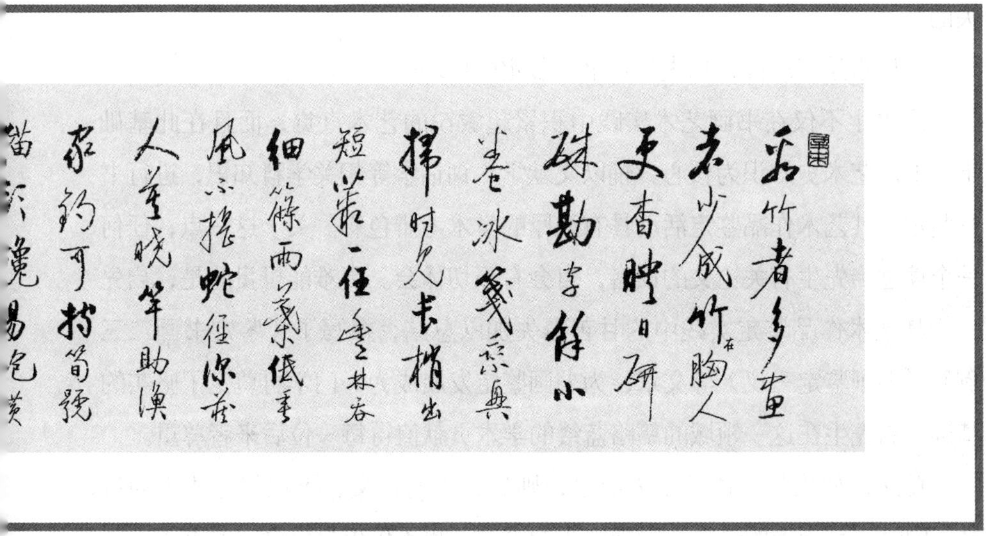

的纯熟运用，信手拈来却又天衣无缝，极大地丰富了诗歌意蕴。像这类诗，不难见出启先生学识的渊博。

启先生的书法作品，有论者认为“最能感人的是作品中浓郁的书卷气”①。所谓书卷气，即启先生学识在其书法作品中的自然流露。这种书卷气从整体风貌来说，即启先生书法作品在他渊博学识的涵养之下，散发出高雅清贵之气。而这种书卷气最显在的体现则是启先生书法作品的内容，大多为启先生自作诗词、联语、题跋等，或见才情性情，或见学问见解。仅此一点，就令很多只知书写唐诗宋词的当代书法家难以望其项背。

至于启先生的绘画，他自己认为：“我的画属于传统意义上典型的文人画，并不意在写实，而是表现一种情趣、境界。”②而启先生这份文人情趣的养成以及境界的追求，自然与上述董其昌所谓“读万卷书”是息息相

---

① 叶鹏飞：《论启功先生的书学和书法》，收入《启功书法学国际研讨会论文集》，页 6。
② 启功口述，赵仁珪、章景怀整理：《启功口述历史》，页 168。

关的。

最后看第三层面，启先生在书画鉴定中展现的学术功底。

启先生不仅在书画艺术实践中积累起敏锐的艺术直觉，而且在此基础上以书画艺术史知识为核心，辅以文献学、训诂学等相关学科知识，进行书画鉴定，其艺术作品鉴定活动具有浓厚的学术考辨色彩。关于这一点，任何一个读过启先生有关论文的读者，自会有深切体会。更难能可贵的是，启先生将其艺术作品鉴定实践中的甘苦得失加以总结，撰写了《鉴定书画二三例》《书画鉴定三议》等文章，为书画鉴定发展成为一门学科奠定了坚实的基础。启先生在这一领域的筚路蓝缕的学术贡献值得每一位后来者尊重。

总之，如果从上述角度来衡量，则启先生的诗文，不仅仅是才人的诗文，同时也是学者的诗文；而启先生的书画，也不仅仅是书画家的书画，同时也是学者的书画；至于启先生的书画鉴定，绝不仅仅是厂肆坊估口耳相传、零零碎碎的经验之谈，而是敏锐的艺术直觉与严谨的学术考辨相结合的成功实践。

二、学术的艺术化

所谓学术的艺术化，包含几个方面。

首先，启先生的学术研究及相关实践，多着力于诗、书、画等传统艺术领域。此无须赘论，浏览《启功丛稿》中《论文卷》《题跋卷》《艺论卷》三书目录即约略可知。

其次，启先生学术研究的切入点往往是独辟蹊径，而解决问题的过程又能展现出游刃有余、四两拨千斤的高超技巧，极为艺术化。

启先生的学术研究，从不画地为牢，把自己仅局限在某一个小圈子里，而是把眼光投向各个领域，善于在各个领域之间寻找交叉相通之处。各个领域当然是有差别的，所谓“隔行如隔山”，但这些领域之间又有交互相通之处。在一般人眼里，这些交叉处是非常狭小的空间，但博学多识如启先生者，却善于打通各领域，进而利用这些交叉处做文章。

例如，启先生写过一篇《碑帖中的古代文学资料》[①]，这是打通了书法碑帖与古代文学两大研究领域的交叉研究。一般来说，专治书法者多关心碑帖中的字形、书体等问题，而专治古代文学者多重书面文献而忽视金石文献。即使个别有心人注意到碑帖中有不少重要古代文学资料，但囿于自己狭窄的见闻，对此问题也难以下手。只有像启先生这样见闻广博、学识庞杂、兼擅碑帖与古代文学者，才能从两个学科的交叉处提出一般人未曾注意或难以下手的问题，予以轻松解决。

再如，《谈诗书画的关系》一文，更能见出启先生一身兼为学者、诗人、书法家、画家的特殊优势。文中既能看到一个诗书画兼能的艺术家对此独到的直觉领悟，又能看到一个学者经过理性思考、深入探究得出的高超见解。启先生不但从"书画同源"，以至"书画同因""书画同核"上论述书与画的关系，而且推而广之，主张所有的文学艺术都有这种"同源""同因""同核"的内在联系，那就是"民族传统""生活""感情""美"[②]。这样的学术研究，真是将相关各领域都打通了。

启先生的学术研究，因为有深厚的艺术功底及广博庞杂的学养为基础，因此能在各相关领域之间优游往来，其情状颇类乎庖丁解牛："彼节者有间，而刀刃者无厚；以无厚入有间，恢恢乎其游刃必有余地矣。"也正因为启先生善于从间隙入手，见别人所不能见，自然也就能得出前人未曾见的结论。

例如，对汉元帝因昭君之事而迁怒毛延寿一事，史家和诗人之论不计其数，似乎已是题无剩义。但启先生仍能"读书得间"，从"自己文章，他

---

① 启功：《启功丛稿·论文卷》，页 213—225。
② 启功：《启功丛稿·论文卷》，页 226—238。

人妻妾”这一心理美学立论（见前《诗词家启功》有关论述），不但新颖，而且令人心服口服。这一立论确实称得上是“诛心之论”“探本之义”。类似这种借助“得间”之法而得出的新颖观点，在启先生的笔下比比皆是。古人云：“同能不如独诣。”启先生的学养和才气造就了他的独诣之处，因此他写评论性的文章几乎可以不去翻检别人相关的文章（考据文章除外），却总能保证有独诣之处。启先生之所以能做到这一点，是和他融通百家、才学兼长，且又善于从间隙处入手分不开的。

尤为难得的是，面对一些错综复杂的学术问题，启先生在论述分析时不仅能切中肯綮，而且往往是要言不烦 ，宛如一位武功高手，摘叶飞花，已置敌手于死地，而旁观者犹自为其身手之潇洒而目眩神迷。例如前引的他对所谓“实录”的评价。如此论史，比起那不惮其繁的考证，更显出一种才人的空灵，真可谓四两拨千斤，一招致命。似这般立论既深刻独到，表述又妙趣横生的聪明行文，在启先生的文中所在多是。

再如，洋洋一部中国诗歌发展史，头绪何其纷繁，启先生仅用一首七言绝句就加以概括：“唐以前诗次第长。三唐气壮脱口嚷。宋人句句出深思，元明以下全凭仿。”①

在学术研究中，若论学养，则积年可致，但像启先生这般举重若轻、挥洒自如的才气，实为难得，而这正是启先生最可贵的地方。

最后，启先生学术研究过程及研究结论的呈现方式，或为诗词题跋，或为学术论文，前者的艺术性自不待多言，即使是后者，也往往是深入浅出、妙语迭出、令读者心醉神迷的好文章。读启先生的学术文章，简直就是一种艺术享受，恐怕很多学者都写不出这样的好文章。当然，既为学术文章，启先生的文章里面也少不了“无征不信”的考据，因此，启先生每每将现在能罗致到的所有材料和前人的有关论述详加排列，去伪存真、探本求

---

① 启功：《启功丛稿・诗词卷》，页 92。

源、条分缕析，得出令人信服的结论。除此之外，启先生文章中那些娓娓动听的讲解，信手拈来的趣闻，幽默诙谐的调侃，饱带感慨的抒情，则是一般学术文章中少见的。总之，启先生的学术文章，严密处有如古代老吏断狱的爰书，精彩处有如宋明文章高手的小品；乍看之只是一篇随笔，细读之竟是一篇精致的“八股”（按，这里所说的“八股”仅从结构的缜密而言），处处流溢着诗人的气质与性灵，处处能化腐朽为神奇。

第七章

教育家启功

夫子循循善诱人。援庵元白有传薪。
三千弟子沐甘露，七十春秋苦励耘。
坚净风仪垂典则，博综才识率群伦。
学行比翼期来者，师范精神代代春。

我们之所以称启先生是教育家，是因为他把一生都奉献给了教育事业，从1933年受聘于辅仁大学附属中学始，直到2005年去世，共达七十余年。七十余年的辛勤耕耘，教出的学生何止千千万万，其中涌现出了大量的杰出人才，他们都以身为启先生的学生为荣，单就人数而言，远远超出了孔子的“三千弟子，七十二贤人”。

启先生在教育事业上取得的这些成就，源自他对教育事业的热爱。他把这份爱献给学生，学生也对他报以爱戴之情。他认为自己一生所从事的职业只有一种，那就是教师，并以此为荣。最能说明这一点的事例是，改革开放后，社会上又兴起初次见面互递名片的风气，启先生也印了一批名片，上面只写着“北京师范大学　启功”数字。其实，如果像很多善于炒作的人那样，启先生可以列出几十个头衔，而且个儿顶个儿都是响当当的，

启先生与学生合影

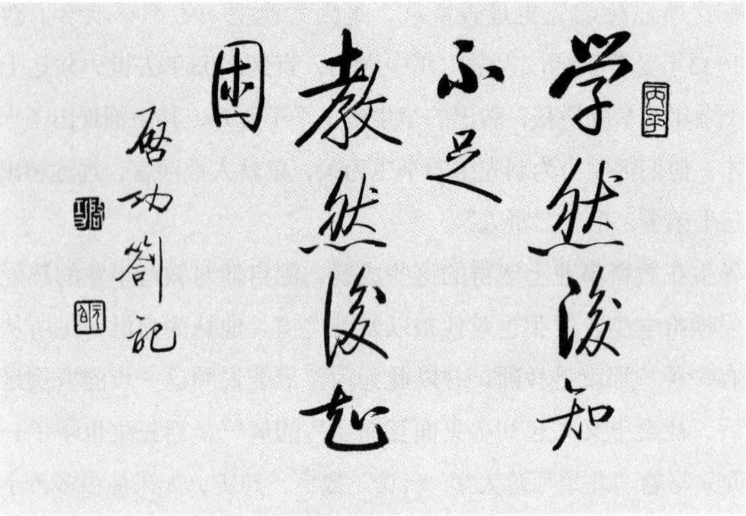

“学然后知不足”

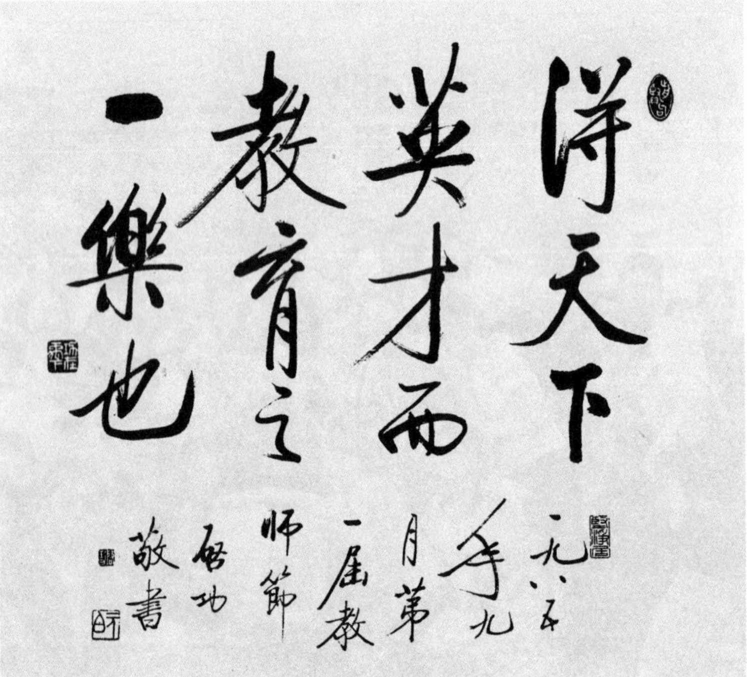

“得天下英才而教育之”

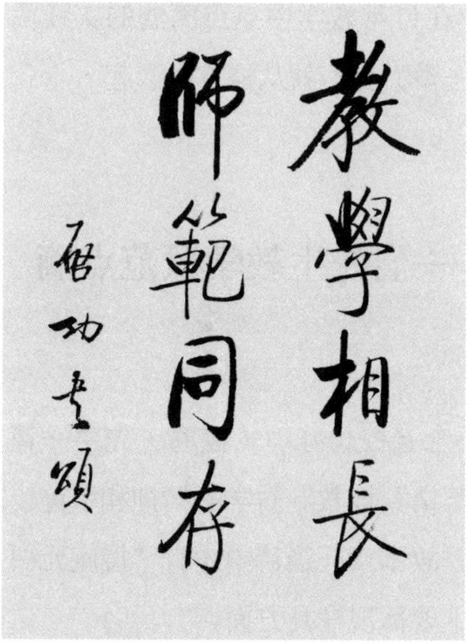

“教学相长，师范同存”

那就不是一片纸所能列尽，恐怕要折成一个折子才行，淡泊名利的启先生当然不屑这样做。但还是有人问他为什么不简单地列一列，启先生回答道：“那些写写画画的事，都是边边角角，不值一提，我真正的职业、称谓只是教师。”别人又问道：“那你在北师大干什么呀？是看大门吗？”启先生听了大笑，于是才在“北京师范大学”后边加上“教授”两字。启先生常谦逊地说自己只是一个“中学生”，当人们问起他怎么能成为一位知名的大学教授时，他回答了四个字：“自强不息。”可见，对教育事业的热爱及对自己的严格要求，是他成为教育家的首要条件。

启先生虽然没有专门的“教育学”的鸿篇巨制，但就教育实践及教育成就而言，他绝对无愧“教育家”这一称号。而他为北京师范大学所拟的校训，所设立的“励耘奖学助学基金”，在教育界所产生的巨大影响，更不是

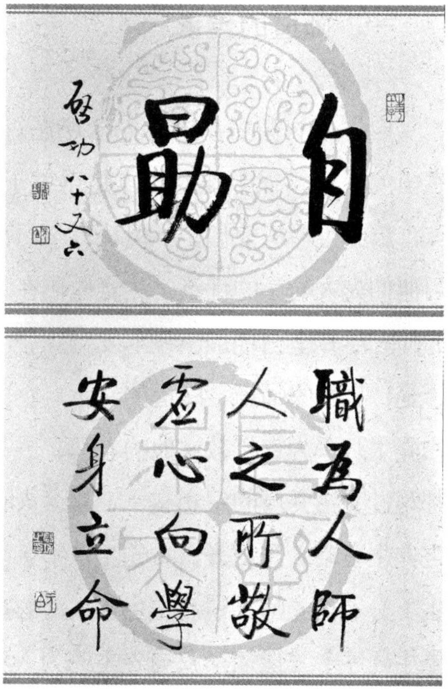

“自勖”与“职为人师”

一般教育理论、教育著作能比拟的。至于在日常教学中点点滴滴的实践活动，也无愧教育家的风范，值得大书特书一番，我们就从这方面谈起。

第一节　夫子循循然善诱人——启先生教学风范点滴

“夫子循循然善诱人”原是启先生怀念老校长陈垣（援庵）先生一篇文章的题目，以此称赞老校长如何“循循善诱”地教导后学的精神和事迹。其实，这一句用在启先生身上也十分恰当，故本章开篇诗中才有“援庵元白有传薪”之句。启先生教学上的循循善诱主要体现在几方面。

一、师道的传承

启先生的循循善诱首先体现在对师道的传承上。启先生之所以能成为杰出的人才，很重要的一点是得益于青少年时代受过太多名师的教诲和指点。启先生师从他们，不但认真学习自己应该掌握的东西，而且非常注重学习他们为人治学的优点，注意他们在教自己时有哪些特长和方法，并在自己为师时尽其全力地加以继承发扬。“问渠那得清如许，为有源头活水来。”于是，良好的师道、深远的文脉、优秀的艺术得以通过启先生更好地传承。启先生几乎为直接教过他的老师，或心目中的老师，以至亦师亦友的同辈，都写过文情并茂的纪念文章，除《夫子循循然善诱人》外，还有《吴县戴绥之先生事略》《记齐白石先生轶事》《记我的几位恩师（其中包括贾羲民先生）》《忆先师吴镜汀先生》《溥心畬先生南渡前的艺术生涯》《沙孟海翰墨生涯序》《谈谈李叔同先生的为人与绘画》《钟敬文先生的做人和治学》《平生风义兼师友——怀龙坡翁（台静农）》《董寿平先生》《我所尊重的李长之先生》《玩物而不丧志（记王世襄）》《纪念柴德赓教授》等。我们仍以《夫子循循然善诱人》一文为例，启先生在此文中详细地归纳了老校长在课堂教学实践中的九项“上课须知”：

1. 教一班中学生与在私塾屋里教几个小孩不同，一个人在讲台上要有一个样子。人脸是对立的，但感情不可对立。

2. 万不可有偏爱、偏恶，万不可讥诮学生。

3. 以鼓励夸奖学生为主。不好的学生，包括淘气的或成绩不好的，都要尽力找他们一小点好处，加以夸奖。

4. 不要发脾气，你发一次，即使有效，以后再有更坏的事件发生，又怎么发更大的脾气？万一发了脾气无效，又怎么下场？你还年轻，但在讲坛上你是师表，要取得学生的佩服。

5. 教一堂书要把这一课的各方面都预备到，设想学生会问什么。陈老师还多次说过，自己研究几个月的一项结果，有时并不够一堂时间讲的。

6. 批改作文，不要多改，多改了不如你替他做一篇，改多了他们也不看，要改重要的关键处。

7. 要有教课日记。自己和学生有某些优缺点，都记下来，包括作文中的问题，记下以备比较。

8. 发作文时，要举例讲解。缺点尽力在堂下个别谈；缺点改好了，有所进步的，尽力在堂上表扬。

9. 要疏通课堂空气，你总在堂上坐着，学生总在台下听着，成了套子。学生打呵欠，或者在抄别人的作业，或看小说，你讲得多么用力也是白费。不但作文课要在学生座位行间走走，讲课时，写了板书之后，也可下台看看。既回头看看自己板书的效果如何，也看看学生会记不会记，有不会写的或写错了的字，在他们的座位上给他们指点，对于被指点的人，会有较深的印象，旁边的人也会感觉兴趣，不怕来问了。[1]

启先生最后总结道："我知道老师并没搞什么教学法、教育心理学，但他这些原则和方法，实在符合许多教育理论，这是从多年的实际经验中辛勤总结得出来的。"这实际上也是启先生的夫子之道，他和陈校长一样，都不是专搞教学法和教育心理学的，但都有长期的教学实践，并善于在实践中总结最符合教育科学的原则和方法。这些原则和方法，简言之，就是要以学生为主，要爱护学生，要尊重学生人格，要平等地对待学生，要创造良好的、和谐的课堂气氛。这在今天看似平常，但这在七十年前更强调师道尊严，不太注重学生权益的时代，无疑具有相当的超前性，是极为难得的。如第二条所说的："万不可有偏爱、偏恶，万不可讥诮学生。"就大有尊重学生"人权"的意味，而启先生也恰巧遇到过这样一件事：

国文系的尹石公就赶上这么一件事：他当时已做了国文系主任了，他平常爱当面挖苦学生，言多语失，有时难免出格。他有两位学生，一位叫张学贤，一位叫杨万章。一次，他们俩作文没做好，于是尹石公当面讥讽他们道："你居然叫张学贤，依我看你是'学而不贤'者也；你还叫杨万章，我看纯粹是'章而不万'也'。"（按："学而"是《论语》中的一章，《万章》是《孟子》中的一章。）他的讽刺确实很高雅，很巧妙，他大概也为自己的即兴发挥很得意。不料第二天他再去上课，这二位给他跪下了，说："我们的名字是父母所起，如果您觉得哪个字不好，可以给我们改，我们学业有什么问题，您可以批评，但您不能拿我们的名字来挖苦我们，这也有辱我们的父母。"尹先生一看二位较上真儿了，也觉得大事不好，连忙道歉，问有什么要求没

① 启功：《启功丛稿·题跋卷》，页2—4。

> 有。这二位也真执着，说：“我们也没什么要求，只请求您以后别来上课了。”尹先生一看玩笑开得大，没法收拾了，便很识趣地写了辞职报告，打点行装，到上海文物管理委员会另谋职业去了。①

启先生也很爱开玩笑，甚至和同事开玩笑，但他绝不会在课堂上和学生开这种有损他们声誉的玩笑。相反，他对学生极其爱护，极其尊重。他最老的学生——辅仁附中和辅仁美术系的学生，年龄比他小不了几岁，他们之间始终以师友身份相交，学业上他们终生师事启先生，生活上又相处如兄弟；他最小的学生（指备案注册的研究生），比他要小七十来岁，他对他们视如自己的孩子，学业上、生活上都倍加关怀体贴。不管是老学生还是年轻学生，启先生都一律平等对待。上学时、课堂上是师生关系，毕业后、课堂下一律是朋友，师生关系非常融洽。把教育事业置于爱的情怀之中，这是启先生作为教育家最突出的特色和最成功的前提。他的很多书法作品也充分表现了这一点。至于“上课须知”的那些细节，启先生也都身体力行。比如他的板书写得非常严谨认真，一丝不苟，绝不会因为自己是书法家就草率任性。可惜，当时还没有手机，否则随手拍下来，就可以保存很多启先生“粉笔字书法”了，这还真是启先生书法作品收藏的空缺啊。

二、生动的教法

启先生的循循善诱，还体现在灵活生动的教学方式和方法上。启先生搞学术研究时绝不会随人脚后，做些人云亦云的文章，他搞教学亦如此，一定要体现自己的风格、自己的特色，教出自己的东西、自己的见解。他的讲授永远是那么娓娓动人，一口京腔，和蔼可亲，课堂气氛永远是那么轻松愉

---

① 启功口述，赵仁珪、章景怀整理：《启功口述历史》，页 110。

快。且看几位学生对他的第一印象。20世纪30年代的王静之有这样的记叙：

> 我觉得自己的字写得不好，便经人介绍，拜启先生为师学习书法。先生从不以师自居，而以友相待。我经常到先生家看他写字作画，被他“笔精墨妙，风格高雅的书画所迷”，“日日陶醉在启师的一笔一墨，山水云树之间”。一次，先生把一幅我所喜爱的董其昌的真迹画作借给我拿回家临摹，不小心弄脏了，十分懊悔，便冒雨赶到先生家“谢罪”，先生非但没有生气，反而安慰我说：“脏一点不要紧，这幅画本来是我想买下的，正在考虑，现在把它留下就是了。”①

启先生在辅仁附中教过的学生，工程院院士谢学锦这样评价启先生对他一生的影响：

> 我放眼看世界，就是在初中一年级国语老师启功的熏陶下开始的。启老师讲课生动，引人入胜，在他的熏陶下，我对文学，包括古代的和近代的，中国的和外国的，都产生了极大的兴趣。不仅课本上所选的诗词文赋及小说片段，我用心去阅读欣赏，而且还到学校图书馆去大量借阅各种文学书刊，对文学产生了浓厚的兴趣。②

20世纪40年代的刘乃崇先生这样记录：

> 我在1946年重入辅仁大学读国文系，二年级时，启先生教我读“诗选”课，是我的业师，我手上仍存有当年在启先生教导下写的作业三

---

① 侯刚、章景怀：《启功年谱》，页28。
② 侯刚、章景怀：《启功年谱》，页18。

纸，共有我写的小诗六首，都有启先生亲笔的圈改和批语。今天看来，启师当年对学生作业十分用心，甚至一再修改斟酌，教人真是“诲尔谆谆”。……启师虽是为了教我写诗来批改作业，可是对我这样的诗句（指“反内战，反饥饿”争取民主的思想）表示了肯定，且说我“怀抱嵚崎”，可见启师当时对我的思想中的进步倾向是予以鼓励的。（刘乃崇《启功先生与我家的交往》）①

20世纪50年代的郭志刚先生这样回忆道：

上大学时，我有幸听启功先生讲古典文学课，他在讲台上的神态和语调，至今还浮现在我的脑海里。有一次讲《西厢记》，说“碧云天，黄花地。西风紧，北雁南飞。晓来谁染霜林醉，总是离人泪。”短短二十五字，天上地下，东西南北都写到了。“东”字虽未出现，那“晓”字已托出东方气象。那堂课距今半个多世纪，我已记不起原话，但“二十五字景”的效果图似乎就是那时形成的，我也就从此记住了这段脍炙人口的曲子。此情此景，在天地之间究竟产生了什么呢？他说，那是泪，什么泪？离人之泪。有多少？把大片霜林都染红了，你看有多少？古往今来，该有多少男男女女因凄伤离别而流出的眼泪，才能把这里、那里的霜林染红？随着他入情入理的讲解，台下聆听的学子们，自然也不免驰骋青年人的想象力，坐收老师举一反三之功。但下面他说的话，却是我至今不忘的，大意是，二十五字，字字用得准确无误，最后将重心落到“泪”字。泪能把霜林染红，像喝醉了酒那样吗？他为什么不用个“血”字，说总是离人（颈上）血？但那样一来就会大煞风景，就破坏了草桥送别整场戏的抒情气氛。因

① 侯刚、章景怀：《启功年谱》，页37。

为醉的不是霜林，是人，是人在此时此地的心境都凝成了泪。只能是泪，别的都不是，换一字就差之毫厘，失之千里。这是艺术必须要的“准”，“准”是真实和美感的必备元素。一字之索解使我们听到的不单单是一堂生动的文学课，也看到了他治学上的严肃性。

启先生在课堂上有时很幽默，会把我们逗笑。当时还穿着夏装，他讲到高兴处，会用小臂夹夹裤带（手上有粉笔末），微做上提状，其实，他衣服穿得好好的，这个看似多余的小动作，无意间传达了我国传统知识分子那种落拓不羁的精神气质，和人们见惯了的有欧美风的知识分子不太一样。①

同时代的陆希廉听启先生讲课有这样精彩的记录：

《唐诗选》第一首诗：王勃的五言律诗《送杜少府之任蜀州》。……再下是讲授重点——“海内存知己，天涯若比邻”。先生突然加大声音读这两句，并在没有写过字的右边黑板上板书：“人生得一知己足矣”，然后坐下说：什么是知己——知意、知情、知心。怎样能做到知己——通意、达情、交心。还说：讲“知己”二字容易，成知己则甚难。所谓“得一知己足矣”，不是说有“一个”知己就满足了，意在言外，当然多些更好。说“一个”是说知己难得，唯其难得，方为珍贵。有知己就有帮助，雪中送炭既救急又温暖，困惑得解，既切磋又激励。人有知己就能过大关，自由行。可见知己对人生的作为、心理、精神的重大影响和作用，对生命的意义和价值。这时，先生抬起右小臂用食指空划了一小圈儿，顺势用力向下一点，指在讲义上说：这两句是诗的眼目，传达出作者心声，也是对友情的信心，对挚友离愁和眷恋情绪的慰藉——分手了，情不了，人常在，谊

① 郭志刚：《启功先生二三事》，收入《以观沧海：启功百年诞辰纪念文集》，页216。

永驻。天涯遥远，形如比邻，写得具体现象、实实在在。作者写的是心境，抒发的是情缘。是真、是诚、是信、是情，道出知己愈久情谊弥深。这时先生又板书“有情有义”四字，然后说：这是做人的真谛。人与人有情有义才会成为知己，所以知己是人际关系的高境界。彼此知己，享有人生的快慰和幸福还不是“足矣”吗？所以对友谊应该珍惜、学会珍惜。讲到这里，我读懂了这俊思警句，大慧名言，它包含着温暖与力量，给人以鼓舞与信心。先生说古往今来，这两句诗被视为经典，作为送别友人的高贵礼物。同学要从中反复领会，在博大时空下，遥在一隅的好朋友，在交通闭塞信笺难传的情况下，他们分离的惆怅与牵肠的愁思多么缠绵。一句话，醍醐灌顶，使我悟到友谊与人生的哲学内涵。先生接讲“无为在歧路，儿女共沾巾”时，斩钉截铁地说：各奔前程，无可奈何；静心面对，理智分手。正因是知己，不必在分手道别的岔路上悲伤流泪。情缘如水，友谊如山，山高水长，彼此挂念，是人生一种别样幸福和特殊满足。洒泪湿巾何苦，不是大胸怀；瞻高思远，是大丈夫气魄。这尾联写得多么有气派，多么豁达，真是回肠荡气，大度磅礴。最后先生说：读唐诗要反复吟诵，要读懂诗的精华，咀嚼出诗的味道，才能把握作者的感情。……先生讲课人性化，以上是一个例证……讲述“知己”的一席话，成为我心中不朽的道德文章。（陆希廉《聆听一课铭记至今》）①

20世纪70年代“文化大革命”后的第一届研究生万光治这样回忆：

先生给我们的印象，首先是他的魏晋风度。……先生还有一个习惯性的动作，那就是平抬双臂，两手捏住袖口，左右拉动，据说是给背部

① 侯刚、章景怀：《启功年谱》，页57。

挠痒痒。但先生留给我们最难忘的印象，却是他那眯着眼的、孩子般的微笑，此外，便是一手漂亮的板书。那时的先生，早已是享誉海内外的书法家，但在黑板上写粉笔字，仍丝毫不肯苟且。我们坐在下面，看先生怎样用笔，手指不由自主地滑动，真是一种难得的享受。每当一堂课下来，黑板竟是一幅可供观赏的书法作品，谁都不忍心把它揩去，这可难为了做值日的同学。课间休息快结束了，看着值日同学在先生背后犹豫不决的鬼样子，心里既可惜，又想笑。①

听过启先生讲座的人这样回忆道：

启老徐步登上讲坛，没有讲稿，没有卡片，在热烈的掌声中启老开讲。首先自报家门："我名叫启功，无姓，说姓启名功也可以。"一阵笑声和掌声引来了听众情绪的活跃和专注。接着说："我是满族人。在中国，满族和其他民族都被统称之谓胡人。所以我是胡人，我今天的讲话就是胡说。"又是一大阵笑声掌声。②

启先生的授课方式也很灵活、生动。《启功口述历史》有这样一段自述：

陈校长还鼓励我们开展多种形式的教学，以调动学生的学习热情。如那时的大一国文都要开书法课，陈校长就建议我拿些帖拍成幻灯片，打出来给学生看。……课由我讲，但指挥由陈校长担任。他用为上几何课预备的木尺敲桌子，每敲一下，管放映的人就放映一张新

---

① 启功著，赵仁珪等编：《启功讲学录》，页54。
② 庄寿仓：《点点滴滴忆启老》，收入《以观沧海：启功百年诞辰纪念文集》，页227。

的幻灯片。这时课堂上就会爆发出一阵感慨声，看到好的大家会由衷地表示赞叹，看到不怎么样的，如“龙门造像”中有的作品本来就很差，再一放大就更难看了，大家就会发出嘲笑声。等到感慨声稍微平静下来，我就给他们具体讲解这件书法作品的有关知识，并从用笔、结字、行气、篇章详细分析它的特点。……我至今还清楚地记得老校长敲桌子的神采，那微笑的神情分明是对我的鼓励，我讲起来也特别能放得开，准备的，讲得很充分，没准备的，即兴发挥也很生动，我和老校长的合作犹如演出了一场“双簧拉洋片”，配合得格外默契，同学们听得也格外带劲，一堂课很快就结束了。就这样，这几节书法课使学生受益很大，取得了良好的教学效果。[①]

启先生凭借他的聪明才智，在课堂上还往往能讲出匪夷所思、独具只眼的观点。如在讲诗文声律和古代四声时，他竟能得出驴的叫声都有四声之分的惊人之论。这是他读《世说新语》得到的启发。《世说新语》有两处提到当时人学驴叫的故事，一处是《伤逝第十七》：“王仲宣（即王粲）好驴鸣，既葬，文帝临其丧，顾与同游曰：‘王好驴鸣，可各作一声以送之。’赴客皆一作驴鸣。”另一处事迹大致相同，但人物不同，估计是记录者采编来源有出入。于是启先生就想，魏晋南北朝时期正是声律被逐渐认识的时代，这些文人喜爱驴鸣应该与驴鸣有四声有关。于是他进一步推论：驴叫唤时发出“嗯啊嗯啊”的声音“嗯”就是平声，“啊”就是上声，几声之后，还要长嘶一声，发出一个降调的“啊”，那就是去声，最后再打两个响鼻，发出“特、特”的声音，那就是短促的入声。于是他就在课堂上绘声绘色地表演起驴叫，引得同学无不大笑，但大笑之后，无不佩服启先生的聪明才智，居然能从一则看似无关紧要的记

---

① 启功口述，赵仁珪、章景怀整理：《启功口述历史》，页94。

载中发现如此重大的玄机。不料，这个“包袱”还没抖完，启先生接着说，有些人想考证中国的四声是怎么来的，有些“言必称希腊”的人，竟说中国的四声是从希腊传到印度，再从印度传到中国的。那么且问，中国的驴是从哪来的？难道也是从希腊、印度传来的吗？与其考证中国的四声是从哪来的，不如先考证一下中国的驴是从哪来的。听众听到这里，掌声雷动。没想到的是，启先生还有更戏剧性的“包袱”继续演绎：“20世纪50年代，一次我去游潭柘寺，那时交通不发达，上下山要骑驴。不料下山时驴猛地一低头，我就顺着驴脖子直接出溜下去了，摔了个嘴啃泥。我想这可能是驴嫌我学它叫学得不好，冒犯了它老人家，借此惩罚一下我。”听启先生说完这故事，人们更是笑得前仰后合。

启先生曾把驴叫有四声这一发现告诉过语言学家王力先生，王先生说：“语言学家陆志韦也曾说过驴有四声，但只是口头说过，没有具体的阐释，你们二人显然是暗合。”这样看来，驴叫有四声已经得到三位语言学家的认可，而启先生的说法最为详尽具体，如果要申请专利，启先生可算第一发明者吧。

但如果你认为启先生只善于从故纸堆中钻缝子、找材料，那又错了。启先生对新事物、新概念也十分关切，“纳米”“克隆”“基因”“硬件”“软件”“模糊语言学”“鉴定的模糊度”等新观念往往也被他巧妙地运用到讲课之中。例如，批判统治者用八股取士的危害与荒唐时，用老鼠的基因做比喻道：“定型的、程式化的八股文，则是人为的、由掺乱而产生的畸形老鼠。用八股去考试天下士子，犹如勒令天下人以畸形老鼠为主要的肉类食品而已。”非常生动形象。

为了更好地联系实际，也为了更好地开阔学生的眼界，启先生有时索性带学生走出课堂。张美妮老师、陈惇老师的文章中都有这样的记载：“启先生总希望学生视野开阔，因此常带我们走出课堂，去汲取更多的知识。他曾亲自带领我们去参观故宫，介绍它的历史及它独特的建筑艺术。而寒冬腊月，藏族新年之际，又带我们去观赏雍和宫喇嘛们祭神的舞蹈，让我们更多地了解少数民族的艺术。”（张美妮《启先生不仅教我们学问还教我们做人》）[①]“他用直观的方法把我们引入作品中所写的情景，帮我们理解其中的生活和人物。他讲《牡丹亭》，带我们去看昆曲《游园惊梦》；讲《红楼梦》，带我们参观故宫和那里收藏的历代书画。他不停留在字、词、句的讲解和一般的思想艺术分析，而是引导我们在当今的现实中看到传统的存在，把古与今联系在一起，领会其中的蕴涵。”（陈惇《启先生是个好老师》）[②]给学生印象最深的是参观故宫。故宫是启先生再熟悉不过的地方了：他从学画起，每月就至少来看一次故宫藏画展；后来又做了故宫的专门委员，更是频繁地出入这里。而且，启先生祖上的仕宦经历很多又和故宫有关。例如，启先生的曾祖在任礼部尚书时，正赶上西太后和光绪帝非常蹊跷地、几乎同时“驾崩”的历史事件。启先生的曾祖父那时要日夜守候在西太后临终前住的乐寿堂外，他亲眼看到西太后临死前，一个太监端着一个盖碗从乐寿堂出来，出于职责，就问这个太监端的是什么。太监答道：“是老佛爷赏给万岁爷的塌喇（即酸奶）。”当时光绪皇帝及隆裕皇后被西太后软禁在中南海瀛台，之前也没听说得过什么急症大病。但送后不久，就由隆裕皇后的太监小德张向太医院正堂宣布光绪皇帝驾崩了。接着乐寿堂这边才哭了起来，宣布西太后死去。这其中的奥妙不是不言而喻了吗？所以，启先生对故宫再熟悉不过了，不仅熟悉它的建筑、文化，更熟悉它的历史和秘史。同学们能请到这样的故宫专家当讲解员，该是多么的有幸，他们在这里学到的知识，绝不是课堂上能学到的，也不是一般的实践活动所能比拟的，这恐怕是平生最难得、最珍贵的一课了。

故宫很大，随便走走讲讲就得大半天。到了中午，大家累了、饿了，

---

① 侯刚、章景怀：《启功年谱》，页 56。

② 侯刚、章景怀：《启功年谱》，页 55。

有时就找一个角落，坐在台阶上吃点东西，不过都是从食堂打出来的馒头之类。这时大家都很好奇，想看启先生带的是什么好吃的。只见启先生从布包内拿出一个屉布包的小包，徐徐打开后竟是黄澄澄的窝头，学生们不由得发出会心的微笑，师生间的感情顿时变得亲密无间，而启先生的形象变得更加和蔼可亲了。其实，有心的学生应该有更深远的联想：作为皇室正宗的后代，在翻天覆地的历史变革后，居然坐在皇宫旮旯的台阶上和平民百姓一起啃窝头，这本身不就很具历史的沧桑感吗？

启先生还曾把课堂搬到学生宿舍中。原来，十年“文化大革命”造成大学教育断档，1977年恢复本科招生，1978年恢复研究生招生，顿时大学招生的数量如井喷般急速增长。那时的教师和学生都恨不得一下子把十年的损失抢回来，课程都排得满满的，而启先生正为第一届研究生教授古代诗词。按计划讲完后，学生没听够，启先生也觉得没尽兴，便主动决定延长课时，但校方回答说教室实在排不开了。正在大家一筹莫展时，启先生说：“这有什么难的，咱们干脆到你们宿舍讲。”就这样，“宿舍课堂”开课了。那时一间宿舍放三张上下床，靠窗的两张床间放一张木桌，几只凳子，除此之外几乎再无立锥之地了。那一届有九个研究生，听到消息后，教研室的青年教师、外系的慕名者也纷纷带着小板凳赶来“蹭课”，一屋子足足装了十五六个人。下床坐不下，只好爬到上床，半坐半卧，边听边记。那场景真可谓“亲密无间”，“打成一片”了。越是这样，启先生越是放松，纵横捭阖，谈笑自如，时而旁征博引，时而诙谐幽默，尽显风流倜傥之本色，听得大家如醉如痴，其乐无穷。《明清诗文》《古籍整理》《书目答问》等课程就是这样完成的。亲身聆听过这些课程的人，至今想起来仍然历历在目，言犹在耳，公认为这是一生最难忘的学习经历。

启先生倡导灵活生动的教学方式和方法还体现在他对死板教学模式的明确反对上。新中国成立后，一切都要向苏联学习，大学亦如此，不但要成立建制统一的教研室，制定统一的教学大纲，甚至在具体的课堂教学的方法形式上都有统一的要求。如所谓的“五步教学法”，即一律把每堂课都分成温习上堂课、过渡到本堂课、正式讲授、练习、布置下堂课等几个部分。而在正式讲授时，又特别强调问答的形式。这种强调统筹安排、发挥学生积极性的观念不是不好，而是一旦形成死板的模式，必定形成新的“八股”，对此，启先生坚决反对。

一年，启先生带队到中学去实习，正好中学派给他们的课任教师是启先生在辅仁教过的学生，他在那所中学也算资深的教师了。实习的学生先要听他的示范课，他选的课文是管桦的《小英雄雨来》，内容大致说日本鬼子抓到雨来后，强迫他带路抓八路军，雨来半路勇敢地跳到河里，于是鬼子向河里密集地开枪。文章巧妙之处在于到此戛然而止，不再具体交代雨来的生死。于是，这位教师便设计了这样一个问题进行课堂讨论：雨来死没死？如果说他没死，为什么没死？他希望有一部分同学说他被打死了，一部分同学说他没死，然后各自陈述理由，进行论辩。但没想到，从第一个同学开始，大家的结论就很一致：“雨来死没死？”“没死。”“为什么没死？”“因为他的精神没死。”这答案和教学参考上的答案完全一致。但这一教学环节在教学设计上起码要占半节课，如果就这样算了，岂不违背了教学计划和教学大纲？于是他只得继续往下问，但下边同学的回答仍然都是“没死。”“因为他的精神没死。”为了严格执行教学大纲，他还得硬着头皮往下问。于是“没死”“他的精神没死”就被重复了二三十遍。课后，进行教学评议，大家还照例说了一番课堂教学如何气氛热烈，如何生动活泼等套话。但当这位教师私下征求启先生的意见时，启先生半开玩笑地对他说：“雨来倒是没死，我可快死了。”“为什么？”“我快让你磨烦死了。”是的，听启先生的课绝不会出现磨烦的感觉，他绝不会囿于教条，死于套下，他的课堂教学永远是那么活泼泼地充满生机、充满智慧、充满才气。

三、因材的施教

启先生的循循善诱还体现在因材施教、重视个别辅导上。启先生深知，课堂教学再生动、再系统也不能满足所有人的需要，每个人的喜好、兴趣、专业积累都不一样，要想让他们成才，必须尊重他们的选择，发挥他们的特长，就像当年老校长循循善诱地告诫他一定要从自己最擅长的方面入手进行科研一样。所以，启先生也特别重视对学生的个别辅导，尤其是对硕士生、博士生的个别指导。他说写一篇论文，好比烧鱼，主体部分是中段，要结实丰满，有味道、有吃头，但也要把鱼头鱼尾搭配好，这才是一条能上桌的整鱼。又传授老校长的经验："论文写好了，一定不要着急发表，这好比蒸馒头，刚出锅不能马上吃，一定要把热气凉一凉才行。论文写好了，也要沉淀一下，等冷静反思一下才好发表。""做文章要像熬成硬块的冰糖，冰糖可以化成一大锅糖水。"又谦虚地自称："我的东西不能成冰糖块，而是乒乓球，一压就瘪了，比鸡蛋有弹性，但一定要让它像乒乓球一样光洁。"这些经验都是非常实用的。常听说一些硕士生、博士生埋怨自己的导师忙得一学期也见不着几回，这种现象在启先生身上不会发生，除了逝世前一两年，身体、精力确实难以支撑外（这时他会委托其他教师指导），他特别鼓励学生到他家去面对面地交流。众所周知，启先生自20世纪80年代"走红"以后，家中一天到晚都高朋满座，可即使这样，只要有学生事先约好前来请益，启先生一定放下其他造访者，优先接待。学生朱玉麒这样回忆道："他在家的日子，来自五湖四海求教的人永远是座无虚席。除非那些人是有特别的约定，否则，只要我们轻轻地一敲门，先生马上把我们让进屋内，然后朝先来的社会名流一拱手：'对不起，老兄，我的学生来了，我要上课。'"

启先生接待学生来访又分几种情况。一是专门约好为学生答疑解惑。这是他最欢迎的，因为他知道学生也是花了工夫的。对学生的问题他会耐心地解答，不但把当下他自己知道的有关知识讲给你听，而且会告诉你回去以后还可以看哪些书。二是学生并没有特别的准备，启先生也很欢迎。这时，启先生就会因势利导，和你谈些学术问题，比如会给你讲他正在研究什么问题，写什么文章，需要查什么资料，有时他也会让你帮忙到图书馆查些资料，告诉你这些资料的重要性。学生会非常高兴帮他查，因为从中会学到很多相关的知识和方法。有时启先生还会拿出他的诗集稿本，给你讲他正在作什么诗。看到启先生勾勾画画的诗稿，再听他讲为什么要这么改，这比上什么写作课都“过瘾”，因为这都是“大家”的真知灼见。三是漫无边际，纯属聊天。但别小看这信口海聊，这其中暗藏着先生循循善诱的“一字秘籍”——“熏”，在看似漫不经心的闲谈中，先生不知不觉地就把知识、学问传授给你。他可以从苍蝇、蚊子聊到《尔雅》花草虫鱼的释名，从屋里摆放的盆景聊到绘画的构图与诗歌的结构。例如，大家正在聊天，有人送来一堆信，看着信封上五花八门的书写格式，有的甚至写“启功敬收”或“启功敬启”，启先生会无奈地苦笑道：“他这是让我恭恭敬敬地打开他的信啊。”于是他就会对来访者讲解一下古人在寄送书信或投送名帖时，是怎样表达自己对对方的恭敬，怎样称呼对方，怎样称呼自己，敬称用哪些词，谦称用哪些词，格式怎样安排，信件或名帖怎样画押、缄封。如果看你有兴趣，他甚至会拿出纸来给你画示意图，给你进一步讲解古人在上呈文时，如何行文，什么叫“品字封”，品字封的出处及来历，等等。这其实就是一堂最生动、最实在的“猪跑学”课，是课堂上、书本上都学不到的。又如大家一边聊天，一边看电视，电视上正播送朗诵古典诗词的节目，看着有的朗诵家声嘶力竭的样子，启先生先是不禁摇头，然后会讲给你听什么叫声情并茂，精神好时，还会给你吟诵一下。听完他的吟诵，再对比一下朗诵家的朗诵，你会对古典诗词的韵味有更直观的体会。高兴时，启先生甚至还会给你讲解一下吟诵的要领，如何处理平仄声，特别是入声。他说，他的吟诵受北方鼓词的影响很大，特别是受和尚作法事、唱焰口的影响更明显。于是，他会给你继续讲一些法事的仪式，以至更多佛教知识，使你大开眼界，学到很多活的知识。再如，大家一起聊目前流行的段子，启先生会自然而然地结合宋人笔记或其他稗官野史，给你讲一些有趣的段子，听者无不大笑，而大笑之后，又学到很多知识，认识到民间文学也是一座丰富的宝库，小品、笔记、段子也都体现出民间创作的智慧。而这些知识的得来不是他正襟危坐时特意传授的，而是不经意间慢慢“熏”出来的，难怪很多人不无感慨道：“听启先生聊天真长学问。”天长日久，如此这般，启先生的“熏”在朋友圈中享有盛名，很多朋友都对自己的子女说：“没事多上你启伯伯家熏熏去。”学问能从聊处来，教人能从“熏”入手，既体现了启先生丰富的学识修养，也体现了他循循善诱的教学风格。而经常受“熏”的学生们无不有龚自珍所说的那种感受：“士大夫多瞻仰前辈一日，则胸中长一分丘壑；长一分丘壑，则去一分鄙陋。”这种“随风潜入夜，润物细无声”的教化是对学生最好的、最根本的培养。

启先生因材施教，重视个别辅导，还体现在竭尽全力帮助学生解决治学中出现的具体问题上。例如，启先生的博士生谢思炜要做白居易研究，但有些文献只保存在日本，查找起来十分困难，启先生就积极主动地利用他在日本的人脉关系，帮他查找、复印有关资料，解决了谢博士自己很难解决的难题。于翠玲博士论文要做朱彝尊研究，启先生曾为朱彝尊家书做过跋，但家书却收藏在唐长孺先生手中，启先生便积极与唐长孺之子唐刚卯联系。当时，启先生正患病住院，于翠玲怕影响先生身体，一再跟先生说：“不急，不急。”启先生反过来却说：“你不急，我急。”后来终于联系上，为论文的写作提供了很多珍贵的材料。又如朱玉麒博士在撰写博士论文《〈张说集〉版本研究》时，查找到民国时著名学者傅增湘曾校勘过一种《张说集》全帙影宋抄本，现在已经很难找到了，于是，启先生就主动帮他联系傅增湘的哲孙傅熹年先生，请他协助指导。又如张说诗集曾收录在《唐音乙签》中，而此书为孤本，现收藏在故宫博物院图书馆，一般人借阅不到，启先生又主动给故宫博物院领导写信，请求予以照顾。在启先生无微不至、尽心尽力的指导和帮助下，朱玉麒终于完满地完成了博士论文的写作。朱博士在读博士后时，选择的课题是清人徐松的《西域水道记》研究，徐松虽是很有名的学者，但留下的第一手材料并不多，所以每条文献都很珍贵。为此，启先生非常牵挂，并千方百计地帮他寻找。那一阵，启先生特别关注有关的拍卖会，叮嘱朋友随时关注有没有相关的材料在拍卖会上出现，后来果然陆续为他拍下《西域水道记》翻刻本、徐松信札若干，并无偿相赠。启先生还在各地进行文物鉴定时，亲自翻检各博物馆所存的清代文献、信札、书迹，看是否能发现一些有关徐松的新材料。

又如故宫博物院的王连起先生，经徐邦达先生推荐，向启先生请教碑帖研究，“从第一次相见，先生就帮助我规划我的研究方向，到病重期间，还为我撰写的《游相兰亭》查找相关资料。先生凡到国外或中国香港等地，遇有与我研究相关的书籍，必购得送我。从《丛帖目》到《中国绘画总合图录》，无论其价格贵贱。2002年的一天，先生叫我去他家，指着一套日本二玄社出版的《书迹名品丛刊》二十八大册告诉我：‘有一个人研究书法碑帖，肯定需要这套书，我托人买了送给他。你猜他叫什么？’我说：‘不知道。这得花不少钱！’先生大笑：‘告诉你，这个家伙叫王连起！你找个车拉走。’那慈祥的笑容，那得意的神态，如今仍在眼前，戒我懒惰，催我用功”[①]。启先生对于后辈的提携真能达到一种无私的境界。上引的王连起的文章还记述了这样一段故事：

> 故宫一位中年同仁发现库房一件明初大书画家某某某的书画合璧卷，已经定为伪品，但他认为是真迹。……这位同仁拿出这件作品给专

① 王连起：《漫谈启功先生的古书画碑帖鉴定》，收入《以观沧海：启功百年诞辰纪念文集》，页81—82。

家看，并表明自己想翻案的想法。启先生看后，详细讲解其书画尽伪，并讲明此作者画的小竹卷真迹只有一卷，与此区别明显，书法是明代松江钱姓兄弟之一作的。这位同仁虚心接受先生的意见后，又经研究，发现了另一卷在国外同样的作品，写出一篇研究文章来。过了两三年，先生对我说："有人告诉我，某人写的关于某某的文章，内容是我纠正他以伪为真的话，现在变成他的研究了。我回答，我干的是教师爷，传道、授业、解惑是我的本分职责。我讲了，人家听了就行了，我已起到了应起的作用。人家不但听了，还找出两个假的来，有研究考证，写出那么长的文章来。……不但自己解了惑，而且已经在传道了。提不提我有什么关系！"这是何等的胸襟！这才是先生的榜样，后生的楷模！[①]

有时，启先生还能在人生道路的关键时刻对学生施以援手。笔者从前有这样一段饱含感情的回忆："1981年，我研究生毕业后留校任教，由于没房子住，便只好暂时滞留在研究生宿舍中。不料校方有关部门铁面无私，每月扣掉我三十元工资。那时每月的工资不过五十多元，还要养活孩子，扣掉一多半，生活困难可想而知。连续扣了两三个月后，我的精神都快崩溃了，身体也垮了下来。找学校领导，也无济于事。正当我走投无路、求告无门时，一天启先生独自爬到我住的四楼，一边对我说：'你的困难，我听说了，千万要保重身体啊。'一边从口袋里掏出二百元钱，说：'学校的规定我们不好违背，你先用这些钱应付扣款。事情总会解决的。'我虽一边感谢，一边婉拒，但先生执意坚持，口气又是那么真诚，真诚得让我无法拒绝。后来我送他下楼，直到目送他远去。那时先生马上就七十岁了，看着他已不再那样灵活的步履，看着他微胖的背影，我忽然想起了朱自清先生描写

---

① 王连起：《漫谈启功先生的古书画碑帖鉴定》，收入《以观沧海：启功百年诞辰纪念文集》，页81。

他父亲的经典形象——‘背影’，眼泪不由得淌了下来。”

学生万光治有这样一段刻骨铭心的回忆：“1989年5月22日，京都乱象纷然。我欲离京回家，苦于没有公交车到火车站，在先生家里待了大半天。下午有人来看望先生，坐的是某国大使馆的车，先生才托他们把我送到车站。行前先生赠龙井茶车上用，且叮嘱一路小心。那时私人电话尚不普及，先生放心不下，第三天写来一信，其中有云：‘境愈乱，心愈静。不能做圣人，便做真人。’我明白先生何以有此语。1964年，我因笔墨口舌之祸，被所在学校冠以‘反动学生’而除名。先生知道人的秉性其实难改，很担心我旧病复发，惹是生非。回蓉不久，遇见在先生那里攻博的同乡谢谦，告诉我，他6月初也急于离开是非之地，却根本买不到火车票。先生慨然拿出一叠钱，叫他与另一四川同学乘飞机赶快回家。”先生对学生的这种及时雨般的关爱怎能不使他们铭记终生。

四、通识的培养

启先生在教学中的循循善诱还体现在强调通识、全面发展上。从广义方面看，启先生认为不管致力何种专业，凡从事社会科学研究的人，都应对文、史、哲，以至艺术有基本的了解和一定的功底，社会科学不同于自然科学，分科过细不利于社会科学的发展。他的通识成就在前文评介《论学术思想》《论古籍整理》中已有充分的体现，不再赘述。从中层范畴看，从事中文学科的人，对古今语言、古今文学、中外文论等都应有相当的了解和研究，只有这样，才能在某一具体专业的研究中做到融会贯通、游刃有余。从狭义方面看，从事古典文学研究的人，一定要对全部古典文学史有相当深入的研究才行，过细的分段对古典文学的教学与研究绝对有害无利。现在高校中文专业古典文学的教学一直沿用新中国成立之初的模式，把古典文学分为先秦、两汉、魏晋南北朝、唐宋、元明清几段。对此，启先生持坚决的反对态度。他常这样比喻道："譬如烹鱼，烧头尾和烧中段，从来也没法子规定从第几片鳞为界限去切。……教学毕竟与烧鱼不同，烧鱼可以裹上面糊，用油一炸，断处的剖面，都被掩盖，更不需要它的血脉相通。"启先生多次强调教古典文学不同于炸鱼，古典文学是一个有机的整体，前后之间血脉相通，怎么能把它生硬地切成几段？讲授时既要从纵的方面讲透它的继承发展关系，又要从横的方面讲清它和其他学科和艺术的关系，机械地分段，就会"侵犯"别人的领地。启先生更精辟地指出：文学的发展与封建王朝的兴灭并没有必然的、绝对的关系，"文学与历史，似乎是平行的双轨，却又各不相同地时快时慢，时先时后。文学家们并非全在'开国'时一齐下凡，亡国时一齐'殉节'"（《我教古典文学唐宋段的失败》）[1]。所以，启先生在教学中一定会将这几段拉通，以求全面反映古典文学发展的全貌。他讲唐诗一定从南北朝诗始，一定要和宋诗相比较；讲宋诗一定从中晚唐诗始，一定要和元明清诗相比较。其教学实践在前文评介的《论历代诗歌》中已有充分的体现，兹不再述。

为了加强通识教育，启先生还特别强调教学与科研一定要比翼齐飞，全面发展。新中国成立之初，受苏联师范教育的影响，很多人认为教师范的、学师范的只要把教学搞好就可以了。这种影响至20世纪八九十年代余波尚存。北师大中文系的一位老教授，当时还担任系主任，就曾多次在公众场合宣扬这种观点，并反对自己的学生致力科研。为此，启先生明确反对，并一再告诫自己的学生要全力投入科研之中。他强调要想搞好教学，就必须有足够的知识积累，科研就是积累专业知识的最好途径。教学法、心理学确实很重要，老校长就是把心理学注入到教学法中的楷模；但只注重这一方面，教学内容就会逐渐枯竭，终成无源之水，那就无可救药了，而老校长正是将教学与科研相结合的楷模。

---

① 启功：《启功全集》（修订版）第四卷《随笔杂记》，页170。

启先生提倡通识教育还体现在重视写作能力的培养上。他强调学习古典文学的人不但要谙熟文学史，还要熟练掌握古文及古典诗词写作，只有亲自品尝创作中的甘苦，才能更好地领略古人的伟大，才能对古人及其优秀作品抱有敬畏之心。他给硕士生、博士生留的作业就包括古文写作。他认为，如果连像样的古文都不会写，那所谓古典文学硕士生、博士生就无疑成了“天桥的把式”——光说不练了。他鼓励学生说“诗从胡诌起”，不要怕写不好。而当收到学生这方面的作业时，启先生都异常高兴，并贯彻老校长循循善诱的方式——进行面批，不厌其烦地和学生讨论如何修改，这是最好的个别辅导、因材施教了，学生从中学到最适合自己而又在普通课堂上学不到的东西。笔者在《诗人启功》中有这样的描述：

> 我真佩服启先生读诗和改诗的速度。反应之快捷与灵敏真令人吃惊。他一边读，一边就用铅笔画出不合平仄的地方，并注明此处“宜用平”，此处“宜用仄”，根本不用特意地判断，有时索性写上“可改为”某字。……当然，更多的是鼓励，遇到稍好的句子，他一定先拍一下桌子，或伸出大拇指，开怀大笑，连连称好，有时还用铅笔在旁边画上一两个圈，好像小时候写大字，老师用画圈来夸奖一样，这是对学生的最大鼓励。①

而这种夸奖又是那样的由衷，那样的真诚，就像当年老校长看到自己的学生有了些成绩后“高兴得好像一个孩子，看到自己浇过水的小草开花结子，便高兴地喊人来看”一样。由此更能看出他是如何传承老校长循循善诱的教学原则——“以鼓励夸奖学生为主”，使学生感到学习的兴趣，看到自己的成长，这比什么都重要，这是最好的循循善诱。

---

① 赵仁珪：《启功研究丛稿》，北京：北京师范大学出版社，2006 年，页 22。

第二节　师范事业之光大者——几件影响深远的大事

启先生之所以无愧教育家的称号，不仅因为有丰富的教学经验、杰出的教学成就，而且还能借助自己的社会地位、社会影响，从更高层面上关心整个教育事业的发展，推进教育事业的建设。启先生是多届全国政协常委，在职期间的很多提案都与教育有关，甚至细致到对职业教育的关切。为此，启先生还身体力行，为北师大开办的“业大”及“老年大学”亲自授课，为前者讲授好多节南北朝骈文，为后者教授书法。作为“业大”和“老年大学”的学生，能亲自聆听一流大学者为他们授课也是一种难得的机遇。在校外也如此。凡书法系统、文物系统为培养人才举办的讲习班，启先生是有求必到。1983年，启先生参加九三学社组织的智力支边活动，到很多地方巡回讲演；1995年，启先生还致函故宫博物院，呼吁加快培养年轻的专门人才，并提出了很多切实可行的办法，如此等等，不一而足。现仅就其影响更大的几件事略加介绍。

一、教师节和“励耘奖学助学基金”

20世纪70年代末80年代初，全国正处于教育热潮之中，随之而来的是知识分子，特别是教师的社会地位得到很大的提高。为此，1984年底，由时任北京师范大学校长王梓坤牵头，联合其他几所知名高校领导，发起设立“教师节”的倡议，提议由国家确定每年9月在全国开展“尊师重教月”活动，并将该月的某一日定为“教师节”。启先生与北师大的著名教授钟敬文、陶大镛等七位教授积极支持这一提议，参与了相关事宜。1985年1月全国人大

“春蚕颂”

“师魂颂”

“烛光颂”

通过决议，确定9月10日为教师节。为迎接第一届教师节，启先生在这年暑假不顾天气炎热以及自己体弱多病，连轴奋笔，赶制巨幅画作《竹石图》（415厘米×72厘米），题款为“奉为第一届教师节纪念”。该画在本年教师节全体师生庆祝大会上公开展示。图中巨石岿然屹立，新竹繁茂生长，象征着教育事业蓬勃发展，教师精神纯洁高尚，受到全体师生的欢呼赞赏，产生了良好的社会效果。从此，这幅《竹石图》就成了全校的镇校之宝。启先生还常为教师节题词。如1985年即为第一届教师节题诗二首：

树人之功，化雨春风。年周令节，庆洽欢同。

百年树人，沾溉莘莘。民彝国脉，嘉业长春。[①]

随着高等教育的大发展，大批青年才俊进入了高等学府，高校出现了另一个亟待解决的现象：很多农家子弟或老、少、边、穷家庭的子弟生活面临困难。北师大尤其如此，历史上曾有“穷师大，富北大”之说，因为师范院校历来免费食宿，所以穷家孩子多投奔师大，虽免于食宿之忧，但生活拮据仍然在所难免。北师大一些爱心人士曾广泛关注这一问题，做了很多调查和宣传。当启先生听说有些学生为了减少伙食开支，很长时间都舍不得买一个最便宜的菜，每顿都是咸菜下饭，以至影响了身体健康后，十分痛心。那时，他常饱含深情地对周围的人说：“我也曾是穷孩子啊，我知道受穷的滋味，知道穷孩子读书的不易啊。”为此他决定举办一次大规模的个人书画义卖活动，为救助贫困学生筹措奖学、助学资金，并于1988年5月开始实施这一“工程”。

从那时起，启先生除上课和出席一些不能推托的活动外，其余时间都用在书画创作上。最佳的创作时间是凌晨，当人们还在熟睡时，先生已起床奋笔疾书了。但进展总是很缓慢，因为先生对此工作十分认真，为得到一幅较满意的作品，往往需要写好几幅，而写好一幅较满意的作品后，又常常被来访者顺手牵羊地索走。

毫不客气地到先生这里索要作品的，往往不是先生周围最熟悉的人，而是另外两种人，一是和先生有“半熟脸”的交往，来了之后，先套近乎说自己和先生有什么什么交情，再说如何如何喜欢先生的书法，闹得先生不好意思拒绝，只得含笑相赠。有时先生拿出最近的若干作品让他们挑，他们居

① 侯刚、章景怀：《启功年谱》，页160。

然很“好意思”地全部卷走。二是和先生毫无关系的人。他们除了自称是先生的崇拜者外，有的称是什么什么首长的秘书，首长很欣赏启先生的字；有的自称是收藏家，说可以让启先生的字永久传世。好像他们的索要反而是“无量功德”，应该反过来感谢他们一样。他们的价码于是随着提高，动辄就说：“我也不跟您多要，一大一小即可。”更有甚者，纯属欺骗。曾有来人，进门就下跪，痛心疾首地哭诉：“我父亲非常喜欢您的字，他已病危了，临死前希望能得到您一幅字。”先生如何能忍心拒绝？来人千恩万谢地走后，一出门就笑逐颜开地跟同来的人说：“终于骗到了。”

试想，启先生成天被这些人所搅扰，再加上还要应付车水马龙的各色来访者，他的进度怎能快得了？于是他不得不学狡兔，寻找第二、第三窟——躲到学校的几个招待所打游击。同时郑重声明：房钱自付，绝不因为是给学校办事就占公家便宜。闻者无不感动。但好景不长，那些消息灵通者真是无孔不入，很快就尾随而至，仍旧死缠烂打。无奈，启先生唯一的办法只能是加班加点，手不停挥。先生本来就身体不好，尤其是有严重的颈椎病，那段时间没少犯病。有一次闹得天旋地转、呕吐不止，只好叫急救车送医院抢救。

就这样，经过两年的努力，终于备齐了一百幅书法作品和十幅绘画作品，于1990年12月到香港地区成功举办了“启功书画义卖展”。展出期间，受到香港各界友人的热情支持，新华社驻香港社长周南，香港著名爱国人士李嘉诚、霍英东、荣智健及各界人士都积极出席并踊跃认购，筹款总数达二百四十八万港元，折合美元二十八万三千七百四十四元，刨除办展的必要费用后，在中国银行设专项账户，可折合人民币一百四十八万一千六百九十二元。加上那两年启先生委托学校代收企业、商业等盈利单位求字时的润笔（不盈利的事业单位则分文不收）十五万元，总筹款共计一百六十三万一千六百九十二元，全部捐给北师大。北师大收到这笔捐款后，自然而然想以启先生的名义来命名这笔奖学、助学基金。但启先

启先生书画义展

生再三坚辞，声称在筹款之前，已和校方商定要以老校长书屋名“励耘”来命名，自己只任名誉理事，以表示对老校长的纪念之情，其真挚诚恳之情令人动容难却。

1991年11月27日，“励耘奖学助学基金会”成立大会在英东教育楼举行。除校领导和校内著名教授出席外，国家有关部门领导人徐志坚、刘延东、朱开轩，社会名流赵朴初、周绍良、黄胄、白雪石等纷纷到会祝贺。

赵朴初先生有诗赞曰：

输肝折齿励耕耘。此日逾知师道尊。
万翼垂天鸾凤起，千秋不倦诲人心。

周绍良先生亦赠诗曰：

犹忆昔日待师门。更喜今朝德泽新。

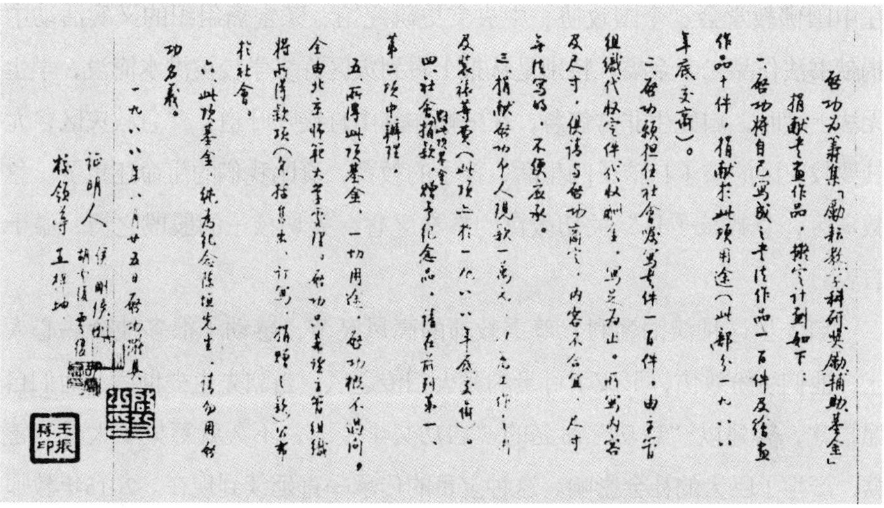

启功为筹集「励耘教学科研奖励辅助基金」
捐献书画作品，拟定计划如下：
一、启功将自己写成之书法作品一百件及绘画作品十件，捐献于此项用途（此部分一九八八年底交齐）。
二、启功愿担任社会性写书件一百件，由主管组织代收定件代收酬金，写足为止。所写内容及尺寸，俱请与启功商定，内容不合宜、尺寸不便写的，不便应承。
三、捐献启功个人现款一万元，[illegible]及装裱等费（此项亦于一九八八年底交齐）。
四、社会捐款（归此项基金）、赠予纪念品，请在前列第一、第二项中办理。
五、所得此项基金，一切用途，启功概不过问，全由北京师范大学管理。启功只希望主管组织将所得款项（包括息金、[illegible]、捐赠之款）公布于社会。
六、此项基金，纯为纪念陈垣先生，请勿用启功名义。
一九八八年八月廿五日启功谨具
证明人 侯刚 胡小佳 章景怀
校领导 王梓坤

启先生为筹集“励耘奖学助学基金”所拟计划书

行看莘莘诸学子，励耘书屋有传人。

刘乃和老师亦献诗曰：

当日师尊识俊英。今朝彩笔显奇能。
既精三绝诗书画，又学先师不辍耕。
建馆设堂非我愿，沾濡渥泽是吾心。
但求学子争向上，此意拳拳可烁金。[①]

成立“励耘奖学助学基金”后，启先生仍一贯关心贫困地区、贫困学生的生活与教育。1991年夏，我国部分地区发生特大洪涝灾害，他通过各种方式捐款近十万元。1998年，长江流域再次发生特大洪涝灾害，启先生先后

① 侯刚、章景怀：《启功年谱》，页207。

在中国佛教学会、全国政协、中央文史研究馆、荣宝斋组织的义卖活动中捐献书法作品二十余幅。特别是从报上看到灾区许多学校被洪水淹没，学生无法上学时，启先生非常焦急，在一幅作品中直接呼吁道："急救灾区，尤其要救灾区的孩子！孩子的生活，孩子的教育，真比我们的生命还重要。急救灾区，急救孩子！"关切教育的拳拳之心，关切孩子的殷殷之情，溢于言表。

启先生这种淡泊名利、尊重教师的高风亮节，感动了很多社会热心人士，他们纷纷效仿，形成了可贵的薪火相传之风。当启先生去世后，他们自愿捐款，筹建以"启功"命名的"启功奖学金"，不久就筹集了大量的善款，产生了巨大的社会影响。这种宝贵的传承一直延续到现在。2015年教师节前夕，有热心的企业家捐出数目可观的奖金，设立了"启功教师奖"，由北师大和光明日报社联合主办，从全国各地，特别是老、少、边、穷地区，评选出十名优秀教师，每人奖励人民币五十万元，另有十人获得提名奖，奖金也相当丰厚。颁奖大会上，还号召社会各界积极与这些教师所在的学校结成帮扶对子，以利这些学校能得到更持久、更全面的帮助，而获奖者也纷纷表示愿将这些奖金投入今后的教育事业中。这些活动是对启先生筹建"励耘奖学助学金"的最好回应，钱数不在多少，重要的是在社会上掀起尊师重道的风尚，推进全民重视教育事业的热潮。

二、校训

1997年，北京师范大学建校九十五周年之际，校方为激励广大师生，为更明确办学方针，决定公开征集校训，最终选定了启先生所拟的"学为人师，行为世范"八个字。既为"一校之训"，它就也成为一校之品牌和标志。于是"学为人师，行为世范"这八个字就成为北师大的学校行为和办学特色。但不可否认的是，校训经谁拟定，又在很大程度上决定了校训水平的

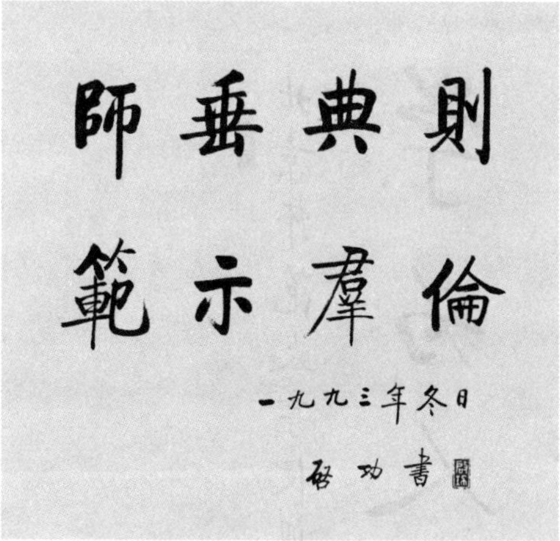

启先生为北京师范大学出版社题词

高低。北师大的校训之所以能受到国家领导人和教育界的普遍好评，启先生功不可没。

最初，启先生曾为北京师范大学出版社题写过“师垂典则，范示群伦”的勉言。校方想直接用这八个字作为校训，但启先生非常认真负责，觉得这八个字一来稍嫌艰深，二来稍感平板，过于静态训释，经过反复斟酌，最后才敲定“学为人师，行为世范”八字。这显然比原来更平易通畅，也更深刻蕴藉。它不但紧扣“师范”二字，而且包含了学与行、理论与实践、做学问与做人、做一般人和做教师等之间的辩证关系。我国各行各业历来都重视品学兼优、知行合一。如老一辈讲究“道德文章”，道德，强调的是做人行事，文章，强调的是学问精深；20世纪五六十年代提倡“又红又专”，红，强调的是思想品德，专，强调的是专业知识；梨园行追求的是“德艺双馨”，德，强调的是做人，艺，强调的是做戏。哲学大师王阳明提倡的是“知行合一”，现代大教育家陶行知，索性以“行知”命名。他们所说的“知”，侧重的是理论修养，即启先生所拟校训中的“学”；他们所说的“行”侧重的是实践亲为，即启先生所拟校训中的“行”。大师终究是大师，启先生所拟的校训，不但概括了历来的优秀传统，而且紧紧扣住“师范”二字，仅八个字就生动地、带有诗意地道出师范院校办学的深刻理念，使这一校训亦具备了大师级的品格气度和人文精神。所以此训一出，全校师生莫不首肯心应，欣然奉命，并敦请启先生赐墨勒碑。

启先生亦欣然奉命，但曰：“校训之撰，当属学校。校训碑正面右首

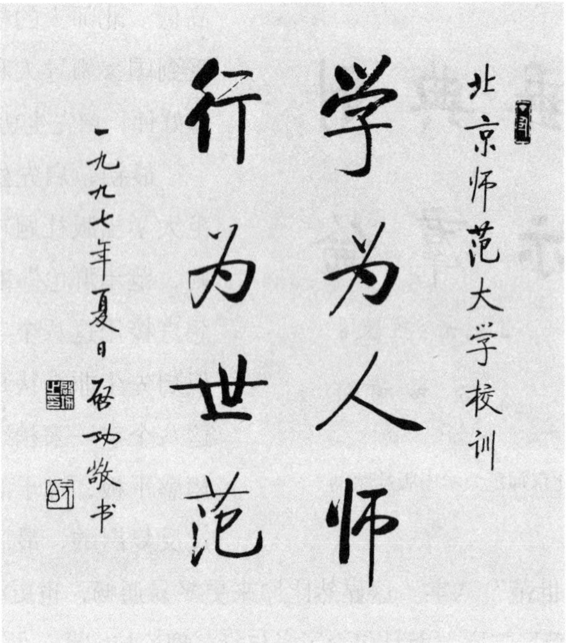

启先生所书北京师范大学校训

当署‘北京师范大学校训’，落款径书‘启功敬书’。”一个“敬”字足以说明，在校训面前，启先生只把自己当成学校的普通一员。之后，学校有关部门又多次请先生阐释他所题校训的意义，先生每次都以“学习校训，理解如此”的口吻来写，从不把校训当成自己的创造而专有，其高风亮节真令人感佩。

启先生曾对校训有过两次阐释，都很简单。第一次只写了两句话：“所学足为后辈之师，所行应为世人之范。”第二次也只写了几百字的短文，提出了一些所学与所行应达到的具体要求。如云：

> 学，是指每位师生应具有的学问、知识以至技能。仅仅具有还不够，需要达到什么程度？校训讲得明白，是要能够成为后学的师表。而

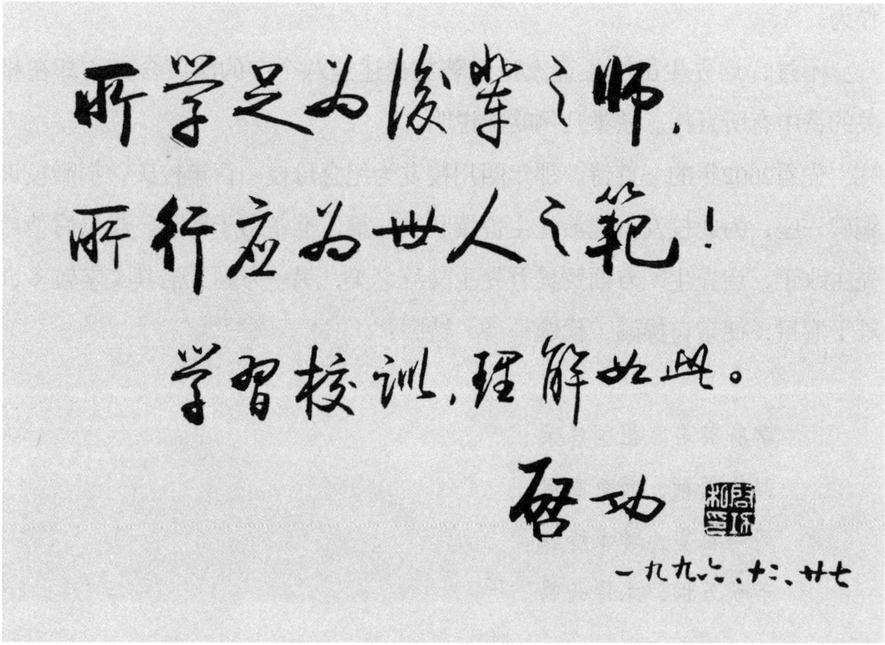

所学足为后学之师，
所行应为世人之范！
学习校训，理解如此。
启功
一九九六、十二、廿七

启先生对校训的阐释

> 师表的标准，我们能理解，绝不是“职称”“级别”所能衡量或代表的。行，是指每位师生应具有的品行，这包括着思想、行为、待人、对己，方方面面，时时刻刻，都光明正大，能够成为世界上、社会中的模范。这种模范，不用等待旁人选举出来，自己随时扪心自问，有没有可惭愧的思想行动。校训没有任何人执行考试、考察、判分、评选，但是每位师生，都生活在自己前后左右无数人的雪亮而公平的眼睛中。

这几百字真可谓要言不烦。先生之所以不愿多言，一来是希望大家自己去领悟，二来是因为落实这一校训的根本乃在于实践。它虽是从学与行两方面入手，但不仅“行”需要终身实践，而且“学”也要长期实践方可。试看这两个“为”字，它的重复使用，足以说明启先生更强调的是积极的行动作为。

不过，启先生虽没长篇大论地著文论述这八个字的深广含义，却在相关的诗中有所发挥。兹举几例略加说明。

先看2002年的一首诗。那年四川校友为纪念母校一百年校庆，捐赠校训铜碑一座，为此校友万光治先生曾撰骈文一篇，准备书于碑阴。起草后请启先生改正，启先生一方面赞美万先生文辞之美，另一方面又惜其文字较多，难于醒目，便亲自操觚，代题一诗，诗曰：

学府英名。祖国殊荣。
群伦领袖，教育高风。
周一百岁，学术峥嵘。
千秋万世，木铎长鸣。[①]

此诗不但仍围绕着学（学术峥嵘）与行（群伦领袖）而展开，而且结合北师大百年光荣传统与辉煌成就加以赞美，希望北师大人能不辜负这一传统而再接再厉，把北师大的校训放在特殊的百年校史语境中予以深刻阐释。

再看一首20世纪90年代末为毕业班题写的六言诗：

入学初识门庭。毕业非同学成。
涉世或始今日，立身却在生平。[②]

这首诗虽没明确从学与行的辩证关系来入题，但从“入学”与“毕业”两词来看，似乎前两句更强调“学”，而“涉世”与“立身”则更强调“行”。

---

① 启功：《启功全集》（修订版）第七卷《三语集外集》，页140。
② 启功：《启功丛稿·诗词卷》，页274。

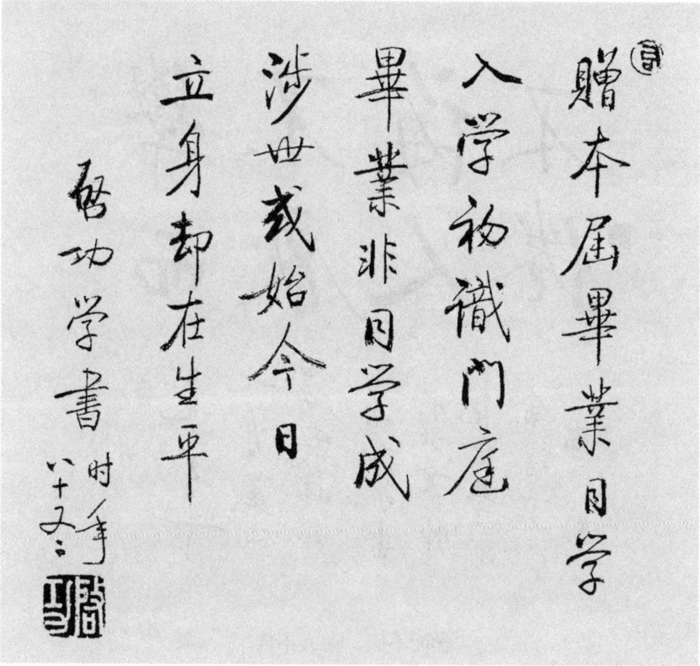

《赠本届毕业同学》

而其中心乃在强调学与行的终身实践，这从“入学”“毕业”“今日”“生平”几词的连用上即可看出。所以，它与校训的精神仍是一致的。而这四句诗写得实在是太经典了，立意十分巧妙，结构十分连贯，把它当作“毕业训”，送给所有学校的毕业生，不是也很合适吗？

再看1980年写的《共勉》一首致新同学：

学高人之师，身正人之范。顾我百无成，但患人之患。二十课蒙童，三十逢抗战。四十得解放，天地重旋转。院校调整初，登此新坛坫。也曾编讲义，也曾评试卷。谁知心目中，懵然无卓见。职衔逐步加，名气徒叨滥。粉碎“四人帮”，日月当头换。政策解倒悬，科学归实践。长征踏新途，四化争贡献。自问我何能？忽然增愧汗。寄语入学

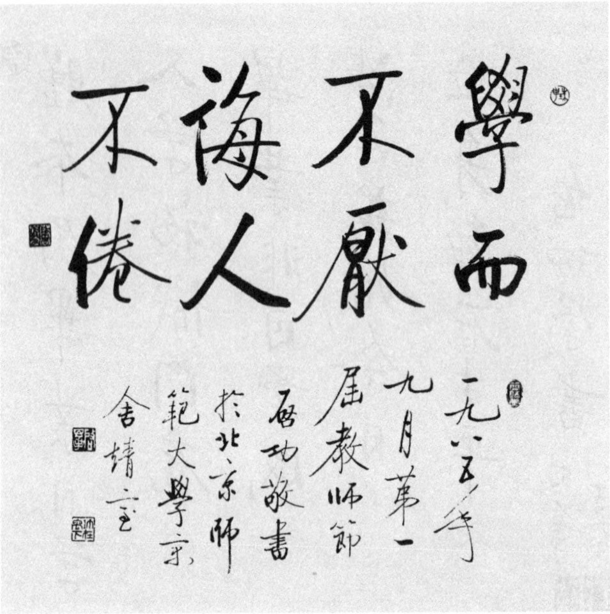

“学而不厌，诲人不倦”

> 人，寸阴应系念。三育德智体，莫作等闲看。学位与学分，岂为撑门面。祖国当中兴，我辈肩有担。[①]

此诗开宗明义的两句话，可以视为后来校训的最初表达，只不过后来的“行为世范”的“行”字，比“身正”二字的概念更加广泛，因为“身正”更侧重个人的修养，而“行”则包含了更多的社会责任。而两个“为”字的提出，更改变了原来“学高——人之师，身正——人之范”的静态表述，更强调了实践过程的重要性。不但如此，这首诗还能说明启先生为什么能提出如此精辟的校训——盖在于他有丰富的教学经历也。他熟知作为一个教育工作

① 启功：《启功丛稿·诗词卷》，页 282。

者最应具备的素质是什么，他深知作为一个教育工作者所应肩负的责任是什么，所以他才能驾轻就熟、高屋建瓴地提出这样精辟的校训。

说到此，又不能不联想到启先生的恩师、原北师大的老校长陈垣先生对他的教诲和影响。启先生曾说：“如果说予小子对文化教育事业有一滴贡献，那就是这位老园丁辛勤浇灌时的汗水。”启先生一直把老校长教导他的话，终身奉为圭臬。可以说，“学为人师，行为世范”这八个字，就是启先生从老校长等老一辈优秀教育工作者身上总结出来的。他现在把这一传统提炼出来，交到了我们手中，我们这些后学者应怎么办？唯一的答案就是薪火相传，接过老一代交过来的接力棒，永远以“学为人师，行为世范”的校训严格要求自己，激励自己，永远让教师的光荣传统代代相传，永远让“千秋万世，木铎长鸣”！而这正是作为教育家的启先生给我们留下的最宝贵的遗产！

主要参考书目

原著原创类：

《启功全集》（修订版）北京师范大学出版社2012年6月版

《启功丛稿》（论文卷·题跋卷·诗词卷·艺论卷）中华书局1999年7月版

《古代字体论稿》启功著　文物出版社1999年3月版

《诗文声律论稿》启功著　中华书局2002年7月版

《汉语现象论丛》启功著　商务印书馆1991年12月版

《说八股》启功著　北京师范大学出版社1992年7月版

《启功题跋书画碑帖选》（上、下册）文物出版社2006年1月版

《启功讲书法》北京师范大学音像出版社2009年7月版

《启功书画作品选》（绘画册·书法册）北京师范大学出版社2012年2月版

《启功书画集》文物出版社2001年7月版

《启功书画选集》文物出版社2006年6月版

《当代书法家精品集·启功卷》河北教育出版社1998年8月版

《启功·坚净居丛帖》（临写辑·鉴赏辑·珍藏辑）北京师范大学出版社2006年9月版

整理注释类：

《启功口述历史》启功口述　赵仁珪、章景怀整理　北京师范大学出版社2004年7月版

《启功讲学录》启功著　赵仁珪、万光治、张廷银编　北京师范大学出版社2004年7月版

《启功韵语集》（注释本）启功著　赵仁珪注释　北京师范大学出版社

2004年6月版
《论书绝句》（注释本）启功著　赵仁珪注释　北京三联书店2002年7月版
《启功隽语》赵仁珪、章景怀编　文物出版社2009年1月版
《启功诗文选赏析》赵仁珪编著　文物出版社2012年6月版
《启功给你讲书法》启功著　中华书局2005年10月版
《启功给你讲红楼》启功著　中华书局2006年6月版
《启功说唐诗》启功口述　柴剑虹整理　人民文学出版社2009年7月版
《启功论书》启功著　沈培方导读　上海书画出版社2007年1月版
《书法概论》启功主编　北京师范大学出版社1986年版

研究纪念类：

《启功年谱》侯刚、章景怀编著　北京师范大学出版社2013年1月版
《启功》（画传）侯刚著　文物出版社2003年12月版
《启功图传》侯刚著　河南人民出版社2014年8月版
《启功研究丛稿》赵仁珪著　北京师范大学出版社2006年6月版
《启功先生悼挽录》赵仁珪主编　北京师范大学出版社2005年9月版
《启功先生追思录》赵仁珪主编　北京师范大学出版社2005年9月
《想念启功》钟少华、王得后主编　新世界出版社2006年9月版
《以观沧海——启功百年诞辰纪念文集》文物出版社2012年7月版
《忆启老》金煜、章景怀主编　文化艺术出版社2012年7月版
《启功书法学国际研讨会论文集》　文物出版社2003年12月版
《第二届启功书法学国际研讨会论文集》秦永龙主编　北京师范大学出版社2006年7月版
《第三节启功书法学国际研讨会论文集》中国书法研究中心编　文物出版社2009年7月版
《启功学术思想研讨集》中华书局2000年7月版

《笔走龙蛇笑古今——启功先生印象记》陆昕编著　学苑出版社1995年9月版
《静谧的河流 启功》陆昕著　山东画报出版社1997年8月版
《我的老师启功先生》柴剑虹著　商务印书局2006年5月版
《服膺启夫子》李可讲著　新星出版社2011年1月版
《名家翰墨》第11期 台静农·启功专号　（香港）翰墨轩出版

后 记

2015年6月30日是启功先生逝世十周年纪念日。“十年生死两茫茫，不思量，自难忘。”时愈久，则思愈深，我想是应该再写些纪念文章的时候了。但思之愈深，则写之愈难，如果仅像以前那样，写些一般的文字，实在难以表达我无尽的思念之情与景仰之意。犹疑之际，恰有友人建议，何不写一本《启功评传》，全面评介一下一个全的启功、真的启功、活的启功？这真是一个好建议。二十多年来，我以“启功研究”作为自己的课题，虽然帮助先生整理、注释过不少著作，写过数十篇文章，很多同仁也出版过《年谱》、传记或回忆性的著作，但尚未有一部全面系统的评传性的著作问世。为文化名人写评传，是当今学术界为研究他们而采取的流行而有效的方式，但多局限于古代名人，而对当代名人则很少涉足，这对研究像启先生这样的大名家来说确实是个空缺和遗憾。于是我慨然允诺，欣然命笔，积极投入写作之中。

要想写好此书，必须要阅读大量的材料。首先是启先生本人的有关著作。二十年来，为了做“启功研究”，我曾涉猎过启先生的大量著述，也曾自认为很熟悉、很理解这些著述了，以为这次重读，只需梳理一下，为“评传”的行文组织一下结构而已。但我大错而特错了，在重读的过程中，我经常会发出这样的感慨：启先生怎么还会有这么多的好文章，我怎么好像从来没读过？其涉猎的领域竟如此的广阔，见解竟如此的精辟，文字竟如此的精彩，真不能不令人常为之掩卷击节、惊叹不已！这种常读常新、久读弥新的阅读感受实在是太令人享受了！先生就像一座取之不尽、用之不竭的宝库，每次打开他的著作都会有新的收获，先生就是一部永远读不完的大书，钻之弥坚，仰之弥高！我真的要感谢这次机遇，它让我重新回到先生执教的课堂上，回到先生治学的书几旁，如沐春风般地再次聆听到他的教诲，再次领略到他的风采。其次，还要阅读海量的、他人研究启先生的专著与文章。先生逝世时，近万人到他的灵堂去吊唁，近万人到八宝山参加告别仪式，鲜花如海，挽联如潮，报刊上正式发表的纪念文字当以百万计。一个文人能如此地“感动中国”，我曾称之为“启功现象”，这说明他不但在学术、艺术上享有崇高的地位，也说明他在道德人品上具有巨大的感召力。更难得的是这种现象绝非是昙花一现，十年来为纪念他而出版的研究集、论文集、专著仍保持着不减当年的热度，而且大有从“启功现象”发展为“启功学研究”的趋势。一个“区区”文人，能成为大家经久不衰的话题和不断研究的对象，这本身就充分说明了他不同凡响的文化价值。而这些纪念文章、研究论文确实有很多高明的见地，为本“评传”的写作提供了大量的资料。

经过一年多的努力，本“评传”在2016年年底终于交稿，预计在2017年7月26日启先生105年诞辰之前面世，我就仅以此书献给先生，算作对他的永久纪念。

然而我又深知，仅靠这一部评传作为纪念是远远不够的。我自恨才疏学浅，很难把启先生的道德文章全面深刻地传达给读者，更何况对先生很多深刻的学术观点我至今仍不甚了了。先生逝世后，我最大的遗憾就是每当遇到问题时，只能空自感慨再也无处去找先生了。这次写作中仍遇到很多实际的问题，“书到用时方恨少”，真后悔自己当初为什么没及时请教先生。如此看来，先生的很多宝贵遗产仍急需我们共同开发。诸如先生的鉴定学、诗学能得其真传者并不多，能真正弘扬光大者更少；先生的《古代字体论稿》《诗文声律论稿》《汉语现象论丛》《启功讲学录》等著作中所包含的学术思想还未得到更深入的开发；先生何以能将学术艺术化，艺术学术化，其中的奥妙何在，还需深入地研究。如果把这些具体问题置于当代教育体制的大背景下去探讨，就更能令人反思：当代还需要不需要培养像启先生这样的文化全才？如果需要，我们怎么才能在当代语境下培养出这样的全才？启先生去世时，曾有人感慨他象征着一个时代的终结，现在如果方方面面都能从“启功现象”中得到启示，并能把这种现象当作一种“学”——一种富有启功属性、启功特色的“专门之学”去加以研究，从而使传统文化得到进一步的继承和发扬，使启功先生不但成为一个时代的终结者，而且成为一个时代的开创者，那才是对他最好、最实际、最有意义的纪念。

最后，我要真诚地感谢方方面面的有关人士和单位：

感谢启先生的世交好友傅熹年院士为本书题写了书名。

感谢启先生的高足之一李鹏博士全程参与了本书的撰写工作。从全书的章节安排到某些章节的起草，再到图文的编辑配置，他都提出了很好的建议，做了大量的、卓有成效的实际工作。没有他的参与帮助，是很难在短短一年多的时间内交稿付梓的。而他甘做“无名英雄”，一再谦辞署名，其高风亮节令我十分感动。

感谢北师大出版社的资深编辑李强先生为本书提供了大量珍贵的图片。

感谢我的几位博士生为文稿做了辛勤的校对工作。

感谢北京出版社领导及本书的责任编辑对此书的高度重视及其付出的艰辛工作，他们对弘扬传统文化的担当精神与责任感令我感佩。

感谢中央文史研究馆对此书的支持与资助，我将以最大的余热努力回报他们对我的关切。

图书在版编目（CIP）数据

启功评传 / 赵仁珪著. — 北京 ：北京出版社，2017. 7

ISBN 978-7-200-12827-7

Ⅰ. ①启… Ⅱ. ①赵… Ⅲ. ①启功（1912-2005）—评传 Ⅳ. ①K825.72

中国版本图书馆CIP数据核字（2017）第022861号

启功评传
QIGONG PINGZHUAN
赵仁珪 著

*

北京出版集团公司
北京出版社
出版

（北京北三环中路6号）
邮政编码：100120

网 址：www.bph.com.cn
北京出版集团公司总发行
新华书店经销
北京华联印刷有限公司印刷

*

787毫米×1092毫米 16开本 30印张 412千字
2017年7月第1版 2017年10月第2次印刷

ISBN 978-7-200-12827-7
定价：98.00元

如有印装质量问题，由本社负责调换
质量监督电话：010-58572393